대중은 멍청한가?

대중은 멍청한가?

—

2021년 6월 23일 초판 1쇄 발행

—

지은이 위고 메르시에
옮긴이 강주헌
펴낸이 김정수, 강준규
책임편집 유형일
마케팅 추영대
마케팅지원 배진경, 임혜솔, 이영선

펴낸곳 (주)로크미디어
출판등록 2003년 3월 24일
주소 서울시 마포구 성암로 330 DMC첨단산업센터 318호
전화 02-3273-5135
팩스 02-3273-5134
편집 070-7863-0333
홈페이지 http://rokmedia.com
이메일 rokmedia@empas.com

—

ISBN 979-11-354-2178-5 (03300)
책값은 표지 뒷면에 적혀 있습니다.

—

• 커넥팅은 로크미디어의 인문, 사회 도서 브랜드입니다.
• 잘못 만들어진 책은 구입하신 서점에서 교환해 드립니다.

NOT BORN
YESTERDAY

위고 메르시에 지음   강주헌 옮김

대중은 멍청한가?
★ 누구를 신뢰하고 무엇을 믿어야 할까? ★

저자 위고 메르시에 Hugo Mercier

위고 메르시에는 파리 제8대학에서 인지과학 석사 학위를 받았고, 프랑스 장 니코드 연구소에서 최우등 성적으로 인지과학 박사학위를 받은 후, 스위스 뇌샤텔 대학교와 미국 펜실베이니아 대학교 철학·정치·경제학 프로그램에서 박사후 과정을 마쳤다. 프랑스 국립과학연구센터를 거쳐 현재 장 니코드 연구소에서 인지 과학자로 재직하고 있다. 그는 추론과 논증 그리고 인간이 전달받은 메시지를 어떻게 평가하는지에 관해 중점적으로 연구하고 있다. 저서로는 프랑스 최고의 사회과학자 중 한 명인 당 스페르베르와 함께 쓴 《이성의 진화》가 있다. 그는 TED 강연자로 초청되어 '이성의 수수께끼'를 주제로 강의하기도 했다. 현재 프랑스 낭트에 살고 있다.

역자 강주헌

한국외국어대학교 프랑스어과를 졸업, 동대학원에서 석사 및 박사학위를 받았고, 프랑스 브장송 대학에서 수학하였다. 뛰어난 영어와 불어 번역으로 2003년 '올해의 출판인 특별상'을 수상했으며, 현재 전문번역가로 활발하게 활동 중이다. 옮긴 책으로 《키스 해링 저널》, 《문명의 붕괴》, 《촘스키, 누가 무엇으로 세상을 지배하는가》, 《슬럼독 밀리어네어》, 《빌 브라이슨의 재밌는 세상》, 《촘스키처럼 생각하는 법》등 100여 권이 있으며, 지은 책으로 《기획에는 국경도 없다》, 《강주헌의 영어번역 테크닉》등이 있다.

테레즈 크로닝에게

언젠가 내가 학교에서 천천히 걸어 나오는데 점잖게 생긴 중년 남자가 다가와 정중하게 말을 걸었다. 그는 자신을 지역 병원에서 일하는 의사라 소개하며 응급 환자가 생겨 병원에 화급히 달려가야 하는데, 지갑을 잃어버려 택시비가 없다고 했다. 그러면서 20유로가 긴박히 필요하다며 나에게 명함을 건네주었고, 명함에 쓰인 전화번호로 전화하면 비서가 나에게 즉시 돈을 보내줄 거라고 말했다.

그 뒤로도 감언이설이 이어졌고, 결국 나는 그에게 20유로를 주었다.

나는 명함에 쓰인 번호로 전화를 걸었다. 그러나 그런 이름의 의사도 없었고 비서도 없었다.

나처럼 멍청한 사람이 또 있었을까?

그로부터 20년이 지난 후, 얄궂게도 나는 사람들이 쉽게 속지는 않는다고 주장하는 책을 쓰고 있다.

"우리는 쉽게 속아 넘어간다."라는 주장

●

그렇게 터무니없는 말을 믿었느냐고 나를 나무랄 사람도 있겠지만, 지구가 60미터 높이의 빙벽에 둘러싸인 평평한 땅이라고 믿는 사람이 여전히 존재한다.[1] 또 마녀가 가축들을 마법의 독화살로 죽이고, 유대인들이 유월절 의식으로 어린 남자아이를 죽여 그 피를 마시며, 민주당 고위 인사들은 피자 가게에서 소아 성애를 즐기고, 전 북한 지도자 김정일이 축지법을 쓰고 날씨를 마음대로 통제할 수 있으며, 전 미국 대통령 버락 오바마가 독실한 무슬림이라고 믿는 사람도 적지 않다.

텔레비전과 라디오, 책과 소책자, 소셜 미디어를 통해 전해지고, 다수가 곧이곧대로 믿는 온갖 횡설수설을 잘 뜯어보라. 그런데도 우리가 남의 말을 쉽게 믿지 않고, 우리가 읽거나 들은 말을 무턱대고 참말로 받아들이지 않는다고 내가 주장할 수 있는 근거는 무엇일까?

"우리는 쉽게 속아 넘어간다."라는 일반적인 통념에 반대하는 까닭에 나는 소수 의견이 된다. 고대 그리스부터 21세기 미국까지, 학문의 오랜 역사에서 가장 진보적인 학자부터 가장 수구적인 학자까지, 대다수의 학자가 대중을 속절없는 우민愚民으로 묘사했다. 대부분의 사상가는 객관적으로 관찰한 것—엄밀히 말하면 객관적으로 관찰했다고 생각하는 것—을 근거로, 투표자가 선동적인 정치인을 고분고분 따르고, 군중이 피에 굶주린 지도자의 충동으로 광란에 빠지며, 민중이 카리스마를 지닌 지도자에게 겁을 먹는다는 암울한 결론을 내렸다. 20세기 중반에 이뤄진 한 심리학 실험에서 실험 참가자들이 맹목적으로 권위에 순종하고, 직접 눈으로 확인한 명백한 증거보다 집단 의견을 믿는다는 게 입증되며 이런 결론에 힘이 실렸다. 특히 수십 년 전부터는 왜 인간이 맹신하는 성향을 갖게 되었는지를 설명하는 정교한 모델이 만들어졌는데, 그 내용의 핵심은 이렇게 정리된다. 우리는 다른 사람에게 배워야 할 것이 많다. 그런데 배울 대상을 알아내는 게 무척 어렵기 때문에, '다수를 따른다' 혹은 '권위 있는 사람을 따른다'는 추단법heuristics에 의존하게 된다. 인간종으로서 우리가 성공한 이유는 그 과정에서 잘못된 관습이나 믿음을 받아들이게 되더라도 주변 분위기에 순응하는 능력에 있었다는 것이다.

이 책의 목적은 이런 통념이 잘못되었다는 걸 보여주는 데 있다. 우리는 들은 것을 무작정 참말로 받아들이지 않는다. 다수가 어떤 주장을 인정하고, 권위 있고 카리스마 넘치는 인물이 지지하더라도 마찬가지이다. 오히려 우리는 누구를 신뢰하고 무엇을 믿어야 하는지 알아내는 데 능수능란하다. 엄밀히 말하면, 우리는 쉽게 영향을 받기는커녕 오히려 영향을 미치기가 무척 어려운 동물이다.

"우리는 쉽게 속아 넘어간다."는 말에 대한 반론
•

피암시성suggestibility이 우리가 문화적 환경으로부터 능력과 믿음을 습득하는 데는 도움이 될지 모르지만, 피암시성을 안정된 상태로 지속하려면 상당한 비용을 치러야 한다. (이에 대해서는 2장에서 자세히 다룬다) 우리와 이해관계가 맞아떨어지는 사람들의 말을 받아들이는 경우에만 그나마 이익이다. 몸속의 세포, 벌통 속의 벌을 생각해보라. 하지만 사람들 간의 의사소통에서 이해관계가 그렇게 맞아떨어지는 경우는 극히 드물다. 임신한 산모조차 태아가 보내는 화학적 신호를 믿지 않아야 할 이유가 한둘이 아니다. 반대로 가장 적대적인 관계에서도 대화가 통하는 경우가 적지 않다. 먹잇감이 자신을 괴롭히지 말라고 포식자를 설득할 수도 있다. 그런데 이러한 대화가 가능하려면, 신호를 받는 사람에게 믿는 편이 더 낫다고 확신을 줄 만한 강력한 보증이 있어야 한다. 전반적으로 메시지는 정직해야 한다. 인간의 경우, 주고받는 정보를 평가하는 일련의 인지 메커니즘 덕분에 정직함이 유지된다. 그래서 우리는 자신에게 유리한 메시지에 마음을 열고 그 메시지를 받아들이는 반면, 해로운 메시지를 경계하며 차단할 수 있다.[2]

그럼, 많은 학자가 인간의 맹신성을 주장할 때 언급하는 '관찰'의 결과는 어떻게 되는가? 대부분 대중적인 오해에 불과하다. 8장과 9장에서 보겠지만, 정치 선동가부터 광고 전문가까지, 또 설교자부터 선거 운동원까지, 일반 대중을 설득하려는 사람들은 거의 언제나 참담하게 실패한다. 중세 유럽의 농민들은 기독교 계율에 대한 완강한 저항으로 많은 신부를 절망에 빠뜨렸다. 공약을 알리는 전단의 발송, 자동 녹음 전화 발신 등 많은 선거 전략이 대통령 선거에 미치는 순효과는 거의 제로이다. 만능으로 추정되던 나치의 선전기구도 그 대상에게 거의 영향을 미치지 못했던지 독일인들조차 나치를 좋아하지 않았다.

맹신론이 옳다면 주변 사람들을 설득하는 게 쉬워야 하지만, 실제로는 그렇지 않다. 오히려 많은 사람이 모호하게 반응하는 경우가 적지 않다. 결국 우리가 설명해야 하는 것은 일정한 패턴, 즉 "어떤 의견은 좋은데도 받아들여지지 않는 반면, 어떤 의견은 나쁜데도 널리 확산되는 이유가 대체 무엇일까?"라는 의문이다.

경계 기제

●

우리에게 내재한 열린 경계 기제open vigilance mechanism를 이해하는 것이 커뮤니케이션의 성공과 실패를 가늠하는 지름길이다. 우리는 들은 내용을 어디까지 믿어야 할지 판단하기 위해 경계 기제를 사용해 다양한 단서를 처리한다. 주어진 메시지가 적절한 논증으로 뒷받침되는지 혹은 우리가 이미 사실이라고 믿고 있는 것과 부합되는지를 조사하거나, 그 메시지의 출처에 주목하는 식이다. 발화자가 신뢰할 만한 정보를 얻을 위치에 있는가? 발화자가 내 이익을 우선시하는가? 그의 메시지가 틀린 것으로 드러나면 그에게 책임을 물을 수 있는가?

내가 실험 심리학에서 얻은 많은 증거를 검토한 바에 따르면, 열린 경계 기제는 무척 치밀하게 기능한다. 심지어 어린아이와 유아도 경계 기제를 사용한다는 것은 널리 알려진 사실이다. 이 메커니즘, 즉 경계 기제 덕분에 우리는 불리하고 해로운 요구를 거부할 수 있다. 그러나 가끔 잘못된 의견을 받아들이는 이유도 경계 기제로 설명된다. 우리의 열린 경계 기제는 무척 정교한 데다, 새로운 정보를 습득하고 통합하는 건 가능하지만, 무한한 융통성을 지닌 것은 아니다.

지금 우리는 조상들이 살며 진화했던 환경과 완전히 다른 정보 환경에서 살고 있다. 한 번도 만난 적이 없는 사람(예: 정치인, 연예인), 우리에게 별다른 영향을 미치지 않는 사건(예: 먼 나라에 닥친 재앙, 최근의 과학적인 성과), 한 번도 방문한 적이 없는 장소(예: 깊고 깊은 해저, 머나먼 은하)에 관심을 두고, 출처를 알 수 없는 정보를 무수히 받는다. 엘비스 프레슬리가 진짜로는 죽지 않았다는 소문은 누구로부터 시작되었을까? 당신 부모가 믿는 신앙의 근원은 무엇인가? 한편 우리 조상과 아무 관련성도 없는 견해에 대해 판단을 내려달라는 요구를 받기도 한다. 지구는 어떤 모양인가? 생명은 어떻게 진화했는가? 완전히 새로운 세계, 한 번도 경험해보지 못한 세계에서도 우리의 열린 경계 기제가 흠잡을 데 없이 기능한다면, 그것이 오히려 이상하고 놀라운 일일 것이다.

현재의 정보 환경은 열린 경계 기제를 '안전지대comfort zone' 밖으로 몰아내어 실수를 범하게 한다. 전체적으로 볼 때, 우리는 부정확한 메시지를 참말로 받아들이는 경우보다, 기후 변화부터 백신의 효능 같은 정말 중요한 메시지를 배척할 가능성이 더 크다. 이런 실수는 경계 기제가 의지하는 것과 관련된 문제에서 비롯된다.

많은 사람이 개인적인 지식과 믿음 및 직관을 적절히 사용하며, 귀로 들은 말을 평가한다. 하지만 안타깝게도 적잖은 영역에서 걸핏하면 실수를 범한다. 예컨대 달리 의지할 것이 없는 상황에서 누군가가 당신에게 우리가 둥그런 구체가 아니라 평평한 땅 위에 서 있다고 말한다면, 당신은 자연스레 그 말을 믿게 될 것이다. 또 달리 의지할 것이 없는 상황에서 누군가가 당신에게 우리 조상이 물고기가 아니라 당신과 무척 닮은 모습이었다고 말하면, 당신은 자연스레 그의 말을 믿을 것이다. 많은 사람이 공유하지만 잘못된 믿음이 확산되는 이유는, 설득력이 뛰어난 사람들이 그 믿음을 밀어붙이기 때문이 아니라 그 믿음이 직관적으로 인식되기 때문이다.

평평한 지구라는 주장은 직관적으로 와 닿지만, 60미터 높이로 수천 킬로미터나 뻗었다는 빙벽은 전혀 와닿지 않는다. 김정일이 축지법을 쓴다는 주장도 직관적으로 이해되지 않는다. 도무지 믿기지 않는 특이한 주장이 명목상으로만 받아들여진다는 게 천만다행일 뿐이다. 지구가 평평하다고 믿는 사람들도 바다 끝까지 가면 60미터 깊이의 빙벽이 있다는 주장에는 틀림없이 어안이 벙벙할 것이다. 김정일이 빛처럼 빠른 속도로 움직인다는 주장은 그 독재자에게 굽실대는 아첨꾼도 믿지 않을 것이다. 이런 허황된 주장이 확산되는 이유를 이해하려면, 사람들이 그런 주장을 참말로 받아들이는 이유가 아니라 그런 주장을 내세우는 이유에 의문을 제기해야 한다. 옳다고 생각하는 견해를 남들에게 알리고 허황된 주장을 공언하는 데는 많은 이유가 있다. 무엇보다 주변에 깊은 인상과 즐거움을 주고, 주변 사람들을 유혹하고 조종하고 싶어 하기 때문인데, 이런 목표는 현실과 동떨어진 주장 혹은 진실에 완전히 배치되는 주장을 내세울 때 쉽게 이루어지는 경우가 적지 않다. 그럼에도 열린 경계 기제가 가장 그럴듯한 견해가 아니라 가장 터무니없는 의견을 찾아내는 데 사용된다는 게 이상할 따름이다.

직관에 가까운 의견부터 가당찮은 의견까지 잘못된 주장이 받아들여지는 이유를 이해하려면, 열린 경계 기제가 어떻게 작동하는지를 먼저 알아야 한다.

활용
●

이 책을 덮을 때쯤이면 당신은 무엇을 믿고 누구를 신뢰해야 하는지 결정하는 방법을 어느 정도 파악하게 될 것이다. 또 광고와 설교 같은 지극히 일반적인 시도부터 세뇌와 잠재의식에 영향을 주려는 극단적인 시도까지 대중을 설득하려는 대부분의 시도가 처참하게 실패하는 이유에 대해서도 알게 될 것이다. 엉뚱한 주장은 그럭저럭 퍼져 나가는 데 비해, 소중한 통찰은 좀처럼 알려지지 않는 이유도 조금은 깨닫게 될 것이다. 물론 내가 가짜 의사에게 20유로를 주었던 이유도 이해하게 될 것이다.

내가 이 책에서 말하려는 핵심적인 논점이 많은 독자에게 받아들여지기를 바랄 뿐이다. 그러나 내 말을 곧이곧대로 믿지 않았으면 좋겠다. 내 독자들에 의해 내 주장이 틀렸다는 게 입증되면 기분이 썩 유쾌하지는 않을 것 같기 때문이다.

NOT BORN YESTERDAY

맹신하는 인간

The Case for Gullibility

★ 01 ★

수천 년 전부터 우리 인간은 기이한 믿음을 기꺼이 받아들였고, 주변의 유혹과 설득에 넘어가 비합리적으로 행동했다. 그런 믿음과 행동은 대중이 잘 속아 넘어간다는 통념에 신빙성을 더했다. 그러나 내 생각에 이런 통념과 관련된 이야기는 훨씬 더 복잡하다. 뒤에서 보겠지만, 그 통념 자체가 뒤집어져야 한다. 그러나 '인간이 남을 잘 믿는다'는 인간의 맹신성을 옹호하는 것으로 일단 시작해보려 한다.

기원전 425년 아테네는 스파르타와 파괴적으로 치고받는 전쟁으로 수년 전부터 봉쇄된 상태였다. 그러다가 필로스 전투에서 아테네 해군과 지상군이 스파르타 군대를 스팍테리아 섬에 가두는 데 성공한다. 스파르타 지도자들은 상당수의 엘리트 군인들이 포로로 붙잡히자, 아테네에 유리한 조건을 제시하며 화평을 청했다. 하지만 아테네는 그 제안을 거부했고, 전쟁은 계속되어 스파르타가 약간이마나 우위를 되찾게 됐다. 그리하여 기원전 421년 일시적인 평화 조약이 체결되었는데, 이번에는 아테네에 그다지 유리한 조건이 아니었다. 이 어리석은 실수는 아테네가 연속해 저지른 끔찍한 실수 중 하나에 불과했다. 아테네는 정복한 도시의 모든 시민을 학살하는 역겨운 만행도 저질렀고, 시칠리아로 원정을 떠나는 재앙에 가까운 전략적인 실수도 저질렀다. 결국 아테네는 전쟁에서 패했고, 다시는 과거의 힘을 되찾지 못했다.

1212년 프랑스와 독일에서는 '다수의 빈민'이 가톨릭교회를 위해 불신자들과 싸워 예루살렘을 되찾겠다며 십자군 원정에 참가했다.[1] 그 빈민 중 다수가 무척 어렸다. 그들에게는 '소년 십자군Children's Crusade'이란 이름이 붙여졌다. 그 소년들은 생드니에 도착해 그곳 성당에서 기도한 후에 프랑스 왕을 만났고, 모두 기적 같은 승리를 바랐지만, 그런 기적은 일어나지 않았다. 아무런 훈련도, 금전적 지원도 받지 못한 오합지졸에 불과했던 십대 초반의 군대가 무엇을 할 수 있었겠는가? 그들에게 뭔가를 기대한다는 것 자체가 어불성설이었다. 실제로 그들은 아무것도 이루어내지 못했다. 아무도 예루살렘까지 가지 못했고, 대다수가 도중에 죽었다.

18세기 중반, 남아프리카공화국의 목축민 코사족이 영국의 식민 지배를 받게 되었다. 일부 코사족은 모든 가축을 죽이고 곡식을 불태우면 유령군이 일어나 영국군을 막아줄 거라고 믿었다. 그들은 수천 두의 가축을 제물로 바쳤고, 들판을 불태웠다. 그러나 유령군은 나타나지 않았고, 영국군의 주둔은 계속되었다. 코사족만 애꿎게 죽음을 맞아야 했다.

2016년 12월 4일, 에드거 매디슨 웰치Edgar Maddison Welch는 권총과 엽총 및 자동 소총으로 무장하고, 워싱턴 DC에 있는 코메트 핑퐁이란 피자 가게에 들어갔다. 그 식당을 털려고 들어간 것이 아니었다. 그곳 지하실에 인질로 잡힌 어린아이들이 있는지 확인하고 싶었던 것이다. 미국 대통령을 지냈고 당시에는 오바마 대통령 후보를 지원하던 클린턴 부부가 그곳에서 성매매 조직을 운영한다는 소문이 파다했기 때문이었다. 웰치는 현장에서 체포되었고, 지금은 징역을 살고 있다.

백지위임

●

학자들은 자신들이 일반 대중보다 우월하다고 생각하며 이런 기묘한 결정을 내리고 섬뜩한 믿음을 따르는 것을 인간의 성향으로 설명해왔다. 구체적으로 말하면, 인간에게는 남을 쉽게 믿는 성향이 있다는 것이다. 따라서 카리스마를 지닌 지도자의 능력이나 동기부여와 상관없이 본능적으로 지도자의 의견을 따르고, 듣고 읽는 것의 타당성을 따지지 않고 무작정 믿으며, 군중 심리를 따르면 재앙으로 치달을 게 뻔한 데도 대세를 따르는 경향이 인간에게 있다는 것이다. 대중이 부화뇌동한다는 이런 설명은 설득력을 얻으며, 역사적으로도 실증된 편이다. 그러나 곧 명확히 밝혀지겠지만, 이런 설명은 잘못된 것이다.

왜 아테네가 스파르타에게 패전했을까? 펠로폰네소스 전쟁을 기록한 역사가, 투키디데스를 필두로 많은 학자가 클레온 같은 선동가의 영향을 패전의 원인으로 꼽았다. 클레온은 펠로폰네소스 전쟁을 패전으로 몰아간 최악의 실수 중 서너 건에 책임이 있는 것으로 여겨지는, '뛰어난 설득력으로 대중을 등에 업은' 어정뱅이였다.[2] 한 세대 후, 플라톤은 투키디데스의 논증을 발전시켜 민주주의의 폐단을 증명하는 지표로 삼았다. 플라톤의 철학에 따르면, 다수가 지배하는 세계에서는 '군중을 마음대로 조종하며' 독재자가 되는 지도자가 필연적으로 생겨난다.[3]

왜 그 많은 소년이 멀리 떨어진 땅을 되찾겠다는 헛된 희망을 품고 고향을 떠났을까? 그들은 교황 인노켄티우스 3세가 다시 시작한 십자군의 부름에 응한 것이었다. 그들의 맹신에 영감을 받아, 마법의 피리로 모든 아이를 지배할 수 있다는 사람의 이야기인 '하멜른의 피리 부는 사나이'라는 민담이 생겨났다.[4] 또 소년 십자군 사건은 계몽시대에 폴 앙리 디트리히 돌바크Paul Henri Dietrich d'Holbach(1723-1789) 같은 계몽사상가들이 가톨릭교회를 "인류를 마음대로 처분할 수 있는 노예인 양 독재자와 폭군의 손에 넘겨주었다."라며 꾸짖는 빌미가 되기도 했다.[5]

왜 코사족은 가축들을 죽였을까? 그보다 한 세기 전에 프랑스 계몽철학의 거두, 니콜라 드 콩도르세 후작Nicolas Marquis de Condorcet(1743-1794)은 소규모 사교계의 회원들이 "무작정 믿는 맹신적 경향"을 보이고, "사기꾼과 마술사"를 지나치게 믿는다고 안타까워했다.[6] 코사족은 콩도르세의 염려에 그대로 들어맞는 듯하다. 그들은 어린 여성 선지자 농카우세의 감언이설에 완전히 현혹되었다. 농카우세는 죽은 유령들이 일어나 영국군을 무찌르고, "누구도 혼란스런 삶을 살지 않을 것이고, 누구든 원하는 것을 다 가지며, 모든 것이 넘치도록 많은 신세계"를 환영에서 보았다고 예언했다.[7] 누가 그런 예언을 틀렸다고 말하겠는가? 여하튼 코사족은 아니었다.

에드거 매디슨 웰치가 감옥행을 무릅쓰고, 무고한 피자 가게의 존재하지 않는 지하실에서 존재하지 않는 아이들을 구하겠다고 나선 이유는 무엇이었을까? 웰치가 라디오 방송 진행자 앨릭스 존스Alex Jones의 주장을 참말이라 믿었기 때문이었다. 존스는 카리스마도 있지만, 음모론 전문가로 악명이 높다. 그는 악마 숭배자가 미국을 장악했다는 주장부터 온갖 재앙을 정부가 지원한다는 주장까지 온갖 음모론을 제시했다.[8] 한동안 존스는 클린턴 부부와 그 보좌관들이 아동 성매매 조직을 운영한다는 주장에 동조하고 나섰다. 〈워싱턴 포스트〉의 보도에 따르면, 존스 같은 음모론자가 터무니없는 음모를 퍼뜨리는 이유는 "인간의 맹신성이 음모론 시장을 형성하는 데 도움이 되기 때문이다."[9]

이런 현상을 눈여겨 관찰한 사람이라면, 많은 사람이 남의 말을 쉽게 믿고, 비현실적인 논증을 생각 없이 받아들이며, 값비싼 희생을 치러야 하는 어리석은 행동에 휘말려든다는 데 동의할 것이다. 극단적으로 다르게 생각하는 사람들을 하나로 묶는 사상을 찾아내기는 정말 어렵다. 설교자들은 다른 신을 맹목적으로 믿는 '어리숙한 다수'를 매섭게 나무란다.[10] 무신론자들은 어떤 신인지 따지지 않고 성직자를 무작정 믿고 따르는 사람들의 "거의 초인적인 맹신"을 지적한다.[11] 음모론자들은 공식적으로 발표되는 소식을 곧이곧대로 믿는, '정신을 지배당해 쉽게 설득되는 사람'보다 자신들이 우월하다고 생각한다.[12] 거꾸로, 폭로자들은 음모론자들을 "지독한 맹신론자"라 생각한다. 분노한 유명인이 퍼뜨리는 허황되고 과장된 이야기를 음모론자들이 믿는다는 것이다.[13] 대중이 파렴치한 선동가들의 부추김에 현혹되고 격정적인 감정에 전염되어 반란을 일으킬 때, 보수적인 작가들은 대중의 맹신을 거의 범죄적 수준이라고 비난한다. 전통적 좌파는 대중이 지배적 이데올로기를 수용하기 때문에 수동적으로 반응하는 것이라며, "개인은 욕망해야 하는 것을 욕망한다. 원초적인 본능적 욕망에 따라 행동하지 않으며, '자발적으로' 억누른 삶을 자신의 삶으로 받아들인다."라고 설명한다.[14]

인류의 역사에서, 우리가 사회를 이해할 때 빼놓을 수 없는 것이 맹신의 보편성이다. 대중이 선동가에게 쉽게 넘어간다는 가정은 고대 그리스 시대부터 계몽시대까지 서구 사상을 관통하며 "정치 철학이 민주주의에 의심을 품는 주된 이유"가 되었다.[15] 요즘의 평론가들도 정치인들이 "인간의 맹신적 성향을 이용해" 유권자들을 쉽게 흔들어내는 걸 개탄한다.[16] 그러나 1950년대 이후로 사회 심리학자들이 실시한 유명한 실험들만큼, 대중이 쉽게 영향받는다는 걸 분명히 보여준 증거는 없었다.

대중의 맹신적 성향을 증명한 심리학자들

●

가장 먼저 언급해야 할 심리학자는 솔로몬 아시Solomon Asch(1907-1996)이다. 아시는 자신이 고안한 가장 유명한 실험에서 피험자들에게 "(그림 1에서) 우측의 세 선 중 어느 것이 좌측의 선과 길이가 비슷한가?"라고 물었다.[17] 세 선의 길이는 명확히 달랐고, 그중 하나는 좌측의 선과 분명히 엇비슷했다. 하지만 30퍼센트 이상의 피험자가 틀린 답을 말했다. 그렇게 많은 사람이 잘못된 답을 말한 이유가 어디에 있었을까? 각 피험자가 그 질문을 받기 전에 서너 명의 참가자가 먼저 대답하는 걸 들었기 때문이다. 그런데 실제 참가자들은 몰랐지만, 그 서너 명의 참가자는 실험자가 몰래 심어놓은 공모자였다. 모든 공모자는 잘못된 답 중 하나를 말했다. 그 공모자들이 피험자를 지배했던 것도 아니었고, 피험자들이 공모자를 예전부터 알았던 것도 아니었다. 공모자들은 그저 명백히 잘못된 답을 말했을 뿐이었다. 하지만 60퍼센트 이상의 피험자가 적어도 한 번은 다수의 선례를 따르는 쪽을 선택했다. 사회 심리학자, 세르주 모스코비치Serge Moscovici(1925-2014)는 이런 결과를 "현실과 진실을 외면하는 짓이라는 걸 알면서도 집단과 함께하려는 개인의 맹목적 동조를 보여주는 가장 극적인 사례 중 하나"라고 설명했다.[18]

대중의 맹신적 성향을 증명한 또 다른 심리학자로 스탠리 밀그램Stanley Milgram(1933-1984)이 있다. 밀그램의 첫 번째 유명한 실험은 아시와 마찬가지로 동조conformity 실험이었다. 밀그램은 몇몇 학생에게

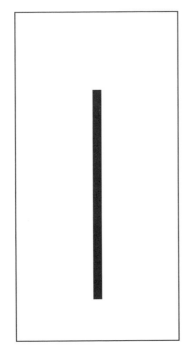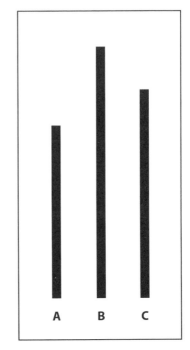

그림 1 · 아시의 동조 실험. (출처: 위키피디아)

인도에 서서 한 건물의 창문을 바라보고만 있으라고 지시한 뒤, 지나가는 사람들이 얼마나 그들을 따라 하는지 헤아려보았다.[19] 상당수의 학생이 동일한 방향을 쳐다보면(임계수는 대략 5), 지나가던 사람 거의 모두가 학생들을 따라 그 건물을 바라보았다. 사람들은 군중을 따르지 않을 수 없는 듯했다.

그러나 밀그램을 더욱 유명하게 만든 실험은 그 후에 실시된, 훨씬 더 도발적인 실험이다.[20] 피험자들은 표면적으로 학습과 관련된 연구에 참가해달라는 요구를 받았다. 그리고 실험실에서 다른 참가자—이번에도 실제로는 공모자—를 소개받았다. 실험자는 무작위로 학습자를 선택하는 척했지만, 항상 공모자를 선택했다. 그런 뒤 학습자에게 전기 충격을 피하겠다는 동기가 부여되면 학습 능력이 향상되는지를 알아보는 실험이란 설명이 피험자에게 주어졌다. 학습자는 일련의 단어를 암기해야 했고, 피험자는 학습자가 실수할 때마다 학습자에게 전기 충격을 가해야 했다.

피험자들은 전기 충격의 정도가 점점 커지는 일련의 스위치가 설치된 커다란 기계 앞에 앉았다. 공모자는 다른 공간으로 안내되었는데, 피험자는 마이크를 통해 공모자, 즉 학습자의 목소리를 들을 수 있었다. 처음에는 공모자가 단어를 잘 암기했다. 그러나 과제가 점점 어려워지자, 공모자는 실수하기 시작했다. 실험자는 피험자에게 전기 충격을 가하라고 지시했고, 모든 피험자가 실험자의 지시에 따랐다. 이런 결과는 조금도 놀랍지 않았다. 첫 번째 스위치에 '약한 충격'이라고 쓰여 있었기 때문이다. 그런데 공모자가 계속 실수를 범했고, 실험자는 피험자에게 전압을 높이라고 요구했다. 피험자는 '약한 충격'에서 '중간 충격'으로, 다시 '강한 충격', '매우 강한 충격' 쪽으로 다이얼을 돌렸다. 그때까지도 이를 거부하는 피험자는 없었다. 300 볼트에 해당하는 '극심한 충격' 단계에 이르러서야 소수의 피험자가 다이얼 돌리는 걸 거부했다. 그동안 내내 공모자는 고통스런 신음을 내뱉었고, 어떤 시점에는 아프다고 울부짖으며 피험자에게 멈추라고 간청했다. "여기서 꺼내줘! 꺼내달라고! 너희에게는 나를 여기에 가둬둘 권리가 없어!"[21] 심지어 심장 질환을 호소하기도 했다. 하지만 압도적 다수의 피험자는 계속 다이얼을 우측으로 돌렸다.

  '극단적인 충격'까지 오르자, 역시 소수였지만, 더 많은 피험자가 다이얼에서 손을 뗐고, '위험: 심각한 충격'이라 쓰인 눈금 앞에서 멈춘 피험자도 한 명 있었다. '극심한 충격' 단계부터 공모자는 비명조차 멈추고 실험실에서 꺼내 달라고 애원했고, 나중에는 아무런 반응도 보이지 않았다. 그럼에도 피험자의 3분의 2는 XXX라고 섬뜩하게 표시된 마지막 두 단계, 435볼트와 450볼트까지 다이얼을 돌렸다. 밀그램의 실험에서, 압도적 다수의 평범한 미국 시민이 고통으로 몸부림치며 자비를 구하는 같은 시민에게 치명적일 수 있는 전기 충격을 가할 수 있다는 게 입증된 셈이었다.

  이런 실험 결과를 알게 되고 유사한 현상으로 보이는 무수한 역사적 사례들을 확인하면, 정치 철학자 제이슨 브레넌Jason Brennan의 매서운 비판에 동의하지 않을 수 없다. "인간은 진실과 정의가 아니라 동의를 구하는 데 몰두한다. 인간은 사회적 압력에 구속되고, 권위를 지나치게 존중한다. 인간은 획일적인 의견 앞에 움츠리고, 이성이 아니라 어딘가에 속하려는 욕망, 감상적 호소 및 성적 매력에 휘둘린다."[22] 심리학자 대니얼 길버트Daniel Gilbert와 그의 동료들은 "의심하기보다 쉽게 믿는 성향은 우리 안에 생득적으로 내재한 가장 공통된 기질로 여겨져야 마땅할 듯하다."라는 데 의견을 같이했다.[23]

인간이 천성적으로 남을 잘 믿는다는 가정이 맞다면 "왜 그렇지?"라는 의문이 자연스레 제기된다. 고대 그리스에서 소크라테스 이전 시대의 철학자로 여겨지는 헤라클레이토스가 이미 기원전 500년경에 그런 의문을 제기했었다.

> 웅변가들 중에 멍청이와 도적이 얼마나 많은지 생각하지 않고, 또 극소수 웅변가만이 옳은 길을 선택한다는 걸 고려하지 않은 채 군중에 휩쓸리고 웅변가의 뜻대로 움직이는 사람에게는 지혜가 있은들 무슨 소용이겠는가?[24]

헤라클레이토스가 제기한 의문은 2,500년이 지난 뒤에 BBC의 머리기사로 덜 시적詩的이지만 한결 간결하게 요약되었다. "왜 인간은 그처럼 부화뇌동할까?"[25]

적응을 위한 부화뇌동

●

사회 심리학자들이 인간의 맹신성을 입증하려는 데 열중한 반면, 인류학자들은 인간의 맹신성을 대체로 당연한 것으로 받아들였다.[26]

많은 인류학자가 전통적인 믿음과 행동의 지속을 문제없는 것으로 해석해왔다. 어린아이들이 주변 문화를 가감 없이 흡수하기 때문에 기존 문화가 지속된다는 것이다. 논리적으로, 인류학자들은 어린아이에게 특별한 관심을 기울이지 않는다. 인류학자에게 어린아이는 과거 세대의 지식과 기술을 받아들이는 그릇이어야 한다.[27] 비판적인 인류학자들은 사람들이 주변의 어떤 문화라도 흡수한다는 가설을 "완전한 문화 전달" 이론,[28] 혹은 약간 경멸적인 뜻을 담아 "팩스 모델의 내재화"로 요약한다.[29]

이런 문화 전달 모델은 무척 단순하지만, 사람들이 부화뇌동하는 이유를 설명하는 데 도움이 된다. 인간에게 그런 성향이 있어 과거 세대가 습득한 지식과 기술을 학습한다는 것이니 말이다. 생물학자 리처드 도킨스Richard Dawkins도 "언어와 전통적인 지혜를 학습하는 데 유용하기" 때문에 "어린아이에게 맹신성이 프로그램화"되어 있다고 설명한다.[30]

마법에 대한 믿음부터 전족纏足이란 몹쓸 관습까지, 조상으로부터 물려받지 않았으면 좋았을 법한 전통적인 지혜가 적지 않지만, 그런 해로운 풍습은 예외라 할 수 있다. 전체적으로 볼 때, 문화적으로 획득한 믿음은 대체로 합리적이다. 매일 우리는 문화적으로 영향을 받은 행동을 취하는데, 그런 행동은 헤아릴 수 없이 많다. 모국어를 말할 수 있는 능력을 필두로, 이를 닦고 옷을 입으며 요리와 쇼핑을 하는 등 거의 모든 행동이 문화적으로 영향을 받았다.

고고학적이고 인류학적인 증거에서도 문화적으로 습득한 능력이 인류의 오랜 생존에 결정적인 역할을 했다는 게 확인된다. 특히 소규모 사회의 구성원들은 채집하고, 사냥하고, 옷을 짓고, 음식을 가공하며 생존에 필수적인 다양한 도구를 제작하는 데 전통적인 지식과 요령에 크게 의존했다.[31]

'팩스'처럼 단순한 문화 전달 모형은 주변 문화로부터 배우는 학습의 이점을 명확히 보여준다. 하지만 그 한계도 명확하다. 자족적인 작은 사회에도 존재하는 문화적 차이가 과소평가된다는 점에서 그렇다. 의식儀式을 비롯한 몇몇 행동은 모든 구성원이 거의 비슷하게 행하지만, 대부분의 움직임은 크게 다르다. 모든 사냥꾼이 일련의 추적에서 똑같은 교훈을 얻지는 않는다. 또 모든 채집꾼이 열매를 찾는 데 똑같은 기술을 사용하지는 않는다. 모든 예술가가 똑같은 정도로 매력적인 노래나 조각 혹은 그림을 완성해내지는 않는다. 따라서 과거 세대를 맹목적으로 모방하려는 개인도 "누구를 모방할 것인가?"를 결정해야 한다.

이 질문에 대한 가장 정교한 답의 기준틀 중 하나는 인류학자 로버트 보이드Robert Boyd와 생물학자 피터 리처슨Peter Richerson이 만들어낸 것이다.[32] '유전자-문화 공진화gene-culture coevolution'로 알려진 이 이론에 따르면, 인간의 진화 과정에서 유전자와 문화는 서로 영향을 미쳤다. 특히 보이드와 리처슨은 문화가 인간의 생물학적 진화에도 영향을 미친다고 주장했다. 문화에서 어느 부분을 모방할 것인지 선택하는 게 그렇게 중요하다면, 그 문제를 가급적 효율적으로 해결하는 데 도움이 되는 메커니즘을 발전시켰어야 한다. 실제로 우리는 조상들이 직면했던 다양한 문제를 해결하는 성향을 예부터 발전시켜왔다. 예컨대 주변 환경을 전반적으로 정확히 파악하고, 먹을 수 있는 것을 골라내며, 짝을 유혹하고 우호적 관계를 맺는 능력을 키워왔다.[33] 그 과정에서 또래와 연장자의 문화를 습득하는 데 도움이 되는 메커니즘도 발전시켰다고 해야 합당할 것이다.

누구로부터 배울 것인가? 이 문제에 답하려면 누가 솜씨 좋게 행동하는지 눈여겨보는 것부터 해야 할 것이다. 예컨대 알렉스는 탁월한 요리사이고, 르네는 원만한 사회적 관계를 유지하는 데 뛰어나다면, 그들로부터 배우겠다는 생각은 당연한 것이다. 그런데 이 문제를 이런 방향으로 좁히더라도 우리가 모방할 수 있는 행동은 매우 다양하다. 알렉스가 맛있는 요리를 만드는 비법을 알아내려면 어떻게 해야 할까? 헤어스타일 같은 요인들은 직관적으로 배제되겠지만, 사용하는 재료와 조리 시간 등 확실한 요인부터 양파 써는 법이나 쌀을 씻는 방법 등 맛과 그다지 관계가 없을 듯한 요인까지 고려해야 할 것이 많다. 우리가 어떤 요리사의 조리법을 흉내낼 때 깨닫듯이, 성공의 결정 요인들이 때로는 불분명할 수도 있다.[34]

보이드와 리처슨 및 그들의 동료들, 예컨대 인류학자 조 헨리크 Joe Henrich와 생물학자 케빈 랠런드Kevin Laland가 간접적으로 말했듯이, 우리는 문화 학습의 방향을 결정하는 대략적인 추단 능력을 타고난다.[35] 이런 어림 법칙 덕분에 우리는 남들에게 더 효과적으로 배울 수 있고, 가장 성공한 사람으로부터 배우게 된다. 그러나 성공한 사람의 많은 품행 중 어느 것이 그를 성공으로 이끌었는지 구분하기 어렵기 때문에, 예컨대 알렉스가 맛있는 요리를 해낼 수 있는 이유가 무엇인지 구체적으로 말하기 어렵기 때문에, 성공한 사람이 행하고 생각하는 모든 것, 심지어 그들의 외모나 헤어스타일까지 무차별적으로 모방하는 게 더 안전할 수 있다. 이런 모방은 '성공 편향success bias'이라 일컬을 수 있다.

또 다른 추단법은 다수의 선택을 모방하는 데 있다. 이른바 '동조 편향conformity bias'이란 것이다.[36] 누구나 중요한 정보를 독자적으로 습득할 수 있다면, 널리 용인되는 생각이나 행동이 채택될 가능성이 크다는 합리적인 가정하에 동조 편향은 충분한 타당성을 갖는다.

그 밖에도 많은 추단법을 상상해볼 수 있다. 예컨대 헨리크와 그의 동료 프란시스코 길-화이트Francisco Gil-White는 약간 변형된 동조 편향을 사용해 성공 편향을 개선하는 방법을 제시했다.[37] 그들이 지적했듯이, 때로는 누가 성공한 사람인지 알아내는 것이 어려울 수 있다. 예컨대 사냥꾼들이 거의 모든 짐승을 사냥하는 소규모 사회에서는 먹잇감이 매일 크게 달라진다.[38] 이처럼 통계적 잡음statistical noise이 심한 경우에, 어떤 사냥꾼을 모방해야 하는지를 어떻게 결정해야 할까? 다른 사람들은 누구를 선택했는지 참고하면 된다. 많은 사람이 특정한 개인을 우러러보고, 그 개인이 신망을 갖추고 있다면, 그를 모방하는 게 괜찮을 수 있다. 헨리크와 길-화이트의 이론에서는 이런 '신망 편향prestige bias'이 모방을 결정하는 요인이 된다.

보이드와 리처슨, 헨리크 등은 개개인이 대략적인 추단에 의존해 주변 문화를 어떻게 이용하는지 보여주는 정교한 모형을 개발했다. 추단법은 복잡한 비용 편익을 따질 필요가 없을 정도로 인지적으로 비용이 들지 않는다는 이점이 있다. 대부분 똑같이 믿고 받아들이는 것을 찾아내거나, 누가 가장 잘하는지 찾아내어 그의 모든 것을 모방하면 그만이니 말이다.[39]

그러나 과반수가 틀리거나, 가장 성공하거나 신망 있는 사람이 순전히 운으로 그렇게 된 것이라면 어떨까? 오히려 이 방법은 실수의 반복으로 이어질 수 있다. 보이드와 리처슨, 헨리크의 주장이 맞다면, 인간은 적응을 위해 총알도 깨무는 고통을 감내해야 한다. 제2차 세계 대전 말 전투기에 폭탄을 싣고 적함에 충돌한 일본의 결사 특공대, 가미카제의 자기희생도 일종의 동조 편향으로 설명되는데, 이처럼 동조 편향으로 집단에는 이롭지만 개인에게는 해로운 문화 요소가 확산되기도 한다.[40] 유명인이 자살한 후에 사람들이 뒤따라 자살하는 경향은 신망 편향으로 설명될 수 있다.[41] 한편 운동 능력은 속옷에 대한 취향과 아무런 관계도 없지만, 많은 사람이 농구 스타 마이클 조던이 광고하는 속옷을 구입하는 이유는 성공 편향으로 설명될 수 있을 것이다.[42]

유전자-문화 공진화에 동의하는 사람들은 고통을 참는 데 그치지 않고 기분 좋게 고통을 견딘다. 그들은 "사회적 학습의 혜택을 누리려면 사회에서 관찰한 것을 합리적이고 적절할 것으로 받아들이며 의심 없이 믿어야 한다."라고 생각한다.[43]

대략적인 추단법으로 유용한 믿음과 행동만이 아니라 부조리한 믿음과 부적응 행동의 확산까지 설명할 수 있다는 사실 자체가 "유전자-문화 공진화 이론의 흥미로운 진화적 특징"이다.[44] 우리가 문화에 적응하기 때문에 부적응 문화까지 확산된다는 참신한 주장으로 공진화 이론은 더욱더 매력적으로 느껴진다.

맹신성에 대한 반론

●

유전자-문화 공진화 기준틀에 따라, 사회과학의 많은 이론이 거칠게나마 재구성될 수 있다. "어느 시대에나 지배 계급의 사상이 지배적인 사상"이라는 마르크스와 엥겔스의 등식은 일종의 성공 편향이다.[45] 사람들이 맹목적으로 다수를 따른다는 이론은 동조 편향, 카리스마를 지닌 지도자가 당파에 숭배 받는 수준을 넘어 대중을 지배하는 수준에 이른다는 이론은 신망 편향으로 설명된다. 정치 철학, 실험 심리학, 생체 모방 모형 등 무수히 많은 지적 전통이 "인간은 대체로 맹신적이고, 권위를 지나치게 공경하며 과도할 정도로 순응적이다."라는 관념에 수렴된다.

이 모든 것이 잘못된 것일 수 있을까?

이 책에서 나는 대중이 쉽게 속아 넘어간다는 주장을 조금씩 허물어뜨리려 한다. 내 논점을 간략히 설명해보자.

맹신성은 전략적으로 고려되는 순간 너무도 쉽게 이용될 수 있다. 결코 적응과 관련된 요인이 아니다. 인간은 맹신적 성향을 띠기는커녕 교환하는 정보를 신중하게 평가하는 인지 메커니즘을 타고난다. 우리는 명망 있는 개인이나 다수를 맹목적으로 추종하지 않고, 많은 단서를 저울질해서 무엇을 믿고 누구를 신뢰할지 결정하고, 어떻게 느껴야 할지, 누가 가장 잘 아는지를 판단한다.

역사의 여명 이래로 대중을 설득하려는 무수한 시도가 있었다. 정치 선동부터 광고까지 어떤 것도 인간의 맹신성을 증명해주지 못한다. 오히려 그런 시도의 반복되는 실패는 대중을 한꺼번에 설득하는 게 무척 어렵다는 방증일 뿐이다.

끝으로, 터무니없는 소문부터 초자연적인 믿음까지 잘못된 관념의 문화적 성공도 인간의 맹신적 성향으로는 제대로 설명되지 않는다. 대체로 잘못된 관념은 신망이나 카리스마를 지닌 개인이 밀어붙이기 때문에 확산되는 게 아니다. 즉 공급자는 크게 중요하지 않다. 수요가 잘못된 관념의 성공을 결정한다. 요컨대 사람들이 기존의 생각과 맞아떨어지고, 목표를 성취하는 데 조금이라도 도움이 되는 믿음을 구하기 때문이다. 게다가 잘못된 관념은 대체로 우리의 전반적인 추론 능력과 동떨어진 채 존재하기 때문에, 실질적으로는 별다른 영향을 미치지 않는다. 여기에서 우리가 그런 관념을 인정할 때 상대적으로 느슨한 이유가 설명된다.

NOT BORN YESTERDAY

의사소통과 경계심

Vigilance in Communication

★ 02 ★

맹신성을 뒷받침하는 최고의 논증을 꼽자면, 맹신성 때문에 우리가 동년배와 조상의 지식을 획득할 수 있다는 것이다. 다른 사람의 행동이나 생각을 모방하고, 단순한 추단법으로 누구를 모방해야 하는지 또 신망 있는 지도자나 대다수가 어떻게 행동하고 생각하는지를 알아내려는 성향 때문에 우리는 예부터 축적된 지식에 거부감 없이 접근한다는 뜻이다.

하지만 이런 논증은 모든 상호작용에 존재하는 전략적인 요소가 고려되지 않은 것이다. 즉, 모방하는 개인이 적응 행동adaptive behavior 을 하고 개인적인 견해를 정확히 형성하려고 최선을 다한다는 전제는 깔려 있는데, 그 개인이 자신을 모방하는 사람들에게 영향을 미치고 싶어 할 수 있다는 가능성은 전혀 고려되지 않았다. 그가 그렇지 않을 이유가 있을까? 다른 사람에게 영향을 미치는 건 굉장한 능력이고, 진화적 관점에서도 굉장한 힘을 갖출 때 큰 기회를 얻는 법인데 말이다.

진화 과정에서 우리는 남에게 영향을 주고 우리 자신도 남에게 영향을 받는다. 그때 어떤 일이 일어나는지 이해하는 데 가장 적합한 기준틀은 의사소통의 진화를 설명하는 기준틀이다. 상호영향이라는 이론에 대한 반反직관적인 예측은 동물들의 수수께끼 같은 행동에서 어렵지 않게 찾아볼 수 있다. 이 장에서는 그런 동물들의 행동을 설명해보려 한다.

기이하게 행동하는 동물들

●

오스트레일리아 동쪽 삼림 지대에서 이상한 구조물을 가끔 마주친다. 작은 집처럼 생긴 이 구조물은 풀로 지어졌고 장과漿果와 알껍데기, 작은 금속 조각, 울긋불긋한 잡다한 물체로 장식됐다. '바우어bower'로 불리는데, 지역민이 아니라 점박이 바우어새spotted bowerbird가 지었다. 그 새는 궂은 날씨와 포식자를 피하려고 그 집을 그렇게 공들여 지었을까? 그렇지 않다. 이런 목적으로는 나무 틈새에 전형적인 둥지를 짓는다. 그럼 바우어를 짓는 이유는 무엇일까?

날렵한 모습, 긴 뿔, 옆구리를 가로지르는 우아한 검은 줄무늬, 새하얀 엉덩이를 가진 톰슨가젤은 정말 아름다운 동물이다. 그런데 약간 멍청한 듯하다. 들개들이 떼 지어 대초원을 돌아다니며 톰슨가젤을 추격해 쓰러뜨릴 기회를 노리지만, 가젤은 들개 무리를 보더라도 전속력으로 달아나지 않는 경우가 많다. 오히려 다리를 쭉쭉 뻗으며 같은 지점에서 껑충껑충 뛰어오른다. 때로는 1.8미터 높이까지 뛴다.[1] 아무런 장애물이 없는데도 껑충껑충 뛰어오르니, 달리는 속도는 느릴 수밖에 없다. 가젤이 그처럼 껑충껑충 뛰어오르는 어리석은 짓을 멈추지 않는 이유는 무엇일까?

아라비아 꼬리치레Arabian babbler도 점박이 바우어새처럼 갈색을 띠는 조류로, 몸길이가 30센티미터가 되지 않는다. 하지만 이름에서 짐작되듯, 꼬리치레는 바우어를 짓지 않는다. 지저귀는 노랫소리 이외에 아라비아 꼬리치레의 눈에 띄는 특징은 협력하는 삶이다. 십여 마리가 무리를 지어 새끼들을 함께 돌보고, 서로 몸을 씻겨주며, 보초병 역할도 한다. 포식자가 접근해오면, 보초 역할을 맡은 새가 톰슨가젤보다는 훨씬 합리적으로 여겨지는 행동을 하는데, 그건 바로 동료들에게 경고음을 보내는 것이다. 보초 역할을 맡은 새는 포식자가 꽤 멀리 있으면 상대적으로 낮은 경고음을 두 번, 혹은 떨리는 음을 높고 길게 한 번 내뱉는다. 그러다가 포식자가 가까이 다가오면 높은 고음을 짧게 세 번씩 내뱉기 시작한다. 이런 경고음을 들으면 무리의 다른 새들은, 어떤 경우에는 달아나고, 또 어떤 경우에는 포식자를 떼 지어 공격한다. 여기까지는 무척 정상적이다. 그런데 이 세계에도 독거하는 꼬리치레가 있다. 그 녀석들은 다른 꼬리치레들과 협력하기는커녕 함께 살지도 않는다. 하지만 이런 독불장군도 포식자를 발견하면 보초 새와 똑같이 경고음을 보낸다.[2] 왜 독거하는 꼬리치레가 경고음을 무리들에게 보내는 것일까?

포유동물이 그렇듯이 인간의 경우에도 임신은 몸에 많은 변화를 일으킨다. 이중에는 배가 불룩해지는 신체적 변화처럼 눈에 띄는 것도 있지만, 인슐린 분비의 변화처럼 감지하기 힘든 것도 많다. 인슐린은 몸에게 혈당을 지방으로 바꾸라고 지시하는 호르몬이다. 당분이 많은 음식을 섭취한 후에는 혈당 수치가 올라가고, 인슐린이 분비된다. 당은 지방 형태로 저장된다. 그런데 출산 날이 점점 가까워지면 산모는 식사를 끝낸 후에 다량의 인슐린을 생성하기 시작한다. 성장하는 태아에게는 많은 양의 에너지가 필요하고, 태아는 산모의 피에 축적된 당분에서 그 에너지를 얻기 때문에, 이런 변화는 기이하게 여겨질 수 있다. 그런데 훨씬 더 기이한 변화가 있다. 인슐린이 다량으로 분비되는데도 혈당 수치가 평소보다 더 오랫동안 높은 수준을 유지한다는 것이다.[3] 산모의 몸이 태아에게 필요한 자원을 제한하려고 애쓰는 이유는 무엇일까? 그런 수고를 소용없게 만드는 이유는 또 무엇일까?

꿀벌은 꽤 작은 뇌를 지녔지만, 무척 뛰어난 채집꾼이다. 벌은 꿀이 많은 꽃을 찾아다니고, 그 위치를 기억한다. 벌집으로 돌아오면 꿀벌은 유명한 8자 형태의 춤waggle dance으로 동료들에게 꿀이 있는 곳을 알린다. 꿀벌은 개인적 경험(과거에 좋은 꿀을 발견했던 곳)과 사회적 정보(다른 꿀벌들의 춤)을 이용해 효율적으로 꿀을 채집한다. 꿀벌이 개인적 경험과 사회적 정보에 두는 가중치를 알아낼 목적에서, 곤충학자 마거릿 레이Margaret Wray와 그녀의 동료들은 일련의 기발한 실험을 실시했다. 그들은 호수 한복판에 인위적인 꿀통을 설치했다. 몇몇 꿀벌이 호수를 날아다니다가 꿀통을 발견하고는 벌집으로 돌아와 동료들에게 좋은 소식을 전했다. 벌집에 있던 꿀벌들이 개인적 경험으로 호수 한복판에 꽃이 없다는 걸 알고 있었다면, 호수를 가리키는 춤을 보자마자 호수에서 돌아온 꿀벌들이 실수하는 것이라고 생각해야 마땅할 것이다. 그러나 벌집 꿀벌들은 개인적인 경험을 묻어두고, 착실히 벌집을 떠나 꿀통으로 향했다. 훨씬 그럴듯한 장소에 꿀통을 설치했을 때와 거의 같은 비율로 꿀벌들이 벌집을 떠나 호수 한복판으로 향했다.[4] 상당히 지능적인 곤충인 꿀벌이 개인적 직관을 무시하고, 동료의 터무니없는 지시를 따르는 이유는 대체 무엇일까?

갈등 그리고 커뮤니케이션 능력의 진화

●

이런 이상한 행동을 이해하는 비결이 곧 우리가 듣는 것을 평가하는 방법을 이해하는 열쇠이고, 그 비결이 바로 커뮤니케이션의 진화 이론이다. 진정한 커뮤니케이션이 존재하려면, 신호를 보내는 쪽과 받는 쪽, 양쪽 모두 적응되어 있어야 한다.[5] 예컨대 버빗원숭이는 정교한 경고음을 사용해 독수리와 뱀, 표범 등 포식자의 존재를 무리에게 알린다. 버빗원숭이는 어떤 포식자가 눈에 띄느냐에 따라 달라지는 경고음을 보내는 메커니즘만이 아니라, 각 경고음에 따라 적절히 반응하는 메커니즘도 갖추고 있는 게 분명하다. 하기야 독수리가 접근해오는데 나무 위로 올라가는 반응은 전혀 도움이 되지 않을 것이다.[6] 버빗원숭이의 경고음은 진화된 커뮤니케이션 시스템이라 하기에 부족하지 않다.

상대의 적응 없이, 한쪽만 어떤 정보를 보내거나 받는 데 특별한 적응을 타고난다면, 진정한 커뮤니케이션은 불가능하다. 물론 정보를 받는 쪽만 적응하면 되는 경우도 있다. 예컨대 성년 포유동물은 동종에서 새끼와 성년을 구분할 수 있는데, 이를 위해 커뮤니케이션이 반드시 필요하지는 않다. 단서를 이용해 구분할 수 있기 때문이다. 가장 확실한 단서라면 몸집의 크기이다. 새끼는 새끼로 인식될 수 있도록 작은 몸집으로 진화된 것이 아니다. 작은 몸집은 유아기에 있다는 단서cue이지 신호signal가 아니니 말이다.

자연선택설에 따르면 커뮤니케이션 메커니즘이 진화하는 이유는 신호를 보내는 쪽과 신호를 받는 쪽, 양쪽 모두의 적합도fitness가 그 메커니즘에 의해 상승하기 때문이다. 진화론에서 적합도는 개체의 번식 성공도reproductive success를 뜻하며, 개체의 번식 성공에는 자체의 번식만이 아니라 복제의 번식까지 포함된다. 따라서 개체는 개인적으로 더 많은 후손을 갖는 데 그치지 않고, 새로운 유전자 변형체를 공유할 가능성이 높은 친족 또한 많은 후손을 갖도록 지원함으로써 적합도를 높인다. 요컨대 생물학에서 '포괄 적합도inclusive fitness'라 일컫는 것이 높아진다.

커뮤니케이션의 진화는, 어떤 경우에는 상당히 단순하게 이루어진다. 한 개체의 세포들은 동일한 적합도를 갖는다. 예컨대 당신이 번식할 때 간 세포와 뇌 세포의 적합도도 증가한다. 두 세포의 관심사는 서로 일치한다. 따라서 어떤 세포가 동일한 몸의 다른 세포가 전달하려는 의사를 불신할 이유가 없어, 둘 사이의 커뮤니케이션은 방해받지 않고 진화한다. 실제로 우리 몸의 세포들은 질병에 걸려 나빠지는 경우에도 서로 긴밀히 커뮤케이션한다. 예컨대 암에 걸린 세포는 몸에 더 많은 혈관을 만들라는 신호를 보내고, 몸은 그 신호에 따른다.[7]

몸의 일부가 아닌 독립된 개체들도 동일한 적합도를 공유할 수 있다. 예컨대 일벌의 적합도는 여왕벌의 번식 성공도와 밀접한 관계가 있다. 일벌은 자력으로 번식할 수 없고, 여왕벌의 자손을 통해서만 자신의 유전자를 후손에 전달할 수 있다. 따라서 일벌들은 서로 속일 필요가 없다. 이런 이유에서 꿀벌들은 다른 벌의 신호를 재확인하지 않고 신뢰하며 곧이곧대로 받아들여, 어떤 벌이 호수 한복판에 꽃이 있다는 신호를 보내더라도 전혀 의심하지 않는다.

한편 동일한 적합도를 공유하지 않는 개체 간에도 많은 커뮤니케이션이 일어난다. 그런데 갈등의 가능성이 잠재된 이런 상호작용에서는, 발신하는 개체의 적합도는 향상시키는 반면, 수신하는 쪽의 적합도에는 어떤 조치도 취하지 않거나, 아예 떨어뜨리는 신호들이 있을 수 있다. 예컨대 한 버빗원숭이가 가시권 내에 포식자가 있기 때문이 아니라, 잘 익은 열매가 주렁주렁 달린 나무를 발견하고는 다른 원숭이들을 따돌리고 혼자 마음껏 먹고 싶은 욕심에 경고음을 보내면 어떻게 되겠는가? 이런 신호는 받는 쪽에 해를 끼친다는 뜻에서, 부정직하거나 신뢰할 수 없는 신호가 된다.

신뢰할 수 없는 신호가 늘어나면 커뮤니케이션의 안전성은 위협받는다. 받는 쪽이 커뮤니케이션으로부터 기대할 수 있는 이익을 포기하면, 신호에 반응하지 않는 방향으로 진화한다. 어떤 신호에 관심을 두지 않고, 반응하지 않기는 쉬운 편이다. 그리고 그로 인해 더는 아무런 이익이 되지 않는 특정 신체 기관은 퇴화된다. 두더지의 눈과 돌고래의 손가락이 대표적인 예다. 마찬가지로 청각 메시지가 우리에게 해롭다면, 청각 메시지를 전문적으로 처리하는 우리 귀와 뇌의 영역에도 똑같은 원리가 적용될 것이다.

한편 보내는 쪽이 커뮤니케이션으로부터 얻는 이익을 포기할 만큼 받는 쪽이 신호를 제대로 이용하지 않으면, 보내는 쪽은 신호를 보내는 걸 중단하는 방향으로 서서히 진화한다.[8] 따라서 동일한 보상, 즉 동일한 적합도를 공유하지 않는 개체들 간의 커뮤니케이션은 본질적으로 취약할 수밖에 없다. 개인이 상황을 악화시키는 원흉이 될 필요는 없지 않은가!

커뮤니케이션의 실패

●

임신은 산모와 태아 간의 공생 관계로 생각되는 경우가 많다. 하지만 이 관계가 처음부터 어느 정도는 갈등 관계인 것도 사실이다. 산모가 자신의 적합도를 극대화하려면, 몸 안에 있는 태아에게 모든 자원을 쏟아 부어서는 안 된다. 이미 태어난 자식과 미래에 태어날 자식을 위해, 또 산모 자신을 위해서도 일부 자원을 아껴야 한다. 반면 태아는 형제자매보다 자신을 우선시하는 방향으로 진화해야 한다. 산모와 태아에 관련된 선택 압력selective pressure이 이렇게 비대칭을 이루기 때문에, 산모가 한 자식에게 최적으로 할당하려는 자원보다, 태아는 더 많은 자원을 산모에게 요구하는 방향으로 진화해야 하는 것이다.

무척 창의적인 진화 생물학자, 데이비드 헤이그David Haig의 주장에 따르면, 산모와 태아에게 가해지는 선택 압력의 차이를 통해 산모의 이상한 인슐린 분비 현상을 설명할 수 있다.[9] 태반을 통해 태아는 자체적으로 생산한 호르몬을 산모의 핏속에 보낸다. 이런 호르몬 중 하나인 태반 젖샘 자극 호르몬human placental lactogen, hPL이 인슐린 저항성을 증가시킨다. 인슐린에 대한 산모의 저항성이 클수록 산모의 혈당이 더 오랫동안 높은 수치를 유지하기 때문에 태아는 더 많은 자원을 얻을 수 있다. 이에 대응해 산모는 자체적으로 인슐린의 분비를 늘린다. 결국 산모와 태아는 일종의 균형점, 즉 혈당이 높은 수치를 유지하는 시간이 평소보다 약간 더 길지만, 산모가 인슐린을 증가한 양만큼 분비하지 않았을 경우보다는 훨씬 짧은 상태에

도달하게 된다. 태아가 산모의 혈당 수치를 조종하려고 기울이는 노력은 실로 놀라울 정도여서, 태반은 매일 1~3그램의 hPL을 분비한다.[10] 성장하는 데 전력을 다해야 하는 그 조그만 유기체, 즉 태아에게는 그 정도의 호르몬 분비도 엄청난 양의 자원이 소모되는 일이다. 비교해서 말하면, 이 줄다리기에 관계하지 않는 태반 호르몬들은 1,000배가량 적은 양으로 산모에게 영향을 미칠 수 있다.

산모와 태아가 호르몬 분비량을 조절하며 자원을 두고 줄다리기하는 기이한 현상이 진화 논리로 설명되듯, 새로운 난제들도 이 논리로 설명된다. 경고음을 예로 들어보자. '개체가 동료 구성원들에게 위험을 알리는 신호를 보낸다'라는 경고음의 기능은 1960년대까지 당연하게 받아들여졌다. 경고음을 울리는 것은 포식자에게 취약하기 때문에 영양 섭취보다 경계에 중점을 둔다는 뜻이지만, 그래도 무리의 생존 가능성을 높이는 만큼 가치 있는 일이라 여겨졌다.

그러나 생물학자 조지 윌리엄스George Williams(1926-2010)는 1966년에 발표한 고전적인 저서 《적응과 자연선택》에서 이 논리를 강력히 논박했다. 무리에서 한 개체가 경고음을 내지 않거나, 덜 자주 경고하는 쪽으로 진화되었다고 해보자. 이 개체는 무리의 다른 개체들보다 더 여유롭게 살아간다. 다른 개체들의 경고로부터 혜택을 얻으면서도 대가로 아무런 비용도 치르지 않거나 덜 치르기 때문이다. 따라서 이 특성이 무리에 의해 선택되고 확산되면, 종국에는 누구도 경고음을 내지 않는 지경에 이를 것이다. 그런데 왜 여전히 많은 종에서 경고음이 존재하는 것일까? 몇몇 경우에는 '친족 선택kin selection'에서 그 이유를 찾을 수 있다. 예컨대 노란배 마멋yellow-bellied marmot은 경고음을 내지만, 모두가 똑같은 식으로 경고음을 내지는 않는다. 대부분의 경고음은 갓 새끼를 낳은 어미가 낸다. 새끼는 포식자를 알아채는 데 익숙하지 않기 때문에 어미의 경고음으로 상당한 이익을 얻는다. 어미들이 무리의 다른 구성원에게는 구태여 경고음을 보내지 않기 때문에, 새끼들에게 경고음을 보내는 행위는 일종의 좋은 투자라 할 수 있다.[11]

　아라비아 꼬리치레의 경고음도 유사하게 설명될 수 있을 듯하다. 아라비아 꼬리치레는 혈연적으로 밀접한 관계가 있는 개체들이 무리를 지어 살아간다. 따라서 경고음으로 자손들, 더 나아가 형제자매의 자손들까지 생존 가능성을 높일 수 있어 발신자의 적합도가 높아진다.[12] 그렇지만 '친족 선택'만으로 경고음을 내는 이유가 전부 설명되지는 않는다. 혼자 떠돌며 독거하는 꼬리치레는 조심하라고 경고할 새끼나 형제자매가 없는 데도 경고음을 내니 말이다.

커뮤니케이션의 성공

●

많은 공통점을 지닌 개체들, 예컨대 산모와 태아가 효율적으로 커뮤니케이션하는 게 힘든 이유는 커뮤니케이션의 진화 논리로 설명된다. 철저히 적대적 관계에 있는 개체들 간에 커뮤니케이션이 이루어지는 이유도 역시 진화 논리로 설명된다. 일반적인 보상과 그 크기도 중요하지만, 더욱더 중요한 것은 항상 정직한 신호를 보냄으로써 신호를 받는 쪽이 거의 언제나 이득을 얻도록 해주는 것이다.

포식자와 먹잇감에게 공통되는 보상은 무엇일까? 어느 쪽도 자원을 낭비하고 싶어 하지 않는다는 것이다. 먹잇감이 포식자에게서 확실히 달아날 수 있다면, 포식자가 애초에 공격하지 않는 편이 둘 모두에게 이익이다. 쫓고 쫓기는 데 쏟는 에너지를 절약할 수 있으니 말이다. 그러나 먹잇감이 포식자에게 "너는 나를 잡을 수 없어!"라는 신호를 무작정 보낼 수는 없다. 대체로 먹잇감이 너무 어리거나 늙었을 때, 혹은 지치거나 다쳤을 때, 여하튼 포식자로부터 달아날 상태가 아닐 때 그 신호를 보낼 것이고, 결국 포식자는 그 신호를 믿을 하등의 이유가 없는 지경에 이를 것이다. 그런 신호가 제대로 기능하고 지속되려면, 먹잇감이 어떤 경우에도 충분히 달아날 능력이 있다는 걸 보여줘야 한다. 그렇지 않으면 신호는 안정되지 않아 결국 배제되고 사라질 것이다. 여하튼 우선적으로 나타나지는 않을 것이다.

아라비아 꼬리치레의 경고음이 성공적으로 이런 수준을 이루어낸 듯하다. 꼬리치레는 경고음을 보내, 포식자에게 위치가 발각되었다는 걸 알린다. 경고음을 들으면 꼬리치레가 숨을 곳을 찾아 피신할 것이기 때문에 포식자는 사냥에 성공할 가능성이 크게 줄어든다. 도마뱀부터 캥거루쥐까지 많은 종이 이런 식으로 포식자에게 경고를 보낸다.[13] 그럼 무엇이 신호의 정직성을 유지하며, 신호의 진화적 안정성을 보장할까? 왜 꼬리치레는 이런 신호음을 빈번한 간격으로 보내지 않고, 포식자가 주변에 있는 경우에만 내보내는 것일까? 하나의 이유를 생각해보자면, 신호음이 항상 포식자를 단념시키지는 않기 때문이다. 공격의 가능성을 낮출 뿐이다. 먹잇감이 포식자에게 이미 포착된 상태라면 신호음을 내더라도 손해 볼 것은 없다. 그러나 먹잇감이 아직 포착되지 않았다면, 신호음은 괜스레 먹잇감의 위치를 포식자에게 알리는 꼴이 된다. 게다가 포식자가 어디에 있는지도 모르기 때문에 포식자에게서 달아날 가능성도 낮아진다. 이런 이유에서 먹잇감은 포식자를 실제로 발견한 경우에만 신호음을 내어 신호음의 신뢰성을 유지하는 게 더 낫다.

포식자를 억제하는 신호는 본질적인 신뢰성을 갖는데, 먹잇감이 눈에 띄는 방식으로 포식자에게 신호를 보낼 때는 더욱더 설득력을 갖게 된다. 달리 말하면, 먹잇감이 포식자를 확실히 포착한 경우에 행할 수 있는 행동과 관련된 신호의 신뢰성은 더욱 높아진다.[14] 예컨대 톰슨가젤은 포식자를 발견하면 엉덩이를 포식자에게로 돌린다. 톰슨가젤의 엉덩이에는 하얀 띠가 있어, 포식자가 쉽게 그 신호를 볼 수 있다.[15] 이런 식으로 톰슨가젤은 포식자에게 발각되었다는 신호를 보냄과 동시에, 그럼에도 포식자가 엉덩이를 너무도 먹음직하다고 생각하며 공격할 경우를 대비해 반대방향으로 서서 달아날 태세를 갖추는 것이다.

톰슨가젤은 엉덩이를 포식자에게 보여주는 것에 그치지 않고, 껑충껑충 뛰어간다. 그렇게 높이 뛰는 행동은 결코 쓸모없는 짓이 아니다. 포식자를 억제하는 신호 역할을 하기 때문이다. 요컨대 톰슨가젤은 포식자에게 "내가 너보다 훨씬 빨리 뛰는데 괜스레 나를 추적할 필요가 있겠는가?"라고 말하는 것이다. 결국 건강한 가젤만이 충분히 높고 멀리 뛰어오를 수 있기 때문에 껑충껑충 뛰어가는 동작은 포식자에게 추적을 단념하라고 보내는 신뢰할 만한 신호가 된다.

껑충껑충 뛰어오르는 동작은 진화론을 입증하는 데 사용되는 좋은 증거이기도 하다. 톰슨가젤의 껑충껑충 뛰어가는 동작이 포식자에게 추적을 단념시키는 주된 기능을 한다는 걸 우리가 어떻게 알 수 있을까? 다른 대안적 가정들을 배제할 수 있기 때문이다. 껑충껑충 뛰어간다고 가젤의 속도가 빨라지지는 않는다. 그래서 포식자가 바싹 접근하면 톰슨가젤은 그 동작을 중단한다.[16] 또 장애물을 피하려고 껑충껑충 뛰어가는 것도 아니다. 톰슨가젤은 앞에 아무런 장애물이 없을 때도 습관적으로 껑충껑충 뛰어간다. 결국 껑충껑충 뛰어가는 동작은 포식자에게 발각되었다는 걸 알리는 신호가 아니다. 치타를 맞닥뜨리면 껑충껑충 뛰어 달아나는 경우가 거의 없는데, 치타는 풀숲에 몸을 감추었다가 기습하는 포식자여서, 오랫동안 달릴 수 있는 가젤의 능력을 별로 중요하게 생각하지 않기 때문이다.

이런 대안적 가정들을 배제하면, 껑충껑충 뛰는 동작이 포식자의 추적을 단념시킨다는 가정을 뒷받침하는 증거로는 무엇이 있을까? 첫째, 톰슨가젤은 대적할 만한 포식자, 예컨대 들개를 보았을 때 껑충껑충 뛴다. 톰슨가젤이 오랫동안 빨리 뛰는 능력을 과시하려고 그렇게 뛴다면 그 동작은 합리적 타당성을 갖는다. 둘째, 톰슨가젤은 상대적으로 덜 건강할 때보다 더 건강할 때, 즉 건기보다 우기에 더 많이 껑충껑충 뛰어간다. 셋째, 이 동작은 효과가 있다. 들개가 더 자주 껑충껑충 뛰는 톰슨가젤을 추적할 가능성이 낮다. 실제로 추적이 시작되면, 들개는 덜 자주 껑충껑충 뛰는 톰슨가젤 쪽으로 방향을 전환하는 경향을 띤다.

값비싼 신호를 공짜로 보낼 수 있는 이유

●

자연 선택 덕분에 신뢰할 수 없는 신호를 보내는 것은 원천적으로 차단되고, 놀랍도록 창의적인 방법으로 적대적 관계에서도 정직한 커뮤니케이션이 유지되고 있다. 아라비아 꼬리치레는 보이지 않는 포식자에게 맞추어 경고음을 조절하지 못하고, 톰슨가젤도 건강한 녀석만이 포식자를 설득할 정도로 껑충껑충 뛰어갈 수 있다. 하지만 인간에게는 자신이 보내는 메시지의 신뢰성을 확증할 만한 방법이 없는 듯하다. "나는 벙어리가 아니다."라는 말이 벙어리가 아니라는 사실을 분명히 전달할 수 있듯이 일회성적인 예외가 없지는 않지만, 음성 커뮤니케이션을 통해서는 얼마든지 신뢰할 수 없는 신호를 보낼 수 있다. 건강하지 못한 톰슨가젤은 충분히 높이 뛰지 못하는 걸 드러내 보이지만, 돈만 밝히는 전문가는 쓸모없는 조언도 완벽하게 꾸며서 전달할 수 있다.

안정된 커뮤니케이션을 유지하는 방법으로 흔히 거론되는 해결책은 '값비싼 신호 이론costly signaling theory'이다. 신호를 보내는 데 비용을 지불하게 하면 신뢰성을 확보할 수 있을 것이란 이론인데, 이 이론이 인간의 이상한 행동을 적잖게 설명해주는 듯하다. 호화로운 명품을 구입하는 행위는 부와 지위를 드러내는 값비싼 신호일 수 있다.[17] 잦은 단체 기도부터 금식까지 개인을 구속하는 종교 의식도 종교 조직에 대한 헌신을 보여주는 값비싼 신호일 수 있다.[18] 수렵과 채집으로 살아가는 오스트레일리아 원주민인 메리엄족의 거북이 사냥부터 미국인 십대들의 폭주 운전까지, 위험한 활동은 힘과

능력을 과시하려는 값비싼 신호일 수 있다.[19]

값비싼 신호는 종종 거론되지만, 잘못 이해되는 경우가 많다. 직관적으로 생각할 때, 값비싼 신호가 효과를 발휘하려면 신뢰할 수 있는 신호를 보내는 사람이 지불하는 비용이 중요하다. 예컨대 최신형 아이폰을 구입하려면 1,000달러 이상을 지불해야 하기 때문에 최신형 아이폰의 소유는 부를 과시하는 믿을 만한 신호일 수 있다. 한편 신뢰할 만한 발신자에 비해 신뢰성이 떨어지는 발신자는 신호를 보낼 때 더 많은 비용을 치러야 한다. 달리 말하면, 중요한 것은 최신형 아이폰 구입 비용 자체가 아니라, 1,000달러를 큰돈으로 생각하지 않는 부자보다 생필품까지 아껴야 1,000달러를 마련할 수 있는 가난한 사람이 더 큰 비용을 치른다는 사실이다.[20]

결국 신뢰할 수 있는 신호를 보내는 비용과 신뢰할 수 없는 신호를 보내는 비용의 차이가 중요하다면, 비용의 절대적인 수준은 중요하지 않다. 그럼 값비싼 신호일지라도 비용을 전혀 지불하지 않으면서 신뢰할 만한 신호를 보낼 수 있다. 신뢰할 수 없는 발신자가 상대적으로 높은 비용을 감당하며 신호를 보내는 한, 신뢰할 수 있는 발신자는 비용을 들이지 않고 신호를 보낼 수 있다. 점박이 바우어새의 바우어가 이런 논리로 설명된다.

수컷 바우어새가 암컷을 유혹하려고 바우어를 짓는다는 게 일반적으로 받아들여지는 통설이다. 더 멋지게 장식된 바우어가 수컷에게 짝지을 기회를 더 많이 제공하는 것은 사실인 듯하다.[21] 그런데 왜 암컷은 멋지게 꾸며진 바우어에 이끌리는 것일까? 실용적인 면에서 보면 바우어는 아무짝에도 쓸모가 없다. 이스라엘 생물학자로 값비싼 신호 이론을 정립하는 데 많은 공로를 세운 아모츠 자하비Amotz Zahavi(1928-2017)의 주장에 따르면, 바우어새는 멋진 바우어를 짓는 비용을 지불할 수 있다는 능력을 보여줌으로써 짝으로서의 가치를 드러낸다. 멋진 바우어를 지으려면 멋진 장식물을 찾는 동안 배부른 성찬을 포기하고 굶주리거나 위험을 무릅써야 할 수도 있기 때문이다.[22] 그렇지만 바우어를 짓는 데 특별히 많은 비용이 들지는 않는 듯하다. 실제로 바우어를 짓는 기간에 수컷의 사망률이 더 높아지는 것 같지는 않다.[23] 그럼 바우어가 신뢰할 수 있는 신호가 되는 이유가 무엇일까?

그 대답은 조류학자 조아 매든Joah Madden이 우연찮게 발견했다. 언젠가 매든은 몇몇 바우어에 장과를 추가로 더해 암컷 바우어새를 유혹하는 실험을 실시했다.[24] 일반적으로 암컷 바우어새는 장과가 많은 바우어를 지은 수컷과 짝짓는 걸 좋아하는데, 이상하게도 매든이 더한 장과는 아무런 효과가 없었다. 매든이 고른 장과가 바우어새가 보기에 아름답지 않았기 때문은 아니다. 매든이 선물로 장과를 더한 바우어들을 경쟁 관계에 있는 수컷들이 파손해버렸다. 무리의 다른 바우어새들도 추가로 더해진 장과가 바우어의 주인을 실제보다 더 높은 지위에 있는 것처럼 보이게 만든다고 생각했는지, 주인을 원래의 위치로 되돌리려고 바우어를 망가뜨리는 데 힘을 보탰다.

결국 커뮤니케이션 시스템을 안정되고 믿음직하게 만드는 것은 멋진 바우어를 짓는 데 투자되는 본질적인 비용이 아니라, 상대의 바우어를 주시하며, 과장된 바우어를 짓는 수컷에게 비용을 치르게 하는 수컷들의 경계심이다. 그 결과 어떤 수컷도 감당할 수 있는 수준 이상의 바우어를 짓지 않으려 한다면, 바우어는 상당한 비용을 치르지 않고도 수컷의 능력을 판단할 수 있는 신뢰할 만한 신호가 된다. 그럼 바우어는 다른 수컷의 바우어를 감시하는 데 사용한 간접비용을 고려하면 거의 무료로 얻는 값비싼 신호가 된다.

뒤에서 다시 보겠지만, 이런 논리는 인간의 커뮤니케이션을 안정되게 유지해주는 메커니즘을 이해하는 데도 무척 중요하다. 말하는 데는 본질적으로 비용이 들지 않는다. 최신형 아이폰을 구입하는 행위와 달리, 약속하는 데는 본질적으로 비용이 들지 않는다. 인간의 언어 커뮤니케이션verbal communication은 본질적으로 비용이 들지 않는 '값싼 대화cheap talk'여서, 값비싼 신호로 여겨질 수 없는 듯하다. 그러나 이런 추론은 잘못됐다. 중요한 것은 약속을 지키는 사람이 부담하는 비용이 아니라, 약속을 지키지 않는 사람이 부담하는 비용이다. 신뢰할 수 없는 메시지를 보내는 사람에게 상당한 비용을 요구하는 메커니즘이 존재하는 한, 우리는 값비싼 신호를 사용하며 커뮤니케이션을 안정되게 유지할 수 있다. (신뢰할 수 없는 메시지를 보내는 사람을 향후에 덜 신뢰하는 것만으로도 상당한 비용을 떠안게 한다). 물론 우리가 신뢰할 수 있는 신호를 보낼 때마다 비용을 지불할 필요가 없는 방법을 개발해낸 것도 값비싼 신호 체계의 성공에 크게 기여한 것은 분명하다.

경계가 필요한 이유

●

커뮤니케이션은 힘들고 까다로운 일이다. 무척 뜻밖의 상황에서 커뮤니케이션의 성패가 확인되는 것도 그 때문이다. 예컨대 먹잇감은 추적을 포기하도록 포식자를 설득할 수 있지만, 태아는 더 많은 자원을 달라고 엄마를 설득하지 못한다. 이런 성패를 이해하는 데는 진화 논리가 큰 역할을 한다. 몸을 구성하는 세포나 벌집의 벌들처럼 개체들이 공통된 보상을 갖는 때를 진화 논리가 말해주기 때문이다. 그러나 임신 기간에 일어나는 충돌이 보여주듯, 공통된 보상을 갖는 것만으로는 충분하지 않다. 두 독립된 개체의 번식 운명이 완벽하게 뒤얽히지 않으면, 신뢰할 수 없는 신호를 보내고 싶은 욕구가 십중팔구 존재하기 마련이다. 이때 자연 선택으로 신호의 신뢰성을 유지하는 다양한 방법이 발달한다. 톰슨가젤의 껑충껑충 뛰어가는 모습처럼 어떤 해결책은 무척 매력적이지만, 인간 커뮤니케이션에 적용할 수는 없다. 오히려 인간 커뮤니케이션에서 신뢰성을 유지해주는 것은 일련의 인지 과정, 즉 신뢰할 수 없는 신호에 우리가 노출되는 정도를 최소화하고, 누가 무엇을 말했는지 추적함으로써 신뢰할 수 없는 신호를 보낸 사람에게 비용을 부과하는 열린 경계open vigilance라는 메커니즘이다.

이런 메커니즘이 어떻게 작용하고, 우리가 무엇을 믿고 누구를 신뢰할지 결정하는 걸 어떻게 돕는지에 대한 궁금증은 다음 다섯 장에서 풀어보려 한다. 어쨌든 분명한 것은 우리가 일반적인 통설만큼 남을 잘 믿는 게 아니라는 점이다. 우리가 정말 남의 말을 쉽게 믿는다면, 영향력을 남용하려는 사람을 무엇으로도 막을 수 없을 것이다. 게다가 우리가 조금이라도 나은 삶을 살려면 남의 말에 아예 귀를 닫는 편이 나을 것이고, 그럼 인간 간의 커뮤니케이션과 협력 관계는 금세 붕괴되고 말 것이다.

NOT BORN YESTERDAY

열린 마음과 진화

Evolving Open-Mindedness

★ 03 ★

인간에게 커뮤니케이션 능력은 무척 중요하다. 커뮤니케이션이 없다면, 안전하게 먹을 수 있는 것을 찾고, 위험을 피하는 방법이나 신뢰할 대상 등을 알아내기 위해 꽤 많은 시간을 보내야 할 것이다. 효과적인 커뮤니케이션이 한층 더 중요해진 요즘이지만, 과거에도 사냥하고 채집하려면, 또 자식들을 키우고 연대를 맺고 기술적인 지식을 후세에 전달하려면 대화가 필요했으니, 우리 조상에게도 효율적인 커뮤니케이션이 중요한 건 다를 바 없었다.[1] 정교한 언어적 커뮤니케이션에 반드시 필요한 인간의 복잡한 발성 기관과 청각 기관은 해부학적으로 현생 인류만큼이나 오래된 것이다. 즉 30만 년 전에 형성되었다. 우리 사촌으로, 우리 조상이 60만 년 전에 갈라져 나온 네안데르탈인도 해부학적으로 동일한 구조를 지녔다는 추정이 맞다면, 복잡한 언어적 커뮤니케이션은 훨씬 오래전부터 시작되었을 것이다.[2]

선사 시대의 초기 단계부터 인간은 서로 커뮤니케이션하며 큰 이익을 얻었지만, 커뮤니케이션의 남용으로 위험에 처하기도 했다. 지금 우리는 다른 어떤 영장류보다 커뮤니케이션에 현혹되어 잘못된 길로 끌려들어갈 위험이 높다. 진화론적으로 관련된 문제가 제기되면, 그 문제를 해결하려는 인지 메커니즘을 개발하라는 선택 압력이 생겨나기 마련인데, 커뮤니케이션의 경우도 마찬가지다. 커뮤니케이션에도 가능성과 위험성이 공존하기 때문이다.

인간이 커뮤니케이션의 잠재력만이 아니라 그 위험까지 처리하는 특별한 인지 메커니즘을 진화시키지 않았다면, 오히려 그것이 이상할 정도로 커뮤니케이션의 위험도는 무척 높다. 인지과학자 댄 스퍼버Dan Sperber와 동료들은 2010년에 발표한 한 논문에서 이런 인지 메커니즘을 '인식론적 경계epistemic vigilance'라 칭했는데, 나는 그 메커니즘이 커뮤니케이션 정보를 경계하는 자세만큼이나 열린 자세를 취한다는 걸 강조할 목적에서 '열린 경계'라 칭하려 한다.[3] 하지만 그런 메커니즘이 틀림없이 존재한다는 데 우리가 동의하더라도, 그 메커니즘이 기능하는 양상은 다양할 수 있다.

커뮤니케이션의 진화, 더 나아가 인간에게 내재한 열린 경계 기제를 군비 경쟁에 비유해 생각해보자. 두 독립체 간의 군비 경쟁은 한쪽이 상대의 움직임에 대응해 판돈을 조금씩 올리는 방식으로 진행된다. 그런 군비 경쟁은 냉전 시대에 있었다. 그때 러시아와 미국은 상대가 핵무기를 건조하면 그에 대한 대응으로 더 많은 핵무기를 건조하는 식으로 끝없이 경쟁했다.

커뮤니케이션은 발신자와 수신자 사이에 벌어지는 일종의 군비 경쟁이라 할 수 있다. 발신자는 수신자를 조정하는 정교한 수단을 진화시켜야 하고, 수신자는 신뢰할 수 없는 메시지를 거부하는 정교한 수단을 진화시켜야 하기 때문이다. 이 둘은 컴퓨터 바이러스와 보안 소프트웨어의 관계와도 유사하다. 인간의 경우 이 관계는 열등한 정신 능력과 맹신성의 연관성으로 이어진다. 인류의 역사를 보면, 여성부터 노예까지 적잖은 인간이 지적인 한계가 있어 귀가 여리고 부화뇌동하는 성향을 지닌다고 주장하는 이론가가 예부터 있었다. 내 용어로 말하면, 한층 정교한 열린 경계 기제를 사용하지 못하는 사람들이다. 우리 모두가 똑같은 인지 장치를 타고난다고 가정하더라도 항상 그 장치에 의존할 수 있는 것은 아니다. 따라서 군비 경쟁에 비유한 모델에서 예측되듯이, 수신자가 탈진하거나 정신을 집중하지 못해 정교한 인지 메커니즘을 적절히 사용하지 못하면, 발신자의 더욱 발전된 인지 장치 앞에서 무방비 상태가 된다. 보안 소프트웨어가 업데이트되지 않아, 컴퓨터가 바이러스 공격에 취약해지는 것과 다를 바가 없는 셈이다.

세뇌와 은밀한 설득

1950년대 미국에서는 조작에 대한 두려움이 시대정신이었다. 이오시프 스탈린이 여전히 소련을 통치하던 때로 공산주의의 위협이 최고조에 달했고, 미국에서는 매카시즘이 극성을 부렸다. 이른바 '빨갱이'가 정부와 학원 및 국방 등 모든 곳에 침투한 것으로 여겨졌다. 빨갱이가 가장 헌신적이고 가장 애국적인 미국인, 즉 군인의 정신에도 은밀히 스며들었다는 주장에는 등골이 오싹할 지경이었다.

한국 전쟁 동안 수천 명의 미군 병사가 북한군과 중국군의 포로가 되었고, 힘겹게 탈출한 병사들이 수면 박탈부터 물고문까지 온갖 섬뜩한 학대와 고문에 대한 뒷이야기를 폭로했다. 전쟁이 끝나고, 전쟁 포로들이 송환되면서 적들이 포로들을 고의적으로 학대하는데 그치지 않고, 공산주의를 신봉하도록 세뇌하는 공작까지 벌였다는 사실이 밝혀졌다. 그 결과로 23명의 미군 전쟁 포로가 고향으로 돌아가는 길을 포기하고, 억류자를 따라 중국으로 가는 길을 선택했다. 그때 〈뉴욕 타임스〉가 보도했듯이, 그들은 "공산주의자들의 세

뇌가 적잖은 사람에게 먹힌다는 살아 있는 증거"였다.[4]

세뇌에 '조건 형성', '심신의 약화', '해리-최면-피암시성'이 필수적으로 개입되듯이, 냉정하게 생각하는 인간의 능력을 뒤흔들어야 세뇌가 효과를 발휘하는 것으로 여겨졌다.[5] 미 해군 소장 대니얼 갤러리Daniel Gallery(1901-1977)의 생각에, 세뇌는 인간을 "인간과 살려고 발버둥질하는 쥐의 경계선"에 두는 짓이었다.[6] 북한군과 중국군이 사용한 세뇌 기법은 러시아가 일찍이 개발한 기법에서 파생된 것으로, 종소리로 개가 침을 흘리게 만든 실험으로 유명한 심리학자의 이름을 따서 전쟁 포로들을 '파블로프의 포로prisoners of Pavlov'로 바꿔간 것으로 여겨졌다.[7] 얄궂게도 미국인들은 이른바 '테러와의 전쟁'에서 테러 용의자들로부터 정보를 끌어내려고 물고문을 비롯해 동일한 기법들을 대거 사용했다.

1950년대 미국에서는 사람들이 생각할 여유가 없을 때 상대적으로 쉽게 영향을 받는다는 주장이 무척 다양한 상황에서 입증되는 듯했다. 표적은 한국전쟁 포로수용소에서 지옥을 경험한 전쟁 포로들이 아니라, 할리우드에서 제작한 최신작 블록버스터를 영화관에 편히 앉아 관람하는 시민들이었다. 영화 중간 중간에 '코카콜라를 마시자' 같은 메시지가 제시되었는데, 무척 짧은 순간이라 관람객들이 의식적으로 인식하는 건 불가능했다.[8] 이 메시지는 곧 '역하subliminal' 메시지라 불리게 된다. '역하'는 '역閾보다 아래'라는 뜻이고, 여기에서 '역'은 '의식역threshold of awareness'을 가리킨다. 이런 역하 메시지가 불러일으킨 불안감과 두려움은 수십 년 동안 지속되었다. 2000년 말에는 민주당 대통령 후보이던 앨 고어의 공약을 공격하는 공화당 광고가 시청자들에게 '쥐'라는 단어를 의식역하에, 즉 부지불식간에 보여준다는 추문까지 돌았다.[9] 역하 메시지의 힘은 상대적으로 고상한 목적을 위해서도 사용되었다. 기업들은 고객들이 잠자는 동안에 들을 수 있는 치유용 테이프, 구체적으로 말하면 자존감을 높여주는 테이프를 개발하기 시작했다. 사람들이 자는 동안에는 의식을 거의 통제하지 않기 때문에, 잠잘 때 듣는 소리는 잠재의식을 직접적인 표적으로 삼는 만큼 더욱더 효과적인 것으로 여겨졌다.

역하에 영향을 미치려는 시도에 대한 두려움은 열등한 인지 능력과 맹신성 사이에 굳어진 등식—덜 생각할수록 더 나쁘게 생각하고, 해로운 메시지에 더 많은 영향을 받는다—에서 비롯된 것이다. 지적 능력의 부족과 맹신성 간의 이런 등식은 역사적으로도 만연했다. 기원전 500년 헤라클레이토스가 "웅변가들 중에 멍청이와 도적이 얼마나 많은지는 생각하지 않고, 군중에 휩쓸리고 웅변가의 뜻대로 움직이는 사람"에 대해 말했을 때, '사람'은 일반 대중이나 민중을 뜻했지 귀족을 뜻하지는 않았다.

2,500년이 지난 후에도 군중 심리학자들의 담론에서는 거의 비슷한 비유가 만연했다. 19세기 후반기에 활동한 유럽 학자들은 혁명에 가담한 폭도부터 파업하는 광부까지 군중이 정치에 미치는 영향을 알아내려 애썼다. 그들은 군중을 폭력적이면서도 부화뇌동하는 모습으로 그려냈고, 이런 결과는 널리 알려지며 베니토 무솔리니Benito Mussolini(1883-1945)와 아돌프 히틀러Adolf Hitler(1889-1945)에게 영감을 주었다. 오늘날에도 법집행기관의 직원들처럼 군중을 다루는 사람들에게 당연한 개념으로 받아들여지고 있다.[10] 군중 심리학자

로 가장 널리 알려진 귀스타브 르 봉Gustave Le Bon(1841-1931)은 "군중에게는 비판 정신이 부재하고 …… 진화가 덜된 열등한 존재, 예컨대 여성과 야만인, 어린아이 등에게 속한 특성이 관찰된다."라고 말했다.[11] 한편 르 봉의 동료, 가브리엘 타르드Gabriel Tarde(1843-1904)는 '동기 기반 추론motivated reasoning'을 설명하며 "군중은 순응성과 맹신성 때문에 …… 여성적"이라 주장하면서도 "군중은 거의 언제나 남성으로 구성된다."라고 인정했다.[12] 또 다른 군중 심리학자, 이폴리트 텐Hippolyte Taine(1828-1893)은 "군중과 함께할 때 사람들은 모두가 서로 모방하는 맹종적인 원숭이처럼 자연 상태로 회귀한다."라고 덧붙였다.[13] 거의 같은 시기에 대서양 건너편에서는 마크 트웨인Mark Twain(1835-1910)이 소설 《허클베리 핀》에서 짐을 "모든 것에 만족하고 남의 말을 잘 믿어, 어린아이처럼 순진한 노예"로 묘사했다.[14]

21세기에 들어서도 이 달갑지 않은 등식은 곳곳에서 들린다. 〈워싱턴 포스트〉와 〈포린 폴리시〉에 글을 기고한 평론가들은 도널드 트럼프가 "무지한" 유권자들의 "맹신성" 덕분에 당선된 것이라 주장했다.[15] 브렉시트, 즉 영국이 유럽 연합의 탈퇴를 결정한 투표에 대한 일반적인 의견에 따르면, 브렉시트를 찬성한 영국인들은 "교육을 받지 못한 서민"이고, 유럽 연합에 남는 쪽을 선택한 영국인들은 "교양 있고 세련된 세계주의자"로 포장된다.[16]

요즘의 학술 문헌에서 단순성과 맹신성의 관계는 주로 두 가지 형태를 띤다. 하나는 어린아이에게서 발견되는 것으로, 인지적 성숙함의 결여가 맹신성으로 이어진다는 것이다. 최근에 발간된 한 심리학 교과서에는 어린아이도 복잡한 인지 능력을 상당한 수준까지 키우면 "덜 맹신적"이 된다는 주장이 실렸다.[17] 그러나 다른 교과서에는 여전히 "어린아이는 광고업자의 꿈인 듯하다. 광고를 쉽게 믿고 취약한 까닭에 어떤 물건이든 쉽게 팔 수 있는 대상이다."라는 내용이 담겼다.[18]

인지 능력의 결여와 맹신성이 밀접한 관계에 있다는 것은 사고 과정을 시스템 1과 시스템 2로 구분하는 유명한 방법에서도 찾을 수 있다. 심리학에서는 오래전부터 정립되었지만, 심리학자 대니얼 카너먼Daniel Kahneman의 《생각에 관한 생각》에 의해 최근에 널리 알려진 이 이론에 따르면, 어떤 인지 과정은 신속하게 거의 무의식적으로 힘들지 않게 진행된다. 시스템 1에 속하는 과정으로, 단순한 텍스트를 읽거나, 누군가에 대한 첫인상을 마음속에 그릴 때, 혹은 잘 알려진 길에서 방향을 찾을 때를 생각해보라. 이러한 시스템 1을 형성하는 직관은 전체적으로 효율적이다. 구체적인 예를 들어 설명해보자. 우리는 얼굴 특징에 근거해 사람들의 능력이나 신뢰성을 판단하는 듯하다. 하지만 그러한 판단은 신뢰성에서 한계가 있을 수밖에 없다. 따라서 더 강력한 근거, 예컨대 그 사람의 실질적인 행동이 판단의 근거가 되어야 한다.[19] 이때 시스템 2가 끼어든다. 느릿한 사색과 노력이 필요한 과정에 기초한 시스템 2는 시스템 1이 실패할 때 개입해, 한층 객관적인 절차와 합리적인 규칙으로 직관의 실수를 바로잡는다. 심리학에서 흔히 '이중 처리 모델'이라 일컬어지는 이론이다.[20]

이중 시스템의 기능을 설명하는 데 가장 널리 사용되는 문제는 '배트와 야구공'이다.

배트 하나와 야구공 하나를 구입하는 데는 1.10달러가 필요하다. 배트가 야구공보다 1달러가 더 비싸다. 그럼 야구공은 얼마일까?[21]

이 문제를 전에 본 적이 없다면, 더 읽기 전에 그 답을 구해보라.

이 문제는 겉보기에 무척 단순하지만, 대부분이 잘못된 대답, 즉 10센트라고 대답해 심리학자들의 관심사가 되었다. 10센트라는 답은 시스템 1에 기초한 것이다. 이 문제를 읽고 난 후, 과반수가 머릿속에 떠올린 첫 번째 답이 10센트였다. 하지만 10센트는 올바른 답이 아니다. 10센트가 정답이라면 배트가 1.10달러가 되므로, 배트와 공을 모두 구입하려면 1.20달러가 필요하다. 직관에 의한 이런 실수를 바로잡고, 5센트라는 올바른 답을 구하려면 시스템 2에 기대야 한다.[22]

시스템 1은 임시변통인 메커니즘으로 이루어지는 반면에, 시스템 2는 느리지만 신중한 사색으로 이루어진다면, 시스템 1은 맹신성, 시스템 2는 비판적 생각과 관련지을 수 있다. 심리학자 대니얼 길버트와 그의 동료들은 주고받는 정보의 평가에서 두 시스템이 어떤 역할을 하는지 알아내기 위해 일련의 기발한 실험을 실시했다.[23] 실험자들은 피험자에게 일련의 명제를 들려주고, 각 명제가 주어질 때마다 피험자에게 그 명제가 참인지 거짓인지 알려주었다. 한 실험은 북아메리카 원주민, 호피족 언어에 속한 단어들에 관한 것이었다. 따라서 피험자에게 '고렌은 주전자이다'라는 명제가 주어지면, 곧이어 그 명제가 '참'이란 평가가 뒤따랐다. 모든 명제가 제시된 후, 피험자에게 어느 명제가 참이었고, 어느 명제가 거짓이었는지 다시 물었다. 두 시스템의 역할을 테스트하기 위해 길버트와 동료들은 시스템 2 과정을 간헐적으로 방해했다. 시스템 2는 느릿하고 의식적인 수고가 개입되는 과정이므로 방해하기가 쉽다. 이 실험에서 피험자들은 중요한 정보, 즉 어떤 명제가 참인지 거짓인지를 말해주는 정보가 전달될 때 종소리 같은 소리를 들으면 단추를 눌러야 했다.

어떤 명제가 참인지 거짓인지 기억해내야 하는 시간이 되었을 때, 시스템 2를 간헐적으로 방해받은 피험자들은 참인지 거짓인지 헷갈리면 참으로 생각하는 경향이 많았다. 요컨대 시스템 2를 방해받은 경우에 많은 피험자가 거짓 명제를 참으로 받아들였다. 이 일련의 실험에서 길버트와 동료들이 내린 결론에 따르면, 처음에 우리는 들은 것을 그대로 받아들이지만, 시스템 2에 약간의 방해가 가해지면 처음에 어떤 말을 들었는지 돌이켜 생각하지 않는다. 길버트와 동료들이 이 주제를 다룬 두 번째 논문의 제목으로 말했듯이, "우리가 글로 읽는 모든 것을 믿지는 않는다."[24] 대니얼 카너먼은 이런 실험들로 얻은 결론을 다음과 같이 요약했다. "시스템 2가 다른 일에 매달려 있으면 우리는 무엇이든 거의 다 믿을 것이다. 시스템 1은 잘 속고 무엇이든 믿도록 편향된 반면, 시스템 2는 의심과 불신을 담당한다. 그러나 시스템 2는 가끔씩만 바쁘고 대개는 게으르다."[25]

이런 결과는 '분석적'으로 생각하는 방식, 즉 시스템 1보다 시스템 2에 더 의존적인 경향을 띠는 사고법과 경험적으로 의심스런 믿음을 배척하는 직관 사이에서 관찰되는 차이와도 일치한다. 두 심리학자, 윌 저베이스Will Gervais와 아라 노렌자얀Ara Norenzayan은 널리 알려진 논문에서, 상대적으로 분석적인 정신 구조를 지닌 사람들—예컨대 '배트와 야구공' 같은 문제를 능숙하게 푸는 사람들—은 무신론자인 경우가 많다고 말했다.[26] 다른 여러 연구에서도 분석적인 성향을 띤 피험자들은 마법부터 예지력까지 초자연적인 것을 인정하지 않는 경향을 띤다는 게 확인되었다.[27]

여러분도 방금 읽은 것을 무작정 믿지 않기를 바란다!

●

인지 능력 결여와 맹신의 관련성은 군비 경쟁에 비유한 경계의 진화에서도 예측되지만, 인류의 역사에서도 고대 그리스 철학자부터 요즘의 심리학자까지 통설로 받아들여졌다. 그런데 인지 능력 결여와 맹신의 관련성을 군비 경쟁에 비유하는 시도는 흥미롭게 보일 수 있지만, 내 생각에 이런 비유는 완전히 잘못되었다. 또 인지 능력의 결여가 곧 맹신의 원인이란 등식도 잘못된 것이다. 따라서 어떤 사람이 잘못된 믿음을 받아들일 가능성이 높은지, 그 이유가 무엇인지에 대해서는 비판적 접근이 필요하다.

우선 군비 경쟁은 인간 커뮤니케이션의 진화에 비유되기에 적합하지 않다. 군비 경쟁의 특징을 요약하면, 핵무기가 경쟁적으로 확대되는 현상 유지이다. 구체적으로 말하면, 러시아와 미국은 핵무기를 점진적으로 확대했지만, 어느 쪽도 우위를 차지하지 못했다. 컴퓨터 바이러스가 보안 소프트웨어로 소멸되지도 않지만, 바이러스가 모든 컴퓨터를 장악하지도 않는다. 또한 산모와 태아가 자원을 두고 씨름하는 줄다리기에서 보았듯이, 호르몬 배출이 양쪽 모두에서 많아지더라도 실질적인 순효과는 없다.

다행스럽게도 인간 커뮤니케이션은 앞에서 언급한 예들과 무척 다르다. 인간 커뮤니케이션에서 현상이 선행 인류 혹은 근사치로 우리와 가장 가까운 살아 있는 동물 친척들이 교환하는 정보량이라면, 우리가 그 현상에서 크게 벗어난 것은 분명하다. 우리는 여느 영장류보다 많은 정보량을 보내고 소비하며, 사방에서 받는 정보에 크게 영향을 받는다. 게다가 커뮤니케이션의 폭이 극적으로 넓어졌다. 시공간에서 멀리 떨어진 사건에 대해 논의하고, 마음속 깊은 곳에 감추던 감정을 표현하며, 추상적인 개체에 대해 토론하고, 상상의 존재에 대한 이야기까지 주고받는다.

인간 커뮤니케이션의 진화에 더 적절한 비유는 군비 경쟁보다는 잡식성 식사법의 진화이다. 무척 특이한 식사법을 가진 동물들이 있다. 코알라는 유칼립투스 잎만을 먹고, 흡혈박쥐는 살아 있는 포유동물의 피만을 마시며, 판다는 대나무만을 먹는다. 이 동물들은 그 이외의 것을 전혀 먹지 않는다. 극단적인 예로, 코알라는 유칼립투스 잎이더라도 땅에 떨어진 것은 먹지 않는다.[28] 이 동물들은 극단적으로 선택된 음식만을 섭취하도록 진화된 셈이다. 하지만 새로운 환경에서 이 전략은 역효과를 불러일으킬 수 있다. 흡혈박쥐는 살아 있는 포유동물의 피만을 마시므로, 음식의 신선도를 걱정할 필요가 없다. 자연환경에서 흡혈박쥐는 독성을 띤 음식을 피하는 방법을 구태여 학습할 필요가 없기 때문에 기피해야 할 음식을 학습하는 메커니즘도 없다. 그러다 보니 자연환경을 벗어나면 질병과 필연적으로 관련된 음식을 계속 먹게 된다.[29]

이런 특별한 동물들과는 대조적으로, 잡식성 동물은 음식에 대해 더 개방적이면서도 더 경계심도 크다. 잡식성 동물은 무척 다양한 종류의 음식을 찾고 탐색하고 섭취한다는 점에서 더 개방적이다. 쥐와 인간에게는 "9가지의 아미노산, 여러 종류의 지방산, 10가지 이상의 비타민, 적어도 13가지의 미네랄"을 포함해 30가지 이상의 영양소가 필요하다.[30] 어떤 음식도 이 모든 영양소를 한꺼번에 공급하지 못한다. 따라서 잡식성 동물은 음식의 섭취 가능성을 시도해보려는 자세에서는 훨씬 더 개방적이어야 한다. 실제로 쥐와 인간은 먹을 수 있는 것처럼 보이는 모든 것을 시험 삼아 먹어보려 한다. 쥐와 인간은 음식에서 필요한 영양소를 탐지하고, 필요에 따라 먹는 것을 조정하는 일련의 메커니즘을 타고난다. 그 때문에 체내에 나트륨이 줄어들면 짠 음식을 갈구하게 된다.[31]

이런 개방성 덕분에 잡식성 동물의 적응력은 환상적이다. 인간은 거의 젖과 감자(18세기 초의 아일랜드 농민)나 육류와 어류(최근까지의 이누이트족)로만 구성된 식사법으로도 생존할 수 있었다. 하지만 이런 개방성 때문에 잡식성 동물은 취약하기도 하다. 육류는 변질되면 위험한 세균이 번식할 수 있다. 또 대부분의 식물은 먹히는 것을 피하려고 독성을 품거나, 소화하기 어려운 물질을 함유하고 있다. 그 결과로 잡식성 동물은 특정한 음식만을 편식하는 동물에 비해 경계심이 많을 수밖에 없다. 잡식성 동물은 다양한 전략을 사용해, 달갑지 않은 부작용을 일으킬 수 있는 음식을 피하는 방법을 배운다. 가장 기본적인 전략은 과거의 경험을 미래에 활용하는 것이다. 요컨대 어떤 음식을 먹었을 때 몸이 아팠는지 기억해두었다가 향후에 그 음식을 피하는 전략이다. 잡식성인 우리는 당연하게 이 전략을 사용하지만, 흡혈박쥐 같은 동물들은 그러지 못한다. 어떤 음식이 안전한지 기억하고 기록하려면 일반적인 학습 메커니즘을 넘어, 전문화된 회로망이 필요하다. 예컨대 몸이 아프면, 몇 시간 전에 섭취한 음식을 기억해내 그 음식을 피하면 된다. 그 음식을 섭취하고 몸에 아픈 반응이 나타나기 전까지 보고 느꼈던 것, 또 후각을 자극했던 것 등 다른 모든 자극까지 멀리할 필요는 없다.[32] 쥐나 인간 같은 잡식성 동물만이 아니라 애벌레도 어렸을 때 먹던 음식을 선호하는 경향을 띤다.[33] 쥐와 인간은 동종의 다른 구성원이 무엇을 먹는지, 그것을 먹고도 병들지 않는지를 눈여겨보며 어떤 음식이 안전한지 알아간다.[34]

커뮤니케이션에서 인간과 다른 영장류의 차이는 편식성 동물과 잡식성 동물의 차이와 유사하다. 비인간 영장류는 특정한 신호들에 주로 의존해 커뮤니케이션한다. 버빗원숭이에게는 공중의 포식자에게만 적용되는 특별한 경고음이 있고,[35] 침팬지는 특별한 형태의 미소로 항복의 뜻을 전달한다.[36] 개코원숭이의 경우에는 지위가 높은 녀석이 상대적으로 낮은 녀석에게 접근할 때 미리 꿀꿀거리며 공격할 의도가 없다는 뜻을 전한다.[37] 인간은 커뮤니케이션에서도 잡식성이다. 인간은 생각해낼 수 있는 거의 모든 수단을 사용해 커뮤니케이션할 수 있다. 따라서 인간은 여느 영장류보다 개방적이다. '가리키는 행위pointing'처럼 기본적인 수단을 예로 들어보자. 인간은 첫돌을 지나면 가리키는 행위를 이해한다.[38] 그러나 침팬지는 성년이 되어도 가리키는 행위를 이해하지 못한다. 우리에게는 너무나 명백한 상황에서도 그 행위의 뜻을 이해하지 못한다. 실제로 침팬지를 상대로 한 반복된 실험이 있었다. 침팬지 앞에 두 개의 불투명한 그릇을 두고, 하나에만 음식을 담아두었다. 하지만 침팬지는 어느 그릇에 음식이 담겨 있는지 모른다. 실험자가 그 그릇을 가리키더라도 침팬지가 다른 그릇보다 그 그릇을 선택할 가능성은 더 높지 않다.[39] 그 이유가 지능이 떨어져서는 아니다. 실험자가 그 그릇을 잡으려 하자, 침팬지는 그 그릇에 음식이 담겼을 것이라고 정확히 추론해냈다.[40] 결국 커뮤니케이션이 침팬지에게 우리만큼이나 당연한 것이 아니라는 뜻일 수 있다.

커뮤니케이션의 형태와 내용에서 우리가 다른 영장류보다 더 개방적이라면 당연히 경계심도 더 커야 한다. 이 경계심이 어떻게 작동하는지는 다음 네 장에서 살펴보고, 여기에서는 열린 경계 기제의 전반적인 구조에 대해 집중적으로 살펴보려 한다. 열린 경계 기제의 구조는 이런 메커니즘이 부분적으로 손상될 때 어떤 현상이 닥치는지 파악하는 데 무척 중요하다. 그런 손상이 있을 때 우리는 기만적인 정보를 받아들이게 될까?

군비 경쟁 이론으로 해석하면, 우리는 인지 능력의 향상에 힘입어, 극단적으로 개방적이라 무엇이든 쉽게 믿는 상황에서 경계심이 한층 정교해진 상태로 진화했을 수 있다. 따라서 그 인지 능력이 제거되면, 우리는 과거처럼 맹신하는 상태로 되돌아가고, 부조리하고 유해한 메시지도 무작정 받아들일 가능성이 커질 것이다.

그러나 잡식성 식사법의 진화에 비유하면, 정반대로 해석된다. 우리는 극단적으로 보수적인 상황, 즉 제한된 신호에만 반응하는 상황에서, 더 경계하지만 다양한 형태와 내용의 커뮤니케이션에 더 개방적이 되는 상황으로 진화했을 수 있다. 경계 기제의 구조는 정교해짐에 따라 개방성도 커지고, 전반적인 기능도 한층 더 향상된다. 군비 경쟁이란 관점에서 보면, 정교한 경계 기제가 망가지면 우리는 맹신적이 되고 취약해진다. 반면 개방성과 경계심이 밀접한 관련을 맺으며 진화하는 모형은 그렇게 허약하지 않다. 나중에 생겨난 메커니즘이 파괴되어 과거의 메커니즘으로 돌아가게 되면, 경계심은 약해지겠지만, 개방성 또한 크게 축소되기 때문이다. 즉, 진화의 시간에서 나중에 형성된 정교한 인지 능력이 손상되면 우리는 과거의 보수적인 상태로 돌아갈 것이고, 따라서 남의 말을 쉽게 믿기는커녕 오히려 완고해질 것이다.[41]

세뇌는 아무것도 씻어내지 못한다

부족한 인지 능력과 맹신이 밀접한 관계가 있다는 주장을 뒷받침하는 증거, 또 군비 경쟁에 비유해 경계의 진화를 간접적으로 보여주는 증거는 무엇인가? 무엇보다 세뇌와 잠재의식에 영향을 주려는 시도는 어떻게 되는가? 인간의 높은 인지 능력을 방해하거나 그 능력을 완전히 무시하는 게 우리에게 효과적으로 영향을 미칠 수 있는 수단이라면, 세뇌와 잠재의식에 작용하는 역하 자극subliminal stimulus에 우리는 공산주의의 장점을 무비판적으로 받아들이고, 코카콜라를 갈망하게 되어야 한다. 그러나 세뇌와 역하 자극이란 설득 기법은 전혀 효과적이지 않다.

한국 전쟁 이후 23명의 미군 포로가 고향을 등지고 중국행을 선택했을 때 세뇌에 대한 두려움이 시작되었지만, 당시에도 세뇌의 성공률은 측은할 지경이었다. 4,400명의 포로 중 23명이 전향한 것에 불과했다. 백분율로는 0.5퍼센트였다. 그러나 엄격히 말하면, 진정한 전향자는 실질적으로 0명이었다. 그 전향자들은 미국에서 그들을 기다리고 있던 것을 두려워한 까닭에 고향을 등진 것이었다. 그들은 포로수용소에서 조금이라도 편하게 지내려고 중국 측에 협력했다. 여하튼 중국 측 간수들에게 동료 포로들만큼 저항하지는 않았다. 그 때문에 그들은 귀향하자마자 군사 법원에 회부될 가능성이 높았다. 실제로 미국으로 돌아온 전쟁 포로 중 한 명은 10년형을 선고받았고, 또 다른 한 명에게 검사들은 사형을 구형하기도 했다. 이런 현실에 비추어보면, 공산주의 이념을 말로만 찬양하더라도 중국 공산 체제로의 전향자로 환영받는 게 나쁠 것은 없었을 것이다.[42] 그 후로는 세뇌에서 파생된 '선진 심문 기법enhanced interrogation technique', 즉 잠을 재우지 않거나 신체적인 학대를 가해 용의자의 정신을 혼미하게 만드는 기법이 미군에 의해 사용되었다. 그러나 심문자가 용의자에게 신뢰를 얻고, 관련된 문제를 허심탄회하게 논의하는 기법, 즉 용의자의 높은 인지력을 최대한 활용하는 연성 기법에 비교할 때, 이런 기법들은 세뇌처럼 별다른 효과를 거두지 못한 것으로 드러났다.[43]

잠재의식에 영향을 미치려는 역하 자극과 무의식 통제에 대한 두려움도 역시 근거 없는 두려움에 불과했다. 역하 자극의 효과를 입증하려는 초기의 실험들은 그저 실험으로 끝났다. 누구도 영화에서 '코카콜라를 마시자'라는 광고에 자극을 받았다는 결과를 보여주지 않았다.[44] 그 이후의 많은 실험도 역하 자극이 우리 행동에 유의미한 영향을 미친다는 걸 입증하지 못했다.[45] '코카콜라를 마시자'라는 메시지를 은막에서 보았다고, 우리가 코카콜라를 마실 가능성이 올라가지는 않는다. 또 자존감을 높여준다는 테이프를 잠자는 동안 듣는다고 해서 우리 자존감이 높아지는 것도 아니다. 몇몇 실험에서 역하 자극이 우리에게 부지불식간에 영향을 미칠 수 있다는 걸 보여주긴 하지만, 그 영향은 기껏해야 극미한 정도에 불과하다. 구체적으로 말하면, 이미 목이 마른 사람에게 물을 조금 더 마시게 하는 정도이다.[46]

길버트와 그의 동료들이 실시한 실험은 어떨까? 그들은 우리가 어떤 명제(예: '고렌은 주전자이다')를 자연스럽게 참으로 받아들이고, 그 명제를 거짓으로 거부하려면 적잖은 노력을 해야 한다는 걸 보여주었다. 그렇다고 시스템 1이 '우리가 읽는 모든 것'을 참으로 받아들인다는 뜻일까? 그렇지 않다. 피험자가 명제와 관련된 배경 지식을 갖고 있다면, 배경 지식에 따라 첫 반응을 결정하기 마련이다. 예컨대 '연질 비누는 먹을 수 있다'라는 명제에 대해 대다수는 거부하는 첫 반응을 보일 것이다.[47] 그렇다고 어떤 명제가 명백히 거짓이기 때문에 직관적으로 믿음을 얻지 못하는 것은 아니다. 거짓인 명제도 약간의 타당성을 가질 수 있다. 예컨대 호피어에서 '고렌은 주전자이다'라는 명제가 참이 아니라는 걸 안다고 크게 도움이 되지는 않겠지만, '존은 자유주의자이다'라는 명제가 거짓이라는 걸 알게 된다면, 그 명제는 존에 대해 유익한 정보를 우리에게 알려주는 것이 된다. 따라서 '존은 자유주의자이다' 같은 명제를 들으면, 사람들은 수긍보다 의심하는 반응을 먼저 보인다.[48]

그렇다면 시스템 1은 "잘 속고 무엇이든 믿는 편향성"[49]을 띠기는커녕 우리의 배경 지식에 부합하지 않는 메시지만이 아니라, 신뢰할 수 없는 출처에서 나온 메시지나 애매모호한 메시지도 거부하는 편향을 띤다.[50] 여기에는 참인 메시지도 많이 포함된다. 예컨대 당신이 '배트와 야구공' 문제에 10센트라고 답했는데 누군가가 5센트가 정답이라고 말해준다면, 당신은 처음에 그의 답을 거부하는 반응을 보일 것이다. 이 경우에 시스템 2가 작용하면, 당신에게 올바른 믿음, 즉 올바른 답을 받아들이게 만들 것이다. 이런 경우가 근거 없는 믿음을 거부하게 하려고 시스템 2가 추가로 작용하는 경우보다 훨씬 더 많다.

시스템 2를 사용할 가능성이 낮고 덜 분석적인 성향을 띠면, 경험적으로 의심스런 믿음을 참으로 받아들일 가능성이 커진다는 걸 체계적으로 보여주는 실험 증거는 없다. 하지만 '다양한 인지 메커니즘을 사용하려는 인간의 성향'과, '경험적으로 의심스러우나 참으로 받아들이는 믿음의 유형' 사이에는 눈에 띄는 복잡한 상관관계가 있다. 시스템 2에 덜 의존하는 사람들일수록 배경 지식과 관련된 믿음을 옳으냐 그르냐와 관계없이 더 쉽게 받아들인다. 반면 시스템 2에 지나치게 의존하면, 겉으로는 그럴듯하지만, 실제로는 결함이 있는 논증에서 비롯된 미심쩍은 믿음을 참으로 받아들일 수도 있다.

지금까지의 연구를 결론적으로 말하면, 분석적으로 생각하는 사람이 경험적으로 의심스런 믿음을 인정할 가능성이 낮다고 섣불리 말할 수 없다. 그 둘의 관계는 결코 단순하지 않다. 분석적인 사고가 무신론과 관련이 있지만, 일부 국가에 국한된 현상이다.[51] 일본에서는 상대적으로 분석적인 성향을 띠는 사람들이 초자연적인 믿음을 더 쉽게 받아들이는 경향이 있다.[52] 세뇌 기법은 전쟁 포로들을 공산주의자로 전향시키지 못했지만, 마르크스와 엥겔스의 정교한 논증에는 서구의 많은 사상가가 설득되었다. 하기야 도무지 타당해 보이지 않는 새로운 주장을 가장 먼저 받아들이는 사람들은 대체로 지식인 계급이었다. 물론 판구조론부터 양자 물리학 등 많은 주장이 맞는 것으로 입증되었지만, 상온 핵융합부터 4체액설*까지 잘못된 것도 많았다.

정교함의 상대적인 결여가 맹신으로 이어지는 듯하더라도 전자가 후자의 원인이라는 뚜렷한 증거는 없다. 몇몇 연구에 따르면, 어린아이가 성인보다 속이기가 더 쉽고, 어린아이도 나이가 많을수록 속이기가 더 어려워진다.[53] 예컨대 세 살배기는 누군가에게 속은 적이 있어도 그를 더는 신뢰하면 안 된다는 걸 이해하지 못한다.[54] (아기에게 브로콜리를 먹이고, 조금이라도 일찍 재우려고 실랑이한 부모라면 누구나 알겠지만, 세 살배기는 지독한 옹고집이다) 그러나 어린아이의 이런 부분적인 맹신은 인지 능력 결여 때문이 아니다. 오히려 어린아이의 현실, 즉 어른에 비교하면 어린아이는 아는 것이 거의 없어, 주변의 어른

---

* 인간이 점액, 혈액, 흑담즙, 황담즙, 즉 4체액으로 구성됐으며 액체들의 불균형이 병을 불러온다는 히포크라테스의 이론이다. 이 이론은 2,000년간 받아들여지다가 르네상스 시대에 이르러 깨졌다.

이 말하는 것을 신뢰할 수밖에 없는 환경을 반영한 것일 수 있다.[55] 우리가 진화한 환경에서, 걸음마를 배우던 유아는 거의 언제나 어머니의 곁에서 지냈고, 어머니는 아기를 속일 이유가 거의 없었고, 아기를 향한 위험도 앞장서서 막아주었을 것이다. 어른을 향한 어린아이의 이런 신뢰는 꿀벌에서 확인되는 신뢰와 유사하다. 어린아이가 양육자를 신뢰하지 않을 이유보다 꿀벌이 다른 꿀벌을 신뢰하지 않을 이유가 훨씬 더 적다. 두 경우 모두에서, 정교함의 결여는 누가 누구를 신뢰하거나 신뢰하지 않는 이유를 설명하는 데 도움이 되지 않는다.

　진화 논리 따르면, 맹신은 근본적으로 안정된 형질일 수 없다. 잘 속고 무엇이든 믿는 사람은 계속 이용당할 것이고, 결국에는 메시지에 관심을 끊을 것이다. 그러고는 경계심을 품기 시작할 것이다. 경계의 진화를 군비 경쟁에 빗댄 설명은 직관적으로 그럴듯하다. 발신자는 수신자를 조정하려고 진화하고, 수신자는 그런 시도를 막아내려고 진화한다는 설명이니 말이다. 군비 경쟁에의 비유는 정교함의 결여와 맹신을 짝짓는 일반적인 통설과 유사하지만, 잘못된 것이다. 오히려 개방성과 경계심이 긴밀한 관계를 맺으며 진화한 덕분에, 인간 커뮤니케이션은 점점 넓고 깊어졌다. 이제부터 우리가 커뮤니케이션할 때 개방적이면서도 경계하게 해주는 인지 메커니즘에 대해 자세히 살펴보기로 하자. 무엇을 믿고, 누가 가장 잘 알며, 누구를 신뢰하고 무엇을 느껴야 하는지를 우리는 어떻게 결정할까?

NOT BORN
YESTERDAY

무엇을 믿어야 할까?

What to Believe?

★ 04 ★

당신이 식도락가라고 상상해보라. 당신은 온갖 종류의 요리를 좋아하지만, 단 하나의 예외가 있다. 스위스 요리는 좋아하지 않는다. 많은 경험을 근거로, 당신은 스위스 요리가 잘해야 평범 이하라고 생각하게 되었다. 그런데 친구 자크가 동네에 새로운 스위스 식당이 문을 열었고, 음식 맛이 정말 괜찮다고 말한다. 당신이라면 어떻게 하겠는가?

당신이 어떤 메시지를 평가할 때 고려해야 하는 다양한 단서는 지극히 일상적인 커뮤니케이션 조각에서 찾을 수 있다. 자크는 그 식당에 직접 다녀왔을까, 아니면 소문으로 들은 것일까? 자크가 스위스 요리를 유난히 좋아하는 것일까, 전반적으로 요리에 대해 많이 알고 있는 것일까? 자크가 그 식당에 투자한 것은 아닐까? 다음 두 장, 즉 5장과 6장에서 메시지의 출처와 관련된 단서들을 찾아내고 그 뜻을 파악하는 방법을 살펴보고, 여기에서는 메시지의 내용을 집중적으로 다루려 한다.

자크가 당신만큼 요리에 대해 박식하고, 그 식당을 부풀려 말할 하등의 이유가 없다고 해보자. 어떻게 하면, 신장개업한 스위스 식당이 괜찮다는 그의 판단을 스위스 요리에 대한 당신의 회의에 통합할 수 있을까? 기존의 믿음에 근거해 메시지를 평가하는 것이 가장 기본적인 열린 경계 기제의 역할, 즉 '타당성 점검plausibility checking' 이다.

우리가 들은 것을 평가할 때 기존의 지식과 견해를 사용하는 것은 당연하다. 예컨대 누군가가 당신에게 달이 치즈로 이루어졌다고 말하면 고개를 갸우뚱할 것이다. 그러나 당신이 재니타와 오랫동안 좋은 관계를 맺어왔는데 누군가가 당신에게 재니타가 세상 물정에 어두운 순둥이라고 말한다면, 당신은 그 정보를 신중히 취급할 것이다.

그러나 기존 지식에 의존하면 자연스레 편향성을 띠는 것이 아닐까? 기존 견해와 충돌하는 모든 것을 거부한다면, 어쩔 수 없이 옹고집이 되고 편협해지는 것은 아닐까?

반대 의견은 어떻게 다루어야 할까?

●

실험으로 밝혀졌듯이, 비합리적인 고집은 무척 위험하다. 반대 증거가 제시될 때 사람들이 더욱더 자신의 의견을 고집하게 되는 듯한 상황이 있다. 앞의 예를 다시 사용하면, 스위스 식당이 괜찮다는 소문을 듣고 난 후에 스위스 요리가 형편없다고 더욱 확신하게 되는 경우가 있지 않은가. 심리학자들은 이런 현상을 '역화 효과backfire effect'라 칭한다. 이런 현상은 반복해서 관찰되었다. 예컨대 제2차 이라크 전쟁이 있고 수년 후에 실시된 실험에서도 이는 확인되었다. 당시 미국 대통령 조지 W. 부시와 그의 정부는 이라크를 침공할 이유로, 이라크 지도자 후세인이 대량 살상 무기를 개발하는 것으로 의심되는 정황을 주장했다. 그런 무기는 발견되지 않았지만, 그 무기가 존재한다는 믿음은 오랫동안 지속되었다. 특히 부시와 이라크 전쟁을 지지하던 보수층에서는 그 믿음을 쉽사리 거두지 않았다. 이런 상황에서 두 정치학자 브렌던 나이핸Brendan Nyhan과 제이슨 라이플러Jason Reifler는 미국의 보수주의자들에게 이라크에 대량 살상 무기가 없었다는 권위자의 결론을 알리는 실험을 실시했다.[1] 그러나 피험자들은 새로운 정보를 근거로 생각을 조금이라도 바꾸기는커녕 대량 살상 무기가 있을 거라고 더욱 확신하는 반응을 보였다. 다시 수년 후, 나이핸과 라이플러는 백신 접종을 완강히 거부하는 사람들에게서도 비슷한 효과를 관찰했다. 백신 접종을 거부하는 사람들에게 독감 백신의 안정성과 유용성에 대한 정보를 제공하자, 백신 접종의 거부가 더욱더 심화되었다.[2]

하지만 역화 효과는 규칙이라기보다 예외적 현상으로 보아야 마땅하다. 가령 당신이 나일강의 길이를 짐작해보라는 질문을 받았다고 해보자. 당신은 나일강이 7,000킬로미터쯤 될 거라고 대답하고, 누군가는 나일강이 길긴 하지만 5,000킬로미터를 넘지 않을 거라고 대답한다. 역화 효과가 규칙이라면, 몇 번의 주장과 논박이 있은 후에 당신은 나일강이 지구를 몇 바퀴나 휘감을 만큼 길다고 주장해야 할 것이다. 하지만 그런 무모한 도발은 일어나지 않는다. 이런 상황에서, 즉 당신은 7,000킬로미터, 상대는 5,000킬로미터라고 생각하는 상황에서, 대략 3분의 1은 상대의 의견 쪽으로 기운다. 상대의 의견을 묵살하는 경우는 극히 드물다.[3]

정치와 건강 같은 민감한 쟁점에서도 역화 효과는 극히 드물다. 나이핸과 라이플러는 보수주의자들이 이라크에 대량 살상 무기가 없었다는 말을 들으면 그 무기의 존재를 더욱 확신하는 반응을 보인다는 걸 입증해 보였고, 정치학자 토머스 우드Thomas Wood와 이선 포터Ethan Porter가 최근에 똑같은 결과를 재현하는 실험을 실시해 결국 성공했는데, 사실 30번의 설득 시도에서 한 번의 역화 효과가 있었을 뿐이다. 나머지 29번의 경우, 피험자들에게 미국 정치에 관련해 사실에 근거한 진술(예컨대 총기 폭력이 줄어들고, 낙태가 감소했다)을 들려주자 피험자들은 신뢰할 수 있는 새로운 정보로 옮겨갔다. 새로운 정보가 그들의 기존 견해와 정치적 입장과 충돌하는 경우에도 마찬가지였다.[4] 요컨대 기존 견해와 충돌하더라도 믿을 만한 출처의 메시지가 주어지면, 사람들은 그 새로운 정보를 자신의 세계관에 통합하는 방향으로 나아간다.[5]

지금까지 살펴본 예에서는 기존의 믿음(예: 이라크에는 대량 살상 무기가 있었다)과 나중에 들은 메시지(예: 이라크에 그런 무기는 없었다)가 직접적으로 충돌했다. 한편 스위스 식당의 경우는 약간 미묘하다. 당신은 자크가 특별히 추천한 식당에 대해 아무런 의견도 없다. 단지 스위스 요리에 대해 전반적인 편견이 있을 뿐이다. 이 경우에는 직관을 따르지 않는 게 최선이다. 당신이 자크의 추천을 의심하고, 신장개업한 스위스 식당도 엉망일 것이라 생각하는 것은 당연하다. 그렇다고 당신은 스위스 식당이 전반적으로 형편없다고 더욱더 확신해서는 안 된다. 그런 확신은 역화 효과에 불과하다. 오히려 전반적인 스위스 식당에 대한 당신의 믿음은 조금이라도 덜 부정적이 되어야 마땅하다. 그래야 (유능하고 믿을 만한) 많은 사람이 그 스위스 식당이 괜찮다고 말하면 당신도 결국 마음을 바꾸지 않겠는가.[6]

타당성 점검을 넘어: 논증

●

타당성 점검은 어떤 메시지를 받아들일지 거부할지를 판단하는 만년 필터이다. 전체적으로 보면, 이 필터 역할은 대체로 부정적이다. 타당성 점검으로 기존의 믿음과 맞아떨어지는 메시지만을 인정하면, 우리가 기본적으로 그 메시지에 이미 동의한 상태이기 때문에 생각의 변화는 거의 일어나지 않을 것이다. 이런 이유에서 우리가 생각을 바꾸려면, 정보의 출처가 신뢰할 수 있는 것인지 확인할 필요가 있다. 하지만 출처를 전혀 모를 때, 타당성 점검만으로 새로운 정보를 받아들일지를 결정할 수 있는 예외적 상황이 있다. 새로운 정보가 우리 믿음에 일관성을 더해주는 경우이다.[7]

어떤 경우에 새로운 정보가 순전히 그 내용만으로 받아들여질 수 있는지를 보여주는 좋은 예가 통찰 문제insight problem이다. 다음 문제를 예로 들어보자.

시애라와 사이어스는 같은 해 같은 달 같은 날에, 같은 어머니와 같은 아버지에게서 태어났지만 쌍둥이twins가 아니다.
어떻게 이런 일이 가능할 수 있을까?

이 문제를 본 적이 없다면, 1~2분쯤 시간을 두고 그 답을 구해보라.
누군가가 "그들이 세 쌍둥이triplets인 게 아닐까?"라고 말했다고 해보자. 당신이 이렇게 말한 사람을 개인적으로 전혀 신뢰하지 않더라도, 또 그 답이 완전히 새로운 정보이더라도, 당신은 그 답을 참으로 받아들일 것이다. 일리가 있기 때문이다. 그 답은 같은 어머니에게서 같은 날 태어난 두 소녀가 쌍둥이twins가 아니라는 모순을 해결함과 동시에 당신의 믿음에 일관성을 더해준다.

그러나 어떤 정보가 우리 믿음에 일관성을 더해주더라도 그 정보를 듣는 것만으로는 생각을 바꾸기에 충분하지 않은 경우도 적지 않다. 다음 문제를 예로 들어보자.

폴은 린다를 쳐다보고 있다.
린다는 존을 쳐다보고 있다.
폴은 결혼했지만, 존은 그렇지 않다.
그럼 결혼한 사람이 결혼하지 않은 사람을 쳐다보고 있는가?
그렇다 / 아니다 / 불분명하다

이 문제는 내가 좋아하는 논리 문제 중 하나로, 내가 동료들과 함께한 많은 실험에서 사용한 것이다. 시간이 얼마가 걸려도 좋으니 답을 구해보라.[8]

당신이 나름대로 답을 구했는데 친구가 당신에게 "정답은 '그렇다'야."라고 말한다고 가정해보자. 당신이 '그렇다'를 정답으로 생각하지 않는다면, 친구가 그 문제를 완전히 잘못 파악한 것이라 생각할 것이다. 십중팔구 당신은 정답이 '불분명하다'라고 결론지었을 것이고, 그 답이 정답이라고 확신할 것이다.[9]

하지만 친구가 옳고, 당신도 '그렇다'를 정답으로 받아들이는 게 더 낫다. 왜 그럴까? 린다의 결혼 여부가 불분명하기 때문이다. 린다가 결혼했다면, 결혼한 사람(린다)이 결혼하지 않은 사람(존)을 쳐다보고 있는 게 맞다. 그러나 린다가 결혼하지 않았더라도 결혼한 사람(폴)이 결혼하지 않는 사람(린다)을 쳐다보고 있는 게 맞다. 결혼한 사람이 결혼하지 않은 사람을 항상 쳐다보고 있기 때문에 정답은 '그렇다'이다.

이 논증을 듣고 나면 '그렇다'를 정답으로 인정하기가 한결 쉽다. 처음에는 압도적 다수가 잘못된 대답을 내놓지만, 그들에게 이 논증이 추가로 설명되지 않는 한 누구도 정답이 '그렇다'인 것을 순순히 받아들이지 않는다.[10] 결국 그들이 점을 제대로 잇도록 도움을 주어야 한다.

논증이 논리적인 문제에만 유용한 것은 아니다. 논증은 일상생활에서도 항상 필요하다. 가령 당신이 동료와 함께 고객을 만나러 간다고 해보자. 당신은 6호선 전철을 타고 가려고 계획을 세웠는데 동료가 버스를 타고 가자고 제안하면 어떻게 하겠는가? 당신은 전철이 더 빠르다고 말하지만, 동료는 전철 운전자들이 파업 중이라 버스를 타는 게 낫다고 당신을 설득한다. 그럼에도 당신이 동료의 논증을 받아들이지 않으면 전철역까지 갈 것이고, 전철역이 폐쇄된 것을 보고는 후회할 것이다. 결국 당신은 논리적으로 생각하지 않음으로써 시간을 낭비한 것이다.

우리가 논증을 평가하는 데 사용하는 인지 메커니즘은 '추론 reasoning'이라 일컬어질 수 있다. 추론을 통해 우리는 논증의 질을 직관적으로 판단할 수 있다. 예컨대 '그렇다'라는 대답의 당위성이나 버스를 타야 하는 이유에 대한 논증을 들을 때, 그 논증들이 원래의 생각을 바꿀 만한 것인지 판단하는 데 추론이 작용한다.

우리는 다른 사람들을 설득하려고 할 때도 똑같은 메커니즘을 사용한다. 잠재적인 여러 논증을 고려하여 상대를 설득할 수 있는 논증들을 찾아내려 할 것이다.[11]

추론은 타당성 점검과 무척 유사하게 작동한다. 타당성 점검은 기존 믿음을 근거로 새롭게 들은 것을 평가하는 방식이다. 반면 추론은 기존의 추리 메커니즘inferential mechanism을 사용하는 것이다. 전철 운전자들이 파업 중이기 때문에 전철을 타지 않아야 한다는 논증이 타당한 이유는, "운전자가 파업 중"에서 "전철역이 폐쇄되었을 것"으로 연결되는 추론이 자연스레 "전철을 탈 수 없을 것"이란 결론으로 이어지기 때문이다.[12] 당신이 직접 파업을 생각해냈더라도 똑같은 식으로 추론하고 똑같은 결론을 내렸을 것이다. 이때 동료는 당신이 점을 잇는 걸 도왔을 뿐이다.

전철의 경우에는 점을 잇기가 무척 쉽다. 동료의 도움이 없었더라도 당신은 논리적으로 추론해낼 수 있었을 것이다. 하지만 린다-폴-존이 관련된 문제는 상당히 어려운 편이다. 무척 참신해서 생각해내기 어려운 새롭고 엄밀한 증명으로 점들이 이어지지만, 그 증명을 평가하는 각 단계의 타당성에 대한 기존의 직관이 있으면 누구나 그 증명을 이해할 수 있다.

추론을 이런 식으로 접근하면, 소크라테스식 대화법Socratic method, 즉 문답법과 관련된 논쟁을 설명하는 데도 도움이 된다. 플라톤의 《메논》에서, 소크라테스는 한 젊은 노예가 피타고라스 정리를 증명하는 걸 도와준다. 소크라테스는 노예에게 어떤 결론도 강요하지 않는다. 각 전제가 적절한 맥락에서 주어지면, 노예는 혼자서도 적절한 결론을 도출할 수 있다. 소크라테스는 노예가 혼자 힘으로 각 단계를 해결할 수 있도록 단계들을 설계하기만 하면 된다. 어떤 면에서 답은 "노예가 자신의 머리로 끌어냈지만,"[13] 도움이 없었다면 노예는 그 답을 결코 구해내지 못했을 것이다.

여기에서 열린 경계 기제로서 추론의 효율성도 입증된다. 우리는 논증이 기존의 추리 메커니즘들로 이루어지는 경우에만 추론을 통해 도발적인 결론을 받아들이기 때문에, 추론은 경계 기제의 하나가 된다. 타당성 점검이 그렇듯, 추론도 기본적으로는 누구나 할 수 있는 것이다. 일반적으로 당신이 다른 경우였다면 수긍하지 않았을 것을 당신이 받아들이도록 누군가가 설득하려 할 때, 그는 당신에게 논증을 댈 것이다.[14] 하지만 당신이 다른 것에 정신이 팔려 논증에 집중하지 않으면 생각도 바뀌지 않을 것이다. 설령 당신이 논증에 집중하더라도 내용을 이해하지 못하면 생각은 바뀌지 않을 것이다. 결국 당신이 논증을 이해하고 그 과정에서 논증을 평가할 수 있을 때에만 생각이 바뀔 수 있다.

추론은 우리가 경계하도록 하는 동시에 마음의 문을 열도록 한다. 논증이 없었다면 우리가 결코 믿지 않았을 결론도 추론을 통해 받아들이게 되기 때문이다. 앞에서 언급한 연구에서 보았듯이, 많은 사람이 다른 사람의 의견보다 자신의 견해를 더 중요하게 여기는 경향을 띠며, 평균적으로 3분의 1만 상대의 의견 쪽으로 움직인다(예: 나일강의 길이). 어떤 쟁점을 함께 논의하며, 각자의 견해를 뒷받침하는 논증을 교환할 기회가 주어진다면, 우리는 논증이 없었다면 결코 받아들이지 않았을 의견을 비롯해 거부해야 할 의견과 받아들여야 할 의견을 더 정확히 구분할 수 있을 것이다.[15]

우리 직관은 대체로 긍정적인 편이다. 그렇지 않으면 우리가 주변 세계를 마음껏 돌아다닐 수 없을 것이고, 오래전에 우리가 선택되지도 않았을 것이다. 우리는 직관을 동원해 다른 사람들이 제시한 근거들을 평가하기 때문에, 우리가 기존의 생각을 바꿀 만큼 괜찮다고 인정하는 근거들은 대체로 더 정확한 의견과 더 나은 결정으로 이어져야 한다. 그러므로 소규모 집단에서 논증을 교환하면, 구성원들이 언제 생각을 바꾸고 어떤 새로운 아이디어를 채택하는지 파악할 수 있기 때문에 다양한 분야에서 성과를 개선할 수 있다. 이런 개선은 실제로 현장에서 관찰되는 현상이기도 하다. 예컨대 각자의 의견에 대한 근거를 교환할 때, 기상 예보관들은 더 나은 예측, 의사들은 더 나은 진단, 판사들은 더 나은 사법적 결정을 내리고, 과학자들은 더 나은 가정을 세우며, 학생들은 배운 것을 더 깊이 이해하는 경향을 보여주었다.[16]

논증에 대한 반박

•

추론을 통해 우리가 마음의 문을 더 크게 열려면, 논증을 최대한 객관적으로 평가해야 한다. 특히 우리는 좋은 논증을 알아낼 수 있어야 한다. 하지만 좋은 논증도 결론이 타당하게 보이지 않을 수 있다. 예컨대 린다-폴-존의 문제에 대한 정답은 '그렇다'이지만, 적어도 그 문제를 잘못 답한 사람들에게 타당성 점검은 '아니다'이다. 또 동료가 버스를 타자고 제안할 때, 당신이 알기에 버스는 전철보다 느리기 때문에 타당성 점검에서 버스의 선택은 '아니다'이다. 하지만 두 경우 모두에서 이런저런 논증이 제시되면, 추론이 본연의 역할을 해내며, 타당성 점검에 의한 거부를 이겨낸다. 그런데 결론이 잘못되었다는 걸 분명히 알았다면, 그 논증을 받아들일 가능성이 줄어들었을까?

린다-폴-존의 문제와 관련된 실험에서 피험자들이 틀린 답을 지나치게 확신한 까닭에, 연구자들은 확신의 척도에 추가로 선택 사항을 덧붙여야 했다. 선택 사항이 추가되지 않았다면 피험자들은 자신들이 정답을 선택했음을 '매우 확신'한다고 주장했을 것이다. 하지만 추가로 선택 사항이 더해지자, 많은 피험자가 자신이 고른 (틀린) 답이 맞다며, "내가 가장 확신하는 것만큼 확신"한다고 대답했다. 하지만 이렇게 극단적으로 확신하던 피험자들도 올바른 논증이 주어지자, 덜 확신하던 피험자들만큼이나 논증의 타당성을 인정했다.[17]

논증이 수수께끼와 직접적인 관계가 있을 때 사람들의 원래 생각을 바꿀 수 있는 듯하다. 지나치게 확신하는 사람도 자신의 (틀린) 답에 특별한 애착을 갖는 것은 아니다. 그러나 개인적 삶, 정치, 종교 등 중요한 것들에 대한 논증은 어떨까? 더구나 우리가 논증을 객관적으로 평가할 수 있을까? 실험, 역사, 사색에서 찾아지는 세 가지 증거를 고려할 때, 좋은 논증이면 우리의 확고한 믿음에 반론을 제기하더라도 우리의 원래 생각을 바꿀 수 있는 듯하다.

피험자들에게 철저히 잘못된 논증부터 나무랄 데가 없는 논증까지 다양한 수준의 논증을 제시한 후에 그 논증을 평가해 달라고 요구하는 많은 실험이 있었다. 또 피험자들이 제시된 논증의 질에 따라 어느 정도까지 생각을 바꾸는지를 측정하는 연구도 많았다. 이런 실험과 연구의 결론에 따르면, 대부분의 피험자가 논증에 합리적으로 반응한다. 달리 말하면, 잘못된 논증을 철저히 거부하고, 약한 논증보다 강한 논증에 마음이 흔들리며, 그 결과로 원래의 생각을 바꾼다.[18]

논증은 혁명적인 결론을 지원하는 데도 효과가 있다는 게 역사적으로 증명되었다. 20세기 초, 버트런드 러셀Bertrand Russell(1872-1970), 앨프리드 노스 화이트헤드Alfred North Whitehead(1861-1947), 다비드 힐베르트David Hilbert(1862-1943) 같은 서구의 사상가들은 수학에 논리적 토대를 제시하려고 애썼다. 1930년대에는 무명의 젊은 수학자, 쿠르트 괴델Kurt Gödel(1906-1978)이 그런 시도 자체가 불가능(정확히 말하면, 수학에서 완전하고 일관된 공리 집합을 찾아내는 것은 불가능)하다는 것을 증명했다.[19] 그 증명을 읽은 모든 수학자가 그 증명이 맞다고 인정했다. 수십 년 동안의 연구를 버리고, 그들의 꿈에 작별해야 한다는 뜻이었지만, 완벽한 논증이었던 까닭에 부정할 수 없었던 것이다.[20] 좋은 논증은 수학과 완벽한 증명을 넘어 과학에서도 통한다. 기존의 과학 이론을 논박하는 경우에도 다를 바 없었다. "새로운 과학적 진실은 반대자들을 설득해 그 빛을 보게 함으로써 승리를 얻는 것이 아니라, 반대자들이 언젠가 죽은 뒤 새로운 세대가 그 빛에 친숙해짐으로써 얻어지는 것이다."라는 막스 플랑크Max Placnk(1858-1947)의 불평[21]은 맞는 말이 아니다. 증거가 주어지면, 새로운 이론은 즉시 과학계에서 받아들여진다. 그 이론이 혁명적이더라도 다를 바가 없다. 예컨대 판구조론을 뒷받침하는 충분한 증거가 제시되자, 몇 년 지나지 않아 변두리 이론이었던 판구조론은 주류 이론이 되어 교과서에 실렸다.[22]

좋은 논증은 정치와 윤리 영역에서도 위력을 발휘한다. 당 스페르베르와 나는 《이성의 진화》에서 수학계와 과학계의 사례들만이 아니라, 한 나라가 경제적 비용에도 불구하고 노예 무역을 포기하기로 결정한 놀라운 이야기, 즉 영국의 노예 폐지론까지 다루었다.[23] 또 지난 수십 년 사이 많은 국가에서 여성, 성소수자, 소수 민족의 권리에서 극적인 개선이 이루어졌다. 각 부문에서 공동체 지도자와 지식인, 언론인과 학자, 정치인이 윤리적인 면에서 소수자의 권리를 보호해야 한다고 역설하는 다양한 자료를 근거로 삼아 논증을 개발하는 데 많은 시간과 노력을 기울였다. 사람들은 그런 논증을 읽고 들었고, 일상의 대화에서 화제로 삼기도 했다.[24] 좋은 논증이 지금까지 확인된 순간적인 변화의 유일한 원인이더라도, 원래의 생각을 바꾸게 하는 좋은 근거를 개발하고 제시하며 전달하려는 노력도 여론의 극적인 변화에 적잖은 기여를 한 듯하다.

내 생각이지만, 우리 모두가 개인적인 차원에서 듣기 거북한 논증에 마음이 끌린 적이 있을 것이다. 내가 대학에 진학한 시대에는 대학생이면 (충직한) 좌파가 되는 게 당연하게 여겨졌다. 그러나 나는 동기들이 일반적으로 받아들이던 정치 이념을 반박하는 논증들을 꾸준히 접하게 되었다. 그런 논증들을 무시했다면 나는 개인적으로 어떤 부정적인 영향도 받지 않았을 것―지금도 그렇지만 당시에도 나는 기본적으로 정치력이 없었다—이고, 친구들로부터 인정받는 사회적 편익을 누릴 수 있었을 것이다. 하지만 나는 그 대안적 논증의 타당성을 인정하지 않을 수 없었다. 그 대안적 논증들의 결론이 한동안 나를 적잖게 괴롭혔지만, 내가 현재의 정치적 견해를 구축하는 데 중요한 역할을 했다.

논란의 여지가 있지만, 마르틴 루터Martin Luther(1483-1546)도 정교하게 짜인 논증으로, 이성理性을 '혐오'해야 이유를 밝혔다. 루터는 이성에 대한 혐오감을 그야말로 현란한 글솜씨로 드러냈다. "이성은 애초부터 해로운 매춘부이다. 그러나 내가 이성에 저항한다면 이성이 나를 해치지 못할 것이다. 아, 하지만 이성은 너무도 어여쁘고 반짝거린다. …… 따라서 이성을 억누르고, 이성의 아름다운 추론을 따르지 않도록 해야 할 것이다."[25] 루터가 용전분투한 종교 전쟁이란 맥락에서 보면, 루터는 자신의 도덕적이고 종교적인 견해를 반박하는 많은 논증에 맞닥뜨렸을 것이다. 루터가 그런 논증을 쉽게 물리칠 수 있었고, 그런 논증에서 어떤 설득력도 찾아내지 못했다면, 실제로는 앞에서 인용한 내적인 혼란을 겪지 않았고, 이성에 대한 앙심도 깊지 않았을 것이라 추론해볼 수 있다.

우리 직관이 틀리면 어쩌지?

●

우리는 주고받는 정보의 내용을 평가할 때 두 가지 주된 메커니즘을 사용한다. 하나는 타당성 점검이고, 다른 하나는 추론이다. 타당성 점검은 메시지의 내용을 기존의 믿음과 비교하는 과정이고, 추론은 메시지를 뒷받침하려고 주어진 논증들이 우리의 기존 추리 메커니즘에 맞아떨어지는지를 점검하는 과정이다.

앞에서 나는 타당성 점검과 추론이 열린 경계 장치로 기능한다고 주장했다. 우리는 기존의 믿음을 기초로 새로운 메시지를 평가하면서도, 역화 효과 때문에 확증 편향에 빠지거나 더욱더 극단화되지 않을 수 있다. 추론의 진화로 우리는 마음의 문을 더 크게 열게 되었고, 좋은 논증으로 다른 경우였다면 결코 인정하지 않았을 결론, 심지어 마음속 깊이 뿌리 내린 믿음까지 뒤흔드는 결론마저 받아들이게 되었다.

타당성 점검 및 추론과 관련된 주된 쟁점은 교환되는 정보를 기존의 믿음과 추리 메커니즘에 관련지을 때 범하게 되는 잠재적 편향이 아니라, 기존의 믿음과 추리 메커니즘 자체이다. 우리 정신은 상당히 진화되어, 대부분의 믿음이 정확하고, 대부분의 추리가 건실하다. 실제로 우리는 무척 다양한 영역에서, 어떤 음식을 먹어야 하는지 알아내는 문제부터, 어떤 사람이 무슨 뜻으로 말하는지 파악하는 문제까지 훌륭하게 풀어내고 있다. 또한 학습 기회를 충분히 가지면 새로운 영역에서도 건실한 추리를 해낼 수 있다. 이제는 수십억 인구가 거의 완벽하게 글을 읽어낼 수 있고, 전자계산기로 대체되기 전에는 거의 실수 없이 복잡한 암산을 해낼 수 있었다.

반면 진화와 학습이 충분히 이뤄지지 않은 영역에서는 잘못을 범할 가능성이 크다. 새로운 문제에 부딪치면 우리는 해결책을 모색하며, 당면한 문제와 관련된 듯한 인접한 인지 메커니즘을 찾아내려 애쓴다. 동일한 문제로 씨름하는 사람들이 찾는 인접한 인지 메커니즘은 우연찮게도 똑같을 수 있는데, 이렇게 많은 사람이 똑같은 방식으로 잘못을 범할 때 문화적 패턴이 나타난다.

가령 과학을 공부한 적이 없는 사람이 동물들에게 환경에 적응하는 형질이 있는 이유가 궁금해졌다고 해보자. 우리는 이 문제에 직접적으로 대답할 만한 메커니즘을 갖추고 있지 않다. 하기야 왜 그 메커니즘을 갖추어야 하는가? 실질적인 이득이 아무것도 없는데! 반면 인공물을 알아보고 파악하는 것은 중요하다. 따라서 그 과제를 해결하는 데 필요한 인지 메커니즘을 갖추고 있는 듯하다. 인공물도 나름대로의 방식으로 주변 환경에 적응한다. 그렇다면 인공물이 행위자에 의해 만들어진 것이니 동물의 적응 형질도 행위자에 의해 창조된 것이라 말해야 앞뒤가 맞는 듯하다.[26] 이런 이유에서 창조설이 여전히 인기를 누리는 것이다. 게다가 창조설은 직관적으로도 설득력이 있고, 어떤 면에서는 적응이 자연 선택이라는 무작위적 과정을 통해 나타난다는 다윈의 진화론보다 더 설득력 있게 느껴진다.

똑같은 논리가 많은 잘못된 속설에도 적용된다. 백신 접종, 즉 예방주사를 예로 들어보자. 대중의 상상에서 예방주사는 건강한 아기에게 약간의 병원균(실질적으로 불활성 병원균)을 주입하는 행위이다. 이때 병원균과 전염병에 대한 우리의 직관이 어리석은 비명을 내지른다.[27] 최근에 급속히 증가한 백신 접종 거부 운동은 특정 인물들, 특히 영국 의사 앤드루 웨이크필드Andrew Wakefield부터 미국 영화배우 제니 매카시Jenny McCarthy까지 주된 운동가들의 책임이 크다. 그들의 방해로 상당수가 과학적으로 위험하고 부적절한 행동을 선택했다. 그런데 백신 접종 거부 운동은 백신 접종만큼이나 오래되었다. 일찍이 1853년 잉글랜드에서 '백신 의무 접종법'이 처음으로 제정되며 "부작용에 대한 두려움을 크게 불러일으켰다."[28] 소아마비 백신의 눈에 띄는 성공 덕분에 20세기 초 한동안 소강상태였지만, 이후 백신 접종에 대한 두려움은 서구에서 되살아났다. 그 두려움에 백신 접종 거부를 응원하는 주장에 대한 수요가 있었고, 그 수요는 즉시 채워졌다. 의학 관련 역사학자, 엘레나 코니스Elena Conis가 주장하듯이, "(백신과 자폐증을 잘못 연계시킨) 웨이크필드의 연구와 백신의 효능에 의문을 제기한 매카시의 명성은 오늘날 부모들의 백신 불안증이 만들어낸 결과이지 원인이 아니다."[29] 특히 웨이크필드의 연구는 2000년경 미국에서만 MMRMeasles·Mumps·Rubella(홍역, 볼거리, 풍진) 백신의 접종률에 영향을 미쳤을 뿐이다. 당시에는 전문가에게만 이 백신이 자폐증과 관련된 것으로 알려졌고, 곧 웨이크필드의 연구 결과는 여러 연구를 통해 잘못된 것으로 밝혀졌다. 한편 그 백신과 자폐증의 관련성을 다룬 언론의 광기는 그로부터 수년 후에 시작되었는데, 백신 접종률에는 어떤 영향도 미치지 않았다.[30]

이런 예는 얼마든지 제시할 수 있다. 우리는 정치나 경제를 복잡하고 다양한 상황에서 폭넓게 생각하는 데 익숙하지 않다. 우리가 의지하는 직관이 진화되었다고는 하나, 서로 경쟁 관계에 있는 작은 연대를 다루는 한계를 넘지 못한다.[31] 예컨대 누군가가 우리와 거래하며 지나치게 많은 이익을 얻으면, 우리는 분명 손해를 본다는 것과 우리를 견제하려고 적들이 강력히 연대하는 걸 경계해야 한다는 사실을 직관적으로 알 수 있는 정도다. 보호무역 정책, 일반적으로 말해서 반反무역 정책이나 음모론이 대중에게 먹히는 이유가 여기에 있다. (우리에게 나쁜 영향을 주는 거래가 있고, 몇몇 사람이 음모를 꾸미기 때문에, 이런 직관이 가끔 맞는 것일 뿐이다)

그렇다고 모든 잘못된 생각이 직관의 오용으로 깔끔하게 설명되는 것은 아니다. 프랑스인들이 동종요법(질병 증상과 비슷한 증상을 유발시켜 치료하는 방법-편집자)에 관심이 많다지만, 그 이유가 나에게는 아직도 황당하게만 들린다. 어떻게 오리 간을 아무것도 남지 않을 때까지 희석해서 독감을 치료할 수 있단 말인가? 8장에서 나는 13세기 프랑스 몽타이유의 주민들이 공유했던 기상천외한 믿음들, 예컨대 탯줄을 보관해두면 소송에서 승리하는 데 도움이 된다는 믿음 등을 소개해보려 한다. 이런 황당한 말을 들을 때마다 나는 당혹스럽기만 하다. (독자 여러분 중에도 이런 터무니없는 속설을 알고 있다면 나에게 알려주기 바란다)

하지만 창조설, 백신 접종 반대, 음모론과 비교할 때 이런 황당한 믿음은 문화적인 특성을 띤다. (특히 탯줄 이야기는 그다지 알려지지 않았다) 물론 이런 믿음이 존재하는 이유가 당연히 설명되어야 하겠지만, 대체로 대중에게 널리 알려진 엉뚱한 속설들이 직관적으로 그럴듯하게 들린다는 사실은 여전하다. 강력한 대항 세력이 없으면, 평범한 사람을 창조론자, 백신 접종 반대론자, 음모론자로 바꿔 놓는 건 그리 어렵지 않다.

맹신이 만연해서 직관적으로도 잘못된 속설이 존재하는 것은 아니다. 오히려 이는 자료가 빈약한 경우에도 타당성 점검이 작동한다는 증거가 된다. 한편 자연 선택과 진화, 백신의 효율성 등에서 더 정확한 의견이 확산되는 것은 부분적으로 논증 덕분으로, 여러 쟁점을 충분히 논의하며 많은 공통분모를 공유하는 사람들에게 논증은 가장 강력한 수단이다. 건전한 믿음이 전문가 집단 너머까지 확산되기 위해서는, 때로는 다른 사람이 더 잘 안다는 걸 인정할 수 있어야 한다.

NOT BORN YESTERDAY

누가 가장 잘 아는가?

Who Knows Best?

★ 05 ★

2013년 1월 5일, 벨기에의 에르클린이란 소도시 주민, 사빈 모로 Sabine Moreau는 80킬로미터쯤 떨어진 브뤼셀의 기차역으로 친구를 데리러 가야 했다. 사빈은 자동차 내비게이션에 기차역 주소를 찍은 후에 운전을 시작했다. 그로부터 이틀 후, 그녀는 세 국가의 국경을 넘어 1,300킬로미터쯤 떨어진 자그레브, 즉 유럽 반대편에 도착했다. 그때서야 그녀는 뭔가가 잘못되었다는 걸 깨닫고 방향을 돌려, 에르클린으로 되돌아갔다.[1]

4장에서 말했듯이, 우리는 자신의 믿음을 교환되는 정보보다 더 중요시하는 경향을 띤다. 물론 그 밖의 모든 것이 똑같다는 조건하에서 말이다. 그런데 그 밖의 모든 것이 똑같지 않을 때가 비일비재하다. 많은 사람이 무지할 수 있고 실수할 수도 있다. 또 정보를 제대로 얻지 못할 수도 있다. 여하튼 우리가 그들의 의견을 무시할 만한 이런저런 이유가 있다. 그러나 상대적으로 유능하고 박식한 사람도 많다. 열린 경계 기제에서 열린 마음은 자신보다 더 많이 아는 사람을 찾아내서 그의 말을 경청함으로써, 기존의 믿음과 충돌하는 정보를 걸러내는 타당성 점검에 의한 최초의 반응을 수정할 수 있을 때 생겨난다.

이 장에서는 우리가 "가장 잘 아는 사람"를 찾아내는 데 도움을 주는 단서에 대해 살펴보려 한다. 누가 가장 잘 아는가? 누가 정보에 가장 잘 접근할 수 있는가? 누가 상황을 바로잡은 전력이 있는가? 누구의 의견을 가장 많은 사람이 공유하는가?

많은 단서가 사빈 모로에게 범지구 위성항법 시스템satellite navigation, SATNAV에 연결된 자동차 내비게이션을 믿어야 한다고 말했을 것이다. 내비게이션은 자세한 지도에 접근할 수 있어 정확한 것으로 여겨졌다. 게다가 개인적으로도 과거 경험에서 믿음직하다는 걸 확인한 터였다. 물론 사빈이 그런 단서들을 직관보다 지나치게 우위에 둔 것은 사실이다. 사빈 모로를 제외하면, 얼마나 많은 사람이 내비게이션의 추천 길을 따르지 않아, 결국에는 방향을 잃거나 교통 체증 때문에 꼼짝하지 못했던가?

목격자 이점

●

자신보다 다른 사람이 옳을 가능성을 가장 확실하게 보여주는 단서는, 건전한 정보 출처에의 접근성이다. 예컨대 당신은 친구 폴라가 임신하지 않았다고 생각하지만, 며칠 전에 폴라를 만난 빌이 당신에게 폴라가 임신한 정도가 아니라 거의 출산을 앞두고 있다고 말한다면 어떻게 되겠는가? 빌이 당신에게 거짓말할 이유가 없다고 생각한다면, 당신은 원래의 생각을 바꾸고 폴라가 임신했다는 걸 인정할 것이다(거짓말과 관련된 문제는 다음 장에서 자세히 살펴보기로 하자). 올바른 출처의 증언도 특권적 접근privileged access에 버금갈 수 있다. 가령 빌이 폴라에게 방금 전화했다는 걸 당신이 알고 있다면, 폴라가 임신했다는 빌의 말을 당신은 믿어야 마땅할 것이다.

정보 접근성이 지닌 가치에 대한 직관력은 무척 어린 나이에 발달하기 시작한다. 심리학자 엘리자베스 로빈슨Elizabeth Robinson과 그녀의 동료들은 세 살가량의 아이들을 대상으로, 정보 접근성이 판단에 미치는 영향을 실험했다. 아이들이 정보를 갖는 방식을 달리한 것이다.[2] 즉 어떤 아이들에게는 상자에 무엇이 있는지를 보여주었고, 어떤 아이들에게는 추측하게만 했다. 그 후에 어른이 아이들에게 상자에 무엇이 있는지를 물었고, 곧이어 아이들이 대답한 것이 아니라고 말했다. 어른도 같은 조건이었다. 즉 어떤 어른들에게는 상자에 무엇이 있는지를 보여주었고, 어떤 어른에게는 짐작하게만 했다. 이 실험에서, 추측하는 집단에 속한 어린아이들이 상자에 담긴 것을 직접 본 어른 말을 믿는 경우가 가장 많았다. 한편 상자에 담긴 것을 직접 본 집단에 속한 아이들이 추측으로 일관한 어른의 말을 믿는 경우가 가장 적었다.

우리는 상대가 어떤 정보에 접근했는지 모르는 상태에서 대화를 나누기가 십상이다. 가령 당신이 폴라가 임신하지 않았다고 생각한다는 걸 알았다면, 빌은 "폴라에게 임신했다는 말을 방금 들었어!"라고 말하며 당신의 의심을 미연에 방지하려 했을 수 있다. 우리 의견과 믿음의 출처에 대한 이런 정보는 대화의 틈새에 존재한다. 정보가 명확히 언급되지 않더라도 얼마든지 추론으로 알아낼 수 있다. 예컨대 빌이 당신에게 "그 영화, 대단하던데!"라고 말하면, 서너 편의 영화평을 읽었다는 뜻이 아니라 그 영화를 이미 보았다는 뜻이 내포된 평가로 읽힌다.

거듭 말하지만, 어린아이도 정보의 출처에 민감하게 반응한다. 나는 동료들과 함께 실시한 일련의 실험에서, 미취학 아동들에게 (장난감) 소녀가 잃어버린 (장난감) 강아지를 찾는 걸 도와주게 했다. 한 (장난감) 여성은 강아지가 어떤 방향으로 가는 걸 보았다며 강아지가 사라진 방향을 가리켰고, 또 다른 (장난감) 여성은 강아지를 찾을 만한 곳이라고 생각하는 이유를 특별히 말하지 않은 채 다른 방향을 가리켰다. 아이들은 믿을 만한 정보의 출처를 언급한 여성을 믿는 경향을 보였다. 또한 두 번째 여성이 정보의 출처를 전혀 언급하지 않은 경우보다 나쁜 이유라도 언급할 때 더 신뢰하는 경향을 띠었다.[3]

신뢰할 수 있는 전문 지식

•

친구가 컴퓨터를 수리하는 방법을 알려주거나 식당을 추천할 때 혹은 데이트에 필요한 요령을 조언할 때, 그 친구가 정보를 어디에서 얻었는지 아는 것만으로는 충분하지 않다. 식당은 직접 경험했을 수 있지만, 그 경험의 가치는 그의 취향에 따라 달라진다. 예컨대 그가 맥도널드와 미슐랭 별점 식당을 구분하지 못한다면, 그의 경험은 그다지 가치가 없다. 그럼 어떻게 해야 누가 어떤 영역에서 유능한지 알 수 있을까?

가장 신뢰할 만한 단서는 과거의 성과이다. 가령 누군가가 컴퓨터 문제를 해결하거나 훌륭한 식당을 찾아내는 데 혹은 데이트에 필요한 요령을 조언하는 데 예부터 탁월한 능력을 꾸준히 보여주었다면, 그가 해당 영역에서 무엇이라 말하는지 귀담아들을 가치가 있을 것이다.

진화론적 관점에서 보면, '과거의 성과를 단서로 만드는 일'을 조작하는 것은 어렵거나 불가능하다. 관련 분야에서 꾸준한 성과를 낼 수 있을 정도로 탄탄한 경험과 지식을 갖춘 게 아니라면, 컴퓨터 문제를 지속적으로 해결하고, 훌륭한 식당을 끊임없이 찾아내며, 데이트 요령을 적절히 조언하기는 거의 불가능하다.

다른 사람의 성과를 평가할 때 우리는 다양한 인지 장치를 이용할 수 있다. 우리는 다른 사람이 원하는 것, 믿는 것, 의도하는 것을 이해하는 데 필요한 여러 메커니즘을 갖추고 있다. 마음을 읽어내는 이런 메커니즘을 갖춘 덕분에 우리는 친구가 컴퓨터를 수리하고 싶어 한다는 걸 알아낼 수 있다. 이때부터 우리는 그 친구가 자신의 목표를 성공적으로 달성하는지 예의 주시하면 된다.

우리는 앞 장에서 다룬 메커니즘, 즉 타당성 점검과 추론에 의존할 수도 있다. 세 쌍둥이 문제 같은 통찰 문제에 정답을 제시하거나, 참신한 관점에서 엄밀하고 설득력 있게 증명하는 사람은 적어도 관련 영역에서 상대적으로 유능하다고 여겨져야 마땅하다.[4]

직업 선수부터 공예가까지 누군가가 자신의 역할을 잘 해내는 걸 보는 것도 큰 즐거움으로, 여기에서 이른바 '컴피턴스 포르노 competence porn'가 생겨난다. 예컨대 영화 각본가 에런 소킨Aaron Sorkin의 등장인물들이 명확하고 재치 있게 주고받는 대화를 생각해보라. 컴피턴스 포르노를 보는 즐거움, 즉 누군가가 우리에게 직접적인 이득을 주지는 않지만, 흠결 없이 행동하는 걸 지켜보는 데서 얻은 즐거움은 학습 가능성의 향상으로 이어질 수 있다.

어떤 영역에서 누가 뛰어난지 알아내면 그를 모방할 가능성이 생긴다. 인간이 아닌 일부 짐승들, 예컨대 생쥐는 모방할 대상을 신중하게 선택하며, 또래보다 성체의 행동을 모방하는 경향이 짙다.[5] 그러나 모방에는 한계가 있다. 당신 친구가 컴퓨터를 수리할 때 행하는 행동을 모방한다고, 당신도 컴퓨터를 잘 수리할 수 있게 되는 것은 아니다. 식도락가 친구를 쫓아다니면, 당신 취향에 맞지 않는 식당에도 가야 할 것이고, 자칫하면 은행 잔고가 바닥날 수도 있다. 이때 필요하고 도움이 되는 것이 커뮤니케이션이다. 과거의 성과를 통해, 어떤 친구가 컴퓨터에 통달했다는 걸 추론해 알아내면 그 친구에게 컴퓨터에 관련된 구체적인 문제에 대해 묻고, 식도락가 친구에게는 당신이 감당할 수 있는 예산의 범위 내에서 당신 취향에 맞는 식당을 추천해 달라고 부탁할 수 있을 것이다. 요컨대 친구들의 전문 지식을 활용해 문제를 해결하는 편이, 그 친구들을 무작정 모방하는 것보다 더 합리적이다.[6]

아인슈타인 혹은 기계공?

●

과거의 성과를 조사하는 게 능력을 평가하는 좋은 전략이지만, 생각만큼 단순하지가 않다. 무엇보다 성과가 대체로 운수소관일 수 있기 때문이다. 가장 대표적 예가 금융 시장에서의 주식 거래이다. 특히 헤지펀드의 실적이 중개인의 순전한 능력 때문이지, 뜻밖의 행운 때문인지 구분하기는 정말 어렵다.[7] 수년 동안 지속된 뛰어난 실적도 확실한 지표는 아니다. 무수히 많은 헤지펀드가 존재한다는 걸 고려하면, 통계적으로 몇몇 헤지펀드는 순전히 운만으로 꽤 오랫동안 좋은 실적을 거둘 수 있다. 똑같은 논리가 인간 진화의 초기 단계에서 반드시 필요했을 법한 능력, 예컨대 사냥에도 적용된다. 능력이 일정한 수준에 도달하면, 누가 어느 날에 사냥감을 잡는지는 부분적으로 운수소관이 되고, 그 결과로 사냥꾼 개개인의 능력을 평가하기는 어려워진다.[8]

다행히 컴퓨터 수리를 비롯해 많은 영역에서는 성과가 그나마 객관적으로 평가되는 편이다.[9] 그러나 성과가 믿을 만하게 평가되는 경우에도 '겉으로 관찰된 성과가 능력의 결과라는 것을 어떻게 일반화할 수 있는가?'라는 문제는 여전하다. 예컨대 친구가 컴퓨터에서 프린터 문제를 해결했다면, 거기에서 당신이 추론할 수 있는 것은 무엇일까? 그 친구가 월요일에는 유난히 손재주를 발휘하며 무엇이든 잘 고친다거나, 회색을 띤 물건이나 탁자에 올려진 물건을 잘 고친다는 식의 가능성은 직관적으로 폐기된다. 그러나 타당하게 받아들일 만한 가능성은 얼마든지 추론해낼 수 있다. 예컨대 그는 컴퓨터에서 프린터 문제를 수리하고, 컴퓨터 자체의 문제나 프린터 문제를 수리하는 데 뛰어날 수 있다. 혹은 매킨토시를 수리하거나 온갖 종류의 컴퓨터와 전자 기기를 수리하는 데 뛰어날 수 있다. 어쩌면 복잡한 문제를 이해하고 사용법을 따르는 데 뛰어난 능력을 지녔을 수 있다.

겉으로 관찰되는 성과가 능력의 결과로 일반화되려면 어떻게 해야 할까? 심리학자가 이 질문에 대답할 수는 없다. 인지 능력이 필요한 많은 과제에 대한 능력이 지능지수와 관계가 있다고 주장하는 심리학자가 적지 않지만, 우리에게 다양한 종류의 지능이 존재한다고 생각하는 심리학자도 많다. 예컨대 미국 심리학자 로버트 스턴버그Robert Sternberg는 지능이 분석적 지능, 창의적 지능, 상황적 지능이란 세 요인으로 이루어진다는 '삼원 지능 이론triarchic theory of intelligence'을 제안했다. 한편 하워드 가드너Howard Gardner는 지능에 시공간 지능부터 신체 운동 지능까지 8~9가지 유형이 있다는 '다중 지능 이론'을 제시했다.[10] 또 우리 정신이 얼굴 인식 모듈부터 이성적 추론 모듈까지 무수히 많은 전문 모듈로 이루어지고, 각 모듈의 성능은 사람마다 다르다고 주장하는 심리학자도 있다.[11]

이 복잡한 문제의 정답이 무엇이든 간에, 인간이 성과를 근거로 내재한 능력을 추론하려는 직관을 타고난다는 것만은 분명하다. 그 직관은 매우 어릴 때부터 드러난다. 미취학 아동도 장난감에 대해서는 어른보다 또래 친구에게, 음식에 대해서는 또래 친구보다 어른에게 물어야 한다는 걸 직관적으로 알고 있다.[12] 엘리베이터의 작동법을 누가 더 많이 알 것 같냐고 아이들에게 물으면, 아이들은 의사보다 기계공을 선택한다. 식물이 성장하는 데 햇빛이 필요한 이유를 누가 더 많이 알겠느냐는 질문에는 기계공보다 의사를 선택한다.[13]

당연한 말이겠지만, 성인도 누가 무엇을 더 잘하는지 구분하는 데는 거리낌이 없다. 앞에서 보았듯이, 개개인의 사냥 능력이 다르다는 것은 누가 최고의 사냥꾼인지 판단하려면 오랫동안 지속적으로 관찰해야 한다는 것을 뜻한다. 인간에는 그런 관찰을 해낼 만한 능력이 있다. 아프리카 남부 지역, 탄자니아에서 전통적인 수렵-채집으로 살아가는 하드자족은 공동체 내의 사냥꾼들을 평가해 달라는 요구를 받았을 때, 실제 사냥 성과와 밀접한 관계가 있는 순위를

제시했다. 사냥 성과는 예컨대 활쏘기 능력으로 계량화할 수 있는 것이었다.[14]

탄자니아 평원에서 사우스웨스트 잉글랜드의 술집으로 눈길을 옮겨보자. 최근 그곳에서 콘월주 주민을 대상으로 실험이 실시되었다. 실험 참가자들을 여러 집단으로 나누고, 그들에게 지리 문제부터 예술사 문제까지 일반 상식을 광범위하게 물었다.[15] 그 후에 각 집단에게 보너스 문제를 풀 대표자를 뽑아 달라고 요청했고, 대표자가 올바로 대답하면 집단 전체가 혜택을 받는다는 보상 조건도 덧붙였다. 피험자들은 실험의 첫 단계에서 누가 정답을 얼마나 맞추었는지에 대해 어떤 피드백도 받지 못했지만, 대략적인 추단법에 의존해 외적인 직책과 권위를 지닌 사람을 대표로 선택하지 않고, 각 상식 분야에서 가장 뛰어난 능력을 발휘한 구성원을 정확히 골라냈다. 또한 정치 토론에 대한 실험에서, 미국인은 지인들 중에서 누가 정치에 대해 자신보다 박식한지를 알아냈다. 사람들은 그런 지인과 함께할 때 정치 문제를 화제에 올리는 경우가 상대적으로 많았다.[16]

이성적인 인간
●

어떤 사람이 더 좋은 정보에 접근하거나 개인적으로 더 유능하다면, 우리보다 더 많이 알 것이라 추측할 수 있다. 그렇다고 그런 조건이 그가 옳고 우리가 틀렸거나 무지한 것이라 말해주는 단서는 아니다. 어떤 의견을 평가하려면, 그 의견을 제시한 사람의 개인적인 능력 너머를 보고, 얼마나 많은 사람이 그 의견에 동의하는지도 계산에 넣어야 한다.

어떤 의견이 다수 의견이라서 받아들이는 건 결코 바람직한 현상이 아니다. 아득히 먼 옛날부터 우리는 군중을 무비판적으로 따른다는 이유로 질책받았다. 몇몇 지식인은 다수 의견에 대한 이런 혐오를 노골적으로 드러내며 다소 극단적인 결론을 내리기도 했다. 예컨대 철학자 쇠렌 키르케고르Søren Kierkegaard(1813-1855)는 "진실은 언제나 소수의 몫"이라 주장했고,[17] 마크 트웨인은 "다수는 항상 틀린다."고 맞장구쳤다.[18]

이 논리에 따르면, 지구는 평평하고 변신하는 도마뱀들에게 지배받고 있다는 주장이 맞게 된다. 키르케고르와 트웨인만큼 비관적이지는 않지만, 사람들이 다수 의견을 그다지 믿지 않는다는 걸 보여주는 실험 결과는 적지 않다. 다음의 퀴즈를 풀어보자.

99명의 위원으로 구성된 위원회가 있다고 해보자. 그들은 제1안과 제2안, 두 의견 중 하나를 선택해야 한다. 한 쪽이 다른 쪽보다 더 낫지만, 투표를 하기 전에는 어느 쪽이 더 나은지 알 수 없다.
두 의견 중 하나를 선택하기 위해 그들은 과반수 투표제를 사용한다. 99명이 투표하므로, 50표 이상을 받는 쪽이 승리한다.
각 위원이 더 나은 의견을 선택할 확률은 65퍼센트이다.
그럼 위원회가 더 나은 의견을 선택할 확률은 얼마나 될까?

나는 중앙유럽 대학교의 마르틴 도켄도르프Martin Dockendorff와 뉴욕 대학교의 멜리사 슈워츠버그Melissa Schwartzberg의 도움을 받아, 이 질문과 약간 변형된 질문을 미국인 실험 참가자들에게 물었다.[19] 대체로 피험자들은 위원회가 더 나은 의견을 선택할 가능성이 65퍼센트를 넘지 않을 것이라 믿었다. 달리 말하면, 과반수 투표제를 도입하더라도 위원회가 개인보다 더 나은 의견을 선택할 가능성이 더 높지는 않을 것이라 믿는 것이다. 결국 민주적 절차는 허울에 불과하다는 뜻일 수 있다.

엄밀히 말하면, 이 질문에는 정답이 있다. 그 공식은 18세기 말의 프랑스 철학자 콩도르세 후작Marquis of Condorcet(1743-1794)이 찾아냈다.[20] 콩도르세는 프랑스 혁명을 지지했지만, 단두대에서 처형당하는 걸 피하려고 자살할 수밖에 없었던 지식인이다. 콩도르세의 배심 정리Jury Theorem 덕분에, 우리는 위원회가 더 나은 의견을 선택할 확률이 실제로는 98퍼센트에 이른다는 것을 알고 있다(이와 관련된 몇몇 추정에 대해서는 뒤에 살펴보기로 하자).

많은 출처에서 정보를 얻어 종합하면, 단점보다 장점이 많다는 걸 인정하는 분위기도 점점 무르익었다. 콩도르세가 배심 정리를 제시하고 한 세기가 지난 후에는 영국의 인류학자 프랜시스 골턴Francis Galton(1822-1911)이, 다수의 의견을 듣고 평균점을 취하면 오류를 범할 가능성을 낮출 수 있다는 걸 증명해 보였다. 요컨대 평균의 오류율은 일반적인 오류율보다 대체로 낮고, 결코 더 나쁘지는 않다는 걸 입증해 보인 것이다.[21] 최근에는 미국 언론인 제임스 서로위키James Surowiecki가 《군중의 지혜》에서 '집합의 기적miracle of aggregation'이란 개념을 많은 사람에게 알렸다.[22] 또 만평가 랜들 먼로Randall Munroe

그림 2 · 랜들 먼로의 웹코믹 xkcd에 실린 만화 '다리'. (출처: xkcd.com)

는 그의 과학 웹코믹 사이트 'xkcd'에 소개한 만화 '다리'(그림 2)에서 이런 논리적 직관을 다루었다.[23]

다수를 따를 때 얻는 잠재적 이득은 상당히 커서, 많은 동물이 추단법에 의지해 다수인 쪽을 선택한다.[24] 비비, 즉 개코원숭이가 완벽한 예다. 개코원숭이는 수십 마리씩 무리지어 움직인다. 무리에 속한 개체들은 다음 끼니를 어디에서 찾아야 하는지 끊임없이 결정해야 한다. 개코원숭이의 의사결정을 연구하려고, 막스 플랑크 연구소의 아리아나 슈트란트부르크 페시킨Ariana Strandburg-Peshkin과 동료들은 한 무리의 개코원숭이들에게 GPS를 설치해서, 그들의 움직임을 면밀히 추적했다.[25] 그 무리는 가끔 둘로 갈라져, 두 집단이 완전히 다른 방향으로 이동했다. 이런 상황이 발생하면 개코원숭이들은 어느 집단의 수가 많은지 눈여겨보는 경우가 많았다. 요컨대 개코원숭이는 수적으로 더 많은 집단을 따르는 경우가 많았다.

개코원숭이를 비롯해 무리지어 살아가는 동물들은 다수의 법칙을 직관적으로 따르는데, 개코원숭이보다 사회적 정보에 더 크게 의존하는 인간이 통찰의 주된 원천인 다수의 법칙을 철저히 무시한다

는 게 이상할 따름이다.[26]

99명으로 구성된 위원회 및 그와 유사한 현상을 다룬 연구에서 확인되듯이, 다수를 이루는 사람의 수가 숫자나 백분율로 주어지고 문제가 추상적이면 피험자들은 다수의 법칙을 제대로 이해하지 못하는 듯하다. 개개인에게 의견을 물으면 다른 결과가 얻어지니 말이다. 이 문제를 가장 깔끔하게 해결한 연구가 있다. 심리학자 토머스 모건Thomas Morgan과 동료들이 진행한 것인데, 이들은 실험 참가자들에게 다양한 문제를 주고 풀게 했다. 예컨대 두 도형을 다양한 각도에서 보여주고 같은 도형인지 다른 도형인지를 물었다. 피험자가 답을 확신하지 못할 정도로 까다로운 문제들이었다.[27] 그리고 피험자들에게 각 문제마다 상당수의 다른 참여자들이 제시한 답(실제로는 실험자들이 작성한 답)을 참고용으로 주었다. 이런 맥락에서 합리적인 사람이라면 다수의 법칙을 따라야 마땅했다. 실제로 피험자들은 어떤 답을 생각했더라도, 다수가 다른 답을 선택한 것을 확인하면 자신의 생각을 바꾸는 경우가 많았다. 이런 경향은 다른 많은 실험에서도 확인되었고, 특히 취학 전 아이들을 대상으로 한 실험에서 흔히 나타났다.[28]

결국 우리도 다수의 법칙을 직관적으로 따른다는 얘기다. 하지만 문제가 추상적으로 주어지면 우리는 다수의 법칙을 제대로 따르지 못한다. 이런 명백한 모순을 이해하려면 '진화적으로 타당한 단서evolutionarily valid cue'라는 개념을 도입해야 한다.[29] 어떤 단서가 우리 진화 과정과 관련된 시기에 존재했고 믿을 만하다면, 진화적으로 타당한 것이다. 예컨대 우리 조상은 부패한 육류를 멀리하는 게 더 나았다 → 부패한 육류는 암모니아 냄새를 풍긴다 → 암모니아는 그 냄새를 풍기는 음식을 피해야 한다는 것을 알려주기 때문에 진화적으로 타당한 단서가 된다. 이런 이유에서 우리는 암모니아 냄새를 역겹다고 생각한다. 구체적인 예로, 고양이 오줌을 생각해보라.

개코원숭이처럼 무리지어 살아가는 영장류가 다수의 법칙을 따른다고 가정하면, 어떤 결정을 내리는 개체의 수는 무척 오래전부터, 즉 인간 계통이 침팬지 계통과 분리되기 훨씬 이전부터 믿을 만한 단서였을 것이다. 그에 비해 확률, 백분율은 시기적으로 최근에야 생겨난 문화적 발명품이다.[30] 따라서 이런 개념들은 진화적으로 타당한 단서가 아니다. 그런 단서에 적절히 대응하려면, 콩도르세의 배심 정리 방정식을 공부해야 하듯이, 그 개념들을 학습해야 한다.

누구의 의견이 누구에게 영향을 주었는지 분석하는 경우에도 동일한 양상이 확인된다.[31] 투표자가 누구에게도 영향을 받지 않은 채 각자의 의견을 결정한다면, 콩도르세의 배심 정리가 완벽하게 적용된다. 반대로 앞의 예에서 99명의 위원들이 99번째 위원을 무비판적으로 따른다면, 그 위원회의 의견은 99번째 위원의 의견과 다를 바가 없다.

여러 의견 사이의 상관성을 보여주는 추상적인 단서들, 예컨대 상관계수correlation coefficient는 무시된다.[32] 상관계수는 진화적으로 타당한 단서가 아니라는 점을 고려하면, 그런 무시는 충분히 이해된다. 그러나 헬레나 밀턴Helena Milton과 내가 함께한 실험에서 진화적으로 타당한 단서를 끼워 넣자, 실험 참가자들은 그 단서들을 계산에 넣었다.[33] 우리는 실험 참가자들에게 세 친구가 어떤 식당을 한

목소리로 추천했는데, 그 이유는 또 다른 친구가 그들에게 그 식당이 무척 훌륭하다고 말했기 때문이라고 알려주었다. 이 실험에서 참가자들은 처음 세 친구의 의견을 결국 한 사람의 의견인 것으로 취급해도 상관없다고 대답했다. 다른 실험에서 확인된 바에 따르면, 네 살배기 아이들도 여러 의견 간의 상관성을 파악할 수 있다.[34]

다수가 항상 옳다?

단서들이 진화적으로 타당할 때, 우리는 그 단서들의 가중치—다수의 상대적인 크기(합의의 정도)와 절대적인 크기(집단의 크기), 다수를 구성하는 사람들의 능력, 여러 의견 간의 상관성 정도—를 따져보며 다수의 의견이 얼마나 가치 있는지를 결정한다.[35] 그런데 기존의 지식과 판단에 기초한다면 그 단서들을 어떻게 평가하게 될까? 1장에서 보았듯이, 그 단서들이 수렴될 때, 특히 의견을 함께하는 집단의 규모가 상당히 크면, 다수의 힘이 거의 거역할 수 없는 수준에 이른다는 게 정설이다.

솔로몬 아시의 동조 실험은 10여 명이 합의하면 사람들에게 자신의 눈을 의심하게 만들 수 있다는 걸 보여주었다. 이 실험에서 많은 사람이 그런 합의에 압박을 받아, 길이가 명백히 다른 두 선을 비슷하다고 대답했다. 이런 점에서 아시의 동조 실험은 제아무리 굳건한 개인의 의견도 다수의 의견이 희석시킬 수 있다는 걸 완벽하게 보여준 증거라 할 수 있다. 그러나 아시는 자신의 실험을 그런 식으로 해석한 적이 없었고, 오히려 집단의 압력에 저항하는 개인의 힘을 강조하는 데 사용했다. 여하튼 실험 참가자 중 3분의 1만이 군중을 따랐다.[36] 3분의 1이 그렇게 행동한 것도 집단의 다른 구성원과 생각을 함께하려는 사회적 압력 때문이었지, 다수 의견에 담긴 정보의 힘은 아니었다.[37] 실제로 실험이 끝난 후, 많은 피험자가 집단의 의견이 틀렸다는 걸 알았지만, 양보한 것이었다고 대답했다.[38]

방법을 약간 변형한 실험에서는 그 증거가 더 명확히 드러났다. 실험 참가자에게 약속 시간보다 늦었다며, 답을 종이에 쓰게 하는 방식이었다. 즉 명확히 잘못된 답을 만장일치로 선택한 집단 앞에서 자신의 의견을 말하지 않고, 비공개적으로 대답할 기회가 주어진 셈이었다. 이 경우에는 극히 일부만이 다수의 의견을 따르는 쪽을 선택했다.[39] 앞에서 살펴본 모든 실험에서 극소수만이 집단의 의견이 맞다고 진짜로 믿었고, 집단이 그처럼 엉뚱하게 답한 이유를 다양한 방식으로—착시 때문이라거나 과제의 질문이 선의 길이가 아닌 폭이라 착각한 것이라거나—이해하려고 애썼다.[40]

그럼, 학생들에게 어떤 평범한 건물을 올려다보게 하자 지나가던 행인 거의 모두가 학생들을 따라 그 건물을 바라보았다는 밀그램의 동조 실험은 어떻게 되는가? 밀그램의 연구에 대한 최근의 분석에 따르면, 아시의 피험자들과 달리 행인들은 사회적 압력 때문에 동조한 것이 아니었다. 심리학자 앤드루 갤럽Andrew Gallup과 동료들은 밀그램의 실험을 재시도하며, 실험 협조자들에게 분주한 인도에서 동일한 방향을 바라보게 했다.[41] 이 실험에서 협조자들은 카메라를 올려다보았고, 연구자들은 행동을 추적하는 소프트웨어를 사용해 주변 사람들의 행동을 자세히 관찰할 수 있었다. 또 실험할 때마다 협조자의 수에 변화를 주었다. 밀그램의 실험에서 그랬듯이 적잖은 행인이 카메라 쪽을 올려다보았는데, 협조자의 앞쪽보다 뒤쪽에 있을 때 그렇게 행동하는 경우가 더 많았다. 사회적 압력 때문이라면 협조자가 보는 앞에서 그렇게 행동해야 하는 것이 아닐까? 그렇다면 밀그램의 실험에서는 사회적 압력이 중대한 요인으로 작용한 것이 아니라는 뜻이다. 따라서 갤럽은 행인들이 전반적으로 상당히 합리적으로 반응하며, 건전한 단서를 이용해 다수의 의견을 따라야 하는 때를 결정한 것이란 결론을 내렸다. 그런데 상대적으로 많은 협조자가 올려다보고, 주변에 공간적 여유가 있을 때 행인들이 동조하는 경우가 더 많았다. 연구자들은 많은 사람이 무작정 올려다보지 않았다는 관찰을 근거로, 동조 반응이 조건 반사 같은 것은 아니라고 결론지었다. 오히려 사람들이 올려다보느냐 그러지 않느냐는 다른 요인, 예컨대 그들이 바쁘냐 아니냐 하는 요인에 의해 결정되는 듯했다.

믿을 만한 능력 탐지 장치

전체적으로 보면, 열린 경계 기제는 우리에게 누가 가장 잘 아는지를 알려주는 훌륭한 장치이다. 취학 전에도 아이들은 상당수의 단서를 이용해, 누가 그들 자신보다 더 많이 아는지 알아낸다. 또 정보를 얻을 때는 누가 더 신뢰할 만한 사람인지 평가하고, 어떤 영역에서 누가 가장 유능한지 결정할 때는 과거의 실적을 고려한다.[42] 어린아이도 전문가가 감당하는 전문 영역의 경계에 대해 충분히 알고 있다는 뜻이다. 또한 다수가 수적으로 더 많고 의견 일치에 근접할 때, 다수를 구성하는 사람들이 신뢰할 수 있을 만큼 유능할 때, 다수가 각자 독자적으로 의견을 결정했을 때, 다수의 뜻을 따르는 경향이 더 많다.[43]

물론 취학 전 아이들도 상대가 더 많이 알고 있다고 확신하면 원래의 생각을 바꿀 여지를 보이지만, 여전히 경계심을 늦추지는 않는다. 지위가 높지만 무능한 개인의 의견이나 다수의 의견을 무턱대고 따르기는커녕 상대의 능력을 엿볼 수 있는 단서들을 평가하며, 기존의 믿음을 버리고 동조할 것인지를 따져본다. 따라서 전문가나 합의된 의견 앞에서도 아이들은 기계적으로 원래의 생각을 바꾸지 않는다. 어른들도 다를 바 없다. 아시의 동조 실험에 대한 순진한 해석과는 완전히 배치되는 셈이다.

그렇다고 유능한 척하는 사람들이나 가짜로 합의를 꾸미는 사람들에게 우리가 속아 넘어가지 않을 수 있다는 뜻은 아니다. 이른바 '힘든 허드렛일'을 예로 들어보다. 어떤 작업장에서나 도제에게는 무의미한 힘든 일이 맡겨진다. 주변 상황을 둘러보면 도제가 그 일을 맡아야 하는 것은 당연하다. 그가 보좌하는 일꾼들은 모두가 능력자로 보이고, 지금 맡고 있는 일이 중요한 이유를 끝없이 늘어놓기도 한다.[44] 그러나 도제가 바보처럼 보이지 않으려면 주변의 그런 단서들을 무시하고, 일꾼들이 그의 장래에 전혀 관심이 없을 수 있다는 걸 고민해야 한다.

NOT BORN YESTERDAY

누구를 신뢰해야 할까?

Who to Trust?

★ 06 ★

우리가 들은 말을 올바로 평가하려면 누가 가장 잘 아는지를 알아낼 필요가 있지만, 그것만으로는 충분하지 않다. 가장 유능한 전문가가 거짓말하기로 작심한다면, 그런 전문가는 아무짝에도 쓸모가 없다. 합의점을 찾아낸 집단도 상대를 속이려고 음모를 꾸몄다면, 그런 집단도 쓸모가 없기는 똑같다.

'속임수 탐지deception detection', 즉 '거짓말쟁이를 얼마나 잘 찾아내는가?' 하는 문제를 다룬 연구는 지금까지 엄청나게 많았다. 우리는 정말 거짓말을 탐지해낼 수 있을까? 거짓말을 탐지하려면 어떤 단서를 이용해야 할까? 그런데 그 단서들이 믿을 만한 것일까? 이렇게 현실적인 문제는 만만찮다. 인사 담당자부터 형사까지, 또 배신당한 배우자부터 전화 사기의 피해자까지, 거짓말쟁이를 찍어내는 안전 장치를 좋아하지 않을 사람이 어디에 있겠는가?

감지하기 힘든 비언어적 단서가 신뢰할 만한 흔적으로 여겨지는 경우도 많다. 잠시도 가만히 못 있고 꼼지락대는 사람, 구린 데가 있는 것처럼 보이는 사람, 눈길을 의도적으로 피하려는 사람이 주변 사람에게 자신감을 북돋워주기는 힘들다.[1] 지그문트 프로이트 Sigmund Freud(1856-1939)가 말했듯이 "어떤 인간도 비밀을 지킬 수 없다. 그의 입술은 침묵하더라도 손가락 끝은 재잘거린다. 밀고의 폭로가 그의 모든 구멍에서 스며 나온다."[2]

실제로 많은 사람이 거짓말쟁이를 알아챌 수 있다고 자신 있게 말한다. 많은 문화권에서 구두 증언이 서면 증언보다 선호되는 이유가 여기에 있다. 판사들은 증인이 말하는 걸 직접 보면 거짓말하는지를 판별할 수 있다고 생각한다.[3] 오늘날까지도 많은 형사가 "시선 회피, 정면을 향하지 않는 자세, 구부정한 자세, 지나친 몸치장 같은 시각적 단서들"에 의존하는 것으로 여겨진다.⁴

텔레비전 드라마 '나에게 거짓말을 해봐!Lie to Me'도 이러한 전제에 기초해 제작된 것이다. 주인공, 칼 라이트먼은 감정 표현 연구로 유명한 심리학자, 폴 에크먼Paul Ekman에게 많은 영향을 받았다. 에크먼처럼, 라이트먼도 두려움을 표현하는 표정이 세계 어디에서나 똑같다는 걸 증명하려고 머나먼 곳까지 여행한다. 또한 에크먼이 그랬듯이, 라이트먼도 감정 표현에 대한 깊은 지식을 활용해, 특히 숨긴 감정을 드러내는 미세한 표정까지 관찰해내는 솜씨를 발휘해 거짓말쟁이를 잡아낸다.⁵

미세한 표정microexpression은 눈 깜빡할 사이, 즉 1초의 5분의 1도 안 되는 순간에 지나가는 얼굴 표정이다. 이렇게 신속히 지나가는 표정에, 거짓말하려는 사람, 일반화해서 말하면 진실한 감정을 숨기려는 사람의 갈등하는 감정이 드러나는 것으로 여겨진다. 가령 죄책감이나 슬픔 혹은 즐거움을 감추려는 사람은 근육의 미세한 움직임으로 자신도 모르게, 숨기려는 감정을 드러낸다는 것이다.

미세한 표정은 훈련받지 않은 눈에는 근본적으로 보이지 않지만, 폴 에크먼이 여러 법 집행기관에서 압축적으로 행한 강연(온라인에서도 구입할 수 있다) 등 적절한 훈련을 받은 사람에게는 감지된다. 따라서 우리가 미세한 표정을 읽어내는 훈련에 서너 시간을 투자하면, 마침내 거짓말쟁이를 잡아내는 해법을 손에 쥘 수 있는 듯하다.

미세한 표정

●

안타깝게도 현실은 그렇게 단순하지 않다. 에크먼의 이론과 그의 결과는 많은 논란을 불러일으켰다. 에크먼은 미세한 표정이 거짓말쟁이를 찾아내는 믿음직한 도구로 사용될 수 있다고 주장했지만, 평론가들은 그런 주장이 동료들에게 검증받는 학술지에 발표된 적이 없었다고 지적했다. 게다가 에크먼은 자신의 방법론과 자료를 과학계에 공개한 적도 없어, 그의 방법론이 객관적으로 평가받은 적도 없었다.[6] 또한 에크먼 팀에 속하지 않은 과학자들이 실시한 실험에서는 오히려 부정적인 결과만이 도출되었다.

두 심리학자, 스티븐 포터Stephen Porter와 리앤 텐 브링크Leanne ten Brinke는 실험 참가자들에게 혐오감부터 행복감까지 다양한 감정을 끌어내는 장면을 보여주며, 일부 피험자에게 그 장면에서 당연히 기대되는 감정과는 다른 감정을 드러내 보여 달라고 부탁했다.[7] 실험자들은 피험자들의 표정을 초고속으로 촬영했고, 그렇게 얻은 10만 4,550장의 사진을 근거로 표정 분석가들에게 피험자의 얼굴 표정을 판단하고 미세한 실수를 찾아보라는 과제를 주었다. 앞에서 언급했듯이, 실험 참가자 중 약 3분의 1은 감정을 꾸미며 모순된 감정을 그럭저럭 드러냈다. 예컨대 혐오스런 장면을 보면서도 짧게나마 두려움과 행복감, 즉 모순된 감정을 표현해 보였다.

얼핏 생각하면 이런 실험은 에크먼의 이론이 맞다는 걸 입증하는 듯하지만, 실제로는 두 가지 이유에서 그렇지 않다. 첫째, 실수는 적어도 평균 1초가량 지속되었다. 미세한 표정이 지속된다는 시간보다 대여섯 배 더 길어, 훈련받지 않은 사람도 쉽게 감지할 수 있었다. 둘째, 피험자가 어떤 것도 감추려 하지 않았음에도, 14회 중 6회나 진짜 미세한 표정이 드러났다. 이런 결과는 미세한 표정이 속임수를 탐지하는 수단으로 적합하지 않다는 증거가 된다. 텐 브링크와 그녀의 동료들은 피험자들이 진짜로 후회하는 표정과 가짜로 후회하는 표정을 연구한 실험에서도 유사한 결과를 얻어냈다. 미세한 표정은 무척 드물었고, 진짜로 후회한 피험자들과 가짜로 후회한 피험자들이 똑같은 정도로 미세한 표정을 보여주었다.[8]

미세한 표정에만 문제가 있는 것은 아니다. 포터와 텐 브링크의 연구에서, 얼굴 표정을 가짜로 꾸며 달라는 요구를 받은 피험자 중 3분의 1만이 가짜 표정을 제대로 지어 보였다. 그런데 가짜 표정을 지어 달라는 요청을 받지 않은 피험자의 27퍼센트도 자극에서 기대되는 표정과 다른 표정을 지었다. 결국 우리가 모순되는 감정을 느끼는 때가 적지 않다는 뜻이다.[9] 그 결과로, 그런 실수는 속임수를 탐지하는 단서로 신뢰할 수 없다. 달리 말하면, 거짓말쟁이를 제대로 잡아내지 못하고, 오히려 숨기는 것이 없는 진실한 사람을 거짓말쟁이로 오인하기에 십상이다.

결국 포터와 텐 브링크의 연구 결과도 거짓말 탐지에 대한 연구들의 결과를 재확인해준 것에 불과하다. 사람들이 거짓을 말할 때와 진실을 말할 때를 면밀히 관찰하며, 거짓말하는 순간의 단서를 찾아 그들의 행동 하나하나를 빠짐없이 분석한 수십 건의 연구가 있었다. 이런 연구와 실험을 분석한 결과는 암울할 뿐이었다. "누가 거짓말을 하고 누가 진실을 말하는지 확실히 구분해주는 단서는 없다!"

라는 결론이었다.[10] 예컨대 눈 맞춤과 거짓말 사이의 상관관계는 문자 그대로 0이고, 시선 회피와 거짓말의 상관관계도 무척 낮아, 실질적으로는 아무런 의미도 없는 0.05에 불과했다.[11] 이 주제를 다룬 최근의 논문에서 말했듯이, "행동과학자들은 몸짓언어를 단서로 삼아 당사자의 신뢰성을 판단할 수 있다는 주장에 대해 예부터 일관되게 회의를 표명해왔다."[12] 신뢰할 만한 단서가 존재하지 않기 때문에, 이른바 전문가들, 즉 거짓말쟁이를 찾아내고 보수를 받는 사람들도, 행동 신호behavioral cue만으로 누가 거짓을 말하고 누가 진실을 말하는지 맞힐 수 있는 확률은 높지 않을 듯하다.[13]

거짓말쟁이를 잡아내지 못하는 이유

●

거짓말과 속임수를 탐지하는 믿을 만한 행동 신호가 없는 이유는 무엇일까? 앞에서 언급했듯이, 가까운 원인, 즉 생리적 메커니즘의 기능에 따른 원인을 찾자면, 우리가 거짓을 말할 때나 진실을 말할 때나 모순된 감정을 느낀다는 것이다. 이 때문에 거짓말쟁이와 진실을 말하는 사람을 구분하기가 어렵다. 한편 궁극적 원인, 즉 진화에 따른 원인을 꼽자면, 그런 단서들이 진화적으로 안정되지 못했기 때문이다. 그런 단서들이 예부터 존재했더라도, 도박꾼이 돈을 완전히 잃지 않고 포커를 계속하려면 엄포를 놓을 때도 내색하지 않아야 하듯이 그 단서들은 선택적으로 도태되었을 것이다. 요컨대 속임수에 관한 진화적으로 유효한 행동 신호는 부적응을 초래했을 것이고, 그 때문에 지금은 하나도 남지 않은 듯하다.

그렇다면 내가 지금 전개하고 있는 논증에서 결정적인 문제가 제기된다. 우리는 정보를 주고받을 때 자연스레 경계심을 품는다. 그러나 우리가 거짓말과 진실을 구분하지 못한다면, 대체 어떻게 경계할 수 있을까? 설상가상으로 대부분의 거짓말 탐지 실험에서, 실험 참가자들은 지나치다 싶을 정도로 사람들이 진실을 말하고 있다고 생각했다.

적잖은 연구자, 특히 심리학자 팀 러바인Tim Levine은 사람들이 실제로 거짓말하는 경우가 극히 드물기 때문에 실험 참가자들의 그런 행동이 이해가 된다고 주장했다.[14] 일상생활에서 행해지는 거짓말에 대한 여러 연구에 따르면, 거짓말은 무척 드물어 하루에 평균 두 번을 넘지 않고, 게다가 대부분의 거짓말은 실제보다 더 행복하게 보이려는 거짓말로 상대에게 무해한 것이다(적어도 미국인을 표본으로 선택한 실험에서는 그랬다).[15] 따라서 이런 사소한 거짓말을 잡아내려고 소중한 에너지를 낭비하느니, 모두가 진실을 말한다고 가정하는 편이 더 낫다. 이런 결론은 18세기 스코틀랜드의 철학자, 토머스 리드Thomas Reid(1710-1796)가 "우리가 타인이 진실한 사람이라 믿으며, 타인이 말하는 것을 곧이곧대로 믿는 성향은 우리가 진실을 말하려는 습관과 밀접한 관계가 있다."라고 주장하며 전개한 논증을 떠올리게 한다.[16]

진화적 관점에서 보면, 리드와 러바인의 논증은 타당하지 않다. 거짓말하는 사람이 거짓말로 무척 자주 이득을 본다면, 또 거짓말의 횟수에 어떤 제약도 없다면, 결국 누구도 신뢰하지 못할 지경이 될 때까지 거짓말은 부풀려질 것이다. 한편 우리가 사람들이 일반적으로 진실하다고 무작정 추정한다면, 사람들은 더는 진실을 고집하려고 하지 않을 것이다. 만약 사람들이 당신을 굳게 믿고, 당신이 거짓말하더라도 들킬 염려가 없다고 확신한다면, 당신도 거짓말을 하고 싶다는 유혹을 벗어나기 힘들 것이다.

우리가 행동주의적 단서, 즉 행동 신호에 의존할 수 없다면, 어떻게 해야 커뮤니케이션에서 속임수를 찾아내고 해결할 수 있을까? 또 어떻게 해야 누구를 신뢰해야 하는지 알아낼 수 있을까?

태만과 근면

●

속임수는 애초부터 의도를 숨기는 행동이기 때문에 탐지하기 어려울 수밖에 없다. 상대가 우리에게 말하지 않는 한, 그의 진짜 의도가 무엇인지 알기 힘들다. 게다가 많은 경우에 의도를 감추기가 의도를 본의 아니게 드러내는 것만큼이나 쉽다. 법정에서 증인이 위증하고 있다는 걸 입증하기 어려운 이유가 여기에 있다. 피고가 잘못을 범했다는 사실만이 아니라, 피고가 진실을 알면서도 감추고 있다는 걸 입증해야 하기 때문이다.[17]

그러나 속임수가 커뮤니케이션을 위협하는 유일하거나 주된 위험 요인은 아니다.[18] 가령 당신이 중고차를 구입하려 한다고 해보자. 판매상은 당신에게 대놓고 거짓말할 수 있다. "이 자동차를 사려는 고객들이 줄을 섰습니다!" 또 당신에게 그릇된 조언을 할 수도 있다. "이 자동차는 고객님에게 안성맞춤입니다." 판매상은 그런 조언을 당연한 것이라 생각할 수 있지만, 어떤 유형의 자동차가 당신의 욕구에 딱 들어맞는지 깊이 알지 못한 채 판매를 서둘러 끝내고 싶은 욕심에 그렇게 말했을 가능성이 더 높다. 이제 당신이 판매상에게 묻는다. "사고 이력이 있습니까?" 판매상은 지체 없이 "없습니다!"라고 대답한다. 그 자동차가 사고를 낸 적이 있다는 걸 알면서도 그렇게 대답했다면 잘못된 짓이다. 또 판매상이 그 자동차를 의심스러울 정도로 낮은 가격에 구입하면서도 사고 이력을 알아보려는 노력을 기울이지 않았다면, 직무 태만으로 비난받아 마땅하며 앞의 경우보다 조금도 낫지 않다. 이 경우 판매상이 자동차가 충돌 사고를 낸 적이 있었다는 걸 실제로 알았는지, 또는 적어도 사고 여부를 알고 있어야 했는지 등의 여부는 그다지 중요하지 않다. 어쨌든 두 경우 모두에서 당신은 달콤한 감언이설에 맞닥뜨리게 된다.

속임수가 성공하려면 인지적 노력이 필요하다. 이야기가 내적인 일관성을 유지하고, 상대가 알고 있는 내용과도 어긋나면 안 된다. 반면에 태만하기는 쉽다. 그런 점에서, 태만이 기준값이 된다. 우리에게 내재된 인지 메커니즘이 상대가 관련 있다고 생각하는 쪽으로 대화의 방향을 조절하더라도, 상대가 듣고 싶어 하는 정보나 들어야 하는 정보를 빠짐없이 언급하기는 상당히 어렵다. 더구나 우리 마음은 필연적으로 자기중심적이어서, 우리가 원하고 선호하는 것에 맞추어지기 마련이며, 사람들이 우리가 행하는 모든 것을 알고 대부분의 것에서 우리와 같은 의견일 것이라고 생각한다.[19]

따라서 우리는 대화 상대자의 상대적인 근면, 즉 상대가 우리에게 소중한 정보를 제공하려고 수고하는지를 알아내야 한다. 근면은 능력과 다르다. 예컨대 당신 친구가 음식에 대해 무척 박식하고, 미세한 맛을 구분할 뿐만 아니라, 음식과 완벽한 짝을 이루는 포도주를 골라내는 능력까지 지녔다고 해보자. 그에게 식당을 선택하는 조언을 구하는 것은 당연하다. 그러나 그가 당신의 취향과 예산 및 금식 음식, 요컨대 당신의 상황을 전혀 고려하지 않은 채 조언한다면 그 조언은 쓸모가 없다. 당신이 채식주의자라고 몇 번이고 말했는데도 그가 좋은 스테이크 전문점을 추천한다면, 그는 당신과 커뮤니케이션하는 데 필요한 정보를 찾는 데 근면하지 않았다는 뜻이 된다. 그럼 당신은 그런 안이함에 분개할 것이고, 향후에도 그의 조언을 신뢰하지 않을 것이다.

속이려는 의도보다 근면함, 즉 우리에게 유용한 정보를 보내기 위해 쏟는 노력에 주목하면 관점이 달라진다. 속임수의 단서, 다시 말하면 메시지를 거부할 이유를 찾는 대신, 근면의 단서, 즉 메시지를 받아들일 근거를 찾게 된다.[20] 열린 경계 기제라는 관점에서 볼 때, 대화 상대가 우리에게 말하려는 것을 결정하는 과정에서 충분히 노력했다는 걸 보여주는 단서가 눈에 띄지 않는다면, 상대의 조언을 받아들이지 않는 것이 더 타당한 듯하다.

이해관계가 중요하다

●

그럼 언제 대화 상대는 우리를 속이지 않을뿐더러 적절히 조언하려고 상당한 노력까지 기울일까? 간단히 말하면, 그들의 이익과 우리의 이익이 맞아떨어질 때이다. 요컨대 우리가 더 나아지면 그들도 더 나아질 때이다. 여러 개체 간의 이해관계 혹은 동기가 일치하는 데는 대략적으로 두 가지 이유가 있다. 첫째로는 이해관계가 자연스레 일치하는 경우다. 예컨대 당신과 친구가 함께 빨래 건조대를 옮겨야 한다면, 둘에게는 동작을 맞추고, 건조대를 동시에 들어 올려 똑같은 방향으로 움직여 최대한 힘들이지 않아야 한다는 공통된 이유가 생긴 셈이다. 따라서 친구가 당신에게 "셋에 들어 올리자!"라고 말하면, 당신은 친구가 셋에 건조대를 들어 올릴 거라고 굳게 믿을 것이다. 다소 장기적인 관점에서 이해관계가 자연스레 일치되는 경우도 있다. 자식이 잘되기를 바라는 부모, 서로 성공하기를 바라는 좋은 친구들이 그렇다.

간단한 사고실험thought experiment으로, 이해관계가 자연스레 일치하는지를 판단할 수 있다. 정보의 발신자가 실제로 누구인지 수신자가 모른다면 어떤 일이 벌어질까? 예컨대 친구가 언제 건조대를 들어 올릴 것인지 당신에게 말한 사람이 아니더라도, 친구는 자신이 셋에 건조대를 들어 올릴 거라는 걸 당신이 알 거라고 생각할 수 있다. 한편 어머니가 아들에게 의학을 전공해야 한다고 설득하려는데 아들이 자발적으로 의사가 되겠다고 한다면, 어머니는 구태여 그런 설득에 힘써야 할 이유가 없을 것이다.

우리는 이해관계와 동기가 자연스레 일치하는 경우를 가볍게 넘기지 않는다. 우리 동기와 정보 발신자의 동기가 일치한다는 증거가 있다면, 발신자의 의견을 더욱더 진지하게 고려하게 된다. 이런 사실은 심리학자 재닛 스니제크Janet Sniezek와 동료들에 의해 명확히 증명되었다.[21] 그 실험에서 연구자들은 전문가들에게 무작위로 선택한 주제(배낭의 가격)에 대한 조언을 구했고, 실험 참가자들이 전문가의 조언을 어느 정도나 고려하는지를 관찰했다. 실험 참가자들은 배낭의 실제 가격에 대한 피드백을 받은 후에 전문가들에게 사례할 수 있었고, 전문가들은 조언을 하기 전에 이런 사실을 알고 있었다. 요컨대 전문가들에게는 유용한 조언을 해야겠다는 동기가 있었고, 이런 사실은 전문가와 실험 참가자가 모두 알고 있는 것이었다. 결론적으로 실험 참가자들은 전문가들과 이해관계가 일치한 까닭에 전문가의 의견을 더 중요하게 받아들였다.[22]

이해관계가 일치한다는 걸 알게 될 때 상대를 신뢰하기 시작한다는 한층 극적인 사례는 막스 겐델만Max Gendelman과 카를 키르슈너Karl Kirschner의 예다.[23] 겐델만은 유대계 미군 병사로, 1944년에 독일군의 포로가 되었고, 동부 전선 근처 수용소에 갇혔다. 키르슈너는 그 포로수용소 근처에 있던 집에서 요양 중이던 독일군 부상병이었다. 겐델만이 수용소에서 지낼 때 그 둘은 처음 만났고, 겐델만은 수용소를 탈출한 뒤 키르슈너의 집에 몸을 숨겼다. 키르슈너는 겐델만에게, 자신도 러시아군의 진격을 피해 도망쳐야 하기 때문에 서로 도와야 한다고 말했다. 겐델만은 탈옥병을 추적하는 독일군의 총격을 피하려면 키르슈너의 도움이 필요했고, 키르슈너는 조만간 전선에 들이닥칠 미군의 총격을 피하려면 겐델만의 도움이 필요했다. 이렇게 이해관계가 일치함에 따라, 과거에 적이었던 두 사람은 미군 전선을 완전히 넘어갈 때까지 서로 소통하며 협력할 수 있었다.[24]

이해관계가 일치하는 걸 알게 될 때 사람들이 상대의 말을 더 중시하는 반면, 가장 신뢰하는 친구나 사랑하는 가족이라도 이해관계가 충돌하면 그들의 말에 귀를 닫을 수 있다. 친구들끼리 포커나 '카탄의 개척자들'이란 보드게임 같은 경쟁적인 게임을 할 때 이런 현상이 눈에 띈다. 초등학생들도 어떤 말을 믿어야 할지 결정할 때 이해관계를 고려하는 모습을 보인다. 두 심리학자, 볼리바르 레예스 하게스Bolivar Reyes-Jaquez와 캐서린 에컬스Catharine Echols는 7세와 9세의 초등학생들에게 다음과 같은 실험을 했다.[25] 피험자들을 목격자 집단과 추측자 집단으로 나누고, 목격자 집단에 속한 아이들은 두 상자 중 어디에 사탕이 감추어졌는지 보게 하고, 추측자 집단에 속한 아이들은 두 상자 중 하나를 선택해 열도록 했다. 이때 목격자는 추측자에게 어느 상자를 열라고 조언할 수 있었다. 협력하는 조건에서는 추측자가 올바른 상자를 열면, 목격자와 추측자 모두가 사탕을 얻었다. 그러나 경쟁적인 조건에서는 올바른 상자가 열리면 추측자만 사탕을 얻었고, 추측자가 잘못된 상자를 선택하면 목격자만 사탕을 얻었다. 협력하는 조건에서는 추측자 역할을 맡은 아이들이 항상 목격자를 믿었다. 그러나 경쟁적인 조건에서 추측자 역할을 맡은 아이들은 목격자의 말을 무시하고 무작위로 상자를 선택했다.[26]

어른과 아이 모두가 이기적인 주장을 경계하는 것도 똑같은 논리로 설명된다. 여러 실험에서 확인된 바에 따르면, 7세 아이들은 경주에서 이겼다고 주장하는 사람보다 경주에서 패배한 사람을 더 믿는 경향을 띤다.[27] 성인도 상대가 거짓말을 하는지 아닌지를 판단할 때 고려하는 가장 중요한 요소는 개인적인 동기이다. 거짓말할

이유가 있으면, 당사자의 신뢰는 돌덩이처럼 추락한다.[28]

　이해관계는 거의 자연스레 맞춰지지만, 완벽하게 일치하는 경우는 극히 드물다. 친구는 당신이 건조대에서 더 무거운 쪽을 들어주기를 바랐을지 모른다. 어머니가 자신의 사회적 지위를 조금이나마 높이고 싶은 욕심에 아들이 의사가 되기를 바랐을 수도 있다. 친구는 당신이 성공하기를 바라지만, 그 자신보다 월등히 성공하기를 바라지는 않을 수 있다. 그러나 다행스럽게도 인간은 이해관계를 맞추는 멋진 방법을 개발해냈다. 그 방법이 바로 '평판reputation'이다.

평판 게임

메시지를 보낸 사람의 신뢰성을 평가할 때는 이해관계가 일치하느냐를 살피는 게 중요하지만, 그것만으로는 충분하지 않다. 이해관계의 일치 여부는 커뮤니케이션의 진화와 관련된 근본적인 문제, "이해관계가 달라지면 어떻게 되는가?"라는 문제를 답하는 데는 도움이 되지 않는다.[29]

　이때 우리에게 필요한 것은 정보를 보내는 사람과 받는 사람의 이해관계를 일치시키는 특별한 방법이다. 처벌이 그중 하나일 수 있다. 신뢰할 수 없는 정보를 우리에게 보낸 사람을 처벌하면, 예컨대 두들겨 패면, 그는 우리에게 정보를 보낼 때 한층 신중하게 판단할 것이다. 그런데 안타깝게도(혹은 천만다행으로) 진화적 관점에서 보면, 이 직관적인 해결책은 생각만큼 효과적이지 않다. 누군가를 처벌하려면 적잖은 비용을 각오해야 한다. 발신자가 두들겨 맞는 처벌을 순순히 받아들일 개연성이 낮기 때문이다. 해로운 메시지로 인한 피해가 이미 발생했다면, 발신자를 처벌함으로써 향후의 비용까지 발생시키는 행위는 우리에게 조금도 유리하지 않다. 따라서 처벌은 억제제로서만 유효할 뿐이다. 발신자가 메시지를 보내기 전에, 신뢰할 수 없는 메시지를 보내면 처벌받을 수밖에 없는 이유를 납득할 수 있어야 한층 조심할 것이다.[30]

따라서 처벌의 문제도 커뮤니케이션의 하나가 된다. 신뢰할 수 없는 메시지를 보낸 사람을 우리는 어떻게든 처벌할 것이란 의도를 어떻게 전달해야 할까? 이 단계에서, 신뢰할 수 있는 커뮤니케이션의 진화라는 난제가 고개를 치켜든다. 모든 사람, 그러니까 타인을 처벌할 수도, 그럴 의도도 없는 사람을 포함한 이들은 다른 사람들에게 그들이 신뢰할 수 없는 메시지를 보내면 처벌받을 것이라고 통보할 것이다. 신뢰할 수 없는 메시지를 보낸 사람을 진짜로 처벌하려면, 그 의도에 신빙성을 더해야 한다. 결국 처벌은 신뢰할 수 있는 커뮤니케이션이란 문제를 해결하기는커녕, 신뢰할 수 있는 커뮤니케이션이란 문제가 이미 해결된 경우에만 효과가 있다.

다행히 인간은 상대의 평판을 관찰하며 서로 협력하고, 동기와 이해관계를 맞추는 방법을 진화시켜왔다.[31] 인류 역사에서 무척 오랫동안, 협력자를 제대로 선택하지 못했거나 상대에게 적절한 협력자가 되지 못했던 사람들은 적어도 평균적으로 편안한 삶을 누리지 못했다. 최악의 협력자에게 가해진 추방은 사형 선고와 다를 바 없었다. 황무지에서 혼자 살아간다는 것은 거의 불가능하기 때문이다.[32] 그 결과로 우리는 좋은 협력자를 선택하는 능력을 키웠고, 다른 사람이 우리와 협력하고 싶어 하는 확률을 극대화하는 방법도 고안해냈다.[33]

근면한 대화자가 되는 것은 훌륭한 협력자가 되는 첩경이다. 따라서 수신자는 누가 근면하고 누가 그렇지 않은지 정보를 끊임없이 수집하며, 그 결과를 바탕으로 장래의 행동을 조정할 수 있어야 한다. 그래야 근면하지 않는 사람에게 귀를 기울이거나 협력하는 잘못을 조금이나마 예방할 수 있다. 이런 가정이 맞다면, 메시지의 발신자는 협력하고 싶은 수신자, 더 나아가 협력하고 싶은 사람에게 영향을 미칠 수 있는 수신자와 소통할 때 근면할 수밖에 없게 된다. 발신자와 수신자 간의 이해관계는 이렇게 사회적으로 일치된다.

사회적으로 이해관계를 맞추려는 노력 덕분에 발신자가 우리에게 무엇인가를 말할 때 근면성이 높아지겠지만, 우리가 발신자에게 항상 최대로 근면하기를 바랄 수는 없다. 실제로 그건 부당한 요구일 것이다. 예컨대 당신의 식도락가 친구, 시모네타가 항상 최고의 조언을 주어야 한다면, 당신의 취향, 당신이 최근에 먹었던 식당, 당신이 감당할 수 있는 외식비, 당신이 식당에 초대하려는 사람 등 모든 것에 대해 알아야 한다. 사람들이 항상 최대한으로 근면해야 한다는 압박을 받고, 그렇게 해내지 못할 경우 신뢰를 잃거나 협력을 받지 못하는 등 부정적인 결과를 각오해야 한다면, 결국 그들은 아무 말도 하지 않을 것이고, 그로 말미암아 우리는 소중한 정보까지 듣지 못하게 될 것이다. 어쨌든 식도락가 친구가 당신에게 조언하려고 모든 잠재적 요인을 빠짐없이 계산에 넣지 않더라도, 그의 조언은 유용할 수 있다는 걸 명심해야 한다.

우리에게 필요한 것은 기대치를 관리하는 방법, 즉 발신자가 메시지에 어느 정도 정성을 기울였는지를 수신자에게 알려주는 방법이다. 말하자면 '헌신 신호commitment signal'를 보내는 것이다.[34] 우리는 말이나 글로 표현하는 모든 것에 얼마나 정성을 기울이는지를 표면적으로 나타낼 수 있다. 우리가 정성을 다하면, 그 메시지가 수신자에게 무척 유용할 것이라고 확실히 말하는 것과 같다. 따라서 메시지를 듣는 청중이 그 메시지를 적극적으로 받아들일 가능성이 높아지지만, 어떤 통로로든 우리가 그다지 근면하지 않았다는 게 밝혀지면 청중의 반발도 엄청날 것이다.

헌신 신호는 인간의 커뮤니케이션에서 흔한 현상이다. 대표적인 헌신 신호는 "확신한다", "내 짐작에", "내 생각에" 등과 같이 자신감의 정도를 드러내는 표현들이다. 발신자의 심적 태도와 관련된 양태 조동사들, 예컨대 might, may, could 등도 헌신의 정도를 나타낸다. 확대된 자신감(따라서 헌신)은 음의 높이에 변화를 주는 비언어적 신호를 통해 암묵적으로도 전달된다.[35] 우리가 믿음의 근거로 삼는 출처의 공개도 헌신의 정도를 보여주는 간접적 증거가 된다. 가령 "폴라가 임신했다는 말을 들었어."라고 말하는 것보다 "폴라가 임신한 걸 내 눈으로 보았어."라고 말하는 것이 폴라가 임신했다는 사실에 더 힘을 실을 수 있다. 어린아이들도 이런 신호의 차이를 인식하는 듯하다. 예컨대 두 살배기도 자신 있게 말하는 사람을 더 신뢰하는 경향을 보인다.[36]

상대가 메시지를 구성할 때 얼마나 헌신하느냐에 따라 그의 말에 대한 신뢰성을 조절하는 것은 당연하지만, 여기에서도 두 가지 조건이 충족되어야 한다. 하나는 모든 사람의 헌신이 동등하게 취급되지 않아야 한다는 것이고, 다른 하나는 상대가 보여준 과거의 전력에 비추어 그에 대한 신뢰성이 조정되어야 한다는 것이다.

조련사가 지나치게 확신한 때를 코끼리는 잊지 않는다

●

헌신의 정도를 제대로 계산에 넣으려면, 대화 상대자가 지속적인 협력을 얼마나 중요하게 생각하는지를 끊임없이 추적해야 한다. 그래야 상대의 헌신을 어느 정도까지 중시해야 하는지 알 수 있다. 상대가 우리와 계속 협력하기를 바라는 마음을 명확히 보여주어야 우리도 상대의 헌신을 더욱더 신뢰하게 된다. 헌신 신호가 후유증을 두려워하지 않고 제멋대로 사용된다면 안정된 역할을 해낼 수 없을 것이다. 모두가 다른 사람에게 어떻게든 영향을 주려고 헌신 신호를 무원칙적으로 사용한다면, 결국 헌신 신호는 쓸모없어질 것이다.

심리학자 엘리자베스 테니Elizabeth Tenney와 그녀의 동료들은 일련의 실험에서, 피험자들에게 모의재판에서 두 증언에 기초해 평결을 내려 보라고 요구했다. 두 증인의 증언 중 하나가 다른 하나보다 더 자신 있게 들렸다.[37] 피험자들은 두 증언의 진위를 판단할 다른 근거가 없었기 때문에, 더 확신에 찬 증언을 더 신뢰했다. 나중에 두 증언 모두가 틀렸다는 걸 알게 되자, 피험자들은 덜 자신 있게 발언한 증인을 더 신뢰하는 쪽으로 돌아섰다. 그도 다른 증인만큼 잘못된 증언을 했지만, 덜 열성적이었다는 게 이유였다.

나는 동료들의 도움을 받아, 이런 결과를 재현하고 확대하는 실험을 실시한 적이 있다.[38] 실험 참가자들에게 두 전문가가 똑같은 조언을 주는 대신, 자신감의 정도를 달리했다. 나중에 두 전문가 모두가 틀렸다는 걸 알려주자, 실험 참가자들은 완전히 관련 없는 영역에서는, 덜 자신 있게 말하던 전문가를 더 신뢰하는 경향을 띠었다.

그렇다고 지나친 자신감이 이로울 것이 없다고 말한다면, 이는 현실과 맞지 않는 듯하다. 성공한 정치인과 기업인 중에는 지독한 허풍쟁이가 많지 않은가? 어떤 상황, 예컨대 발언자의 실질적인 성과에 적정한 피드백이 제공되지 않는 상황에서는 지나친 자신감이 이로울 수 있다. 하지만 그런 상황은 보편적 현상이 아니라 예외에 불과하다는 걸 기억해야 한다. 우리 조상이 살았던 환경과 상대적으로 유사한 소규모 전통 사회가 좋은 예다. 그런 사회에서 지도자가 되는 사람은 허풍 때문이 아니라, 현실적으로 우월한 능력을 지녀 구성원들에게 도움을 주고, 갈등을 해소하는 방법을 알기 때문에 지도자가 된다.[39] 일상생활에서도 그 증거는 눈에 띤다. 자신의 계획이 가장 낫다고 주장하는 패기만만한 친구에게 현혹되는 친구들도 있지만, 그 효과는 단명으로 그친다. 계획이 제대로 진행되지 않으면 우리는 기대치를 낮추기 시작하니 말이다.

다른 조건이 동일할 때, 우리는 상대적으로 열정적인 발언자, 즉 자신의 생각을 더 자신 있게 표현하는 사람에게 영향을 받는다. 그러나 그 발언이 틀렸다는 게 드러나면, 열정적이던 발언자가 더 많은 것을 잃는다. 상대를 설득하는 평판과 능력을 상실하는 대가를 치르는 만큼, 커뮤니케이션에서 헌신 신호는 안정된다.

누구를 신뢰해야 할까?

●

누구를 신뢰해야 하는지 결정하는 문제는 불안의 징후를 찾아내고, 순간적으로 사라지는 미세한 표정을 포착하는 능력과 무관하다. 거짓말쟁이를 잡아내는 능력과도 관계가 없다. 누구를 신뢰해야 하는지 결정하는 문제는 누가 우리와 커뮤니케이션할 때 근면하고 성실한지를 찾아내는 능력과 관계한다. 달리 말하면, 누가 자신만이 아니라 우리에게도 유용한 정보를 제공하려고 노력하는지의 문제이다. 근면은 이해관계와 동기에서 비롯된다. 이해관계에서 발언자와 우리가 일치하면 우리는 발언자가 근면할 거라고 믿을 수 있다.

발신자와 수신자 간의 이해관계가 자연스레 일치하는 때가 있다. 예컨대 같은 상황에 처해 같은 문제를 안고 있는 경우이다. 하지만 이해관계에서는 아주 작은 불일치에도 커뮤니케이션이 와해될 수 있다. 따라서 자연스레 일치된 이해관계로만 충분한 경우는 극히 드물다. 따라서 누가 무엇을 말했는지 추적해 도움이 되지 않는 정보를 제공했던 사람에 대한 신뢰도를 낮추어가는 방식으로 관계를 설정하는 것도 이 문제를 해결하는 한 방법일 수 있다. 결국 이런 감시 장치에 상대가 자극받아, 우리에게 정보를 제공할 때 근면하려고 노력할 것이고, 더 나아가 사회적 이해관계도 조정하려고 애쓸 것이다.

우리는 상대의 헌신과 근면을 추적하고 그에 따라 신뢰도를 조정할 수 있기 때문에, 대부분의 커뮤니케이션은 결코 허튼소리가 아니며, 비용이 투자된 신호들로 이루어진다. 우리 메시지가 신뢰할 수 없는 것으로 낙인찍히면 그에 상응하는 대가가 뒤따른다. 논란의 여지가 있지만, 이런 헌신의 역학 관계에 힘입어, 인간의 커뮤니케이션은 범위와 힘에서 전례 없던 수준에 올라설 수 있었다. 하지만 누가 무엇을 말했는지 추적하고, 이해관계에서 화자와 우리가 대체로 일치하는지 알아낼 수 있느냐의 문제는 풍부한 정보에의 접근 여부에 달려 있다. 진화적 관점에서 보면, 우리는 삶의 과정에서 상호 관계를 맺는 사람들을 알게 되었을 것이다. 그 결과로 많은 정보를 확보함으로써 이해관계의 일치 여부를 판단했을 것이고, 지나치게 자신감을 과시하는 사람이나 신뢰할 수 없고 속임수를 쓰는 사람들을 알아냈을 것이며, 그에 따라 상대의 헌신을 평가하는 방법을 수정해갈 수 있었을 것이다.

요즘에는 어느 때보다 정보가 넘치지만, 얄궂게도 이런저런 행동으로 우리에게 가장 많은 영향을 미치는 사람들에 대해서는 아는 것이 거의 없다. 우리가 구입하는 물건이 안전하다고 장담하는 사람, 우리를 수술하는 사람, 우리가 탄 비행기를 조종하는 사람에 대해 알고 있는 게 있는가? 우리를 통치하는 정치인들에 대해 아는 것도 거의 없다. 그들의 개인적인 삶에 조심스레 짜 맞추어진 통찰과 연설문에서 얻을 수 있는 것이 전부다. 그렇다면 누구를 신뢰해야 하는지 어떻게 결정해야 할까?

열린 경계 기제의 구성 원리 중 하나는, 긍정적인 단서가 없을 때 교환되는 정보를 견제하는 것이다. 따라서 기본적으로 우리는 남의 말을 잘 믿고 잘 속아 넘어가는 게 아니라 보수적이라고 규정하는 편이 더 타당한 듯하다. 똑같은 원리가 신뢰에도 적용된다. 우리가 누군가에 대해 아무것도 모르면, 더 나아가 그가 어떤 사람인지도 모르면 그를 신뢰하지 않을 것이다. 따라서 신뢰를 얻는 첫 걸음은 개인, 즉 독립된 개체로 존재를 인정받는 것이다. 정치에서 이름을 알리고, 마케팅에서 상표를 알리는 게 중요한 이유가 여기에 있다.[40]

물론 이름을 알리는 것만으로는 충분하지 않다. 메시지의 신뢰성을 다른 사람들에게 심어주려면 그 이상의 것을 해야 한다. 앞에서 보았듯이, 좋은 논증, 관련된 정보에 접근할 수 있는 능력, 과거의 좋은 실적 등은 신뢰성을 더해준다. 하지만 신뢰가 논증 전개의 장애가 되는 경우도 많다. 실제로 우리가 논증의 전제를 신뢰하지 않는다면 많은 논증에 대해 전혀 호응하지 않을 것이다. 예컨대 자폐증과 백신 사이에는 아무런 관계가 없다는 걸 입증하는 연구들이 존재하고 믿을 만하다는 논증을 생각해보라. 또 최고로 박식하고 유능한 강연자라도 다른 사람의 이익에 무심한 사람이란 낙인이 찍히면, 누구도 그의 조언에 귀를 기울이지 않을 것이다. 광고와 정치적 행동에 대한 여러 연구에서도 신뢰의 중요성이 확인됐다. 9장에서 다시 보겠지만, 유명인이 관련된 영역에서 전문가로 인식될 때 상품 판매에 도움이 되지만, 그보다 중요한 것은 신뢰성이다.[41] 투표에 가장 큰 영향을 미치는 정치인의 개인적인 특성은 "후보자가 당신과 같은 일반 시민에게 실제로 얼마나 관심을 두는가"이다. 달리 말하

면, 이해관계에서 후보자와 당신이 일치한다고 생각하느냐 하는 것이다.[42]

신뢰가 무너질 때 닥치는 피해에서도 신뢰의 중요성이 확인된다. (유능하고 신뢰할 수 있는) 유명인이 어떤 상품을 광고할 때 긍정적인 효과를 기대할 수 있지만, 그 유명인에 대한 부정적인 정보가 알려질 때 닥치는 악영향에 의해 그 효과는 상쇄된다.[43] 예컨대 타이거 우즈의 외도가 폭로된 이후, 그가 광고했던 세 브랜드—펩시, 일렉트로닉 아츠, 나이키—의 시장 가치는 거의 60억 달러나 폭락했다.[44] 정치인도 다를 바 없다. 정치인이 선거 공약을 지켰다는 이유로 보상받는 경우는 극히 드물다. 적어도 민주주의 국가에서는 그렇다. 하지만 부패로 유죄 판결을 받으면 혹독한 대가를 치러야 한다.[45]

누구를 신뢰해야 하는지 결정하는 데 필요한 정보가 상대적으로 부족하고, 설령 그런 정보가 있더라도 충분히 신뢰할 수 없다는 현실을 고려해, 나는 이 문제를 15장에서 다시 다루어보려 한다.

NOT BORN YESTERDAY

YESTERDAY

무엇을 느껴야 할까?

What to Feel?

★ 07 ★

1960년대 초, 탕가니카는 격변의 상태에 있었다. 1961년 영국으로부터 독립을 선언했지만, 영연방의 일원으로 남았다가, 1962년에 영국과의 끈을 아예 끊어버렸고, 1년 후 이웃한 잔지바르와 연합해 현재의 탄자니아 공화국이 되었다.

1961년, 탕가니카에서 정치만 혼란스러웠던 것은 아니다. 빅토리아 호수 서쪽에 위치한 부보카 지구에서 어린아이들이 섬뜩하게 행동하는 일이 발생했다. 이 일이 시작된 건 1월 30일이었다. 기숙학교 동급생이던 3명의 십대 소녀가 갑작스레 웃음과 울음을 터뜨리며 억제하지 못했더니, 서너 시간 동안 계속 그 증상을 보였다.[1] 1년 후에는 거의 100명의 학생이 그 증상에 시달렸고, 기숙학교는 결국 폐쇄되었다. 학생들은 집에 돌아갔고, 그 기괴하고 섬뜩한 행동은 부보카 지구 전역으로 확산되었다. 결국 수개월 후에는 수백 명의 어린 학생들에게 전염되었다.

이런 이상한 행동은 이제 조금도 새로운 것이 아니며, 여전히 어딘가에서 계속되고 있다.[2] 2011년에는 뉴욕주 북부의 작은 마을, 리로이에서 수십 명의 십대 소녀가 50년 전 탕카니카의 학생들을 괴롭혔던 것과 유사한 증상에 수개월 동안 시달렸다.[3]

이런 사건들을 소개할 때마다 발발, 확산, 시달림, 전염 등과 같은 단어가 사용되기 때문에 전염병학epidemiology과의 유사성을 피해가기 어렵다. 탕가니카를 덮친 그 사건을 보고한 두 의사는 그 증상을 실제로 '웃음 전염병epidemic of laughter'이라 표현하기도 했다.[4]

사람들이 군중의 일원으로 어떻게 행동하는지를 설명할 때도 유사한 비유가 종종 사용된다. 19세기 말에도 군중의 행동을 설명할 때 '전염'이 주된 단어가 되었다. 심리학자 귀스타브 르 봉_{Gustave Le} Bon(1841-1931)은 "사상과 감정, 정서와 믿음이 군중 사이에 전염되는 힘은 병원균의 전염력만큼이나 강력하다."라고 말했다.[5] 그의 동료 이던 가브리엘 타르드는 "도시 군중에서 전염이 가장 빠르고 강력하 며 집약적으로 확산된다."라고 지적했다.[6] 이탈리아의 범죄 심리학 자 스키피오 시겔레_{Scipio Sighele}(1868-1913)도 "도덕적 전염은 신체 질 환만큼 분명하다."라고 말했다.[7]

감정의 확산을 병원균의 전염에 비유하는 글쓰기가 당시 유행했 던 것은 조금도 놀랍지 않다. 19세기 후반기는 질병의 세균설이 황 금기를 누리던 때다. 영국인 의사 존 스노_{John Snow}(1813-1858)는 세균 을 차단함으로써 콜레라의 확산을 억제할 수 있었다. 프랑스에서는 루이 파스퇴르_{Louis Pasteur}(1822-1895)가 광견병 백신을 개발했고, 독일 의 로베르트 코흐_{Robert Koch}(1843-1910)는 탄저병, 콜레라, 결핵을 유발 하는 병원균을 찾아냈다.[8]

질병의 세균설이 그랬듯이 전염에의 비유도 성공적이었다. 걷 잡을 수 없이 확산되는 공포도 전염에 비유되었다. 오손 웰스_{Orson} Welles(1915-1985)가 H. G. 웰스의 동명 소설을 원작으로 해서 만든 라 디오 드라마 '우주 전쟁'에 대한 반응이 대표적인 예다. 당시 수천 명 의 청취자가 화성인들이 정말 지구를 침략했다고 생각하며 공포에 질려 달아났다고 하지 않는가. 이는 이른바 '최초의 바이럴 미디어 _{viral-media} 사건'이었던 셈이다.[9] 군대는 "혼란과 두려움과 무지에 전염 되면" 궤멸하는 것으로 묘사된다.[10] 요즘에는 소셜 미디어의 효과를 언급할 때 전염과 바이러스라는 표현이 대중지에서는 물론이고 어디에서나 쓰인다. 예컨대 '바이럴 마케팅'이란 단어를 생각해보라. 2014년에 권위 있는 학술지, 〈미국 국립과학원 회보Proceedings Of The National Academy Of Sciences〉에 "소셜 네트워크에서 감정의 전염"을 탐지하고 조작해보려는 두 편의 논문이 실렸다.[11]

질병이 확산되는 방법과 감정이나 행동이 확산되는 방법 사이에는 미묘한 유사점이 있다. 누구도 일부러 병원균을 내뿜지는 않는다. 마찬가지로 억제할 수 없는 웃음이나 멈추지 못한 춤과 같은 이상한 행동이나 감정의 표현도 자율적인 통제하에 있지는 않다. 우리가 병원균에 감염되는 상황을 일부러 선택하지 않듯이, 눈앞의 상대가 웃거나 울면 똑같은 행동을 하겠다고 의식적으로 결정하지는 않는다. 오히려 많은 경우에 우리는 그런 감정적 반응을 억누른다. 또한 싸워서 물리치기가 극단적으로 어려운 병원균이 있듯이, 군중과 함께하는 감정과 행동을 억누르는 것도 쉽지는 않다. 이런 이유에서, 노벨 문학상을 수상한 엘리아스 카네티Elias Canetti(1905-1994)가 "극소수만이 전염에 저항할 수 있다."라고 말했던 것이다.[12] 끝으로, 병원균은 끔찍한 결과를 야기할 수 있다. 마찬가지로 행동과 감정의 전염도 "한 사람을 영웅이나 살인자로 만들 수 있고"[13] 우리에게 "집단의 이익을 위해 개인의 이익을 희생하도록 유도할 수 있다."[14]

19세기 심리학자들이 주로 군중 행동의 대략적인 관찰에 의존했다면, 그들의 후배 학자들은 인상적인 실험을 통해 감정 신호에 대한 반응이 얼마나 신속하고 기계적으로 일어날 수 있는지를 보여주었다. 두 심리학자 존 란제타John Lanzetta와 바질 잉글리스Basil Englis는 실험 참가자들의 얼굴 근육이 어떻게 움직이는지 면밀히 관찰한 결과로, 상대가 미소를 짓거나 얼굴을 찡그리는 걸 보면 관찰자의 얼굴에서도 똑같은 근육이 즉각적으로 움직인다는 걸 밝혀냈다.[15] 적잖은 시간이 지난 뒤에는 스웨덴 심리학자 울프 딤베리Ulf Dimberg가 동료들의 도움을 받아, 감정적 표현이 의식적으로 거의 인식되지 않을 정도로 신속히 표현되는 경우에도 이런 기계적인 모방이 일어난다는 걸 증명해냈다.[16] 얼굴 근육의 이런 거의 즉각적인 반응은 전염의 징조로 여겨진다. 사람들이 관찰하는 사람의 얼굴 표정을 무의식적으로 띠고, 그 때문에 똑같은 감정을 느끼게 되니 말이다. 심리학자 기욤 데제카슈Guillaume Dezecache와 동료들은 이런 모방이 제3자에게도 확대될 수 있다는 걸 보여주었다. 달리 말하면, 관찰자만이 상대의 감정 표정을 흉내 내는 게 아니라, 관찰자를 관찰하는 사람도 똑같은 표정을 띤다는 것이다.[17]

이런 결과를 보면, 심리학자 일레인 해트필드Elaine Hatfield, 존 카치오포John Cacioppo, 리처드 랩슨Richard Rapson이 함께 쓴 저작으로, 감성 커뮤니케이션 분야에서 가장 영향력이 큰 저서에《감정 전염 Emotional Contagion》이란 제목이 붙고, "상대적으로 기계적이고 의도가 개입되지 않아 통제할 수 없으며, 거의 의식할 수 없는 전염, 즉 원초적이고 원시적인 감정 전염"의 힘이 다루어진 것은 조금도 놀랍지 않다.[18]

이성 내의 열정?

●

내가 이 책에서 채택한 진화적 관점에서 보면, 감정 전염은 타당한 것이 아니다. 감정이 정말 전염된다면, 또 감정이 억제할 수 없는 모방을 강요한다면 쉽게 남용되었을 것이다. 사기꾼이라면 속이려는 대상이 자신을 따라 웃을 때까지 웃을 것이고, 불구대천의 원수도 상대로부터 공감과 용서를 끌어낼 수 있을 것이다. 우리 감정이 이처럼 쉽게 조정된다면, 감정 신호에 어떤 신경도 쓰지 않는 편이 더 행복할 것이다.

그러나 해트필드와 그녀의 동료들 같은 감정 연구자들은 오랜 시간이 지나지 않아, 전염의 한계를 지적했다. 19세기 프랑스 사상가 알프레드 에스피나스Alfred Espinas(1844-1922)는 "겉으로 표출된 어떤 감정 상태는 그 감정 상태를 목격하는 사람에게 똑같은 상태를 야기한다."[19]라고 말했지만, 감정의 전염은 '부전자전'과 같은 것이 아니다. 오히려 어떤 감정은 전염되지 않는다. 분노를 예로 들어보자. 우리는 부당한 대우를 받으면 다음에 그런 일이 없기를 바란다는 뜻을 상대에게 강력하게 심어주려고 분노를 표출한다.[20] 그런데 우리가 분노를 표출했기 때문에 상대도 분노로 반발한다면, 분노 표출은 역효과를 낳을 것이다.

따라서 전염을 '부전자전'보다 더 엄격하고 좁게 해석해야 할 듯하다. 어떤 감정이든 반응을 야기하는 게 분명하지만, 그 반응은 처음의 감정과 다를 수 있다. 이렇게 해석한다 해도 전염으로 인한 문제가 해결되는 건 아니다. 누군가가 분노를 표출함으로써 일관되게 상대의 굴복을 얻어낸다면, 당사자들의 힘과 상관없이 가장 약한 사람도 분노를 드러냄으로써 상대의 양보를 얻어낼 수 있을 테니 말이다.

감정 신호를 신뢰할 수 있게 해주는 것, 다시 말하면 감정 신호를 받는 사람을 평균적으로 이롭게 해주는 것이 있어야 한다. 찰스 다윈Charles Darwin(1809-1882)은 감정 표현을 집중적으로 다룬 책을 쓴 학자답게 이 문제에 대해서도 정통한 편이었다. 이 책에서 다윈은 얼굴이 붉어지는 현상에 대해 언급할 때, 동료 학자이던 토머스 버제스Thomas Burgess를 인용한다. 버제스는 얼굴이 붉어지는 현상이 부끄러운 잘못을 저질렀다는 사실을 공개적으로 고백하는 것과 같다며, 창조주가 "누구도 감추지 못하는 몸의 일부인 뺨에, 고의로든 우연으로든 침해된 도덕적 감정의 내적 동요를 드러내는 절대적인 힘"을 우리 영혼에 심어놓은 것이라 말했다.[21] 얼굴이 붉어지는 현상은 진실한 내면과 뺨의 직접적인 관계, 즉 자율적 의지로 억누를 수 없는 관계이므로 정직한 신호로 여겨진다. 그러나 버제스가 감정 신호의 신뢰성을 창조주의 자애로운 손길 덕분이라 말한 이후로, 감정 신호가 신뢰받는 이유에 대한 공통된 대답이 크게 바뀌지 않은 것은 놀랍기만 하다.

경제학자 로버트 프랭크Robert Frank는 다윈 이후로 감정의 기능에 대해 가장 시사하는 바가 많은 책《이성 내의 열정Passions within Reason》을 썼다.[22] 이 책에서 프랭크는 감정을 겉으로 드러내는 행위가 이성적일 수 있다고 주장했다. 확실한 보복의 위협이 야기하는 문제를 생각해보자. 누군가가 우리를 모욕하는 걸 방지할 목적에서, 모욕하면 무조건 보복할 거라는 믿음을 심어주는 방법을 생각해볼 수 있다. 하지만 앞 장에서 말했듯이, 보복이 가장 합리적인 선택지가 아닐 경우가 많다. 예컨대 당신이 온라인으로 저렴한 가격에 구입한 물건이 가짜인 걸 알고 환불을 요구했지만, 판매자가 환불을 완강히 거부하는 경우를 상상해보자. 당신은 소송을 제기할 수 있지만, 소송에는 많은 돈이 들고, 시간도 많이 빼앗긴다. 따라서 차라리 잊어버리는 편이 더 합리적이다. 이런 관계를 잘 알기 때문에 사기꾼들이 당신을 이용하는 것일 수 있다. 그러나 당신이 비용에 개의치 않고 분명히 보복한다는 인식을 사기꾼들에게 심어주면 향후에 사기를 당하지 않을 것이고, 따라서 보복할 필요도 없어질 것이다.[23]

프랭크의 주장에 따르면, 감정과 감정 표현은 이런 유형의 문제들을 해결해가며 진화됐다. 분노는 보복에 필요한 비용에 상관없이 모욕당하면 보복할 것이란 의지를 표명하는 수단으로 진화된 것일 수 있다. 그렇다면 "분노 표현의 신뢰성을 높여주는 것은 무엇인가?"라는 의문이 자연스레 제기된다. 로버트 프랭크와 더불어 그 전후의 학자들은 감정 표현만이 아니라 감정 표현에 대한 반응도 기계적인 것, 즉 의식적으로 통제할 수 없는 것이라 생각하며, "모든 얼굴 근육이 의식적으로 완벽하게 통제된다면 얼굴 표정은 감정에 관한 정보를 전달하는 능력을 상실할 것"이라고 말했다.[24] 따라서 의식적으로 통제되지 않는 다른 단서들도 본질적으로 정직한 것으로 여겨진다. 예컨대 동공 확장은 성적 흥분의 징조, 붉어진 얼굴은 죄책감의 징조로 해석된다.

감정이 전염되는 과정을 정리하면 이렇다. 사람들이 감정 신호에 기계적으로 반응할 수 있는 이유는, 감정 신호가 기계적으로 보내져서 가짜로 꾸미는 게 불가능해서다. 이렇게 기계적이고 거역할 수 없는 신호가 꼬리를 물고 이어지며 감정이 확산되면 군중 전체에 영향을 미칠 수 있다.

진화적 관점에서 보면, 이런 추론은 이치에 맞지 않는다. 신호가 의식적으로 보내지느냐 아니냐는 전염과 무관하기 때문이다. 건강하기 때문에 쉽게 잡히지 않을 거라는 신호를 들개 무리에게 보내는 톰슨가젤의 경우를 예로 들어보자. 껑충껑충 뛰며 건강함을 과시하려면 상당한 에너지를 소모해야 한다. 그런데 일종의 경고음을 내는 것으로 만족하지 않는 이유가 무엇일까? 톰슨가젤이 경고음을 의식적으로 통제하느냐의 여부는 신뢰성에 영향을 미치지 않는다. 건강하지 않은 가젤도 똑같은 경고음을 내도록 진화할 것이고, 결국 들개는 더는 그 경고음을 신경 쓰지 않을 것이기 때문이다.

마찬가지로, 어떤 행동이나 감정 표출이 상대의 반응을 확실히 끌어낼 수 있다면, 개체들은 신뢰할 수 없는 신호를 보내는 행위가 되더라도 개인적으로 도움이 될 때마다 그 신호를 보내는 방향으로 진화할 것이다. 톰슨가젤의 껑충껑충 뛰는 행위는 신뢰할 수 있는 신호이다. 건강하지 않은 가젤은 그렇게 뛰는 게 불가능하기 때문이다. 반면 감정 신호는 기계적인 반응이지만, 건강처럼 감정 표현을 방해하는 요인은 없다. 그러니 결코 보복하지 않더라도 분노를 표출하지 못할 이유가 없고, 1분이 지나지 않아 부끄러운 행동을 반복하더라도 얼굴을 붉히지 않을 이유가 없지 않은가?

자동성이 신뢰성을 보장하지 않는다면, 왜 우리는 감정 신호를 눈여겨봐야 하는 것일까? 감정 신호의 신뢰성을 지켜주는 것은 무엇일까?

감정 경계

●

이 질문에 대한 답은 두 관련된 개념, 자동성과 강제성의 차이를 명확히 인식하는 데 있다.[25] 인지 메커니즘이 의식의 통제를 받지 않고 기능하면 '자동적automatic'이다. 다행스럽게도 대부분의 인지는 의식의 통제하에 이루어지지 않는다. 달리 말하면, 우리는 어떤 시각적인 장면을 해석하거나 어떤 발언을 이해하는 데 필요한 모든 단계에 의식적으로 집중하지 않고, 집중할 수도 없다는 뜻이다. 한편 인지 메커니즘은 적절한 자극을 받으면 작동하지 않을 수 없다는 뜻에서는 '강제적mandatory'이다. 강제적인 메커니즘은 반사 작용과 비슷하다. 의사가 망치로 우리 무릎 아래의 어딘가를 정확히 살짝 때리면, 우리 발이 기계적으로 벌떡 올라가지 않는가.

어떤 인지 메커니즘이 자동적이라면 당연히 강제적이라고 생각하고 싶은 유혹이 들 것이다. 우리가 의식의 통제를 지나치게 강조하기 때문에 그렇게 생각하고 싶을 뿐이다. 엄밀히 말하면, 대부분의 인지 메커니즘이 자동적인 반면, 강제적인 메커니즘은 존재하더라도 극소수에 불과하다.[26]

맛있는 초콜릿 케이크 조각을 보면 군침이 돈다. 다이어트 중일 때도 이런 반응을 억제하기는 어렵다. 자동적인 반응이기 때문이다.

하지만 큼직한 치즈 케이크로 배를 잔뜩 채운 뒤라면 초콜릿 케이크 조각이 역겨운 기분만을 야기할 수 있다. 물론 이 반응도 전적으로 자동적이다. 하지만 똑같은 자극이 다른 환경에서 정반대의 반응을 야기할 수 있기 때문에 어떤 반응도 강제적이지 않다.

감정 신호에 대한 우리 반응이 강제적이지 않다면, 기욤 데제카 슈와 톰 스콧 필립스와 내가 '감정 경계emotional vigilance(감정 신호에 대응하는 열린 경제 기제)'라 칭했던 것이 들어설 여지가 생긴다.[27] 우리가 무의식적으로 행동하더라도 우리에게 이익이 되지 않는 반응을 멈추려면 감정 신호에 대한 반응을 조절할 수 있어야 한다. 결국 수신자가 이런 감정 경계 기제를 작동시킬 수 있기 때문에 발신자는 신뢰할 수 없는 감정 신호를 보내는 걸 피하게 된다.

감정 경계 기제는 어떻게 작동할까? 모든 감정에 다 적용되는 감정 경계 기제는 없는 듯하다. 감정 경계는 각 감정의 속성에 맞추어져야 한다. 예컨대 분노에 비하면 역겨운 감정을 의도적으로 조작할 가능성은 더 적을 것이다. 분노를 표출함으로써 누군가를 뜻대로 굴복시킬 수 있다면 얼마나 유용할지 생각해보라. 반면에 맛있는 초콜릿 케이크를 통째로 얻는 경우가 아니라면, 누군가를 역겹게 만든다고 큰 이익이 있을 것 같지는 않다. 하지만 감정 신호에 반응할 때는 어떤 감정이든 세 요인—기존의 믿음과 계획이 무엇인가, 신호가 어떤 맥락에서 발신되었는가, 발신자가 믿을 만한가—이 고려되어야 한다. 갓난아기와 걸음마를 배우는 아기가 가장 정교한 감정 통제 능력을 지녔다고 인정되는 피조물은 아니지만, 그 아기들도 감정 신호에 반응할 때 이 요인들을 고려할 수 있다.

자녀가 선택적 무시selective ignorance의 대가라는 말을 들어도 놀랄 부모는 그다지 많지 않을 것이다. 아이들은 자신에게 필요한 때만 부모의 말에 귀를 기울인다. 심리학자 캐서린 태미스 르몽다Catherine Tamis-LeMonda는 동료들의 도움을 받아, 생후 18개월인 아기들도 선택적 무시의 대가라는 사실을 멋지게 증명해냈다.[28] 아기들은 비탈을 내려갈지 말지를 선택해야 했다. 엄마는 감정 신호를 섞어가며 아기에게 내려가라고 독려하거나, 내려가지 말라고 말했다. 엄마가 바로 앞에서 손짓하고, 이런저런 표정을 지어 보였기 때문에 아기들은 신호를 피할 수 없었다. 따라서 아기들은 엄마의 의도를 완벽하게 이해할 수 있었다. 비탈이 지나치게 가파르지도 완만하지도 않은 경우에, 아기들은 엄마에게 주목했다. 엄마들이 부정적인 신호를 보냈을 때 4분의 1만 과감히 비탈을 내려왔고, 엄마들이 긍정적인 신호를 보냈을 때는 4분의 3이 비탈을 내려왔다. 비탈이 달라지자, 아기들은 엄마의 신호를 철저히 무시했다. 비탈의 기울기가 몇 도밖에 되지 않아 절대적으로 안전하면, 엄마들이 내려오지 말라고 소리쳐도 아기들은 달려 내려왔다. 반면 기울기가 50도로 비탈이 명백히 위험해 보이자, 아기들은 엄마의 신호에 상관없이 비탈 앞에서 멈추었다(혹시 무모한 결정을 내리는 아기가 있을 경우에 대비해 한 실험자가 비탈 아래에 항상 있었다. 따라서 이 실험에서 다친 아기는 한 명도 없었다). 요컨대 아기들이 단순한 형태의 타당성 점검을 스스로 행한 것이었다.

아기들은 감정 표출이 언제 정당화되는지도 이해하는 듯하다. 두 심리학자, 사브리나 치아렐라Sabrina Chiarella와 디안 풀랭 뒤부아 Diane Poulin-Dubois는 역시 생후 18개월 된 아기들을 대상으로 한 실험 결과를 〈울보 아기와 낙천주의자〉라는 논문으로 발표했다.[29] 한 여배우가 그럴듯한 이유가 있는 감정(예쁜 장난감을 받은 후의 행복감)과 합당하지 않는 감정(같은 조건에서 슬픈 표정)을 표현하는 일련의 비디오를 아기들에게 보여주었다. 아기들은 합당하지 않는 감정 표현에는 어리둥절한 반응을 보였고, 장난감과 배우를 번갈아 쳐다보며 그 이유를 알아내려 애썼다. 한편 감정 표현이 합당한 듯한 경우, 아기들은 덜 불안한 표정을 지었고 도움을 청하려고도 하지 않았다.

세 살배기를 대상으로 실시한 유사한 실험에서도 발신자의 감정 표현이 적절하냐에 따라 아기들의 반응이 달라진다는 게 확인되었고, 심지어 아기들은 신뢰할 수 없는 신호를 보낸 발신자에게 책임을 묻는 듯한 반응도 보였다. 심리학자 로버트 헤파치Robert Hepach는 동료들의 도움을 받아 실시한 실험에서, 실험 협력자인 어른에게 세 살배기들과 어울리며 상황에 맞는 감정과 그렇지 않은 감정을 번갈아 표현하게 했다.[30] 예컨대 손이 아니라 소매가 무거운 데에 깔려도 아픈 표정을 지었고, 그림이 찢어지지는 않았지만 약간 훼손되어도 눈물을 터뜨렸다. 게임에서 구슬을 적정한 정도로 받아도 불만스레 투덜거렸다. 나중에 그 어른은 장막 뒤에 숨어 울음을 터뜨리기도 했다. 이처럼 어른이 불합리한 신호를 계속 보내자 3분의 1의 아이들만이 그의 반응에 관심을 보였다. 하지만 어른의 불평에 합리적인 근거가 있을 때에는 80퍼센트가 넘는 아이들이 관심을 보였다. 이 실험에서도 확인되었듯이, 걸음마를 배우는 아이들도 신뢰할 수 없는 감정 신호를 보내는 어른을 도우려 하지 않았다.

결국 감정 신호의 안정성을 결정하는 열쇠는 이렇게 정리된다.

많은 신호가 완전히 무시되고, 신호를 남발하는 사람은 결국 대가를 치른다. 신호를 남발한다고 물리적 체벌 같은 벌을 받지는 않겠지만, 평판이 나빠진다. 약속을 번질나게 어기는 사람의 평판이 나빠지는 것과 다를 바가 없다. 신뢰할 수 없는 감정 신호를 보내는 사람은 감정 신호를 보낼 때 공감을 얻지 못할 것이고, 그가 다른 형태의 커뮤니케이션 수단을 쓸 때도 신뢰를 얻지 못할 가능성이 크다.

그럼 성인들은 어떻게 반응할까? 이 장의 앞부분에서 언급한 실험들에 따르면, 성인들은 상대에게서 인식한 감정을 무작정 모방한다. 그렇다면 우리는 성장하면서 신뢰할 수 있는 감정 신호와 신뢰할 수 없는 감정 신호를 구분하는 능력을 상실한다는 뜻일까?

그렇지 않다. 감정 신호의 출처에 따라, 감정 신호가 표현되는 맥락에 따라 성인도 감정 신호에 대한 반응을 조절한다. 란제타와 잉글리스의 실험에 따르면, 실험 참가자들은 실험 공모자의 얼굴 표정, 예컨대 미소나 찡그림을 기계적으로 모방했지만, 나중에는 그 공모자와 협력하기를 기대한 경우에만 국한되었다. 반면 실험 참가자들이 그 공모자를 경쟁상대로 인식한 경우에는 정반대의 반응을 보이는 경향을 띠었다. 공모자가 충격을 받으면 미소를 지었고, 공모자가 보상을 받으면 얼굴을 찡그렸다. 이런 현상을 란제타와 잉글리스는 '반감counter-empathy'이라 칭했다.[31]

출처 효과source effect는 많은 실험에서 확인된 것이다. 어른이 흘린 눈물은 어린아이의 눈물보다 슬픔에 신뢰성을 더해준다.[32] 여성은 자신에게 부당하게 행동하는 사람의 표정을 흉내 내지 않는다.[33] 남성은 상대가 두려움을 나타낼 때 긍정적인 감정을 표출하고, 상대가 즐거움을 보이면 부정적인 감정을 드러낸다. 특히 상대가 스포츠에서 경쟁 관계에 있는 팀의 팬인 경우에는 그런 차이가 더욱 두드러졌다.[34] 억누를 수 없는 전염의 완벽한 예로 여겨지는 하품의 전염도 생각만큼 반사적이지 않다. 낯선 사람보다 낯익은 사람이 하품하는 걸 볼 때 우리도 덩달아 하품하는 경우가 많다.[35] 물론 걸음마를 배우는 아기처럼, 성인도 감정을 부당하게 전달하는 사람을 신뢰하지 않는 경향을 띤다. 하기야 협상에서 전략적 이점을 확보하려고 화난 척하는 사람을 어떻게 신뢰하겠는가![36]

전염은 재밌고 기억하기 쉽지만, 오해의 소지가 있는 비유이다

●

우리는 감정 신호에 기계적으로 반응할 수 있지만, 즉 우리가 감정 반응을 의식적으로 통제하지는 않지만, 그 반응이 결코 강제적인 것은 아니다. 기존의 계획이나 믿음, 맥락, 출처의 신뢰성 등 많은 요인에 따라 반응은 조정된다. 따라서 전염에의 비유에 의문이 제기된다.[37] 우리는 병원균을 전이하는 매개체로 진화되지 않았다. 오히려 병원균의 피해를 피하는 쪽으로 진화되었다. 반면 우리는 감정 신호를 보내고 받도록 진화되었다.[38] 따라서 감정에 대한 반응을 병원균의 전염에 빗대어 말하는 것은 이치에 맞지 않는 듯하다.

감정의 전달을 전염의 결과로 설명하는 것은 전달 현상을 설명하려고 노력하지 않으면서 그 현상에 새로운 이름을 붙이려는 시도일 뿐이다. 전염에 비유해서 전달 현상이 더 잘 이해된 부분은 전혀 없다. 오히려 정반대이다![39] 병원균의 전염이 상대적으로 잘 연구된 분야이니 이런 교묘한 비유가 감정 전달의 이해에도 도움이 될 것이란 환상이 있으나, 실제로 병원균 전염과 감정 커뮤니케이션 사이에는 공통점보다 차이점이 더 많다.[40]

하지만 비용은 어떻게 되는가? 병원균으로든 감정 신호로든 전염된 사람은 값비싼 대가를 치러야 하지 않을까? 감정 신호에 대한 우리 반응이 신뢰할 수 없는 발신자로부터 우리 자신을 보호하기 위해 미세하게 조정되고 적응된 것이란 이론으로, 이상한 행동의 확산이나, 군중 속 개인이 피에 굶주린 폭도나 공포에 질린 양으로 변하는 이유를 어떻게 설명할 수 있을까? 사실 현재의 적응 이론은 감정 전염의 사례들과 양립될 수 있다. 감정 표현이 때로는 주변 사람에게 강력한 영향을 미치는 반면, 때로는 아무런 효과도 거두지 못하는 이유가 적응 이론으로 적잖게 설명된다.

웃음 전염병 같은 '집단 심인성 질환mass psychogenic illness'의 경우에서 적응과 전염을 명확히 구분 짓는 기준은, 행동이 누구에게 확산되느냐에 대한 예측이다. 병원균은 감염자와 접촉하는 누구에게나 확산된다. 따라서 전염에의 비유가 정확하다면, 감정 신호에서도 유사한 결과를 기대해야 마땅하다. 그러나 적응 이론의 예측에 따르면, 신호를 감지하는 사람의 마음 상태만이 아니라, 신호를 보내는 사람과 받는 사람의 관계에 의해 확산의 정도가 크게 영향을 받는다. 예컨대 집단 심인성 질환의 공통된 특징인 비정상적인 행동은 서로 알고 신뢰하는 사람들로 구성된 소규모 집단 밖까지 확산되는 경우가 극히 드물며, 이런 현상은 감정 경계 기제의 존재 가능성을 뒷받침해준다. 집단 심인성 질환의 증상은 대체로 많아야 수십 명에게서 나타나고, 그들은 동일 집단의 구성원, 즉 같은 학교의 학생, 같은 공장의 노동자, 한 작은 마을의 주민이다.[41] 요즘에 나타나는 집단 심인성 질환 사례를 보면, 그 지역이 순식간에 언론인, 정부 관리, 전문가, 온갖 곳에서 찾아온 구경꾼으로 채워진다. 하지만 그들은 전혀 그 질환에 감염되지 않는다. 또 남성이든 여성이든 하나의 성_性이나 하나의 연령 집단만이 감염되는 경우가 대부분이다. 고등학교에서는 십대의 사회적 삶을 특징짓는 단층선을 따라 이상한 행동이 전파된다. 달리 말하면, 거의 언제나 함께 붙어 다니는 인기 있는 녀석들이 먼저 걸리고, 사교성이 덜한 아이들이 뒤따른다.[42]

어떤 개인이 이상한 행동을 하느냐 그렇지 않느냐는, 그 증상을 이미 보이기 시작한 사람들과의 관계만이 아니라 개인의 정신 상태의 영향도 받는다. 정말 해로운 행동, 예컨대 타인에게 가해지는 폭력, 심각한 자해 행위는 집단 심인성 질환으로 발전하지 않는다. 집단 심인성 질환으로 주로 눈에 띄는 증상은 어지럼증, 급격한 움직임, 웃음 등이다. 게다가 집단 심인성 질환에 걸린 사람들은 약간의 이익을 취할 수 있다. 그 증상을 겪는 사람들은 상당한 스트레스를 받은 것으로 여겨지기 때문에 당면한 나쁜 상황을 벗어나거나, 적어도 그 상황에 대한 주변의 관심을 끌 수 있다. 탕가니카에서는 전통 문화와 기숙학교를 운영하는 수녀들이 강요하던 문화 사이에서 갈등하던 아이들에게 주로 그 발작적 증상이 나타났다. 집단 심인성 질환이 덮친 공장들은 열악한 작업 환경을 지닌 경우가 많았고, 소송과 보상의 가능성이 대두되자 증상을 보이는 환자가 증가하기 시작했다.[43] 예컨대 1980년대 초, 이상하지만 진짜 전염병이 스페인을 덮친 적이 있었다. 이때 정부는 감염된 환자들에게 보상을 제안했다. 정신과 의사들의 보고에 따르면, 보상 소식이 전해지자 "신체적 증상 없이 정신적 증상을 보이던 환자들 사이에 모방이 눈에 띄기 시작했고," 의사에게 보상 받을 자격이 있다고 판정 받은 환자의 증상을 (무의식적으로) 모방하는 환자가 적지 않았다.[44] 집단 심인성 질환의 특징이라 할 수 있는 이상한 행동과 달리, 병원균의 확산은 피해의 정도와 거의 무관하다. 예컨대 독감에 걸리면 모든 면에서 불편해지지만, 그런 불편함의 인식이 독감 예방에 큰 도움을 주지는 못한다.

어떤 사람이 접촉한 뒤에 집단 심인성 질환에 전염되는 경향을 보일까? 결국 집단 심인성 질환의 패턴을 설명하는 데는 상대의 감정 표현에 대한 반응이 감정 경계 기제에 의해 걸러진다는 적응 이론이 전염 이론보다 효과적인 듯하다. 그렇다면 군중은 어떻게 되는가? 이 질문에 대한 답은 간단하다. 군중을 격정적 열정의 흐름에 순응하는 수동적인 무리로 해석하는 관점은 완전히 잘못된 것이고, 사실적 근거도 없다.[45]

이성적인 군중

●

전통적인 보수주의자들은 프랑스 대혁명을 '군중 독재'로 규정하며, "군중의 본질에 걸맞게, 저항이 있는 곳에서는 어김없이 폭력적 행위가 뒤따랐다."라고 말했다.[46] 그러나 영국 역사학자, 조지 루데 George Rudé(1910-1993)가 《프랑스 대혁명의 군중》에서 진실을 되살려 냈다.[47] 군중이 바스티유 감옥을 습격했을 때 100명 이상이 사망했지만, 사망자 대부분이 혁명가였다. 루데조차 "승리를 쟁취한 분노한 군중"이 절제하며 한 줌에 불과하던 간수들을 죽이지 않은 이유에 의문을 품었을 정도였다. 두 달 후에는 군중이 파리 시청을 장악했다. 시민들은 공문서를 찢어버렸지만, 시청에 엄청나게 쌓여 있던 돈다발은 건들지도 않았다. 1791년 7월, 5만 명의 군중이 샹 드 마르스 광장에서 행진했다. 그들은 대체로 평화적으로 행진했지만, 군중을 통제하려고 투입된 방위군이 수십 명의 시위자를 살해했다. 혁명이 진행되던 기간 내내 여성 군중은 창고와 설탕을 판매하는 상점을 장악했지만, 물건을 약탈하지 않고 할인을 요구했다. 혁명 군중에게 애꿎게 희생된 피해자 대부분은 1792년 9월 학살 Massacres de Septembre 기간에 살해된 죄수들이다. 그러나 그 학살은 비이성적이지도, 완전히 무차별적이지도 않았다. 당시 파리는 외국 군대의 공격을 사방에서 받고 있었다. 몸을 움직일 수 있는 모든 남자와 무기가 전선으로 옮겨져, 파리는 내부 공격에 취약한 상태였다. 여성은 물론이고, 빚을 갚지 못한 것이 유일한 범죄였던 많은 죄수는 구제되었다.

19세기 말 파업 노동자들은 저임금과 위험한 노동 환경에 항의하며, 귀스타브 르 봉과 가브리엘 타르드 등 군중 심리학자들을 겁먹게 했지만, 별다른 피해를 남기지 않았다. 2,700회의 파업 중 폭력으로 치달은 파업은 100회를 넘지 않았고, 파업에 가담한 군중에게 살해된 사람은 예전부터 노동자들에게 미움을 받던 고약한 감독관 한 명에 불과했다.[48] 파업 노동자가 누군가를 살해할 가능성보다, 경비와 경찰이 파업 노동자를 살해할 가능성이 훨씬 더 높았다. 파업에 가담한 군중의 온순함에 무정부주의자들은 불평을 터뜨렸고, 군중 심리학자들까지 이를 인용하며 자신의 대의를 역설하기도 했다. 결국 군중이 지나치게 폭력적이든 지나치게 온순하든 간에 군중을 부화뇌동하는 존재로 인식하는 것은 잘못된 판단이다.[49]

이처럼 이성적이고 놀라울 정도로 절제된 행동이 프랑스 군중만의 전유물은 아니었다. 잉글랜드 농민들은 14세기에 들고일어나, 장원과 성과 교회를 점령했다. 그러나 그들은 무차별적으로 약탈하거나 살해하지 않았고, 자신들을 빚과 예속 관계에 옭아매던 문서들을 불태우는 것으로 만족했다.[50]

일본 역사학자 아오키 코지靑木浩二는 도쿠가와 막부 시대(1600년 부터 1868년까지)에 일어난 7,000건이 넘는 민중 봉기를 추적해 기록했다. 그중 2퍼센트에서만 반란자들이 표적으로 삼은 사람들이 살해되었다.[51]

1786년 대니얼 셰이스Daniel Shays(1747-1825)가 이끈 수천 명의 반란군은 정치·경제 정책에 항의하며 매사추세츠주에서 무장 봉기를 일으켰다. 이 반란 및 유사한 반란들에 미국 연방 헌법의 입안자들은 크게 걱정했지만,[52] 반란에 가담한 군중은 대체로 폭력적이지 않고 양순하게 행동했다. '셰이스의 반란'에서는 단 한 명의 사상자도 생기지 않았다. 대부분의 반란자가 죄를 인정하며 사면을 요구하는 문서에 서명했다.

1966년에는 중국 우한武漢에서 '자발적 군중', 홍위병이 결성되었다.[53] 그들은 2만 1,000명의 "괴물과 유령", 즉 문화 혁명을 반대하는 것으로 알려진 사람들의 집을 표적으로 삼았다. 그 목표에 감히 반발하는 사람이 한 명도 없었기에, 그들은 마음대로 표적을 죽일 수 있었을 것이다. 하지만 홍위병은 표적의 99.9퍼센트를 살려주었다.

군중이 되면 린치부터 성폭행까지 끔찍한 짓을 범할 수 있다는 지적은 부인할 수 없다. 여기에서 논점은 군중과 군중을 구성하는 개인에게 도덕적 판단을 내리는 게 아니라, 그들의 역동성을 파악하려는 것이다. 군중이 "전염되는 황홀감, 억제할 수 없는 열정, 전염병처럼 번지는 부화뇌동"에 휩쓸린다면, 거의 언제나 폭력적으로 행동하고, 절제하지 못하며, 전반적으로 비이성적인 태도를 띠어야 할 것이다.[54] 그러나 군중은 대체로 폭력을 삼가고 그러지 못할 경우에도 행동에 차별을 두며, 특정한 표적을 공격할 뿐 다른 사람들은 용서하고, 무차별적인 광란을 피하고 통제된 전략을 구사한다.[55] 도덕적으로 타락한 공격도 반드시 비이성적이지는 않다. 일부가 훔치고 (특정한) 타인을 공격할 기회를 움켜쥐지만, 그런 행동은 "억제할 수 없는 열정"에 내몰린 것이 아니라, 군중에게 허용된 상대적인 면책권을 향유하는 기회를 살린 것이다.[56]

이른바 집단 공황 상태를 유심히 관찰해도 똑같은 현상이 확인된다.[57] 차후의 연구에서 허구였던 것으로 밝혀진 집단 공황의 사례가 적지 않다. 실제로 '우주 전쟁' 라디오 방송을 듣고 공포에 질린 사람은 극소수에 불과했다는 게 이후의 연구에서 밝혀졌다.[58] 자연 재앙이나 공습 같은 공포스러운 실제 사건도 광범위한 집단 공황으로 이어지지는 않는다.[59] 마찬가지로 전쟁 기간에도 "전투 부대의 심각한 해체로 이어지는 집단 공황은……극히 드문 것으로 확인되었다."[60] 위험에 처한 군중에서도 공포감이 전염병처럼 확산되지 않고, 여느 군중에서와 똑같은 현상이 확인된다. 인간 공학 연구자, 길렌 프루Guylène Proulx와 그녀의 동료들은 9·11 테러 공격의 생존자들이 남긴 증언을 분석했다. 대형 항공기가 세계무역센터 쌍둥이 건물에 충돌했을 때 그 건물에 있던 사람들이었다.[61] 모두가 집단 공황에 사로잡혀 출구로 몰려갔더라도 충분히 이해되는 반응이었다. 하지만 다른 사람들이 "순간적으로 공황에 빠졌다."라고 언급한 직접 증언은 3분의 1에도 못 미쳤다. 생존자의 다수가 다른 사람들이 대체로 차분하게 행동했고, 상당한 소수는 주변에 도움까지 주었다고 증언했다. 기욤 데제카슈와 그의 동료들은 파리 바타클랑 테러 공격의 희생자들에게서도 유사한 형태의 반응을 찾아냈다.[62] 테러리스트들이 자동 화기로 그들을 표적으로 삼았을 때도 그들은 반사회적으로 행동하지 않았고, 주변 사람을 위로하며 더욱더 친사회적으로 행동하는 모습을 보여주었다. 게다가 반사회적인 행위, 예컨대 조금이라도 빨리 출구를 빠져나가려고 옆 사람을 밀치는 행위는 순전한 공포에 의한 행위라기보다, 이기적이었지만 탈출 가능성을 높이기 위한 합리적인 행위였다.

9·11 테러와 바타클랑 극장 테러에서 살아남은 생존자들의 반응은 예외적인 행동이 아니었다. 어떤 긴급 상황에서든 소수는 공황에 빠진 것처럼 반응한다. 따라서 출구를 향해 미친 듯이 달려가며 옆 사람을 밀쳐낸다. 그러나 공황이란 표현은 오해의 소지가 있다. 그

표현에는 비이성적이고 쉽게 전염되는 행동이 함축되어 있기 때문이다. 총격이나 화재 등 섬뜩한 위험에 당면해 어떻게든 달아나려는 행위가 이기적일 수는 있어도, 결코 비이성적이지는 않다. 또한 공황이 전염병처럼 확산되지도 않는다. 그런 상황에서도 대부분 차분히 행동하고, 다수가 주변 사람, 특히 취약한 사람을 돕는다.[63]

폭동에 참가하거나 공황 상태에 빠진 군중에 대한 일반적인 이미지는 '만장일치의 환상illusion of unanimity'이다. 즉 군중 모두가 똑같은 식으로 행동하고 생각하는 듯한 모습으로 그려진다.[64] 그러나 하나의 이데올로기를 공유하는 군중의 경우에도 행동은 이질적이다. 반드시 상대의 행동을 모방하거나 지도자의 요구를 따르지는 않는다.[65] 이런 양상에 유일한 예외가 있다면 후퇴하는 병사들이다. 병사들이 전우에 대한 이해와 신뢰가 낮다면, 도망치는 병사를 뒤따르는 병사들이 많아질 것이고, 결국에는 전면적인 패주로 이어질 것이다.[66] 그러나 이런 도주는 감정 전염과 아무런 관계가 없다. 전우가 전선을 끝까지 지킬 것이란 믿음이 없고, 그런 추론이 충분히 타당하다면, 누구도 최후의 순간까지 전선을 지키다가 마지막에 퇴각하는 명예로운 위치를 탐내려 하지는 않을 테니 말이다.[67]

우리는 눈앞에 표현되는 감정에 무차별적으로 휩싸이지 않고, 감정 경계 기제를 작동한다. 군중과 함께하는 경우에도 마찬가지다. 우리가 어떤 감정 신호를 보고, 그 감정 신호를 보낸 사람의 의도대로 반응하려면, 그 반응이 우리의 기존 계획과 정신 상태에 맞아떨어져야 한다. 또 그 신호를 보낸 사람이 우리가 좋아하는 사람, 또 과거에 신뢰할 수 없게 행동한 적이 없거나 감정 표현에 언제나 타당했던 사람이어야 한다. 그렇지 않으면 우리는 전혀 반응하지 않거나, 발신자의 의도와 상반되게 반응할 수 있다. 예컨대 상대의 고통에 즐거워하거나, 분노에 분노로 대응할 수 있다.

NOT BORN
YESTERDAY

선동자와 예언자
그리고 설교자

Demagogues, Prophets, and Preachers

★ 08 ★

진화적 관점에서 보면, 잘 속는 속성은 적응하지 못하고 도태되어야 한다. 발신자가 신뢰할 수 없는 메시지를 남발하지 않도록, 우리는 듣고 읽는 것에 얼마큼의 가중치를 부여할지 결정하는 데 사용하는 일련의 인지 메커니즘을 타고나니 말이다. 이 열린 경계 기제들은 많은 단서―적절한 논증이 제시되었는가? 출처가 믿을 만한가? 출처가 내 이익을 진정으로 바라는가?―를 근거로 그런 결정을 내린다.

대상이 많아진다고 그 단서들이 비례해서 증가하는 것은 아니다. 논증은 소규모 집단에서 더욱더 효과적이다. 주장과 반론을 활발히 주고받을 수 있기 때문이다. 100만 관중을 상대로 연설할 때 연사들은 공통점을 부각시킬 수밖에 없어, 필연적으로 많은 반박이 예상되지만, 구체적으로 어떤 반박이 제기될지 예측하기는 힘들다. 많은 관중 앞에서 연사가 자신의 유능함을 증명하기는 어렵다. 지식과 집중력 유지에 한계가 있을 수밖에 없는 관중이 누가 가장 뛰어난 정치인이고 누가 가장 유능한 경제학자인지를 어떻게 알 수 있겠는가? 마찬가지로 선의를 신뢰할 수 있게 확실히 보여주어야 한다는 것도 말은 쉽지만, 실제로 행하기는 무척 어렵다. 신뢰는 천천히, 한 번에 한 사람에게 얻어가는 게 가장 좋은 방법이다.

정교한 열린 경계 기제가 제대로 작동하지 않더라도 타당성 점검이란 과정이 있다. 그런데 타당성 점검 과정은 항상 경계를 늦추지 않고 신중하게 이뤄지기 때문에, 대중 설득에 지나치게 영향을 미치며, 대중의 마음을 바꾸는 걸 더욱더 어렵게 한다. 그래서 연설가들은 대중의 여론과 믿음에서 벗어나지 않는 메시지를 널리 알리는 것으로 만족하게 된다. 그래도 설교자가 약간의 노력을 더하면, 처음부터 양쪽으로 의견이 갈린 쟁점이나 확고한 여론이 없는 쟁점에서는 주변부의 군중에게 영향을 미칠 수 있다.

하지만 예부터 예언자에게는 군중 전체의 마음을 돌리는 힘, 프로파간디스트에게는 한 나라를 전복시키는 능력, 선거 운동원에게는 선거의 결과를 바꿀 수 있는 기술, 광고 전문가에게는 우리 모두를 어리석은 소비자로 만드는 역량이 있는 것으로 여겨졌다. 그런데 이 모든 것이 잘못된 선입견이지 않을까?

선동자, 데마고그

●

고대 아테네가 민주주의의 청사진이라면, 클레온(펠로폰네소스 전쟁 시기 아테네의 정치가-편집자) 민주주의를 방해하는 '최악의 적', 즉 데마고그demagogue의 원형이다.[1] 정치학자 마이클 시그너Michael Signer에 따르면, 클레온은 "아테네의 정권을 장악하자, 자신에게 도전한 극작가의 처형을 시도했고, 정복한 섬의 주민들을 대량으로 학살하려 했으며, 아테네를 전쟁으로 몰아넣어 결국에는 한동안 아테네의 민주주의를 마비시켰다."[2] 클레온은 카리스마, 특히 아테네 시민들에게 열변을 쏟아내는 힘찬 목소리 덕분에 "다중의 지지를 얻는 강력한 권력자"가 되었다.[3] 클레온 같은 선동자, 즉 데마고그의 힘은 쉽게 속는 대중의 순박함을 가장 잘 보여주는 예로 자주 인용된다.

돌이켜보면, 클레온의 선택 중에는 도덕적으로 혐오스럽고, 전략적으로 의심스러운 것이 적지 않았다. 그러나 정말 궁금한 것은 "클레온이 개인적인 카리스마를 어떻게 사용하고, 아테네 시민들에게 어떻게 말했기에, 아테네 시민들이 클레온에게는 좋지만, 그들에게는 나쁜 결정을 내리게 되었는가?" 하는 점이다.

클레온이 개입한 결정으로 가장 악명 높은 것은, 아테네에 항거해 반란을 일으킨 미틸리니에 대한 보복으로 그곳 주민들을 모두 학살하라고 한 명령이다. 이 사건은 피에 굶주린 데마고그가 대중에게 악행을 선동한 원형적 사례로 여겨진다. 그러나 클레온이 정말 카리스마를 십분 발휘해 그런 잔혹행위를 저지르도록 아테네 시민들을 설득했을까? 그랬을 가능성은 거의 없다. 미틸리니는 아테네의 숙적, 스파르타에 협력하며 아테네를 배신했다.[4] 게다가 미틸리니는 다른 도시들까지 설득해 반란에 가담시켰다. 당시의 기준을 고려하면, 그런 행동에는 가혹한 보복이 당연히 예견되었다. 얄궂게도 그 사건은 클레온의 미약한 영향력을 극명하게 드러낸 증거가 되었다. 그 명령을 수행하려고 갤리선이 출항하고, 이튿날 토론회가 다시 열렸다. 클레온의 정적, 디오도토스는 실리적인 이유에서 미틸리니 주민들을 용서해야 한다고 아테네 시민들을 설득했다.[5] 그 결과 하루 전에 출항한 갤리선을 따라잡기 위해 또 다른 갤리선이 서둘러 보내졌고, 천만다행으로 성공했다. 지도층만이 제거되었고, 주민들은 모두 구원받았다.

클레온의 카리스마는 건전한 논증에 대응하기에 너무 미약했을 뿐만 아니라 자신을 조롱으로부터 구해내지도 못했다. 아리스토파네스가 자신의 희극에서 클레온을 신랄하게 풍자했을 때 군중은 재밎어 하며 누구도 분개하지 않았다. 클레온이 뛰어난 데마고그로서 "마음대로 조정할 수 있다."라고 생각하던 군중이 바로 그 군중이었다.[6] 실제로 클레온이 날조된 혐의로 아리스토파네스를 고발했을 때 시민 배심원단은 아리스토파네스의 편을 들었다.

클레온에 대한 군중의 지지가 결코 무조건적이지는 않았지만, 그래도 클레온이 대체로 지지를 받았던 것은 사실인 듯하다. 여하튼 아테네 시민의 지원으로 클레온은 장군이 되었고, 그의 많은 정책이 아테네 시민들의 호응을 얻었다. 그러나 그가 아무런 노력도 없이 권력을 얻은 것은 아니었다. 특히 그의 경제 정책은 가난한 다수에 게 혜택을 주었던 듯하다.[7] 또 클레온의 영향력은 남다른 설득력 때문이 아니라, "진정한 데마고그로서 민중의 감성을 포착하는 솜씨"에서 비롯된 것이다.[8] 클레온은 귀족이 아니었던 까닭에 자유롭게 대중 영합적인 정책을 펼치며 "부유한 기득권과 검증되지 않은 전통에 도전"할 수 있었다.[9] 전반적으로 클레온의 강력한 목소리는 좋은 쪽으로든 나쁜 쪽으로든 민중을 끌어가는 방향타가 아니라, 민중의 의지를 반영한 것이었다.

다른 데마고그들, 예컨대 윌리엄 제닝스 브라이언William Jennings Bryan(1860-1925)부터 휴이 롱Huey Long(1893-1935)까지 미국의 포퓰리스트들도 이미 폭넓게 퍼져 있지만 대변되지 않던 의견을 위해 싸우며 정치권력을 얻는 전략을 구사했다. 가장 유명한 데마고그이던 아돌프 히틀러도 독일 국민을 조종한 것이 아니라, 이 전략을 충실히 따랐을 뿐이다.

역사학자 이언 커쇼Ian Kershaw는 일기부터 나치 정보기관의 보고

서까지 광범위한 자료를 바탕으로 나치 시대의 독일 국민 여론을 정확히 알아냈다.[10] 《히틀러 신화》에서 커쇼는 히틀러가 보통 독일인들에게 어떻게 인식되었고, 한동안 민중의 폭넓은 지지를 어떻게 얻었는지를 추적했다.[11] 커쇼의 진단에 따르면, 히틀러가 1933년의 선거에서 승리할 수 있었던 결정적인 요인은 "이미 광범위하게 확립된 이데올로기적 합의를 연설에서 구체적으로 표현한 것"이었다.[12] 특히 히틀러는 반反마르크스주의를 천명하며, 종교계와 기업계의 지도자들과 이념적인 방향을 함께했다.[13]

1927년부터 1933년까지 히틀러는 혁신적인 선거 전략을 사용했다. 지금은 흔한 선거 방법이지만, 히틀러는 독일 전역을 횡단하며 많은 민중을 만나려고 애썼다. 또 목소리를 증폭시키는 확성기를 사용해 연설 효과를 배가시키는 전략을 구사하기도 했다. 히틀러는 크고 작은 군중을 상대로 수백 회의 연설을 했다. 이런 노력이 결실을 거두었을까? 한 신중한 연구에 따르면, 그런 노력은 그다지 성공적이지 않았다. 정치학자 페터 젤프Peter Selb와 지몬 문처르트Simon Munzert의 연구 결과에 따르면, 히틀러의 많은 연설은 "나치당의 당선에 미미한 영향을 주었을 뿐이다."[14]

권력을 잡은 후에는 경제력과 군사력의 부침에 따라 히틀러의 인기도 달라졌다. 그의 정책으로 이익을 얻은 사람들에게는 인기를 얻었고, 힘들이지 않고 군사적 승리가 계속되자 전 국민으로부터 찬사를 받았다.[15] 하지만 1939년 초, 전쟁을 앞두고 독일이 허리띠를 졸라매자 불만이 고조되기 시작했다.[16] 스탈린그라드 전투라는 재앙이 있은 후에는 히틀러를 향한 지지도 붕괴되었다. 독일 국민은 더는 히틀러를 영적인 지도자로 보지 않았고, 나쁜 소문이 퍼지기 시작했다.[17] 1943년부터 1945년 4월 히틀러가 자살할 때까지 많은 독일인이 중죄를 무서워하지 않고 히틀러를 공개적으로 비판했다.[18]

요컨대 히틀러는 독일 여론을 만들어간 것이 아니라 독일 국민의 바람에 부응한 것이었다. 커쇼의 표현을 빌리면 "프로파간디스트보다 히틀러는 대중에게 최대로 허용되는 관용 수준tolerance level을 정확히 알았다."[19] 권력을 얻기 위해 히틀러는 자신의 세계관에 어긋나는 메시지를 전해야 했다. 권력을 장악하기 전까지 자신의 반反유대주의적 성향을 감추었고, 대중 연설에서 이를 거의 언급하지 않았으며, 심지어 유대인 상점 불매 운동에 참여하는 것도 거부했다.[20] 다른 데마고그들이 그랬듯이 히틀러도 자신의 설득력에 의지해 대중의 마음을 휘어잡지 못했고, 당시 대중에게 팽배하던 여론을 이용했을 뿐이다.[21] 뒤에서 다시 보겠지만, 나치의 프로파간다 도구도 전체적으로는 그다지 효과적이지 않았다.

예언자
●

대중의 마음을 휘어잡는다는 데마고그의 힘은 예부터 상당히 과장되었다. 예언자prophet와 같은 종교적 인물은 어떨까? 역사의 기록을 보면, 예언자들은 군중에게 자기희생부터 죽음의 성전聖戰까지 자살 행위로 이어지는 뜨거운 열의를 심어주었다. 하지만 잠깐 뒤로 물러나 생각해보면, 중요한 것은 청중의 심리 상태와 물리적 조건이었지 예언자의 설득력이 아니었던 게 분명해진다. 사람들이 극단적 행동을 각오하자, 예언자는 슬그머니 일어나 불을 붙이는 작은 불꽃을 제공했을 뿐이다.[22]

1850년대 중반, 농가우세는 남아프리카공화국의 목축민, 코사족의 예언자가 되었다.[23] 농가우세는 거창한 예언을 연속으로 쏟아냈다. 이를 테면 코사족이 그녀에게 순종하면 "앞으로 누구도 불안한 삶을 살지 않을 것이고, 원하는 모든 것을 얻을 것이며, 모든 것이 넘치도록 풍요로울 것이다. … 팔과 다리가 없는 사람은 팔다리를 다시 얻고, 맹인은 시력을 되찾을 것이고, 노인은 다시 젊어질 것이다."라고 했다.[24] 또 죽은 사람들이 다시 살아나 영국 침략군에 맞서 싸우는 강력한 군대에 대해서도 예언했다. 그러나 그런 꿈이 실현되려면 코사족은 가축을 모두 죽이고 밭을 모두 불태워야 했다. 많은 코사족이 농가우세의 예언에 따라, 가축을 새끼조차 남기지 않고 죽였고, 모든 곡물을 뿌리까지 불태웠다. 하지만 코사족이 맞이한 것은 죽음과 굶주림뿐이었다.

이 사건은 극단적인 맹신과 대중 설득의 섬뜩한 사례가 아닐까? 코사족은 농가우세의 예언을 믿을 하등의 이유가 없었다. 그전까지는 누구도 농가우세가 누구인지 몰랐다. 그녀는 호된 대가가 뒤따를 것이 뻔한 예언을 쏟아내면서도 합리적인 근거를 내놓지 않았다. 영국인 관찰자들이 보기에, 농가우세는 코사족의 맹신성을 교묘하게 이용했을 뿐이다.[25] 하지만 이 설명에는 코사족의 극단적인 행동을 이해하게 해주는 중요한 요인들이 빠졌다.

1856-1857년 가축 떼에 전염병처럼 '폐질환'이 발생했다.[26] 그런

상황에서는 가축이 병들기 전에 도살해 먹는 것이 합리적인 선택으로 여겨졌을 것이다.[27] 폐질환이 확산되지 않은 지역에서는 한 마리도 희생되지 않았기 때문에, 폐질환이 가축 도살의 주된 원인이었다고 말해도 지나친 과장은 아닐 것이다.[28] 코사족을 집중적으로 연구한 역사학자 제프 파이어스Jeff Peires의 결론에 따르면, "폐질환은 코사족이 가축을 도살할 수밖에 없는 필연적인 원인이었다."[29] 유례가 없던 우기로 병충해가 창궐했던 곡물을 불태운 이유도 똑같은 식으로 추론할 수 있을 것이다.

폐질환이 발생한 지역에서도 모두가 농가우세의 예언을 맹목적으로 따른 것은 아니다. 그들은 제물을 바치던 오랜 전통을 존중하며, 처음에는 한두 마리의 가축을 도살하는 데 그쳤고,[30] 가장 소중하게 여기던 가축을 최후까지 남겨두었다.[31] 농가우세의 예언이 실현되지 않자, 사람들은 곧바로 환멸에 빠지기 시작했다.[32] 가축을 도살한 주된 원인이, 이미 자신의 것을 모두 잃고 이른바 공동의 이익을 위해 희생하기를 거부하는 사람들에게 눈총을 주던 족장과 이웃, 심지어 친척의 위협인 경우가 적지 않았다.[33]

파이어스의 주장에 따르면, "요즘 사람은 상상조차 할 수 없는 압력에 절망적인 상황까지 내몰린 종족에게 가축 도살은 논리적이고 합리적인 대응이었다. 어쩌면 필연적인 대응이기도 했다."[34] 이 결론이 적잖게 과장되게 느껴지더라도, 파이어스의 연구에서 확인되듯이 농가우세가 코사족을 마법적으로 지배한 것은 아니었다. 오히려 코사족은 필요에 쫓겨 농가우세의 예언을 따랐고, 극단적으로 행동했다.

가축 도살은 일종의 저항, 더 나아가 반란이기도 했다.[35] 그때까지 코사족은 족장들이 대부분의 가축을 소유하는 걸 허용했다. 힘든 시기가 닥치면 족장이 가축을 공유할 것이란 믿음이 있었기 때문이다. 그러나 족장을 비롯한 귀족들이 잉여적인 가축을 부족민들과 공유하지 않고 영국인 정착민들에게 팔기 시작하면서 상황이 달라졌다.[36] 이 때문에 평민에 속한 부족민들은 가축 도살에 참여하지 않을 이유가 없었다. 가축은 그들의 것이 아니었고, '가뭄 보험'의 역할도 더는 해낼 수 없었다.[37] 물론 가축 거래로 이익을 취한 사람들은 도살을 강력히 반대했다.[38]

적어도 이런 점에서, 코사족 가축 도살 사건은 천년왕국운동 millenarian movement의 또 다른 모습이었다. 오래전부터 많은 사람이 천년왕국설에 영향을 받아, 세상의 종말이 가까워졌고 더 나은 세상이 곧 펼쳐질 것이라 믿었다. 이런 믿음에 빠진 사람들은 코사족처럼 겉보기에 분별없는 행동을 시작했다. 예컨대 유럽의 가난한 기독교인들은 예언자의 명령을 따라, 십자가를 짊어지고 예루살렘을 탈환하려 했다. 이 무모한 행동 역시 대중 설득의 결과가 아니라, 현실적인 고민에서 비롯된 것이었다.

유럽 중세 시대에 절망적인 상황에 내몰린 가난한 사람들이 물질적 이익을 바라며 천년왕국운동에 참여한 경우가 대부분이었다. 가난한 사람들로 구성된 십자군이 우여곡절 끝에 예루살렘에 도착했을 때, 그들의 지도자가 "재물을 원하는 가난한 사람들이 드디어 여기에 도착했도다!"라고 외쳤다고 하지 않는가.[39] 역사학자 유진 웨버Eugen Weber(1925-2007)는 이렇게 말했다.

난처하게도 그 가난한 사람들은 천년왕국 자체보다 과거와의 단절에 더 관심이 많았다. 그들이 원하는 것은 압제자들의 타도, 성직자와 유대인의 절멸, 부유하고 탐욕스런 자들의 종말이었다. 그들의 황홀감과 그에 따른 감정의 분출은 평화를 가져오기는커녕 반란과 봉기로 이어졌다. 12세기부터 16세기와 17세기까지 종말론적 희열이 고조되는 동안, 십자군 운동은 대학살로 변질되었고, 영적인 영감은 사회·정치적인 반란으로 이어졌다.[40]

많은 역사학자가 웨버의 주장에 동의했다. 천년왕국설은 '억압받는 사람들의 종교'답게, "권력 집단의 억압, 극단적으로 궁핍한 경제 상황, 특정 사회 계층에게 위협을 느끼게 하는 근본적인 사회 변화 등으로 위기를 느끼거나 경험하는 상황"에서 주로 고개를 치켜들었다.[41]

사회적 질서에 대한 도전은 규범의 파괴였기 때문에, 그 자체로 타당한 이유가 있어야 했다. 천년왕국설이 그 이유를 제공한 것이다. 세상이 어떤 식으로 종말을 맞이하고, 더 나은 세계가 시작될 것이기 때문에 기존의 질서가 파괴되는 것은 당연했다. 이런 이유에서 문화권을 불문하고 천년왕국설이 많은 저항 운동에서 거론되었다. 가장 널리 알려진 천년왕국설은 기독교 신앙이지만, 그 사상은 신약성경의 시대보다 훨씬 앞서 존재했다. 유대교와 조로아스터교의 문헌에서도 발견되고, 불교처럼 뿌리가 완전히 다른 종교에도 유사한 개념이 발달했다.[42] 게다가 기독교 천년왕국설은 남아프리카공화국 코사족의 가축 도살부터, 중국에서 일어난 태평천국의 난까지 여러

국가에서 다양한 형태로 나타났는데, 선교사들의 포교 노력과는 아무런 관계가 없었다.[43]

천년왕국과 관련된 예언은 조건이 맞아떨어지는 시대와 장소에서 어김없이 성공을 거두었다. 기존 질서에 대한 항의가 고조되던 다양한 문화권에서 천년왕국설이 대두되었고, 세속적인 격변도 천년왕국설을 본떠, 혁명으로 인한 혼란의 시대가 끝나면 황금시대가 도래할 것이라 여겨졌다.[44] 결국 종말의 예언은 교활한 예언자가 주도적으로 제공하는 것이 아니라, 불만에 싸인 군중의 수요에 부응한 것이다.

설교자

●

임박한 종말을 들먹이며 대중을 위협할 수 있는 예언자도 대중에게 큰 영향력을 행사하지 못한다면, 그런 무기마저 없는 성직자들은 어떻게 해야 하는가? 불교(신도 수: 5억 2,000만), 기독교(신도 수: 24억 2,000만), 이슬람교(신도 수: 18억)가 여러 문화권에서 많은 신도를 확보했다는 사실은, 설교자들이 무수한 양떼를 종교의 품으로 끌어들이는 데 성공했다는 뜻이다. 이런 성공은 역사가 오래된 종교에만 국한된 현상이 아니다. 19세기에 탄생한 모르몬교에서, 20세기 신흥 종교인 하레 크리슈나교*와 통일교에 이르기까지, 종교적 성공이 현대에도

---

* 1966년 미국에서 생겨난 힌두교 종파.

재현될 수 있다는 게 증명되었다.

한 개인의 비전이 수백만, 심지어 수십억의 추종자에게 어떻게 전달될 수 있는지를 생각해보면, 집단 개종이 있었던 게 틀림없다는 생각을 떨치기 힘들다. 신약 성경의 사도행전에는 베드로의 설교를 듣고, "그날에 새로 신도가 된 사람은 삼천 명이나 되었다."라고 쓰여 있다.[45] 4세기에는 역사학자 에우세비우스가 "수많은 군중이 처음 설교를 듣고, 우주의 창조주를 향한 신심을 영혼까지 깊이 받아들였다."라고 말했다.[46] 20세기에도 많은 역사학자가 종교의 급격한 성장에는 "집단 개종"이 필수적이란 견해에 동의했다.[47] 많은 관계자가 신흥 종교들의 발달과 성공에 걱정하며, 그 종교의 지도자들이 새 신자들을 세뇌시킨다고 비난해왔다.[48]

집단 개종이 필요했다는 가정은 복리復利를 잘못 이해한 결과이다. 작지만 규칙적인 성장이 오랜 기간 지속되면 엄청난 결과를 낳는다는 사실을 간과한 것이다. 예컨대 당신이 서기 0년에 1달러를 투자했고, 그 이후로 연간 이자율이 1퍼센트를 약간 넘었다면, 그 돈은 지금 24억 2,000만 달러가 된다(현재 기독교인의 수). 사회학자 로드니 스타크Rodney Stark는 여러 역사학자의 추정치를 종합해, 기독교인의 수가 40년에는 1,000명 안팎이었지만 350년경에는 3,400만 명으로 증가했을 것이라 추정했다. 이때가 기독교가 가장 급성장한 시기였음에도, 증가율은 연간 3.5퍼센트에 불과하다.[49] 요컨대 각 기독교인이 평생 동안 2명만 전도하면, 소수에 불과하던 추종자가 300년 뒤에 수천만으로 증가하는 것이 충분히 가능하다. 정확히 말하면, 집단 개종은 결코 필요조건이 아니다!

근대에 탄생한 신흥 종교들도 다를 바 없다. 모르몬교의 초기를 분석한 스타크의 연구에 따르면, 모르몬교의 성장률은 연간 5퍼센트 이하였다.[50] 사회학자 아일린 바커Eileen Barker는 통일교를 집중적으로 연구했다. 특히 창립자인 문선명의 이름을 따서 흔히 '무니Moonie' 라 불리는 새 신자가 어떤 식으로 통일교에 입교하게 되는지를 자세히 연구했다.[51] 통일교가 가장 널리 알려진 신흥 종교 중 하나이지만, 전도 성공률은 무척 낮다. 교회를 직접 방문할 정도로 관심을 보인 새 신자가 "2년 후에도 교회에 꾸준히 출석하는 확률은 200명 중 한 명이 되지 않는다."[52] 이틀간의 수련회에 참석한 새 신자들도 "1 년 후에 교회를 꾸준히 출석할 확률은 5퍼센트에 불과하다."[53]

물론 극소수의 예외가 있겠지만, 개종은 설교자의 집단 설득이 아니라 기존의 끈끈한 관계로 이루어진다. 친구가 친구를 유도하고, 가족이 다른 가족 구성원을 끌어들인다. 스타크와 그의 동료 사회학자 존 로플런드John Lofland가 자세히 연구했듯이, 미국에서 통일교는 초창기에 이 패턴을 충실히 따랐다. 통일교 포교에 앞장섰던 김영운은 "강연과 언론을 통해 많은 사람을 통일교로 인도하려고 오랫동안 최선의 노력"을 다했지만, 새 신자로 수십 명을 확보하는 데 그쳤다. 게다가 그들도 그녀의 절친한 친구들이거나 그들의 가족이었다.[54] 이런 선구적인 노력이 반드시 필요하지만, 그 후의 포교를 위해서는 개인적 친분 관계의 중요성과 필연성이 모르몬교와 일련정종日蓮正 宗*, 중세의 카타리파(12~14세기 유럽에서 위세를 떨친 기독교 이단-편집자)

---

* 일본의 불교 종파

등에서도 예외 없이 확인된다.[55]

친구나 가족에 의해 전도되더라도, 개종에는 오해부터 박해까지 아직 개종하지 않는 사람들이 가하는 사회적 비용이 다양한 형태로 뒤따를 수 있다. 이런 상황에서 개종이 설득의 승리라고 할 수 있을까? 때로는 개인적 대가를 각오해야 하는데도 누군가의 설득에 순전히 신뢰만으로 새로운 신앙을 받아들인다는 게 가능할까? 오히려 개종한 사람들은 새로운 종교 집단에서 개인적으로 좋아하는 것을 찾아낸 듯하다. 그 때문인지 심리학자 딕 앤서니Dick Anthony는 신흥 종교를 다룬 연구에서, "대부분의 개종자가 개종 이후에 심리적이고 정서적인 상태가 개선된다."라고 요약했다.[56] 대가가 큰 행동도 궁극적으로는 이익일 수 있다. 모르몬교도는 수입의 10퍼센트와 시간의 10퍼센트를 교회에 기부해야 한다. 하지만 모르몬교도들이 서로 아낌없이 도움을 주고받는 걸 보면, 많은 것을 공유하는 공동체에서 살아가는 걸 좋아하는 사람들이 적지 않은 이유를 이해하는 게 그다지 어렵지 않다.[57] 초기 기독교인들도 당시에는 박해를 심하게 받았지만, 그 새로운 종교에 대한 사랑으로 결성된 조직망을 통해 많은 지원을 받은 듯하다.[58] 이렇게 실리적인 면과 대조적으로, 새로운 종교와 관련된 색다른 믿음은 개종 후에야 문제시되지, 개종 자체에는 큰 역할을 하지 못하는 듯하다. 경제학자 로런스 이아나콘Laurence Iannaccone의 표현을 빌리면, "믿음은 참여 이후에 뒤따르는 게 전형적인 양상이다. 사람들은 강렬한 애착으로 종교 집단에 이끌린다. 강렬한 믿음은 서서히 형성되거나 아예 형성되지 않는다."[59]

신흥 종교도 집단 개종을 도모하지 않고, 사람들에게 새로운 형태로 즐길 수 있는 사회적 상호 관계를 제공함으로써 성장할 수 있다. 그런데 종교가 어디에나 간섭하고 지배적인 위치에 올라서면 어떤 일이 벌어질까? 그렇게 되면 성직자들이 사람들의 생각과 행동을 좌지우지할 수 있을까?

중세 시대 내내, 가톨릭교회는 유럽 농민들에게 규칙적인 예배 참석과 고해성사부터 십일조 헌금까지, 농민에게는 조금도 이익이 되지 않는 행동을 강요했다. 게다가 기존의 부당한 상황을 유지하는 데 도움이 되는 믿음을 퍼뜨렸다. 예컨대 왕은 신에게 백성을 지배할 권리를 부여받았고, 부자가 자격이 아니라 순전히 운이라는 생각은 만악의 근원인 '탐욕'과 유사한 것이라고도 가르쳤다.[60]

그런 믿음은 마르크스주의 학자들이 '지배 이데올로기'라 칭하던 것이었고, 상류 계급이 자신들의 지위를 합리화하려고 고안해낸 후 국민에게 강요한 세계관이었다.[61] 마르크스와 엥겔스는 "물질을 생산하는 수단을 마음대로 사용하는 계급은 정신을 생산하는 수단까지 지배하게 된다. 따라서 일반적으로 말하면, 정신을 생산하는 수단이 없는 사람들은 위의 계급에 생각이 종속된다."라고 말했다.[62] 빈곤은 당연한 것이란 이데올로기를 국민에게 심어주며, 다수가 체념적으로 자신의 운명을 받아들이게 만든 것이 인류 역사상 가장 성공한 집단 설득일 것이다.

이런 맥락에서 보면, 가톨릭교회는 중세 시대 최고의 지배 집단이었다. 교회는 존중과 무지를 강요하고, 지옥에 대한 두려움을 심어주며, 양순한 사람들이 명령에 순종하고 교리를 따르도록 했을 것이다.[63] 13세기 도미니크회 수사, 엥베르 드 로망Humbert de

Romans(1200-1277)은 남프랑스의 가난한 지역에서 설교하며, 신도들이 교회에 보여주는 행동을 무척 다른 관점에서 해석했다. 엥베르는 자신의 역할에 상당히 유능했던지 훗날 도미니크회 최고위직까지 올랐지만, 현장의 실태에 크게 절망했다.

교회는 막강한 권력을 휘둘렀지만, 가난한 사람들이 교리를 최소한으로 따르게 하는 데도 힘겨워했다. 그들은 거의 세례를 받지 않았고, 주기도문을 외우지 못했으며, 1년에 한 번뿐인 성찬식에도 거의 참석하지 않았다.[64] 엥베르는 신도들이 "헛된 주제에 대해, 심지어 사악하고 외설적인 주제에 대해 수다를 늘어놓으며 밤을 보내려고" 교회에 온다고 한탄했다.[65] 특별한 행사가 있을 때는 어땠을까? 신도들은 성인의 날을 기렸지만, 교회에 이익이 되기는커녕 "여인숙 주인과 매춘부"에게만 이익이었다.[66] 신도들이 떠나는 순례조차 "한 해의 나머지를 위한 헌신의 시간이 아니라 더 많은 죄를 짓는 시간"이 되는 경우가 많았다.[67]

가난한 사람들은 종교적 축일을 방탕의 기회로 삼았을 뿐만 아니라, 교회가 강요하는 희생적 행동에 강력히 저항하기도 했다. 엥베르는 "고행과 금식의 태만"과 "십일조 헌금에 대한 저항"을 개탄했다.[68] 역사학자 에마뉘엘 르루아 라뒤리Emmanuel Le Roy Ladurie가 말했듯이 "십일조에 대한 갈등은…… 농민 저항을 관통하는 공통분모였다. 카타리파부터 칼뱅주의까지, 교리의 연속성은 끊어졌어도, 십일조에 대한 갈등은 끊이지 않았다."[69]

그런데 이런 저항적 분위기에서 어떻게 십자군 원정이 가능했을까? 교회를 위해 희생하라고 수천 명의 가난한 사람들을 어떻게 설득했을까? 앞에서 말했듯이, 가난한 사람들은 십자군 원정을 영적인 부름이 아니라 약탈의 기회로 보았다. 여하튼 십자군은 교회의 계급 조직이 생각해낸 작품이 아니었다.[70] 실제로 교회는 십자군을 상대로 싸우기도 했다. 십자군, 즉 "종말론에 사로잡힌 가난한 무리"가 눈앞의 유대인들을 약탈한 후에는 곧바로 성직자에게 공격의 화살을 돌렸기 때문이었다.[71] 제1차 양치기 십자군 전쟁이 한창일 때 "한 성직자를 살해한 사건은 양치기들에게 특히 칭찬할 만한 사건으로 여겨졌다."[72] 양치기들은 지배 이데올로기에 전혀 아랑곳하지 않는 듯했다.

중세의 일반 대중은 교회가 요구하던 힘든 행동 기준을 고분고분 따르지 않았을 뿐만 아니라, 가톨릭 교리도 대체로 거부했다. 사상의 역사를 연구하는 학자들은 "계몽시대에 이르기 전까지, 대중이 가진 이교도적 관습이 어떻게 끈질기게 지속되며 기독교의 표면적 허식으로 감추어졌는지를" 추적해 보여주었다.[73] 특히 르루아 라뒤리는 프랑스 13세기의 한 마을을 치밀하게 연구한 자료에서, 결코 기독교스럽지 않은 행위들을 소개했다. 예컨대 가장家長이 죽으면, 가족들은 고인의 머리카락과 손톱을 잘라 보관했다. 머리카락과 손톱에 '생명 에너지'가 담겨 있어 그것들을 통해 고인의 마법적인 속성을 조금이나마 흡수할 수 있을 것이라 믿었기 때문이다. 또 소녀가 초경에 흘린 피는 고이 보관되었다가, 훗날 성욕을 자극하는 미약으로 사용되었다. 탯줄은 환불이 허용되지 않는 소송에서 승리를 보장하는 부적으로 여겨진 까닭에 소중히 간직되었다.[74] 도미니크회 설교자, 엥베르가 농민들이 "마법적인 풍습에 몰두했고", "고집을 넘어 구제불능의 수준이어서 파문을 비롯해 어떤 위협으로도 그들을 멈출 수 없었다."라고 한탄한 것은 조금도 놀랍지 않다.[75]

가난한 사람들은 일방적으로 강요되던 많은 종교적 교리를 거부했고, 특히 그들의 숙명적 조건을 얌전히 받아들이라는 가르침을 완강히 거부했다. 엥베르는 당연히 탐욕이 죄라고 가르쳤겠지만, "일반 대중은 이 세상의 부자를 운 좋은 사람으로 생각하는 경향을 띤다."라는 사실을 감추지 않았다. 또한 가난한 사람들은 "교회가 통치하는 데도 가난한 건 못된 주교 때문이라고 불평했고", 그런 불평에는 충분한 타당성이 있었다.[76] 요컨대 중세 시대에 대중 설득을 통해 사람들에게 딱딱한 신앙심과 가혹한 행동 기준을 강요하던 가톨릭교회의 노력은 그저 실패의 연속이었다.

가톨릭이 지배하던 중세 유럽에서 일정하게 관찰되던 패턴이 세계 전역에서 경제적으로 지배받는 계층에서 재현되는 듯하다.[77] 그들은 지배 이데올로기를 받아들이기는커녕, 사회학자 제임스 스콧James Scott의 표현을 빌리면, "약자의 무기"로 "저항의 기술"을 연마한다.[78] 역학 관계가 가장 비대칭적인 관계, 예컨대 주인과 노예의 관계에서도 노예는 자신의 힘든 상태에 체념하지 않고, "태만, 위장, 거짓된 순종"부터 "방화와 태업"까지 온갖 가용한 수단을 동원해 끈질기게 투쟁한다.[79]

지배 계급은 현재 상황이 가능한 최선의 세계이고, 그들의 우월한 지위가 응당한 것이란 이야기를 그럴듯하게 꾸민다. 이런 이야기를 듣고 있으면, 지배 이데올로기가 타당하게 들린다. 게다가 논문부터 방송까지 온갖 커뮤니케이션 통로가 시시때때로 지배 이데올로기로 채워진다. 그렇다고 사회 계층에서 아래쪽에 있는 사람들이 그 이데올로기에 현혹된다는 뜻은 아니다. 오히려 지배 이데올로기는 모든 곳에서 저항에 부딪치고, 대안적 이야기가 만들어진다. 혁명의 기회가 다가올 때마다 고개를 치켜드는 천년왕국설이 대표적인 예다.

NOT BORN YESTERDAY

프로파간디스트 그리고
선거 전문가와 광고 전문가

Propagandists, Campaigners, and Advertisers

★ 09 ★

프로파간디스트

●

히틀러는 교도소에서 《나의 투쟁》을 작업하며 프로파간다에 대해 많이 생각한 게 분명하다. 그 자서전에서 히틀러는 대중을 "어린아이 같은 무리", "여성적 성격"이라 묘사하며, 쉽게 속일 수 있다고 확신한다(어린아이와 여성은 먼 옛날부터 감상적이고 맹신하는 존재로 여겨졌다). 또 효과적인 프로파간다는 "진부한 공식"에 기초해야 하고, "제시된 개념을 마지막 한 명이 이해할 때까지 집요하게 반복되어야 한다." 라고 말한다.[1]

히틀러는 주로 경제적이고 반공산주의적인 정책을 내세워 선거에 승리했다. 권력을 확고히 굳히자, 요제프 괴벨스Joseph Goebbels(1897-1945) 선전장관의 도움을 받아, 자신의 이론을 실행에 옮겼다. 그들은 영화와 라디오 방송, 서적과 포스터, 교육 자료 등에서 유대인을 비방하며 독일인들에게 반유대주의를 심어주려 했다는 점에서 인류 역사상 가장 추악한 대중 설득을 시도했다.

그 '선전 공세propaganda barrage'가 얼마나 효과가 있었을까?[2] 반대유대주의에 대한 정밀한 자료를 구하기 위해, 두 경제학자 니코 포이크렌더Nico Voigtländer와 한스 요아힘 포스Hans-Joachim Voth는 1996년부터 2006년까지 실시된 설문 조사들을 분석했다.[3] 그들은 나치 선전 기간에 노출되었던 독일인, 특히 1920~1930년대에 태어난 독일인에게 여전히 반유대주의가 팽배한지를 측정했고, 그 집단들이 상대적으로 반대유주의적 감정이 강하다는 걸 확인할 수 있었다. 이 시대에 태어난 독일인은 "유대인이 세계에 지나치게 많은 영향력을 행사한다."라는 명제에 동의하는 비율이 다른 시기에 태어난 독일인에 비해 5-10퍼센트가 높았다.

　나치의 프로파간다가 현재 독일에 존재하는 반유대주의에 작은 몫의 책임밖에 없더라도, 그 문제에 기여한 것만은 분명한 듯하다. 그러나 히틀러가 생각했듯이, 프로파간다가 무지막지한 반복을 통해 엄청난 효과를 발휘했을까? 포이크렌더와 포스는 프로파간다의 수용성에 지역적 차이—예컨대 라디오를 보유한 사람의 수, 프로파간다 영화가 상영될 수 있는 영화관의 수 등—가 있었다는 데 주목했다. 단순한 반복이 효과적이었다면, 프로파간다에 더 많이 노출된 지역에서 반대유대주의가 급격히 상승해야 했다. 그러나 프로파간다에 노출된 것만으로는 아무런 효과가 없었다. 오히려 프로파간다의 효율이 지역적 차이를 보인 이유는, 기존에 존재하던 반유대주의의 정도가 달랐기 때문이었다. 히틀러가 정권을 잡기 전부터 반대유주의적 성향이 강했던 지역에서만 나치의 프로파간다를 적극적으로 수용했다. 그 지역의 주민들에게 반유대주의 프로파간다는, 정부가 그들의 편이므로 그들의 편견을 자유롭게 표현할 수 있다는 신뢰할 만한 단서로 사용되었을 것이다.[4] 한편 라디오 방송의 효율을 추적한 다른 연구에서는 한층 더 확실한 결과가 나타났다. 라디오 방송을 통한 프로파간다는 "반유대주의가 역사적으로 높았던 지역에서는 상당한 효과를 거두었지만, 역사적으로 반유대주의적 성향이 낮은 지역에서는 오히려 부정적인 효과를 낳았다."[5]

　히틀러의 인기를 추적하기 위해 나치 독일의 기록을 샅샅이 뒤졌던 역사학자, 이언 커쇼도 나치 프로파간다의 효과를 분석했고,

유사한 결론에 이르렀다. 독일인들은 유대인 상점을 이용하지 말고, 유대인들을 국외로 추방하자는 요구에 호응하지 않았다. 나치는 "공포 조장과 법적 차별"을 통해서만 "독일에서 유대인들을 경제적으로, 더 나아가 사회적으로 배척할 수 있었다."[6]

커쇼의 주장에 따르면, 나치가 시도한 그 밖의 프로파간다는 독일인을 광적인 반유대주의자로 바꿔가려는 시도에서 별다른 효과를 거두지 못했다. 장애인을 강제로 안락사하려던 조치에는 광범위한 저항이 따랐다.[7] 공산주의에 대한 공격은, 우파에 속한 사람들에게는 환영받았지만, 공산주의 지지층이던 "독일 산업 노동자들에게는 철저히 외면당했다."[8] 요컨대 나치 프로파간다는 독일 노동자들이 자발적으로 전쟁 지원에 참여하도록 설득하는 데 실패했고, 다수의 노동자는 결근으로 저항하는 모습을 보였다.[9] 특히 스탈린그라드 전투의 패전 이후 전쟁이 최악으로 치닫자, 선전부의 메시지는 쇠귀에 경 읽기가 되었다. "승리를 장담하는 괴벨스의 메시지는 변화가 없었고 국민에게 무시되었다." 독일 국민은 BBC가 보도하는 독일 정부의 공식 계획을 더 신뢰했다.[10] 나치 프로파간다는 나치당을 좋아하게 만드는 데도 실패했다. 나치당의 지역 관리들이 대체로 무능하고 부패한 이유도 있었지만, 어디에서나 괄시를 받았다.[11] 얄궂게도 커쇼는 나치 정보기관이던 나치의 친위대ss 산하 보안방첩대Sicherheitsdienst, SD가 직접 작성한 자료를 분석한 끝에 이런 결론을 내렸다. 몇몇 보고서는 솔직하다 못해 준열할 정도였다. 예컨대 중부 독일의 작은 도시, 슈바인푸르트에 근무한 SD 장교는 "우리 프로파간다가 허위이고 거짓이란 이유로 어디에서나 국민의 저항에 부

덮치고 있습니다."라는 보고서를 보냈다.[12]

그렇다면 패전이 불보듯 뻔했던 전쟁에서 죽음을 각오하고 싸웠던 독일군은 어땠을까? 그들이 나치 프로파간다의 효과를 입증해주는 궁극적인 증거가 아닐까? 당시 참전한 독일군을 연구한 많은 자료에 따르면, "정치적 가치는 전투의 동기를 유지하는 데 극히 작은 역할을 했을 뿐이다."[13] 오히려 국적을 불문하고 모든 군인이 그렇듯이, 주된 자극은 오랫동안 함께 싸우고 고난을 함께하며 특별한 연대감을 쌓은 전우들에게 받는 격려였다.[14] 두려움도 적잖은 역할을 했다. 탈영을 시도했다가 실패하면 처형당할 것이란 두려움(수천 명의 독일군이 탈영 실패로 처형되었다), 전쟁 포로로 적군의 손에 죽을 것이란 두려움(동부전선에서 살아온 전쟁 포로는 거의 없었지만, 서부전선에서는 전쟁 포로가 상대적으로 관대한 대우를 받아 탈영 시도가 많았다) 말이다.[15]

커쇼는 자신의 연구를 압축해 요약하며 "나치 프로파간다의 효과는…… 기존의 여론에 기초해, 기존의 가치를 재확인하고, 기존의 편견을 부추기는 정도에 따라 크게 달라졌다."라고 결론지었다.[16] 프로파간다는 여론과 충돌하면 어김없이 실패했다. 전체적으로 보면, 대중 설득은 '전혀'까지는 아니어도 거의 일어나지 않았다. 그럼 나치가 프로파간다를 제대로 해내지 못한 것일까, 아니면 프로파간다는 원천적으로 별다른 효과가 없다는 증거를 다른 체제에서도 찾아낼 수 있을까?

소련도 제2차 세계 대전 동안에는 물론이고 그 이전에도 수십 년 동안, 특히 스탈린이 권력을 공고히 굳히는 동안 프로파간다를 무지막지하게 사용했다. 소련의 초기 프로파간다는 국민에게 공감을 얻는 데 실패했다. 공산주의 이념이 버려지고, 마음에 더 와닿은 구호로 바뀌었다. 애국주의가 국제주의를 대체했고, 영웅 숭배가 비인격적인 역사의 힘을 대체했다.[17] 하지만 이런 전략은 역효과를 낳았고, 결국 많은 영웅이 1930년대 말에 여론 조작을 위한 재판에서 처형되었다. 소련 프로파간다는 결코 과거의 효과를 회복하지 못했다. 스탈린의 프로파간다가 최정점에 달했을 때에도 러시아 노동자와 농민은 "소극적인 저항 전술을 다양하게 사용했고", "진실한 정보를 얻을 수 있는 곳"을 적극적으로 찾아 나섰다.[18] 다른 곳에서도 그랬듯이, 체제로부터 이익을 얻는 사람들이 주로 프로파간다에 담긴 가치에 동의하는 모습을 보였다.[19] 지금도 러시아가 우크라이나에서 전개하는 프로파간다는 유사한 결과를 답습하고 있다. 같은 편에게 선전할 때는 작은 성공을 거두지만, 적을 목표로 한 선전에서는 역효과를 내니 말이다.[20]

소련에 버금가던 거대 공산주의 국가인 중국의 프로파간다도 더 낫지는 않았다. 특히 마오쩌둥 시대에는 거의 효과가 없었다. 정치학자 왕샤오광王绍光은 중부의 대도시, 우한의 문화 혁명에 적극적으로 가담한 사람들이 어디에서 동기를 부여받았는지 자세히 연구했다.[21] 시민이 문화 혁명에 참여한 이유는 "마오에 대한 맹신"이 아니라, "마오의 계획이 그들의 개인적 문제를 해결해줄 것이란 생각"이었다.[22] 마오의 계획에 함께함으로써 이익을 얻은 사람들은 문화 혁명에 참여했지만, 그렇지 않은 다수는 저항했다.

중국 정부가 최근에 시도하는 프로파간다에 대한 연구에서도 프로파간다의 대체적인 비효율이 확인된다. 1990년대 중반쯤 정부에 대한 중국 시민들의 태도를 조사한 연구에서 밝혀진 바에 따르면, 국가가 통제하는 뉴스 매체의 소비는 정부에 대한 불신과 관계가 있어, 그런 매체가 지도자에 대한 신뢰를 국민에게 주입하는 데 성공할 가능성은 거의 없었다.[23] 정부 매체에 대한 신뢰 결여는, "중국 시민들이 다른 통로로 다른 정보를 얻고 싶어 한다."라는 뜻이기도 하다.[24] 중국판 트위터, 웨이보가 출범한 직후, 소셜 미디어를 사용하던 중국인의 70퍼센트가 웨이보를 주된 정보원情報源으로 사용한다는 걸 인정했다.[25] 공식 매체를 불신하며 대안적 매체에 의존하는 경향이 높아지는 현상은, 정부를 부정적으로 비판하는 소문이 신속히 퍼지고 받아들여지는 까닭에 그런 소문을 억누르기가 점점 어려워지고 있음을 뜻한다.[26] 중국인들이 정부 프로파간다를 소극적으로라도 받아들이지 않는다는 것은 많은 저항 행위로도 증명된다. 내가 이 부분을 쓰면서 주로 인용한 언론인 에번 오스노스Evan Osnos의 주장에 따르면, 2010년에만 중국 전역에서 매일 평균 500건의 "파업과 폭동 및 '군체성 사건'群体性 事件, mass incident"*이 있었다. 그것도 공식적인 통계에 따른 수치로 말이다.[27]

중국 공산당은 프로파간다의 한계를 분석하는 성찰의 시간을 가진 후, 대중을 통제하는 전략을 수정하며, 그 결과로 위협이 더해진 설득을 포기하고, 정치학자 마거릿 로버츠Margaret Roberts가 '마찰과 범람friction and flooding'이라 칭한 것으로 옮겨갔다.[28] 마찰은 민감한 정보에 접근하는 걸 더 어렵게 만드는 전략이다. 즉, 핵심어를 차단하고,

---

* 중국에서는 대규모 시민 불복종 시위를 이렇게 표현한다. -옮긴이주

가상 사설 네트워크virtual private network, VPN를 사용하도록 의무화하며, 애초에 민감한 정보(예: 어떤 정부 기관이 업무를 어떻게 처리하는지에 대한 정보, 주정부만이 확실히 수집할 수 있는 정보)를 수집하지 못하게 한다. 한편 범람은 정부의 프로파간다를 무지막지하게 쏟아냄으로써 국민이 민감한 쟁점에 눈을 돌리지 못하게 하는 전략이다. 요즘 중국 정부는 200만 명을 고용해 온갖 가짜 메시지를 온라인에서 퍼뜨리고 있다는 의심을 받고 있다. 그 온라인 앞잡이들은 게시글 하나를 올리는 데 받은 돈에 빗대어 '우마오당五毛党'으로 불린다. 그런데 중국 정부는 이런 앞잡이 군단을 이용해 국민의 마음을 조정하겠다는 전략을 근본적으로 포기한 듯하다. 그 때문인지 중국 정부는 "의심을 제기하는 지식인들과의 논쟁 자체를 피하고, …… 논란이 많은 쟁점에 대해서도 아예 함구한다."[29] 그 대신 현 체제를 지지하는 시민의 의견을 크게 부각시키거나(뒤에서 보겠지만, 현 체제를 지지하는 시민의 수도 상당하다), 다른 화젯거리, 예컨대 유명 연예인에 대한 소문을 거론하며 시민의 관심을 분산시켜 정치에 크게 관심을 두지 않게 유도하려고 애쓴다.

뉴질랜드의 정치학자 자비에 마르케스Xavier Márquez는 비민주적인 체제를 다룬 책에서, 프로파간다가 실패한 몇몇 사례를 소개했다. "프랑코 정권은 거의 40년 동안 프로파간다를 전개했지만, 스페인 국민은 민주주의에 등을 돌리지 않았다. …… 차우셰스쿠 우상화에 끊임없이 노출되었지만, 대부분의 루마니아인은 차우셰스쿠의 열렬한 지지자가 되지 않았다. …… 끊임없는 프로파간다에도 많은 동독인은 정부가 말하는 것을 전혀 믿지 않는 습관적 냉소주의자가 되었다."[30]

대체로 정부는 프로파간다로 국민을 설득하지 못한다. 오히려 체제 자체에 대한 불신이 확산되는 역풍을 맞는다. 그나마 프로파간다로 효과를 거두려면, 기존의 여론에 기반하고, 사회적으로 비난받을 만한 주장이나 의견을 자유롭게 표현할 수 있도록 내버려두는 것이 최선이다.[31]

그렇다면 권위주의 체제에서 많은 사람이 세뇌된 것처럼 행동하는 이유, 예컨대 총통에게 일제히 경례하고, 수십억 중국인이 마오쩌둥 배지를 앞다투어 구입하고, 김정일의 장례식에서 통곡하는 이유는 무엇일까? 그 답은 간단하다. 프로파간다에 의존하는 모든 권위주의 체제가 반체제의 징후를 철저히 감시하고 폭력적으로 억압하기 때문이다. 나치 경례의 거부는 '정치적 저항'의 상징으로 여겨졌고, 이는 잠재적 사형 선고와 다를 바 없었다.[32] 북한에서는 불만의 징후를 보이면, 당사자만이 아니라 가족 모두가 수용소로 보내질 수 있다.[33] 이런 위협적인 분위기에서는 누구도 진실한 감정을 드러내지 못할 것이다. 한 중국인 의사는 문화 혁명이 득세하던 시대의 삶을 회상하며 "중국에서 살아남으려면 다른 사람에게 아무것도 드러내지 않아야 했다."라고 말했다.[34] 마찬가지로 한 북한 광부도 "우리 상황이 체제 탓이라는 걸 알고 있다. 나만 아니라 내 이웃도 그렇게 알고 있다. 하지만 우리는 그걸 드러내고 말할 만큼 멍청이가 아니다."라고 인정했다.[35]

공허한 지지가 아니라 진정한 지지를 얻으려면, 채찍보다 당근이 나은 듯하다. 중국인들은 국영 매체를 거의 신뢰하지 않지만, 전반적으로 중앙 정부와 중국 공산당을 존경하고 지지한다. 대체로 70 퍼센트 이상의 지지를 얻으니, 어느 서구 정부보다 지지도가 높다.[36] 이런 수치 자체가 프로파간다일 수 있다. 아니면 공산당의 지도하에 중국이 수십 년 동안 높은 성장률을 유지하며 8억 인구를 빈곤에서 벗어나게 했기 때문일 수도 있다.[37]

선거 전문가

앞에서 거듭 보았듯이, 권위주의 체제에서 프로파간디스트들은 대중 설득을 강력히 시도하지만, 국민의 마음을 장악하지는 못한다. 하지만 실패의 원인이 국민의 적절한 경계심이 아니라, 프로파간디스트의 정교함이나 능력 부족은 아닐까? 예컨대 괴벨스는 설득력에서 대단한 대가가 아니었던 듯하다. 나치 정보기관의 보고에 따르면, 1940년쯤 독일 국민은 '따분한 획일성'을 이유로 정부의 프로파간다에 이미 흥미를 잃은 상태였다.[38]

선거 관리자와 공보 비서관, 어떤 사건에 대해 특정 정당에 유리한 해석을 내리는 평론가, 시장 분석관과 여론 조사관, 위기 관리자 등 현대 민주주의에서 크게 늘어난 선거 전문가들은 과거의 프로파간디스트들에 비해 더 영악한 듯하다. 권위주의 체제에서 프로파간다는 언론에 대한 독점적 지배에 의존했다. 경쟁이 없으니 프로파간디스트들의 직감과 동기가 무뎌진 걸지도 모른다. 반면 현대 민주국가에서 선거 운동은 치열한 전쟁터로, 전문가들에게는 능력을 다듦어 후보자를 승리로 인도하는 방법을 학습하는 기회를 제공하고, 후보자에게는 어떤 전문가의 도움을 받아야 당선 가능성이 높아지는지 알아가는 기회를 제공한다.

여기에서 나는 두 가지 이유에서 미국 정치를 집중적으로 살펴보려 한다. 첫째, 미국 정치인이 다른 국가의 정치인에 비해 압도적으로 많은 돈을 쓰기 때문이다. 2016년의 선거 비용이 64억 달러였고, 그중 3분의 1이 대통령 선거에 쓰였다.[39] 둘째, 대다수의 연구가 미국 정치를 다루고 있기 때문이다.

선거 관련 비용이 막대하다는 걸 제외하면, 미국 선거 운동, 특히 초박빙 지역의 선거 운동은 다른 나라에서 언론이 극적인 사건으로 소개하는 선거 운동과 비슷하다. 그런 지역에서는 인상적인 홍보, 감동적인 연설, 공개 토론의 승패 등에 따라 후보자들의 여론 조사 결과가 극단적으로 달라지기 때문에, 극적인 사건인 것은 분명하다. 가가호호 방문하는 자원봉사자들, 텔레비전 광고, 끝없는 자동 녹음 전화 등 동원 가능한 수단을 고려할 때, 선거 관계자라면 누구나 극적인 결과를 기대할 만하다.

하지만 선거 운동과 미디어로 선거를 승리할 수 있느냐, 더 나아가 여론의 흐름을 바꿀 수 있느냐에 대한 연구에 따르면, 그 결과는 놀라울 정도로 애매모호하다. 20세기 전반기를 지배한 이론은, 미디어가 무엇이라 말하든 대중이 그 말을 쉽게 받아들인다는 '피하주사' 혹은 '마법의 탄환' 이론이었다.[40] 이 이론은 제1차 세계 대전에 사용된 혁신적(이었지만 효과가 거의 없었던) 프로파간다에 기초하고, 대중은 어떤 자극에든 곧바로 반사적으로 반응한다는 관점에 근거한 것이었다.[41] 하지만 이 이론은 객관적 자료에 근거한 것이 아니었다. 투표 행태를 추적하는 여론 조사와 미디어의 영향에 대한 엄밀한 연구가 1940년대와 1950년대에 본격적으로 이뤄지면서 '최소 효과minimal effects' 이론의 시대가 열렸다.[42] 1960년 조지프 클래퍼Joseph Klapper는 수년간의 연구를 요약하며 "정치 커뮤니케이션은 변화를 유도하는 원인보다 강화하는 원인으로 더 자주 기능한다." 라고 결론지었다. 이는 프로파간다에 대한 연구 결과를 다시 떠올려주는 결론이었다.[43]

1970년대와 1980년대는 정치과학에서 실험실 연구가 태동하던 때였다. 연구자들은 현장에서 여론을 측정하지 않고, 피험자들을 실험실로 데려와 그들에게 이런저런 자극을 가했다. 예컨대 선거 자료, 텔레비전 뉴스 등을 그들에게 보여준 후에, 이런 자극이 피험자의 의견에 미치는 영향을 측정했다. 이런 실험들을 통해 미디어가 여론에 영향을 미칠 수 있는 기법들이 찾아졌는데, 이 기법들이란 사람들에게 무엇을 생각하라고 말하지 않고, 무엇에 대해 생각할지 agenda setting(의제 설정), 쟁점을 어떻게 해야 가장 잘 이해할지framing(프레이밍), 정치인을 평가할 때 어떤 기준을 사용할지priming(프라이밍)를 암묵적으로 알려주는 것이었다.[44] 이는 피하주사 이론만큼 효과가 직접적이지는 않더라도 충분히 강력할 수 있었다. 예컨대 정치인을 평가할 때 경제 정책보다 낙태에 대한 의견을 더 중요한 기준으로 삼으라고 보도한다면 투표 행태가 달라질 수도 있지 않겠는가.

실험실 실험의 핵심은 방법론의 엄격함에 있다. 그 때문에 연구자들이 피험자들을 다양한 자극에 무작위로 노출한 후에 그들의 반응을 면밀하게 관찰하는 실험, 즉 잘 통제된 실험을 실행할 수 있다. 반면에 실험실 실험의 문제점은 이른바 '생태학적 타당도ecological validity'의 결여이다. 실험실에서 관찰된 현상이 통제되지 않은 실제 삶의 환경에서 일어날 수 있다고 단정하기가 어렵기 때문이다. 예컨대 몇몇 연구에서는 다양한 텔레비전 뉴스에 노출되면 정치적 의견이 바뀔 수 있음이 확인되었지만, 현실에서는 텔레비전 뉴스에 수동적으로 노출되는 사람이 거의 없는 편이다. 대부분이 시청하고 싶은 뉴스를 선택하거나, 아예 뉴스를 시청하지 않기도 한다. 정치학자 케빈 아르세노Kevin Arceneaux와 마틴 존슨Martin Johnson은 실험 참가자들에게 일정한 정도까지 채널을 선택하는 자유를 주는 일련의 실험을 실행했다. 실험 결과에 따르면, 많은 사람이 뉴스를 시청하지 않았고, 뉴스 채널을 선택하는 사람은 정치 지식이 넓고 깊은 사람, 그래서 뉴스를 시청하더라도 본래의 생각을 바꿀 가능성이 상대적으로 낮은 사람이었다.[45] 하지만 생태적으로 타당하다는 연구들을 유심히 보더라도 선거 운동과 미디어가 어떤 쟁점에 대한 여론에 영향을 줄 수 있다는 것은 분명하다. 그러나 그 연구들에서 밝혀졌듯이, 어떤 정당이나 후보자가 제시하는 메시지를 무조건적으로 받아들이는 유권자는 거의 없다.

　　선거 운동과 미디어가 여론에 영향을 미치는지 여부를 결정하는 가장 중요한 잣대는, 사람들이 기존 의견에 대해 갖는 확신의 정도이다. 대다수의 정치적 쟁점에 대해 사람들은 확고한 의견이 없거나, 아예 어떤 의견도 없다. 어떤 주제에 대해서든 상당한 시간과 노력을 투자해야 정보를 얻을 수 있다는 사실을 고려하면 이런 현상은 충분히 이해된다. 예컨대 2000년 미국 대통령 선거에서, 두 후보 조지 W. 부시와 앨 고어가 사회 보장 제도에 관련해 어떤 입장인지 아는 유권자는 거의 없었다.[46] 따라서 사람들은 자신이 좋아하는 정당의 후보가 어떠어떠한 의견이란 말을 들으면, 그 의견을 채택하며 '당파적 단서party cues'를 따르는 경향을 띠었다.[47] 당파적 단서를 따른다는 것은 신뢰 메커니즘이 작동한다는 뜻이다. 가령 당신이 오래전부터 어떤 정당을 신뢰했다면, 당신이 제대로 모르는 쟁점에 대해서는 그 정당의 정책을 따르는 게 이치에 맞다. 한편 사람들은 누가 정치적 쟁점에 대해 가장 많이 아는지를 능숙하게 알아내고, 그의 의견을 참작하는 편이다.[48] 또한 신뢰할 수 있는 신호에 더 큰 영향을 받는다. 예컨대 어떤 신문이 더 신뢰할 수 있는 신호를 보내며 뜻밖의 후보—그 신문이 평소 지지하는 정당에 속하지 않은 후보—를 지지한다면, 사람들은 그 뜻밖의 지지에만 영향을 받는다.[49]

21세기에 들어 처음 10년 동안, 정치학자들은 무작위로 선택한 지역에 전단을 보내고, 무작위로 선택한 가구를 직접 방문해 유세하며, 무작위로 선택한 유권자에게 전화를 거는 등 선거 운동의 효율을 측정하기 위한 대규모 실험을 실시했다. 여론 조사와 투표 결과가 꼼꼼히 기록되어, 연구자들은 편지, 대면 유세, 전화 등 다양한 조치에 노출된 실험 참가자와 그렇지 않은 실험 참가자를 비교하며, 그런 조치들이 노출된 참가자에게 미친 영향을 정확히 측정할 수 있었다. 이는 실험실과 현장의 장점을 취한, 엄격하지만 생태적으로 타당한 방법론이었다.

2018년 정치학자 조슈아 칼라Joshua Kalla와 데이비드 브룩먼David

Broockman은 이 엄격한 방법론을 준수한 연구들을 분석하고, 여기에 자체적으로 확보한 새로운 자료를 더한 결과를 발표했다.[50] 선거가 있기 오래전부터 시작된 몇몇 선거 운동은 투표 의향에 작지만 유의미한 영향을 주었다. 선거 초기에 사람들은 누구에게 투표할 것인지 마음을 결정하는 데 큰 시간을 투자하지 않아, 의견을 언제라도 바꿀 수 있는 편이었기 때문이다. 하지만 그 효과가 오래 지속되지는 않았고, 선거일쯤에는 거의 사라졌다. 따라서 선거 운동은 투표 행동에 순효과를 거두지 못했다.[51] 다른 연구에서도 선거 운동은 투표자가 거의 선입견을 갖지 않은 선거에 약간의 영향을 미치는 것으로 확인되었다. 즉, 예비 선거나 어떤 의견에 대한 찬반을 묻는 주민 투표처럼 후보자의 소속을 염두에 둘 필요가 없는 투표에서 말이다.[52]

따라서 많은 연구에서 확인되었듯이, 국회의원이나 대통령 선거에서 선거 운동의 전반적인 효과는 전혀 없었다.[53] 이런 결과는 상당히 주목할 만하다. 가장 주된 선거에 우편물 발송, 방문 유세, 전화와 홍보 등에 막대한 비용이 투자되는데, 적어도 미국에서는 그런 선거 운동이 원칙적으로 아무런 효과를 거두지 못한 듯하다.

최근의 상당히 정교해 보이는 선거 기법들도 이런 결론을 뒤집지 못했다. 케임브리지 애널리티카Cambridge Analytica라는 이름을 들어본 적이 있을지 모르겠다. 페이스북 사용자들로부터 아무런 동의도 받지 않고 개인 정보를 수집해 개개인의 심리적 상태를 정리한 후에, 특정 심리 상태를 지닌 집단에게 선거 홍보물을 살포한 악명 높은 정보 회사 말이다. 〈가디언〉의 표현을 빌리면, 케임브리지 애널리티카는 "민주주의를 하이재킹했다."[54]

엄격히 말하면, 이런 선거 운동은 신용 사기이다.

특정 대상을 목표로 한 '타깃 광고targeted advertising'는 사용자의 특성에 대한 관련 자료를 근거로 했다는 점에서 제한된 효과가 있을 수 있지만, 그 효과는 상품 구매에서만 입증되었다. 게다가 수백만 사용자가 광고를 본 후에 수십 건의 구매가 추가된 것에 불과하기 때문에, 그 효과는 아주 작았다.[55] 케임브리지 애널리티카는 사용자에 대한 의심쩍은 자료로 대통령 선거에 영향을 미쳐보려고 했다. 하지만 케임브리지 애널리티카의 캠페인이 미용 제품 실험에서 기록된 수준 정도의 영향을 미쳤더라도 수천 명의 유권자를 흔들어 놓는 데 그쳤을 것이다. 엄밀히 말하면, 그 영향은 거의 영에 가까웠다. 공화당 정치 분석가들의 기억에 따르면, 케임브리지 애널리티카 직원들이 '전문 용어'를 입에 달고 살았지만, "그들의 방법이 효과가 있었다는 증거"는 전혀 찾아볼 수 없었다.[56]

선거 운동의 비효율에 대해 과거에는 양측이 상대의 투자에 대응해 투자하기 때문에 결국 모든 효과가 상쇄되는 것이라 설명했다. 그러나 칼라와 브룩먼이 검토한 연구들에서는 그런 설명이 성립되지 않았다. 전단, 전화 등 선거 홍보물을 받은 사람들이 무작위로 선택되어, 상대가 그 사람들을 특별히 표적으로 삼았을 가능성이 전혀 없었기 때문이다. 선거 운동은, 적어도 중요한 선거에서 많은 유권자를 설득하는 데는 효과가 없는 듯하다. 그렇다면 선거 운동 기간의 여론 조사에서 관찰되는 큰 변화는 어떻게 설명해야 할까? 최근에 발표된 한 분석에 따르면, 그 결과는 대체로 인위적인 것이다.

가령 어떤 후보가 선거 운동을 잘하는 것으로 인식되면, 그를 지지하는 성향을 띤 유권자들이 여론 조사에 응답하는 경우가 많아져, 실제로는 마음을 바꾼 유권자가 거의 없는데도 크게 지지도가 올라간 것처럼 보인다는 것이다.[57]

대부분의 선거 운동과 달리, 뉴스 매체는 "대통령 선거의 결과에 중대한 영향을 미친다." 통계학자 앤드루 겔먼Andrew Gelman과 정치학자 게리 킹Gary King이 25년 전에 이렇게 말했는데, "그 효과는 유혹적인 광고, 인상적인 구호, 편향된 평론가들이 아니라, 중요한 쟁점에 대한 후보의 의견을 효과적으로 전달함"으로써 얻어진다는 것도 분명히 말했다.[58] 일반적으로, 뉴스 매체의 주된 역할은 국민이 정치적 결정을 내리는 데 필요한 최소한의 정보, 예컨대 각 후보가 속한 정당과 공약이 무엇인지를 알려주는 것이다. 그 이후의 연구에서도 겔먼과 킹의 주장은 입증되었다. 뉴스 매체가 많아지면서 유권자가 후보들에 대해 더 많이 알게 되었고,[59] 뉴스 매체를 신뢰하는 시민이 더 정확히 알았으며,[60] 많은 정보를 얻은 유권자는 정당의 설득에 쉽게 흔들리지 않았다. 여하튼 정보가 없을 때보다 더 많이 흔들리지는 않았다. 요컨대 정보를 전달하는 뉴스 매체가 많아지면, 국민은 정치인이 무엇을 하는지 더 많이 알게 되고, 그 결과로 정치인들은 선거구민의 바람을 채워주려고 더 많이 노력하게 된다.[61] 적어도 잘 알려진 선거에서 뉴스 매체와 선거 운동은 유권자에게 정보를 제공하는 긍정적인 역할을 하는 것이 분명하다. 물론 미국 선거에서도 훨씬 적은 비용으로 같은 결과를 얻을 수 있음을 예상할 수 있다.

광고 전문가

●

광고에 쏟아 붓는 비용에 비하면, 선거 운동에 쓰이는 비용은 아무 것도 아니다. 2018년에만 세계 전역에서 5,000억 달러 이상이 광고비로 쓰였다.[62] 이론적으로 말하면, 이 돈은 소비자의 기호에 영향을 크게 미치며, 더 비싼 제품을 선택하도록 유혹하고, 나쁘게 말하면 더 나쁜 대안, 예컨대 블라인드 테스트에서 펩시를 선택할 법한 사람까지도 코카콜라를 선택하도록 유도할 수 있다.

선거 운동처럼 광고 효과도 측정하기가 무척 어렵다. 구글과 마이크로소프트의 연구자들은 온라인 광고가 긍정적인 효과를 낳는지를 알려면 수천만 명을 대상으로 시험해야 한다면서, 그런 검증법이야말로 완벽한 대조 실험을 위한 이상적인 시나리오라고 주장한다.[63] 광고 효과를 측정하기 어려운 이유는 기술적 문제가 아니라, 광고 효과가 있더라도 극히 미미해서, 실제로 어떤 효과가 있다고 말하기 민망할 정도이기 때문이다.

광고 효과에 대한 초기 연구에 따르면, 대부분의 광고는 눈에 띄는 효과가 없었다. 1982년에 발표된 초기의 논문도 "지나치게 광고하고 있는 게 아닐까?"라고 묻고는 "그렇다!"라고 명확히 답했다.[64] 하지만 1995년 이후로 10년 동안 실시된 연구들을 검토한 논문은 텔레비전 광고에서 작지만 유의미한 효과를 관찰할 수 있었다고 주장한다.[65] 정치 광고의 경우가 그렇듯이, 상품 광고의 효율에 영향을 주는 주된 변수도 소비자가 갖고 있는 선입견이다. 어떤 상품을 이미 경험한 소비자에게는 광고가 아무런 영향을 미치지 못한다.[66]

이런 결과는 광고가 어떤 상품의 이미지를 더 좋게 하거나 더 고급화하는 데 아무런 역할을 못한다는 뜻이기 때문에 주목할 만하다. 이것이 사실이라면, 그 상품을 이미 알고 있는 사람은 광고의 영향을 받지 않을 가능성이 크다. 그렇다면 광고는 "상품의 내재적 특성에 대한 정보를 소비자에게 전달"하는 것이 주된 기능이 된다. 그 정보는 소비자가 그 상품을 사용할 때 개인적으로 경험하는 결과로 대체되는 정보와 다를 바가 없다.[67]

광고 효과에 대한 서글픈 사례는 텔레비전 담배 광고이다. 엄밀히 말해서 담배는 적극적으로 판매하는 물건이 아니다. 광고가 존재하기 훨씬 전부터, 담배가 존재하는 곳이면 어디에서나 사람들은 담배를 피웠다. 따라서 그저 담배가 존재한다는 것을 알리는 것만으로도 충분하다. 그다음에는 니코틴이 뇌에 미친 영향-즉 뇌의 보상 센터를 표적으로 삼아 니코틴을 없어서는 안 될 것으로 여기게 만든 것-이 모든 걸 좌지우지한다. 예상대로 담배 광고는 흡연이 선택 사항에 불과하다는 걸 몰랐던 계층, 예컨대 1950년대의 미국 청년들에게 주어질 때 가장 효과적이었다.[68]

소비자가 어떤 광고에 영향을 받더라도 그 광고를 맹신하지는 않는다. 예컨대 유명인을 앞세운 광고의 효과는, 그 유명인이 관련 분야에서 믿을 만한 전문가로 인식되는지에 달려 있다.[69] 관련 전문 지식과 달리, 쓸데없이 선정적이고 폭력적인 장면은 그 유명인의 영향력을 오히려 떨어뜨릴 가능성이 더 크다.[70]

이런 결과가 선뜻 믿기지 않을지도 모르겠다. 실제로 유명인과 상품의 관련성이 전혀 없는 광고가 무척 많다. 로버트 보이드Robert

Boyd와 피터 리처슨Peter Richerson은 우리에게 유명인이 무엇이든 할 수 있을 것이란 편견이 있다며, 속옷을 광고하는 마이클 조던을 예로 들었다. 그러나 더 유명한 사례는 영화배우 조지 클루니와 네스프레소 커피의 관계일 것이다. 내가 아는 한에서 클루니는 커피에 대한 전문 지식을 인정받은 적이 없지만, 그는 네스프레소 커피와 관련지어졌다. 물론 클루니가 광고 모델로 네스프레소에 미친 직접적인 효과는 분명하지 않다. 클루니가 유럽에서 네스프레소를 대변하는 광고 모델로 등장하기 시작한 2006년 이전에도 네스프레소는 이미 매년 30퍼센트 이상 성장하고 있었다.[71] 또 클루니가 미국에서 네스프레소를 광고하기 시작한 2015년 이전부터 네스프레소는 미국에서도 큰 인기를 얻었다.[72] 클루니가 얼마나 많은 소비자를 끌어들였는지는 불분명하지만, 얄궂게도 소비자가 클루니를 선택한 것은 널리 알려진 사실이다. 네스프레소는 브랜드의 성공에 대해 초기 구매자들에게 보답한다는 뜻에서 그들에게 네스프레소를 대변할 모델을 선택해달라고 요청했고, 그들이 조지 클루니를 선정했으니 말이다.[73]

사람들이 블라인드 테스트에서 선호하지 않은 청량음료, 예컨대 코카콜라를 선택하게 만든다고 해서 광고를 탓할 수는 없다. 대부분은 코카콜라와 펩시콜라를 구분하지 못한다.[74] 콜라 광고가 엄청난 효과가 있다고 가정하더라도, 코카콜라와 펩시는 맛과 가격에서 기본적으로 구분되지 않기 때문에, 코카콜라를 선택하도록 하는 데 큰 설득이 필요하지는 않을 것이다.

마케팅 연구자 제러드 텔리스Gerard Tellis는 광고 효과를 조사한 끝에 "대다수의 광고 전문가가 인정하겠지만, 설득이 매우 어렵다는 것은 부인할 수 없는 사실이다. 소비자에게 새로운 의견과 태도 및 행동을 취하라고 설득하는 것은 더더욱 어렵다."라고 조심스런 결론을 내렸다.[75]

대중 설득

●

고대 그리스의 아고라에서 열변을 토하던 데마고그부터 스마트폰에서 우리 관심을 끌려고 경쟁하는 광고 전문가까지, 대중 설득mass persuasion을 위한 시도가 축적되자 뚜렷한 패턴이 드러났다. 대중 설득은 무척 어렵다. 나치 독일부터 스탈린의 소련까지 끔찍하기 그지없는 프로파간다 시도가 있었지만, 민중의 마음을 바꾸는 데는 별소용이 없었다.

우리의 기존 믿음과 충돌하는 메시지, 우리에게 별로 달갑지 않은 짓을 하라는 명령은 쇠귀에 경 읽기에 가까울 수 있다. 가톨릭교회는 최고의 권위를 행사할 때도 농민들에게 금식하고 고해성사하며, 자발적으로 십일조를 헌납하고, 이교도적 풍습을 버리도록 유도하지 못했다. 나치 프로파간다도 독일인들이 장애인을 혐오하고 나치를 좋아하게 만들지 못했다. 유권자들이 어떤 후보를 찍겠다고 마음을 굳힌 뒤에는, 선거 운동에 돈을 쏟아 부어도 유권자들의 마음을 흔들 수 없다. 광고된 상품을 직접 경험해본 소비자에게 광고는 그야말로 낭비일 뿐이다.

대중 설득은 저항에 부딪히면 실패한다. 어떤 메시지가 효과를 가지려면, 대중이 그 메시지를 믿을 만한 긍정적인 이유가 있어야 한다. 반유대주의자들이 나치 프로파간다로 자신들의 증오심을 방어했고, 저항하는 군중이 천년왕국설을 반복하듯이, 효과적인 메시지는 군중의 편견을 드러내거나 군중의 목표를 대변한다. 그러나 이런 경우에도 설득이라 말할 수 있을까? 대중 설득은 거의 중요하지 않은 쟁점에서나 먹힐 뿐이다. 투표자가 중요한 쟁점에 대해 자신의 의견과 일치하는 공약을 내세운 정당을 선택하고 나면, 그 후에 별로 중요하지 않은 쟁점에 대해서는 그 정당의 뜻을 따르는 것과 같다.

따라서 대중 설득의 패턴은 일반적인 맹신과 다르다. 오히려 대중 설득의 패턴에는 교환되는 정보에 대한 신중한 평가가 읽힌다. 사람들이 어떤 메시지가 자신의 기존 의견과 맞아떨어지는지, 또 그 메시지가 신뢰할 만한 출처에서 나온 것인지를 판단하는 과정을 거치기 때문이다.

우리가 경계하는데도, 오해가 확산되는 이유는 무엇일까?

●

앞에서 나는 열린 경계 기제의 기능에 대해 자세히 다루었다. 우리는 열린 경계 기제를 활용해, 무엇이 타당하고 적절히 논증되었는지, 전문 지식이 어디에 있고, 누가 신뢰할 만하며, 감정 신호에 어떻게 반응하는지를 판단하고 결정한다. 많은 심리학 실험에서 밝혀졌듯이, 경계 기제는 대체로 합리적으로 기능해, 우리는 이로 인해 해로운 메시지를 피할 수 있고, 합당한 증거가 충분히 제시될 때는 원래의 생각을 바꿀 수도 있다. 또한 거의 모든 대중 설득에 우리가 마음을 바꾸지 않는 것도 열린 경계 기제의 효율적인 기능 덕분이다.

그런데 이런 낙관적인 결론이 여러 문화권에 폭넓게 만연한 명백히 잘못된 생각들—강력한 힘을 지닌 마녀들이 활동하고 있다. 버락 오바마는 무슬림이다. 백신은 안전하지 않다—과는 무관한 듯하다. 물론 잘못된 주장을 떠벌린다고 해서 사람들이 그걸 곧이곧대로 믿는 건 아니다. 다음의 여섯 장에서는 소문부터 가짜 뉴스까지 잘못된 정보에 근거한 오해의 종류를 살펴보고, 그런 오해가 확산되는 방식과 그런 오해가 우리 생각과 행동에 미치는 영향이 무조건적인 맹신보다 효과적으로 기능하는 열린 경계 기제의 존재를 가정할 때 설득력 있게 설명된다는 걸 보여주려 한다.

자극적인 소문들

Titillating Rumors

★ 10 ★

2015년의 조사에 따르면, 미국인의 20퍼센트가 당시 현직 미국 대통령이던 버락 오바마가 해외에서 태어났다고 믿었고, 43퍼센트의 공화당원이 오바마가 무슬림이라고 생각했다. 그러나 오바마는 미국의 한 주, 하와이에서 태어났고, 그리스도인이다.[1]

2017년 4월, 데이비드 다오는 초과 예약된 유나이티드 항공기에서 강제로 내려졌다. 다오가 고용한 변호사의 주장에 따르면, 그 상황에서 다오는 이 하나가 부러졌고 코뼈가 내려앉았으며 뇌진탕을 일으켰다. 다오와 항공사는 그럭저럭 합의했는데, 그 후에 합의금이 무려 1억 4,000만 달러에 달했다는 내용이 중국계 소셜 미디어 웨이보를 통해 퍼져나갔다.[2] 실제 액수는 밝혀지지 않았지만, 100분의 1에 불과했을 가능성이 크다.[3]

1969년 초, 프랑스의 오를레앙에서 유대인이 운영하는 상점들의 탈의실에서 젊은 여성들이 납치되어 매춘부로 해외에 팔려 나간다는 소문이 퍼졌다.[4] 경찰과 정치인 및 정부 책임자들이 공식적으로 부인했지만, 소문은 수개월 동안 지속되었고, 여름을 넘긴 후에야 서서히 사그라들었다.

이처럼 터무니없는 소문도 있고, 체계적인 연구를 통해 신빙성이 낮다고 밝혀진 소문도 적지 않다.

1950년 6월, 인도 도시 다르질링에서 엄청난 산사태가 일어났다. 심리학자 두르가난드 신하 Durganand Sinha(1922-1998)는 사고 후에 확산된 소문들, 예컨대 산사태의 원인, 사상자 수, 강우량 등에 대한 소문을 연구했다.[5] 소문은 한결같이 실제 사고보다 극적으로 꾸며지고 과장되었다. 1934년 인도 비하르주州를 강타한 지진 후에도 똑

같은 현상이 관찰되었다.[6]

1975년에는 미시간 대학교에서 대규모 파업이 있었다. 두 심리학자 샌더드 바인버그Sandord Weinberg와 리치 아이흐Ritch Eich는 "소문은 위기 상황에 확산되는 경향을 띤다."라는 사실을 직시하고, 소문의 확산을 막아보려 했다. 그들은 유언비어 대책 본부를 세우고, 직원들에게 그곳에 전화해 은밀히 퍼지는 소문의 진실성을 확인하라고 당부했다. 소문의 15퍼센트만이 사실이었다.[7]

위기와 소문

●

왜 유언비어가 만연하는 것일까? 심리학자 고든 올포트Gordon Allport(1897-1967)와 레오 포스트먼Leo Postman(1918-2004)이 제2차 세계대전 직후에 《유언비어의 심리학》을 발표한 이후로, 소문의 확산을 다룬 대부분의 이론은 소문을 믿고 퍼뜨리는 사람의 심리 상태에 초점이 맞춰졌다.[8] 한 서평의 표현을 빌리면, "유언비어의 생산과 확산은 개인적인 불안감, 일반적인 불확실성, 맹신, 결과와 관련된 분쟁 등이 최적으로 결합된 결과이다."[9] 올포트와 포스트먼의 이론에 따르면, 환경의 변화─백악관을 차지한 흑인 대통령, 파업 결과에 대한 불확실성─가 불안감을 야기한다. 사람들은 불안해지면, 불안을 유발하는 사건과 관련된 정보를 맹신하는 경향을 띤다. 유언비어는 사람들이 현재의 사건을 이해하는 데 도움을 주고, 미래에 대한 불안감을 줄여주는 것에서 나아가 달래주기까지 한다. 불안을 유발하는 상황을 맞으면 많은 사람이 평소보다 주변의 소문에 솔깃해하는 경향을 띠지만, 일부는 '비판적 감각'의 결여로, 터무니없는 소문까지도 열심히 전달하는 매개체가 되기도 한다.[10]

이런 설명이 그럴듯하게 들릴 수 있지만, 여기에서 제기하는 이론과는 맞아떨어지지 않는다. 불확실하면 확실한 것을 염원하고, 불안하면 안심하게 해주는 것을 요구하는 게 당연하지만, 이는 확실한 것과 안전한 것이 실재하는 경우에만 가능하다. 마음을 달래주는 거짓된 감언이설을 확신하고 안심하면 기분은 좋을 수 있지만, 재앙을 앞당길 뿐이다. 경계 기제를 항상 열어두어야 메시지가 주는 기분과 상관없이, 받아들일 충분한 근거가 없는 메시지를 거부할 수 있다.

소문이 불안을 달래주기 때문에 사람들이 그런 소문을 곧이곧대로 믿는다는 이론의 문제점은 실상과 다르다는 데 있다. 대부분의 소문이 불안감을 씻어주기는커녕 오히려 부추길 가능성이 크다.[11] 동네 상인들이 어린 소녀들을 납치하는 것이라 생각하면 더 안심이 되는가? 재난과 관련된 피해를 과장되게 주장하면 걱정이 줄어드는가?

표준 이론들로 소문이 확산되는 패턴이 완전히 설명되진 않지만, 많은 유언비어가 엄연히 확산되고 있다는 점에서, 사람들은 주변의 말을 쉽게 믿지 않고 전반적인 커뮤니케이션을 냉정히 평가하는 편이라는 내 주장이 여전히 의심스럽기는 하다. 유언비어가 불안감을 줄여주든 부추기든 간에 엉성하기 짝이 없는 증거를 근거로 많은 사람이 유언비어를 참말로 믿는 경우가 많다. 따라서 내가 제시하는 열린 경계 기제라는 이론은 참혹한 실패로 보일 수 있다. 그 실패를 냉정히 재평가하고, 실패의 원인을 제대로 파악하기 위해서라도 소문이 더 효과적으로 확산되는 사례들을 면밀히 분석해볼 필요가 있다.

확산되는 것이 모두 거짓은 아니다

오래전부터 〈월스트리트 저널〉은 '월스트리트의 소리Heard on The Street'라는 일일 칼럼을 운영해왔다. 금융계 안팎에서 떠도는 소문과 뒷이야기를 소개하는 공간이다. 두 경제학자, 존 파운드John Pound와 리처드 제크하우저Richard Zeckhauser는 기업 인수와 관련된 소문에 초점을 맞추어, 이 칼럼들을 분석했다.[12] 그들의 분석에 따르면, 소문의 거의 절반이 정확해서 정보의 출처에 신뢰성을 더해주었다. 따라서 시장은 '월스트리트의 소리'에 실린 칼럼을 적절히 고려하지 않을 수 없었다.[13]

심리학자 니컬러스 디폰조Nicholas Difonzo와 프라샨트 보르디아 Prashant Bordia는 직장에서 흔한 소문을 연구하려고 여러 기업에서 거의 300건의 소문을 수집했다. 대부분 누가 승진하고, 누가 정리해고되었고, 누가 퇴사했는지에 관한 소문이었다.[14] 정확도는 기업마다 달랐지만, 대체로 무척 높은 편이었다. 일반적으로 80퍼센트를 넘겼고, 100퍼센트인 곳도 적지 않았다. 두 연구자는 "사업 규모를 급격히 축소하려는 대기업에서 누가 해고될 거라는 소문은 공식적인 발표를 1주일쯤 앞두고는 거의 정확했다."라고 말했다.[15] 많지는 않았지만, 그 이전에 직장의 소문을 분석한 모든 연구에서도 소문의 정확도가 80퍼센트 이상이라는 게 확인되었다는 점에서, 디폰조와 보르디아의 결론은 과거의 연구를 재확인해준 셈이다.[16]

특히 한 연구는 무척 흥미로운 직장, 즉 제2차 세계 대전 당시의 군대를 연구 대상으로 삼았다.[17] 올포트와 포스트먼의 고전적인 연구는 미국 민간인들 사이에 떠돌던 전쟁에 대한 소문을 주로 다루었지만, 심리학자 시어도어 캐플로Theodore Caplow는 미국 육군에 떠돌던 소문—누가 언제 어디에 배치되고, 누가 본국으로 귀향되는지 등—에 초점을 맞추었다.[18] 이런 소문은 섬뜩할 정도로 정확했다. 캐플로에 따르면, "주된 작전, 주둔지 변경, 중요한 행정적 변화는 공식적인 발표가 있기 전에 먼저 소문으로 정확히 나돌았다."[19]

여기에서 살펴보려는 정확한 소문들은 당사자의 불안감을 조금이나마 덜어주었을 것이다. 예컨대 곧 본국으로 돌아갈 거라는 소문을 들은 군인들, 승진 대상에 올랐다는 걸 알게 된 직원들의 심정을 상상해보라. 반면 당사자에게 커다란 압박감을 주는 소문도 있었을 것이다. 예컨대 전선에 파견될 것이란 소문이나 정리 해고 명단에 올랐다는 소문을 들은 당사자의 심정은 어떠했겠는가? 따라서 어떤 소문이 불안감을 더해주느냐 덜어주느냐는 정확도와 아무런 관계가 없다. 그렇다면 정확한 소문을 일관되게 만들어내는 환경에는 어떤 특별한 점이 있을까?

자발적인 소문의 추적

●

그 답은 의외로 간단한다. 소문의 내용이 관련된 사람들에게 중대한 영향을 미칠 때 정확한 경향을 띤다.

다른 모든 인지 행동이 그렇듯이 열린 경계도 많은 비용이 들기 때문에, 우리는 가치 있다고 여겨지는 정도까지만 경계심을 갖는다.[20] 달리 말하면, 중요한 영역에서만 누가 무엇을 말했는지, 그 말이 진짜로 맞는지를 신중하게 추적한다는 얘기다. 이런 환경에서 화자는 자신의 신뢰성을 해치지 않기 위해서라도 소문을 옮길 때 주의하게 된다.[21] 결국 어떤 소문이 사실인지 아닌지를 알아낼 때, 누가 무엇을 말했는지 추적하는 능력이 신뢰할 만한 출처들로 네트워크를 구성하는 데 도움이 된다.

캐플로가 연구한 미군들이 오로지 정확한 소문만을 효율적으로 전달할 수 있었던 이유가 여기에 있다.[22] 이 경우에는 소문의 내용, 즉 누가 언제 어디로 전출될 것이란 소문은 사실 여부가 곧바로 밝혀졌다. 따라서 즉각적으로 반복되는 피드백 덕분에, 군인들은 정보의 유형에 따라 누구를 신뢰할 수 있는지, 또 정보 네트워크에서 누구에게 의견을 구해야 하는지를 알게 되었다.

게다가 우리는 주변 환경과 관련된 쟁점에서도 기존 지식에 근거하거나, 새로운 정보를 수집해 소문의 내용을 확인할 수 있다. 이렇게 하면 상황이 불안을 유발하든 그렇지 않든 간에 거짓 소문을 차단할 수 있다.

심리학자 제임스 디고리 James Diggory는 1952년 펜실베이니아 동부 지역에 발생한 광견병을 둘러싼 소문들을 연구했다.[23] 일반적으로 생각하면, 광견병이 침투한 카운티의 주민들은 몹시 불안했을 듯하다. 그런데 광견병이 침투하지 않은, 멀리 떨어진 카운티의 주민들과 비교했을 때, 그들은 광견병의 위협에 대한 과장된 소문을 믿지 않는 경향을 띠었다. 위협거리가 가까이 있어 더 불안하기는 했지만, 그 위험을 상대적으로 정확하게 평가할 수 있는 위치에 있었기 때문이다.

제2차 세계 대전 동안 미국에 퍼진 가장 악의적인 소문 중 하나는 일본계 미국인이 반역죄를 범했다는 비난이었다. 요컨대 일본군의 진주만 공격을 지원하려고 이에 가담했다는 것이었다. 이런 소문은 용의자들이 주로 거주하던 하와이만이 아니라 본토까지 휩쓸었지만, "일본계 미국인을 직접 경험하고, 섬을 지키는 군인들과 대화한 적이 있던 사람들"에게는 전혀 먹히지 않았다.[24]

실질적으로 관련이 있지만, 신뢰할 수 있는 정보 제공자들로 조직망을 확고히 구축할 만한 시간적 여유가 없어서, 잘 모르는 새로운 문제가 간혹 제기되기도 한다. 미시간 대학교에서 파업이 일어났을 때 직원들이 당면한 문제가 대표적인 예다. 중요한 문제들, 예컨대 모든 강의가 취소될 것인지, 파업에 따른 불이익이 있을 것인지 등에 대해 신뢰할 수 있는 정보를 얻은 직원은 거의 없었다. 신뢰할 만한 사전 지식이나 믿을 만한 네트워크가 없었던 까닭에 유언비어가 만들어지고 퍼지기에는 더할 나위 없이 좋은 조건이었다. 하지만 그런 쟁점 자체가 직원들에게는 실질적으로 중요했기 때문에, 직원들은 연구자들이 개설한 유언비어 대책 본부를 이용했고, 그 결과로

"대부분의 경우에 유언비어는 크게 확산되기 전에 잦아들었다."[25]

왜 유언비어를 믿는 것일까?

●

소문, 특히 우리에게 큰 영향을 미치는 소문을 평가할 때는 대체로 열린 경계 기제가 제 역할을 해내는 것이 분명한 듯하다. 그렇다면 다른 경우에 참혹할 정도로 열린 경계 기제가 제대로 작동하지 않는 이유는 무엇일까? 내 생각에, 유언비어의 확산은 열린 경계 기제의 문제가 아니라, 오히려 그 반대인 듯하다.

사람들이 별다른 근거도 없이 유언비어를 사실인 양 받아들인다는 것이 무엇보다 충격적이다. 그렇다면 어떤 연유에서 사람들은 그런 유언비어를 진짜로 믿는 것일까? 그게 무엇이든 간에 믿느냐 마느냐는 양자택일의 문제가 아니다. 믿음은 우리가 그 정보와 어떤 관계에 있느냐에 달려 있다. 어떤 믿음에서 자연스레 어떤 추론과 행동을 끌어내지 못한다면, 그 믿음은 인지 활동이나 행동과 무관한 것이며, 기본적으로 고정적인 것일 수 있다. 당 스페르베르는 이런 믿음을 '반사적 믿음reflective belief'이라 칭하며, 자유로운 추론의 출발점이 되고 우리 행동의 근거로도 사용되는 '직관적 믿음intuitive belief'과 비교했다.[26] 예컨대 이 글을 읽는 지금, 당신은 눈앞에 책이 있다는 걸 직관적으로 알고 있다. 또 그 책을 손으로 쥘 수도 있고, 얼굴을 내리쬐는 햇빛을 가리는 데 그 책을 사용할 수 있으며, 친구에게 빌려줄 수 있다는 것도 안다. 반면 밤하늘에서 보이는 대부분의 별이 태양보다 크다는 믿음을 가지려면, 그 명제가 사실이라고 진정으로 믿어야 하지만, 당신이 그 믿음으로 할 수 있는 것은 별로 없다.

반사적 믿음이 개인에게 크게 영향을 미치지 않는다면, 그 믿음에 대해 열린 경계 기제가 치밀하게 작동하지는 않을 것이다. 어떤 믿음이 개인적으로 큰 차이를 만들어내지 않는다면 구태여 경계 기제가 작동할 이유가 있겠는가? 내 생각에 대부분의 유언비어는 반사적으로만 취해지는 듯하다. 유언비어가 직관적으로 취해지면 훨씬 더 중대한 결과를 야기할 테니 말이다.

어떤 소문이 어떤 목적에서 꾸며지는지 알아내기 어려운 경우가 적지 않다. 예컨대 미국에서 보험 사고가 처리되는 방법에 반론을 제기할 중국인은 거의 없을 것이다. 또 파키스탄계 상점 주인이라면 이스라엘이 9·11테러를 기획했다고 주장할 수 있겠지만, 그렇게 주장한다고 그에게 무슨 이득이 있겠는가?

유언비어를 철석같이 믿고 행동을 취하는 사람도 있겠지만, 대부분은 그렇지 않다. 9·11테러가 미국 정부에서 꾸민 짓이라 믿는 미국인들도 그 음모설을 직관적으로 믿는 것처럼 행동하지는 않는다. 언론인 조너선 케이Jonathan Kay의 표현을 빌리면, "9·11테러 진상 규명 조직은 미국 정부가 세계를 지배하려는 음모가 발각되는 걸 막으려고 어떤 짓도 서슴지 않을 것이라 주장하면서도, 대학 강당처럼 안전이 보장되지 않는 널찍한 공간에서 모임을 개최하는 모순된 행동을 보인다."[27]

유대인 상점 주인들이 젊은 여성들을 납치한다고 비난하던 프랑스 오를레앙의 소문을 예로 들어보자. 오를레앙의 많은 주민이 그 소문을 퍼뜨렸지만, 그 소문으로 행동이 달라지지는 않았다. 일부 젊은 여성이 다른 상점을 이용하거나, 의심쩍은 상점에서 쇼핑할 때는 친구들에게 동반해달라고 부탁하는 정도였다. 유언비어가 최고조에 이르렀을 때도 분주한 거리에서 몇몇 사람이 걸음을 멈추고 유대인 상점들을 뚫어지게 쳐다보았을 뿐이다. 분노의 눈빛은 젊은 여성이 납치되어 매춘부로 해외에 팔려 나간다는 소문에 대한 적절한 반응일 수 없다. 그런 행동(혹은 그런 행동의 결여)은 그 소문을 퍼뜨린 사람들도 그 소문을 직관적으로 믿지 않았다는 반증인 셈이다.

반면 진주만 공습 직후에 일본계 미국인들을 겨냥한 소문들은 상당한 영향을 미친 듯하다. 미국 정부가 일본계 시민들을 강제 수용소에 억류하기로 결정한 것이다. 그러나 그러한 결정에는 반역이란 위험한 소문보다 더 중요한 요인이 있었다. 강제 수용소에 억류된 일본계 미국인 중 다수가 캘리포니아에서 백인 이웃보다 더 높은 생산성을 과시한 성공한 농부였는데, 그들의 성공이 "서부 해안의 백인 농부에게 분노를 불러일으켰고," 그런 분노가 "일본계 시민을 강제 수용소에 대거 구금하는 추동력으로 이어졌던 것이다."[28]

유언비어를 받아들인 이후에 대응 행동이 없었다는 사실은, 열린 경계 기제가 그 유언비어에 합격점을 주지 않았다는 뜻으로 해석된다. 소문이 타당한 것이라 평가했다면, 우리는 더욱더 강력하게 이에 대응했어야 마땅하다. 달리 말하면, 사람들이 소문을 직관적으로 믿을 때 목격되는 대응이 있어야 했다.

파키스탄에는 무시무시한 정보기관, ISI Inter-Services Intelligence에 대한 온갖 음모론이 난무한다. 하지만 ISI가 얼마나 잔혹하고 강력한 조직인지에 대한 회의가 파키스탄에서는 열리지 않는다. 파키스탄인들은 ISI가 사악하고 강력한 조직이라는 걸 직관적으로 믿기 때문에 구태여 공개적으로 그렇게 말할 필요가 없기 때문이다.

한 여성이 눈물을 펑펑 쏟고, 하마터면 납치될 뻔했다고 소리치며 어떤 상점에서 뛰쳐나온다고 해보자. 당신이라면 그 상점 주인을 무섭게 노려보고, 나중에 사람들에게 그 상점을 이용하지 말라고 말하는 것으로 만족하겠는가? 아니면 경찰서에 곧장 전화하겠는가?

대부분이 유언비어나 음모론을 논리적으로 따져보고 결론짓지 않는다. 유언비어에 대응해 행동하는 극소수의 의해 그런 사실이 드러난다.

에드거 매디슨 웰치는 유언비어에 대응한 극소수 중 한 명이었다. 웰치는 힐러리 클린턴 일당이 코메트 핑퐁 피자 가게의 지하실에서 아동 성매매를 하고 있다는 소문을 믿었다. 이런 믿음과 부패한 경찰에 대한 불신을 고려하면, 웰치가 중무장하고 그 가게를 급습해, 주인에게 아이들을 풀어주라고 요구한 행위는 그런대로 이해가 된다. 몇몇 여론 조사에 따르면, 그 소문을 사실로 믿은 사람은 수백 명에 달했다. 그러나 대부분이 아무런 대응을 하지 않았고, 기껏해야 온라인으로 욕설을 보내는 것에 만족했다.[29] 더구나 아동 성매매에 동조하는 식당 주인이 아동 성매매를 '구역질나는 행위'로 비난한 애국 단체의 글을 읽고 잘못을 뉘우치며 자신의 식당에 별점 하나만을 줄 가능성도 거의 없다(구글 리뷰라면 소아성애자를 지원하는 피자 전문점에 별을 전혀 주지 않는 옵션도 제공할 수 있을 것이다).[30]

웰치가 피자 가게 소문을 철석같이 믿은 이유는 무엇이었을까?

솔직히 말하면, 나도 모르겠다. 내 논증에서 중요한 것은 수백만 명이 그 소문을 믿었지만, 직관적으로 믿은 것처럼 행동한 사람은 웰치가 유일하다는 것이다.

제한 받지 않는 호기심

유언비어가 심각한 행동으로 이어지지 않는 게 일반적인 현상이더라도, 많은 사람이 유언비어를 인정하는 것은 사실이다. 이런 현상은 어쨌든 열린 경계의 실패가 아닐까? 그 실패가 중대한 실패가 아닐 수 있는 이유를 이해하려면, 또 사람들이 유언비어를 믿는다고 말하는 이유를 이해하려면, 사람들이 그런 소문에 관심을 갖는 이유부터 먼저 알아야 할 것이다. 사람들이 유언비어에 대응해 별다른 행동도 하지 않으면서, 소문에 귀를 세우고 소문을 퍼뜨리는 이유는 대체 무엇일까?

인지에는 비용이 든다. 정보 하나를 처리할 때마다 작은 비용이 들고, 그 모든 것을 해내는 뇌의 성장에도 상당히 비용이 소요된다. 그 결과로, 우리 머리는 유용한 정보에 맞추어진다. 따라서 우리는 사람의 목보다 얼굴을 인식하는 메커니즘을 갖추게 되고,[31] 잠재적 연대 상대를 보면 기계적으로 내뱉는 말보다 본래의 특징에 자연스레 주의를 기울이게 된다. 우리가 상대의 재산보다 인간됨에 관한 정보에 더 많은 관심을 갖는 이유도 여기에 있다.

이상적인 상황이라면, 우리는 실질적으로 중요한 정보, 즉 우리에게 세상을 더 안전하게 항해할 수 있게 해주는 정보에만 관심을 두고, 그런 정보만을 처리해 저장해두어야 한다. 그러나 어떤 정보가 훗날 쓸모가 있을지 정확히 예측하는 건 불가능하다. 게다가 그런 추측의 시도도 인지적으로 비용이 드는 작업이다. 가령 아이샤라는 친구가 새로운 동료 직원 셀마에 대해 시시콜콜한 이야기를 늘어놓는다고 해보자. 지금은 무척 따분하겠지만, 언젠가 당신이 셀마를 만나고 한눈에 반한다면 그 정보가 유용하게 쓰일 수 있다. 정보를 처리하고 기억하는 데도 비용이 들지만, 정보를 무시하는 데는 더 큰 비용이 들 수 있다. 따라서 특히 무시할 때 유난히 많은 비용을 치러야 하는 정보일 경우에는 지나치다 싶을 정도로 조심하는 게 낫다.

얼굴 인식을 예로 들어보자. 우리가 상대의 얼굴을 인식하는 능력이 진화된 이유는 간단하다. 그 능력이 있으면, 우리가 다른 사람들과 교제하는 데 도움이 되기 때문이다. 얼굴 인식의 주된 목적, 즉 고유한 영역domaine propre(당 스페르베르의 용어)은 우리가 실제로 교제하는 사람들의 얼굴을 파악하는 데 있다.[32] 그런데 우리는 동물의 얼굴, 화성의 산, 전기 소켓 등 얼굴 인식 메커니즘의 고유한 영역에 속하지 않는 많은 사물의 미세한 차이를 인식한다(그림 3, 다른 예를 보고 싶으면 구글에서 '파레이돌리아pareidolia'를 검색해보라).[33] 결국 얼굴 인식 메커니즘의 실질적인 영역actual domain에 많은 사물이 속한다는 뜻이다.

얼굴 인식 메커니즘의 실질적인 영역이 고유한 영역보다 훨씬 더 넓은 이유는 무엇일까? '비용 비대칭cost asymmetry' 때문이다. 만약

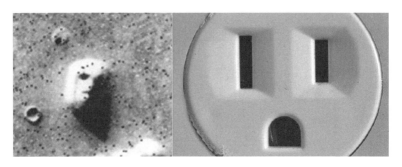

그림 3 · 파레이돌리아의 두 예. 아무것도 없는 곳에서 얼굴을 찾아낼 수 있다.

당신이 전기 소켓에서 사람 얼굴이 보인다고 말하면, 친구가 재밌다는 반응을 보일 것이다. 그러나 거꾸로 친구의 얼굴을 전기 소켓이나 다른 사물에 비유하면, 친구는 불쾌하다는 반응을 보일 것이다.

고유한 영역과 실질적 영역 간의 불일치에서 상당히 많은 관련 영역이 생겨난다. 즉, 실질적인 결과에 상관없이 우리가 적절한 관계가 있다고 생각하는 정보를 얻을 수 있다. 우리의 끝없는 호기심이 여기에서 시작된다.

얼굴을 떠올려주는 것들이 그렇듯, 대부분의 문화 상품이 성공하는 이유는, 우리가 그 상품을 적절하고 관련 있다고 생각해서다. 유명인에 대한 소문이 대표적인 예다. 다른 사람에 대한 정보가 소중하다면, 유명하고 아름다운 사람, 강하고 영리하고 지배적인 사람에 대한 정보는 더더욱 소중하다. 우리는 진화 과정에서 실질적으로 상호작용하지 않고는 그런 사람들에 대해 어떤 소문이나 정보도 들은 적이 없었을 것이다. 그러나 오늘날 우리는 그런 저명인사들과 아무런 관계가 없어도 그들에 대한 정보를 매력적으로 생각한다. 만약 영국 왕세자 부부, 해리 왕자와 메건 마클의 근황에는 별 관심이 없더라도, 링컨이나 아인슈타인의 전기에는 관심이 있을 수 있다. 하지만 당신이 링컨이나 아인슈타인을 만날 가능성보다 잡지 〈스타〉를 읽는 사람이 해리 왕자와 메건 마클을 만날 가능성이 훨씬 더 높다. 우리가 저명인사들의 정보에 관심을 갖기 때문에, 그들의 근황을 아는 친구를 더 재밌게 생각하고, 그들을 다룬 책을 구입함으로써 그런 정보를 제공하는 사람들에게 보상한다.

대다수의 성공한 유언비어는 위협적인 것이다. 우리가 위협에 대해 생각하는 걸 좋아한다는 게 흥미롭지만, 충분히 이해된다. 물론 누구도 위협 자체를 좋아하진 않겠지만, 위협이 존재한다면 그 위협에 대해 알고 싶어 하기 마련이다. 얼굴보다 위협에 대한 정보가 훨씬 더 '비용 비대칭'이다. 잠재적 위협에 대한 정보를 무시하면 그 정보에 지나치게 신경 쓴 경우보다 훨씬 많은 비용을 치를 수 있기 때문이다. 위협이 소문으로 전해지는 경우에도 마찬가지이다. 진주만 공습이 있기 거의 1년 전, 주일본 미국 대사는 그런 공격 계획이 준비되고 있다는 소문을 들었다. 그러나 그는 그 소문을 신뢰할 수 없는 것이라 일축해버렸고, 그 때문에 파괴적인 결과를 감수해야 했다.[34] 이러한 비용 비대칭으로 인해, 위협에 대한 정보는 실질적으로 관련이 없을 때에도 관련 있는 것으로 여겨지는 경우가 많다. 자연 재앙의 희생자 수, 성범죄자들의 은신처, 조직 내의 음모 등에 대한 소문은 이상한 형태로 지적인 쾌감을 준다. 구체적으로 말하면, 바람직하지 않지만 야릇하게 즐거움을 주기 때문에 피할 수 없는 '죄책감이 드는 즐거움guilty pleasure'이다.[35]

음모론도 위협에 대응하기에 좋은 방법이다. 연대의 중요성을 고려하면, 우리는 반대편이 제기한 위험에 적절히 대응하는 방향으로 진화했을 것이다.[36] 전용 '음모 탐지기' 같은 것이 없었더라도 음모론은 위험에 관련된 요인들을 결합해 그 위험에 대응하게 했을 것이다. 그리하여 "강력한 상대(요인 1)들이 연대해서(요인 2), 우리에게 중대한 위협을 가하려 한다(요인 3)."라는 음모론이 완성되는 것이다.

트위터에서 추출한 10만 개 이상의 소문을 면밀히 분석한 한 연구에 따르면, 진실로 확인된 소문과 비교할 때 가장 성공한 가짜 소문, 즉 유언비어는 혐오감과 놀라움을 유발하는 소문이었다.[37] 비용 비대칭에 따른 원칙은 혐오감에도 적용된다. 원칙적으로 지나치게 적은 것보다 지나치게 많은 것을 혐오스럽게 생각하며 잠재적인 병원균을 피하는 게 더 낫다. 놀라움도 관련성의 척도일 수 있다. 모든 것이 동등한 조건일 때 더 놀라운 정보가 더 관련된 정보이다. 다섯 살배기와 일곱 살배기가 해변에 널브러진 물건들을 보며 어느 것이 가장 마음에 드는지 주고받는 말—"혐오스러운 것, 우리가 모르는 것, 흥미롭게 보이는 것"—에 그 연구의 결론이 압축되어 있다.

이런 논리에 따르면 위기의 시대에 소문에 현혹되는 이유는, 위기로 인해 사람들의 귀가 얇아지기 때문이 아니라, 강우량부터 반대편 지역의 광견병까지 전에는 무심코 넘기던 문제에도 관심을 갖게 되기 때문이다. 이렇게 새롭게 생긴 관련성이 실질적인 관련성은 아니다. 따라서 유언비어가 상대적으로 쉽게 확산될 수 있다. 반면 어떤 소문이 실질적으로 심각한 결과를 초래할 가능성이 있다면, 위기 상황에 있든 아니든 간에 사람들은 그 소문의 진위를 검증하려고 최선을 다할 것이다.

보상과 소문의 확산

●

우리는 관련된 정보를 제공한 사람들에게 보상하고 싶어 한다. 그들을 더 좋아하고, 더 유능하고 유익한 사람이라 생각한다.[38] 최대한 많은 보상을 받아내려면, 각 정보의 사회적 관련성을 확인해야 한다. 달리 말하면, 각 정보가 다른 사람들에게 얼마나 중요한 것인지 알아내야 한다. 그래야 어떤 정보를 전달해야 하는지 알아낼 수 있기 때문이다.

때로는 어떤 정보가 어떤 특정 개인에게 관련 있는지도 파악해야 한다. 가령 한 친구가 레고 블록 광팬이라면, 레고 전시회에 대한 정보가 그 친구에게 중요할 것이다. 이처럼 밀접한 사회적 관련성을 계산하려면, 특정 개인의 기호와 믿음에 대한 지식을 십분 활용해야 한다.

한편 어떤 정보가 불특정 다수에게 관련 있을 수 있다. 이렇게 광범위한 사회적 관련성을 계산할 때는 우리 마음을 일종의 방향타로 활용하면 된다. 우리와 관련된 정보는 다른 사람들과도 관련된 정보로 여겨질 수 있기 때문이다(이때 실질적인 결과는 중요하지 않다). 이 과정이 결코 간단하지 않다. 동물은 많은 추론을 자극하는 정보, 예컨대 먹잇감의 흔적이나 포식자의 징후를 맞닥뜨리면 "우아, 재밌는데!"라고 여유롭게 생각하지 않는다. 동물들은 기계적으로 반응하며 적절하게 행동한다. 반면에 인간은 자극의 관련성을 머릿속에 형상화할 수 있다. 예컨대 뉴스에서 충격적인 소식을 들으면, 우리 믿음을 조정하는 데 그치지 않고, 그 정보의 광범위한 관련성을 기억해두기 때문에 나중에 다른 사람들에게 전해줄 수 있다. 농담과 일화, 조언 및 소문도 마찬가지이다. 특히 인지 메커니즘의 실질적인 영역, 즉 위협이나 음모와 관련된 영역에 속한 소문은 광범위한 사회적 관련성을 가질 가능성이 크다.

광범위한 사회적 관련성을 갖는 정보에는 특별한 속성이 있다. 그 자체의 관련성 덕분에 정보가 더 중요해진다는 것이다.

일반적으로 우리는 사람들에게 관련 있다고 생각할 법한 정보를 제공할 때 사회적 점수를 얻는다. 가령 당신이 레고 전시회에 대해 친구에게 알려주면, 그 정보가 그에게는 유용하기 때문에 그는 당신을 사려 깊고 박식한 사람이라 기억해둘 것이다. 그런데 그 정보가 그는 물론, 그의 지인에게도 유용하면 어떻게 되겠는가? 그는 그 정보를 퍼뜨려 사회적 점수를 획득할 수 있을 것이다. 요컨대 우리가 광범위한 사회적 관련성을 갖는 정보를 사람들에게 전하면, 이중으로 점수를 받는다는 뜻이다. 우선 사람들이 그 정보를 자신과 관련된 것이라 생각하기 때문에 점수를 받고, 다음에는 그들이 그 정보를 이용해 사회적 점수를 받아 고마워할 것이기 때문에 또 점수를 받게 된다.

우리가 대중 매체를 통해 얻는 정보도 광범위한 사회적 관련성을 갖는 경우가 많다. 그런 이유에서 대중 매체가 뉴스를 보도하는 것이다. 그러나 대중 매체는 폭넓게 영향을 미치기 때문에 대중 매체를 통해 사회적 점수를 얻기는 어려울 수 있다. 반면 소문은 반대편에 있는 완벽한 자료이다. 소문은 각 단계에서 한 사람이나 소수에게 전해지기 때문에, 우리에게 사회적 점수를 획득할 많은 기회를 제공한다. 대화 상대가 그 소문을 관련 있다고 생각하기 때문이기도 하지만, 그 소문을 전달함으로써 사회적 점수를 획득할 수 있기 때문이기도 하다.

최소한의 타당성

●

소문은 인지 메커니즘의 실질적인 영역에 속하기 때문에 사회적 관련성을 가질 가능성이 높다. 그러나 진정한 관련성을 가지려면, 소문 자체에 타당성이 있어야 한다. 농담부터 동화까지, 적잖은 메시지가 내용의 타당성이나 진실성과 상관없이 성공적으로 확산되기도 한다. 그러나 소문의 경우는 그렇지 않다. "어린아이들이 어떤 식당에서 성적으로 학대당하고 있다!"라는 소문은 재밌지도 않고 즐거움을 주지도 않는다. 따라서 타당하지도 않다면 그 소문은 완전히 관심 밖의 것이 된다.

소문을 퍼뜨리면 사회적 점수를 얻을 수 있기에 소문을 좋아한다면, 터무니없는 소문을 퍼뜨리지 않도록 조심해야 한다. 더 정확히 말하면, 다른 사람들이 터무니없다고 생각할 만한 소문을 퍼뜨리지 않도록 조심해야 한다. 그런 소문을 퍼뜨리면, 어떤 이득도 없을 뿐더러 그 결과로 상당한 대가를 치를 수도 있다. 요컨대 우리가 허황되게 여겨지는 정보를 제공하면 사람들은 우리를 그만큼 신뢰하지 않을 것이다.

3장에서 보았듯이, 우리는 상대의 말을 평가할 때 열린 경계 기제를 동원해, 그 말을 받아들일 만한 단서를 찾으려 하고, 단서가 없다면 그 말을 거부한다. 잘못된 정보를 받아들이면 생명이 위험하므로, 커뮤니케이션에 내재된 위험을 고려할 때 열린 경계 기제를 운영하는 것이 안전하고 합리적인 방법이다.

반면 어떤 정보에 대한 다른 사람의 판단을 추측할 때는 잠재적 비용이 더 낮다. 대부분의 상황에서 잘못된 것을 말하면 똑똑하지 못하고 성실하지 못한 것으로 여겨진다. 사람들에게 이중성을 의심받거나 이해관계가 복잡하게 얽힐 때만 비용이 턱없이 높아지는데, 유언비어는 이런 경우가 아니다. 물론 유언비어의 사회적 비용이 무시되어서는 안 되겠지만, 다른 사람에게 오도될 때 치러야 하는 잠재적 비용에 비하면 훨씬 낮다. 따라서 다른 사람이 우리 메시지를 어떻게 평가할지를 추정할 때는, 우리가 다른 사람의 메시지를 평가할 때 사용하는 전략과 완전히 상반되는 전략을 사용할 수 있을 것이다. 즉, 메시지가 받아들여질 만한 단서가 아니라 메시지를 거부할 근거로 사용할 만한 단서를 찾는 것이다. 대화 상대가 메시지를 거부하는 성향을 띤다는 어떤 징후도 없다면, 기본값은 그가 우리 메시지를 받아들일 거라 생각하는 것이다.

오를레앙의 소문이 확산된 이유는, 열린 경계 기제의 이런 간접적인 활용으로 정확히 설명된다. 그곳 사람들은 아주 태연스레 그 소문을 널리 퍼뜨렸던 듯하다. 오를레앙 주민들은 그 소문을 반박하기에 적합한 위치에 있는 사람들을 알았지만, 그들에게 그 소문을 알리지 않았다. 요컨대 오를레앙에는 마을 사람들과 잘 융합된 유대인 원로들이 있었고, 그들이라면 의심받는 상점 주인들을 개인적으로 알았을 것이므로 그 소문을 강력히 부인해줄 수 있었겠지만, 누구도 그들에게 그 소문을 직접적으로 전하지 않았다. 게다가 경찰에 전화한 사람들도 그 소문이 사실인지 궁금해서 확인하려는 마음에 전화한 것에 불과했다.

유언비어에 관련해서도 열린 경계 기제는 제 역할을 성실히 해낸다. 우선 우리는 열린 경계 기제로 유언비어를 받아들여야 하는지 결정하기 위해 그 소문을 평가하고, '사실이 아니다'라는 판단을 내린다. 그 결과 '반사적 수용reflective acceptance'에 그치고, 호된 대가를 치러야 하는 행동을 미연에 방지할 수 있다. 또한 우리는 동일한 경계 기제를 우회적으로 사용해 다른 사람들이 소문을 거부할 가능성을 측정하여, 소문을 터무니없다고 생각하며 결국에는 우리까지 부정적으로 평가할 사람들에게 소문을 공유하는 사회적 비용을 피할 수 있다.

현실로부터의 도피

●

소문은 다양한 형태를 띠고, 다양한 생태계에서 유포된다. 생태계의 한쪽 끝에는 실질적인 관련자, 예컨대 해고되거나 승진될 사람, 전선에 보내지거나 본국에 돌아갈 병사에게만 국한되는 소문이 있을 것이다. 이런 실질적 관련성은 사람들에게 그 정보를 유포하고 싶은 동기를 부여하고, 그들은 그렇게 함으로써 사회적 점수를 얻는다. 그러나 그 실질적 관련성 때문에 사람들은 그 정보를 점검하고 또 점검해야 한다고 생각한다. 부적합하면 그 소문을 퍼뜨린 사람의 평판이 훼손되기 때문이다. 이런 식으로 유포되는 소문은 정확할 가능성이 크게 증가한다.

반대편 끝에는 개인적으로 전혀 중요하지 않지만, 광범위하게 사회적 관련성이 있다고 여겨지는 소문이 있을 것이다. 재미를 위한 이런 소문은 유명인이나 위험과 음모 등에 대한 우리의 관심을 자극한다. 이런 소문은 재미를 목표로 한다는 사실이 약간의 파급 효과를 갖는다. 달리 말하면, 우리도 그 소문에 관심을 갖지만, 다른 사람들도 그 소문에 관심을 가질 것이라 예상한다는 뜻이다. 우리 대화 상대가 그 소문에 관심을 가질 것이라 예상하는 이유는, 그 대화 상대의 대화 상대도 그 소문에 관심을 가질 것이라 생각하기 때문이다. 우리는 재밌는 소문을 유포함으로써 다른 사람들에게 그 소문을 더 널리 퍼뜨릴 기회를 주고, 그 덕분에 우리는 좋은 평판이란 보상을 얻는다.

이런 소문을 바로잡기 힘든 데는 몇몇 요인이 있다. 우선 소문이 실질적인 결과로 이어지지 않는다. 소문이 현실 세계와 별다른 관계 없이, 많은 사람이 재밌다고 생각하는 기대치의 세계, 또 현실로부터 한 걸음쯤 떨어진 세계를 떠돈다는 뜻이다.[39] 그러나 소문과 현실이 맞물리는 순간, 유언비어를 믿던 사람들은 지체 없이 잘못을 깨닫는다. 에드거 매디슨 웰치가 코메트 핑퐁 피자 가게에 대한 소문을 믿고 행동을 취했을 때 그는 곧바로 그 행동에 대한 대가를 치러야 했다. 더 많은 사람이 웰치처럼 행동했다면 그 소문은 결코 확산되지 않았을 것이다.

게다가 소문의 공유에 따른 이득과 비용은 둘 다 사회적이다. 사회적 비용을 피하기 위해 우리는 소문을 회의적인 사람에게 알려주지 않고, 더 나아가 부정적인 피드백을 받을 가능성까지 낮춘다. 오를레앙의 소문이 널리 확산된 많은 이유 중 하나는, 주민들이 그 소문을 경찰이나 더 많이 알고 있을 법한 사람들에게 알리는 걸 애써 피하며, 소문이 현실과 맞닿을 가능성을 줄였기 때문이다.

음모론은 좋은 피드백을 받기가 더더욱 어렵다. 음모가 있는지 가장 잘 아는 위치에 있는 사람들이 음모에 가담했다고 비난받는 사람들이기 때문이다. 음모가 사실이라면 공모자들이 음모를 인정하지 않을 것이고, 그들의 부인 자체가 더 큰 의심을 불러일으킬 것이 분명하다. 오를레앙의 경우가 소문이 음모에 대한 비난으로 쉽게 변하고, 또 소문과 싸우는 사람이 음모론자로 전락할 수 있다는 걸 보여준 전형적인 사례라 할 수 있다. 처음의 형태에서 오를레앙의 소문은 표준적인 음모론이 아니었다. 악행의 용의자들, 즉 어린 소녀들을 납치한다고 비난받던 상점 주인들이 전혀 권력자가 아니었으니 말이다. 그러나 소문이 확산되자, 여러 모순이 드러나기 시작했다. 그 범죄가 사실이라면 왜 경찰이 아무런 조치를 취하지 않을까? 그런 범죄는 처벌받아야 마땅했다. 한편 소문이 틀렸다는 걸 입증하려는 정치인들은 범죄에 연루된 것이 분명했다. 이런 지경까지 치닫자, 소문이 자체의 무게에 허물어지기 시작했다. 지역 경찰과 정치인에 대해 속속들이 알고 있는 사람이 너무 많아, 적어도 압도적 다수의 주민에게는 그 소문이 신뢰성을 잃은 것이다.

어떻게 해야 하나?

●

유언비어가 널리 확산되는 이유는, 사람들이 그 소문을 진지하게 받아들이기 때문이 아니라 충분히 진지하게 받아들이지 않기 때문이다.

사실인 소문의 비율을 높이려면, 사회적 관련성과 실질적 관련성 사이의 간격을 좁혀야 한다. 어떤 소문이 흥미롭게 여겨지면, 그 소문을 친구에게 전하거나 리트윗하며 퍼뜨리기 전에, 잠시 멈추고 "내가 이 소문에 근거해 실질적인 결정을 내려야 한다면 어떻게 할까? 어린아이들에게 가해지는 성적 학대를 중단시키기 위해 자경단에 가담할까?"라고 생각하는 시간을 가져보라. 이렇게 실질적인 관점에서 생각하는 여유를 가지면, 우리는 소문을 더욱 철저하게 점검할 수 있다.

그런데 실질적인 행동으로 연결하기 힘든 정보도 적지 않다. 자연 재앙이 있은 후에 흔히 나타나는 과장된 이야기들이 대표적인 예다. 당신이라면, 그 사건을 잘 아는 위치에 있는 사람이나 그 정보에 크게 영향을 받을 사람에게 그렇게 과장된 정보를 떠벌리겠는가? 또 9·11 음모설을 믿는 사람도 그 사건의 직접적인 피해자에게는 그런 의심을 드러내는 걸 망설일 것이다. 데이비드 다오가 합의금으로

1억 4,000만 달러를 받았다고 즐겁게 떠들어대는 사람도 개인 피해 보상을 전문적으로 취급하는 노련한 변호사 앞에서는 어리석게 보일 수 있다는 두려움에 그런 말을 삼갈 것이다.

소문에 근거한 행동이 초래할 수 있는 개인적 비용을 계산해보는 것이 유언비어에 대응하는 훌륭한 첫걸음이며,[40] 적어도 그 문제의 일부가 되는 가능성을 낮추는 지름길이다. 유언비어를 퍼뜨리는 사람들에게 비용을 떠넘겨야 하고, 적어도 그들에게 어떤 이익도 돌아가지 않도록 애써야 한다. 또 의혹을 제기하고, 소문의 타당성이나 출처의 신뢰성에 대해 묻는 걸 망설이지 않아야 한다(출처의 중요성에 대해서는 다음 장을 참조하기 바란다). 이런 점검에는 필연적으로 사회적 비용이 수반된다. 여하튼 사람들은 달콤하고 흥미로운 소문을 좋아한다. 그런 소문을 퍼뜨리면 사회적 점수를 얻을 수 있기 때문이다. 반면 의심하는 사람은 모두에게서 그런 기회를 빼앗아가기 때문에 그다지 환영받지 못한다. 따라서 그에 따른 비용을 낮추면서도 의문 제기의 효율성을 높이려면 최대한 예의바르게 행동하고, 의심쩍은 소문을 퍼뜨리는 사람을 죄악시하는 걸 삼가며, 우리 자신의 주장을 과장하지 않도록 조심해야 한다. 하기야 소문이 틀렸다고 누가 장담할 수 있겠는가?

이런 개인적 비용은 공익에 기여한다고 생각해도 무방하다. 유언비어가 줄어들면 우리 모두의 삶이 조금이나마 좋아지지 않겠는가. 하지만 이런 평형 상태에 이르려면, 많은 사람이 잠재적 이득을 포기하고, 매혹적인 소문을 퍼뜨리지 않으며, 주변 사람들의 흥을 깨더라도 의문을 제기하는 적은 비용을 감수해야 할 것이다.

NOT BORN YESTERDAY

순환 인용부터
초자연적인 믿음까지

Witches' Confessions and Other Useful Absurdities

★ 11 ★

내가 아직 다루지 않았지만, 정확한 소문과 유언비어를 구분하는 주된 요인 중 하나는 출처의 신뢰성이다. 출처를 공개한다는 것 sourcing은 우리가 정보를 어떻게 구하는지를 상대에게 알려준다는 뜻이다.

정확한 소문 확산에 도움이 되는 환경에서는 "사령부의 빌 스미스가 그러는데, 존이 본국으로 송환될 거래."라는 식으로 말한다.[1] 예문에서 화자는 관련된 정보의 출처를 정확히 밝히고 있어, 상대가 그 말의 정확도를 쉽게 판단할 수 있다. 그 정보가 사실로 밝혀지면 화자만이 아니라 빌 스미스에게 적절한 신뢰가 주어지고, 그렇지 않으면 비난이 쏟아질 수 있다. 이 때문에 네트워크에 속한 사람들은 소문을 퍼뜨릴 때 한층 신중하게 처신한다. 그 소문이 거짓으로 밝혀지면, 그들이 소문을 직접 전달한 사람들에게는 물론, 여러 경로를 통해 간접적으로 소문을 전해들은 사람들에게도 평판이 크게 떨어질 것이기 때문이다.

반면 유언비어의 출처는 모호하다("사람들이 그러는데……."). 심지어 소문의 신뢰성을 높이겠다고 부정확한 출처를 언급하기도 한다. '오를레앙의 소문'은 거짓된 출처 때문에 더욱더 그럴듯하게 여겨졌다. "친구의 아버지가 경찰인데, 그분이 납치 사건을 조사하고 있대." "내 사촌의 부인이 간호사인데 납치되고 않고 겨우 탈출한 소녀를 치료하고 있대."[2] 그러나 그런 경찰도 그런 간호사도 없었다. 따라서 출처 자체가 거짓이었다는 것은 명확히 드러난 문제였다. 한편 소문이 꼬리를 물고 전달되는 과정에서 출처도 그대로 전해졌는지는 명확히 드러나지 않은 문제였다.

이론적으로 생각하면, 소문이 전달됨에 따라 상상으로 만들어낸 믿을 만한 출처는 예컨대 "친구의 아버지"에서 "친구의 친구의 아버지", "친구의 친구의 친구의 아버지" 등으로 점점 희석되어야 한다. 그러나 연구자들의 관찰에 따르면 이런 희석은 없었다. 오히려 대부분은 "친구의 아버지"(혹은 "사촌의 부인")를 거론하며 소문에 신뢰성을 주려고 했다. '오를레앙의 소문'을 연구한 팀을 이끌었던 사회학자 에드가 모랭Edgar Morin이 말했듯이 "소문을 새롭게 이어가는 사람들은 새로운 연결 고리를 만들려고 하지 않았다. 두세 개의 고리만으로 소문을 이어갔다."[3]

출처를 언급하면, 열린 경계 기제의 작동을 도울 수도 있지만, 억누를 수도 있다. 출처의 공개가 어떤 경우에는 먹히지만, 어떤 경우에는 거의 효과가 없는 이유가 무엇일까? 그 이유를 제대로 이해하려면, 먼저 출처의 편재성偏在性을 인정해야 한다.

어디에나 존재하는 출처

●

출처에 면밀한 관심을 기울이는 행위는 전문가의 영역인 듯하다. 투키디데스가 《펠로폰네소스 전쟁사》를 발표한 이후, 많은 역사학자가 일차 자료와 이차 자료를 구분하고, 각 자료의 신뢰성과 독립성을 검토하며, 자신의 연구가 어떤 출처에 근거해야 하는지를 숙고하는 '역사학historiography'에 매진해왔다. 언젠가부터 언론인들도 사료 비판source criticism을 배웠는지 하나의 출처에 의존하지 않고, 각 출처의 신뢰성을 평가하는 독립적인 수단을 찾아내 모든 것을 이중으로 점검한다. 일부 영역에서도 관련자들이 신중하게 출처를 찾아 추적하고 평가하며 이중으로 점검해야 한다. 이제는 학자와 언론인이 제공한 것이라 하더라도, 이런 신중한 검토 과정을 거치지 않은 정보는 신뢰를 얻지 못한다.

출처 공개는 전문가의 전유물이 아니다. 우리 모두가 시시때때로 출처를 공개하고 있는데, 반사적으로 공개하는 게 아니라 직관적으로 공개하는 경우가 대부분이다. 예컨대 당신이 보려는 영화에 대해 친구에게 물을 때, 친구가 다음과 같이 대답한다고 해보자.

① 괜찮은 영화야.
② 지난주에 그 영화를 봤어. 괜찮더라고.
③ 그 영화가 괜찮다는 말을 들었어.
④ 오소고도 그 영화가 괜찮다고 하던데.
⑤ 〈시카고 선-타임스〉에서도 괜찮은 영화라고 추천하더군.

모두 "괜찮은 영화"라는 대답이지만, 의견이 제시되는 방법에 따라 당신 귀에는 다르게 들린다. 가장 설득력이 떨어지는 대답은 ③인 듯하다. ③에서는 그 의견을 평가할 만한 다른 정보가 거의 제공되지 않았다. 대답에 대한 평가는 친구와 오소고, 〈시카고 선-타임스〉 영화 평론가의 취향에 대한 당신의 판단에 따른다. ①처럼 출처가 전혀 언급되지 않는 경우에도 당신은 '친구가 ①이라고 말하면, 예고편을 보거나 영화평을 읽고 그렇게 말한 게 아니라 그 영화를 보았을 가능성이 크다'고 어렵지 않게 추론해낼 수 있을 것이다. 출처에 대해 제공되는 정보는, 결국 열린 경계 기제에 추가로 제공되는 판단 자료이다.

화자가 진술할 때 출처 명시는 무척 중요하기 때문에 많은 언어에서 출처 명시를 문법적으로 정해두었다. 가령 영어에서는 문법적으로 올바른 문장을 만들기 위해 동사의 시제를 일치시켜야 한다. 페루 남부 지역에서 사용되는 언어, 완카 케추아어에서는 정보를 어떻게 얻었는지 명확히 밝혀야 한다.

⑴ Chay-chruu-**mi** achka wamla-pis walashr-pis.

　　: 많은 소녀와 소년이 수영하고 있었다. (**나는 그들을 보았다**)

⑵ Daañu pawa-shra-si ka-ya-n-**chr**-ari.

　　: 그것(밭)이 완전히 파괴될 수 있다. (**나는 추론한다**)

⑶ Ancha-p-**shi** wa'a-chi-nki wamla-a-ta.

　　: 너는 내 딸을 너무 울게 만든다. (**사람들이 나에게 말한다**)[4]

굵게 쓰인 부분은 화자가 직접 인지하거나 추론하거나 전해들은 것임을 밝힐 때 사용되는 문법소文法素이다. 이런 문법소가 완카 케추아어에만 있는 건 아니다. 세계에 존재하는 언어 중 4분의 1에 이런 문법소가 있다.[5] 또 체로키어를 비롯한 몇몇 언어에는 직접 얻은 정보와 그렇지 않은 정보를 구분하는 두 종류의 문법소가 있다.[6] 한편 파푸아 뉴기니에서 사용되는 칼룰리Kaluli어는 상대적으로 복잡한 체계를 지켜, 선택해야 할 문법소가 무척 다양하다.

출처가 문법소를 통해 명시적("피터가 그러는데")으로 전해지느냐, 암시적("그 영화는 괜찮아"라는 진술에는 영화를 보았다는 뜻이 함축되어 있다)으로 전해지느냐가 다를 뿐, 출처는 어떤 식의 표현에나 존재한다. 그 이유가 무엇일까?

열린 경계 기제의 관점에서 보면, 출처의 역할은 진술을 더 설득력 있게 들리게 하는 것이다. 예컨대 진술이 직접 경험에서 비롯된 것인지, 신뢰할 만한 사람에게 들은 것인지를 명시한다. 그런데 출처 정보를 밝히면 진술이 더 설득력 있게 들리는 이유는 무엇일까? 당신이 화자의 진술("폴라가 임신했다")을 완전히 사실로 받아들일 정도로 화자를 신뢰하지 않는다면, 그가 "내가 폴라를 직접 보았어."라고 출처를 밝히더라도 그를 신뢰하게 되지는 않는다. 또 화자가 부정직한 사람으로 여겨지면 출처 정보는 아무런 도움이 되지 않는다. 예컨대 포커 게임 상대가 "내 패가 로열 플러시야. 포기하는 게 좋지 않겠어?"라고 말한다고 해서, 그냥 "포기하는 게 좋지 않겠어?"라고 말하는 것보다 더 설득력 있게 들리지는 않듯이 말이다.

다행스럽게도 대부분의 상호 관계에서 우리는 상대를 그처럼 부정직한 사람이라 의심하지 않는다. 그렇다고 우리가 상대를 전적으로 신뢰한다는 뜻은 아니다. 결코 그렇지 않다. 많은 경우에 우리는 상대의 의견에 근거해서만 우리 생각을 바꿀 정도로, 상대를 유능하거나 성실하다고 생각하지 않는다. 여하튼 상대가 부정직하다고 의심하지 않는 상황에서, 출처가 제공되면 진술은 더 설득력 있어진다. 예컨대 나는 아내를 무척 신뢰한다. 아내를 신뢰하기 때문에 아이의 양육을 맡기고, 내 삶도 통째로 맡긴다. 그러나 함께 쇼핑할 때

나는 분명 달걀이 냉장고에 아직 많이 남았다고 생각하는데 아내가 그렇지 않다고 말하면, 나는 아내의 말을 믿지 않는다. 아내가 거짓말하는 것이라 의심하기 때문이 아니라, 달걀 상황에 대해 아내가 나보다 더 정확히 파악하는 위치에 있다고 믿어야 할 이유가 없어서다. 이때 아내가 "출발하기 전에 냉장고를 살펴봤어요. 달걀이 별로 없더라고요."라고 말하면, 나는 아내의 뜻대로 우리가 달걀을 사야 한다고 생각할 것이다.

자연스럽게 진술은 화자의 추론 능력과 관련지어지고, 추론 능력이 능력 평가의 주된 대상이 된다. 따라서 관련 영역에서 추론을 능숙하게 해내는 사람을 더 믿게 된다. 우리는 출처를 제공함으로써 신뢰성과 관련된 능력을, 다른 사람 혹은 다른 인지 메커니즘(주로 감각)에 아웃소싱하는 것이다(이런 비유를 용서하기 바란다). 그 결과로 다른 출처가 능력 평가의 대상이 되고, 대화 상대가 제3자를 우리 추론 능력보다 더 신뢰하는 경우에는 그 다른 출처로 상대를 설득할 수 있게 된다.

하지만 사람들이 상대를 설득하려고 자신의 의견에 대한 출처를 항상 공개하는 것은 아니다. 게다가 출처 정보가 역효과를 낳는 때도 있다. 가령 빌이 "누가 그러는데 폴라가 임신했대."라고 말하면, 빌이 "폴라가 임신했어."라고 단도직입적으로 말했을 때보다 당신은 빌의 진술을 믿지 않을 수 있다. 그렇다면 빌이 당신에게 자신을 믿지 않을 만한 빌미를 제공한 이유는 무엇일까?

우리는 상대에 대해 알고 있는 것, 예컨대 그의 능력과 성실성을 기준으로 그의 메시지를 평가한다. 그러나 메시지를 근거로 상대를 평가하기도 한다. 폴라가 임신하지 않았다는 걸 지금 확실히 알고 있거나 나중에 알게 된다면, 정보의 출처로서 빌의 능력과 성실성에 대한 신뢰성이 떨어질 것이다. 그러나 빌이 "폴라가 임신했어."라며 단정적으로 말하지 않고, "누가 그러는데 폴라가 임신했대."라고 얼버무렸다면 신뢰성은 덜 떨어진다.[7]

반대로 빌은 실제 출처를 얼버무림으로써 어떤 의견에 대해 분에 넘치는 신뢰를 얻고 싶을 수 있다.[8] 예컨대 빌이 "내 생각엔 폴라가 임신한 것 같아."라고 말하고, 당신이 알기에 폴라가 석 달 전에는 임신하지 않았다면, 당신은 미세한 징후에 근거해 초기 임신을 알아내는 빌의 능력과 사회적 역량을 높이 평가할지도 모른다. 그러나 빌이 "폴라에게 직접 들었는데 임신했대."라고 직설적으로 말하면 당신에게 큰 신뢰를 얻지 못할 것이다. 폴라의 말을 곧이곧대로 전하는 것일 뿐이니 말이다.[9]

출처의 두 가지 기능

•

출처 정보 제공은 크게 두 가지 기능을 한다. 하나는 대화 상대의 설득이고, 다른 하나는 평판 관리이다. 달리 말하면, 적정 수준 이상의 신뢰를 받고, 반대로 평판의 덧없는 추락을 막아보기 위함이다. 부정확한 출처 공개와 그 영향이 두 목표의 상호작용으로 상당히 설명된다.

'오를레앙의 소문'에 흔히 덧붙여지는 출처들을 예로 들어보자

("친구의 아버지가 경찰인데……"). 왜 화자들은 그런 출처를 언급했을까? 왜 그들의 대화 상대는 그것을 순순히 받아들였을까?

정보의 출처를 제공하는 이유 중 하나는 신뢰성을 높이는 것이고, 다른 하나는 상대가 소문의 타당성에 의문을 제기할 때 자신의 책임을 줄이는 것이다. 하지만 두 번째 이유는 내가 11장에서 옹호한 입장, 즉 사람들이 주로 사회적 점수를 얻으려고 소문을 퍼뜨린다는 주장과 모순되는 듯하다. 뭔가가 잘못되어 소문이 묵살되면 화자는 어떻게 책임에서 벗어날 수 있을까? 소문이 사실로 받아들여지면 정보의 출처만이 아니라 화자까지 신뢰를 얻을 수 있을까? '오를레앙의 소문'처럼 맹랑한 소문의 가치는 그 소문에 실질적으로 함축된 의미에 있는 것이 아니라 사람들이 듣고 싶어 하는 것—일종의 정신적 쾌감을 주는 것—에 있기 때문에, 소문을 퍼뜨리는 사람들은 불가능해 보이는 과제에 도전하는 것일 수 있다. 따라서 소문을 유포하는 사람들은 소문의 내용과 일정한 거리를 유지할 수 있고 (그들은 관련된 사건을 직접 목격했다고 말하지 않는다), 대화 상대에게 소문이란 선물을 제공함으로써 사회적 점수를 얻고, 그 결과로 좋은 평판까지 얻을 수 있다.

화자의 관점에서, 신뢰성을 지닌 외부 출처는 소문의 타당성을 높이고, 위험에의 노출을 줄이며, 소문을 유포함으로써 얻을 수 있는 전체적인 신용을 개선하는 데 최적의 방법일 수 있다.

다양한 유형의 유언비어가 확산되는 현상에서도 똑같은 패턴이 확인된다. 1980년대 미국에서는 실제로 있었던 살인, 고문, 강간 장면을 그대로 묘사하는 '스너프 영화snuff movie'가 번질나게 제작되어

상영되고 있다는 두려움이 확산되었다. 많은 사람이 그런 영화를 비난했지만, 거의 모두가 실질적인 목격자는 아니었다. 그들은 단 한 편의 스너프 영화도 본 적이 없었고, 그저 그런 영화를 보았다는 사람을 알았을 뿐이다.[10]

음모론을 옹호하는 사람들도 다르지 않다. 실제 경험을 근거로 음모론을 옹호하는 사람은 극히 드물다. 예컨대 스탠리 큐브릭Stanley Kubrick(1928-1999)이 가짜 달에 착륙하는 장면을 촬영하는 현장을 목격했다거나, 존 F. 케네디를 실제로 암살한 사람을 안다고 주장하는 사람은 극소수에 불과하다. 대표적인 음모론자, 데이비드 아이크David Icke도 지구를 지배하는 파충류 인간을 직접 본 적은 없다며, "사람이 인간이 아닌 형태로 변신하는 걸 보았다고 말하는 사람들을 언젠가부터 만나기 시작했다."라고 주장할 뿐이다.[11]

숨겨진 의존성
●

2003년 제2차 이라크 전쟁이 시작되기 전, 조지 W. 부시 행정부는 전쟁을 정당화하기 위한 치밀한 작전에 돌입했다. 부시만이 아니라 콘돌리자 라이스Condoleezza Rice와 콜린 파월Colin Powell 같은 고위 관리들이 동원한 핵심적인 구실 중 하나는 "이라크가 아프리카로부터 유의미한 양의 우라늄을 구입하려 했다."라는 것이었다.[12] 적어도 두 국가, 즉 미국과 영국의 여러 정보기관은 사담 후세인이 니제르로부터 200톤의 산화 우라늄(처리 과정을 거쳐 핵무기를 건조하는 데 사용되는 물질)을 구입하려 했다는 걸 입증하는 자료를 확보했다고도 주장했다. 미국의 중앙정보국Central Intelligence Agency, CIA과 국방정보국Defense Intelligence Agency, DIA, 영국의 여러 정보기관 등 신뢰할 수 있는 기관들이 한목소리로 내놓은 비난이 전쟁의 타당성을 뒷받침하는 데 중요한 역할을 했다.

엄밀히 말하면, 그 모든 증거는 한 명의 전직 이탈리아 첩보원이 여러 정보기관에 판매한 서류에 근거한 것이었다. 똑같은 서류를 분석한 까닭에 정보기관들의 평가가 일치할 수밖에 없었다. 게다가 그 서류는 치밀하게 조작된 것이었다. 사담 후세인은 누구로부터도 우라늄 구입을 시도한 적이 없었고, 10년 전, 정확히 말하면 1991년에 핵무기 프로그램을 포기한 상태였다.

이렇게 조작된 서류가 전쟁으로 발전한 건 어떻게든 전쟁을 정당화하려던 백악관에 부분적인 원인이 있었지만, 정보기관들이 출처를 밝히지 않았기 때문이기도 하다. 특히 영국 정보기관이 중요한 역할을 했다. 미국의 여러 정보기관보다 독자적인 증거를 제시한 것으로 여겨졌기 때문이다. 그러나 영국 측은 미국 동료들에게 자신들이 내놓은 비난의 근거를 명확히 제시하지 못한 채, 미국 정보기관들이 모든 증거가 똑같이 꾸며진 서류에 기반을 두었다는 걸 알아낼 기회마저 빼앗아버렸다. 〈로스앤젤레스 타임스〉는 미국 정보기관 관계자를 인용해 "그 사건은 전형적인 순환 인용circular reporting의 사례가 되었다. 우리는 많은 곳에서 동일한 정보를 듣고 있는 듯한 기분에 빠져들었다. 그 정보가 다른 문에서 들어올 뿐, 똑같은 정보라는 걸 누구도 인식하지 못했다."고 보도했다.[13]

그 서류가 가짜였다는 것은 잠시 잊도록 하자. 그런 사실은 내가 여기에서 하려는 이야기의 논점이 아니다. 그 서류가 진짜였다면 각 정보기관의 입장에서는 출처를 밝히는 게 자신들의 주장에 설득력을 높이는 데 도움이 되었을 것이다. 하지만 모든 정보기관이 동일한 출처에 의존했다는 사실을 고려하면, 출처가 드러나지 않을 때 그들의 주장이 더 설득력을 얻고, 그들의 의견이 독자적으로 결정된 것이라 여겨졌을 것임을 짐작할 수 있다. 5장에서 설명했듯이, 여러 의견이 독자적으로 결정된 경우 그 의견들이 수렴되면, 각 의견은 신뢰할 만한 지표가 된다. 반면 모든 의견이 동일한 출처에 근거한 것이라면, 모든 의견을 합해도 그 하나의 출처만큼만 타당성을 갖는다.[14] 이 경우, 정보기관들이 출처를 밝혔다면 정보기관이 개별적으로는 설득력을 얻었을지 모르지만, 정보기관들의 주장을 합한 결과는 오히려 설득력을 잃었을 것이다.

정보기관들이 출처를 밝히지 않았을 때, 그들의 의견 사이에는 숨겨진 의존성hidden dependency이 있었다. 그런 숨겨진 의존성은 우리의 열린 경계 기제에서 특히 까다로운 문젯거리다. 정보 제공자— 여기에서는 정보기관이지만, 다른 경우에도 똑같이 적용된다—의 진술은 출처를 밝히지 않을 때 설득력이 떨어진다. 그렇다면 열린 경계 기제로 빈틈없이 경계할 이유가 없다. 열린 경계 기제로 우리 의견을 바꾸려는 시도를 경계하는 것이니, 우리 의견을 바꿀 가능성이 없는 시도는 경계할 필요가 없다. 누군가가 자신의 진술에 설득력을 더해주는 출처를 언급하지 않는다면, 우리는 특별히 경계하지 않는다. 많은 사람이 똑같이 주장한다면, 그러나 그 주장이 모두 하나의 출처에서 비롯된 것이란 사실을 우리가 모른다면, 모두가 한목소리로 말하는 주장이 우리 의견보다 더 설득력 있게 보일 것이기 때문에, 결국 우리는 그들의 주장을 받아들이게 될 것이다. 숨겨진 의존성까지 열린 경계 기제로 찾아내기는 어렵다. 이런 경우에 우리는 많은 메시지를 걸러내지 못하고 받아들이게 된다.

일상적인 상황에서도 숨겨진 의존성이 형성되는 경우가 있다. 많은 화자가 독자적으로 합의에 이른 듯하지만, 실제로는 그들의 의견이 하나의 출처에 뿌리를 두고 있는 상황이다.

왜 믿는 사람들은 믿는다고 말할까?

●

"우리는 경이로운 시대에 살고 있다." 이는 14대 달라이 라마의 트위터 대문에 쓰인 글이다. 달라이 라마가 전하는 메시지에는 타종교를 향한 평화와 관용의 의미가 담겨 있다. "우리가 생각하는 방법에는 커다란 차이가 있어, 다른 종교와 신앙을 가질 수밖에 없습니다."[15] 무척 매혹적인 의견이다. 누구나 자신에게 꼭 필요하고 마음 상태에도 적합한 종교를 찾아낼 수 있다는 뜻이지 않은가. 깊은 감동을 주는 의견인 것은 분명하지만 명백히 잘못된 주장이다. 오늘날 압도적 다수, 또 우리 조상의 거의 전부가 채택한 종교는 각자의 고유한 사고방식에 따라 결정된 것이 아니라, 운명적으로 태어난 곳에 의해 결정되었다. 바깥세상과 단절된 아마존 지역에 태어난 사람이 빵과 포도주가 그리스도의 몸과 피로 변한다는 '성변화transubstantiation'에 대한 믿음을 자연발생적으로 키워낼 가능성은 거의 없다. 또 펜실베이니아의 시골 지역에서 태어난 사람이 환생을 믿으며 성장할 가능성도 거의 없다.

타종교의 독특한 믿음, 예컨대 성변화는 사회적 관계로 전해진다. 역사적으로 보면, 거의 모두가 손윗사람의 종교와 유사한 종교를 채택했다. (여기에서 내가 말하는 종교적 믿음은 넓은 의미의 신앙으로 초자연적인 것, 창조 신화 등에 대한 믿음까지 포괄하는 것이다)

왜 사람들은 이런 종교적 믿음을 받아들였고, 지금도 계속 받아들이는 것일까? 거기에는 많은 이유가 있다. 그중 하나는 공동체원 모두가 어떤 믿음을 받아들이는 순간, 반대 목소리는 그 가치에 비해 더 큰 곤욕을 감수해야 하기 때문이다. 그러나 긍정적인 이유도 있는 듯하다. 공동체마다 다양한 종교적 믿음을 가질 뿐만 아니라 그 믿음을 독자적으로 받아들였던 것으로 여겨지면, 믿음들 간의 의존성이 감추어지고 각 믿음의 설득력이 더해진다.

파푸아 뉴기니의 원주민으로 수천 명에 달하는 두나족은 전통적인 문화권에서 흔히 발견되는 종교적 존재를 믿는다. 즉, 두나족은 그들이 거주하는 열대 우림에 존재하는 귀신과 정령이 있다고 믿는다. 게다가 두나족의 각 씨족의 기원에 대한 이야기도 많은 전통 사회의 것과 유사하다.

두나족의 믿음이 세계 전역의 유사한 사회에서 확인되는 믿음의 전형에서 벗어나지 않더라도, 두나족의 언어는 복잡한 문법소 체계를 지닌다는 점에서 무척 흥미롭다. 그들은 귀신과 정령에 대해 언급하거나, 각 씨족의 기원 신화를 이야기할 때, 요컨대 초자연적인 믿음을 설명할 때 그 믿음의 출처를 명확히 밝힌다. 언어학자 릴라 산 로크Lila San Roque의 기록에 따르면, 두나족이 제시하는 출처들은 한결같이 흥미진진하다.[16]

귀신과 정령에 대해 언급할 때 두나족은 감각과 관련된 문법소를 자주 사용한다. 그들이 실제로 귀신을 보거나 들었다고 말한다. 그런데 두나어에는 시각적 인식보다 훨씬 강력한 확신을 가리키는 문법소가 있다. 이 문법소는 당사자가 직접 참여한 사건을 전달할 때 사용된다. 예컨대 "오늘 아침에 나는 아침밥을 먹었다."라고 말하면서 의문의 여지를 크게 남길 사람은 없을 것이다. 이처럼 두나족도 일상의 삶에서 과거의 행동을 표현할 때 이 문법소를 사용한다. 그러나 상당히 환상적인 씨족의 기원에 대해 이야기할 때도 이 문법소를 사용한다. 요컨대 "오늘 아침에 나는 아침밥을 먹었다."라고 말할 때나, "우리 씨족의 조상은 사람을 잡아먹는 도깨비이다."라고 말할 때나 동일한 문법소를 쓰는 것이다.

그런데 두나어에는 어떤 이야기를 허구로 꾸민 것—그들이 재미로 노래한 서사적 이야기—이나, 의심을 불러일으키는 소문을 말할 때 사용하는 문법소, 즉 '사람들이 그러는데'라는 뜻을 지닌 문법소가 있다. 이런 이유에서도 이처럼 강력한 확신이 담긴 문법소의 사용이 더욱더 놀랍다.[17] 하지만 정확도로 따지자면, 허구의 문법소를 사용하는 것이 강력한 확신이 담긴 문법소보다 초자연적 존재에 대한 그들의 믿음에 더 잘 어울릴 것이다.

왜 사람들은 종교적 믿음의 사회적 기원을 무시하는 경향을 띨까? 종교적 믿음을 획득하는 과정에 관련된 복잡성이 적잖은 역할을 하는 듯하다. 가령 어떤 믿음에 대한 당신의 유일한 출처가 아흐메드라는 친구가 말한 것이 전부라면, 그 믿음이 동일한 가치와 신념을 지닌 사람들로 구성된 공동체와 빈번하게 접촉한 결과에서 비롯되는 경우보다 그 출처를 정확히 전달하기가 훨씬 더 쉽다. 또 어떤 믿음이 공동체 내에서 폭넓게 인정되는 순간부터, 그 믿음을 당신이 완전히 확신하는 것으로 언급하더라도 아무런 위험이 없다. 특히 종교적 믿음은 사회적으로 획득되는 순간, 제한적이더라도 인지적이고 실질적이며 사회적인 영향을 갖는다.

'사람들이 그러는데'에 해당하는 문법소를 사용하는 서사적 이야기는 재밌고 영감을 주기도 하지만, 대개는 따분하다. 반면 씨족의 기원 신화는 중요한 현상을 정당화하는 데, 예컨대 일정한 구역을 자신들의 땅이라 주장하며 요구하는 데 상당한 역할을 한다. 마찬가지로 귀신은 불운과 죽음을 설명하고, 보복의 가능성을 정당화하는 데 사용된다.[18] 어떤 믿음이 인지적이고 사회적인 역할을 수행하기 시작하면, 그 믿음의 사회적 기원은 망각되기 쉽다. 세균이나 와이파이 신호에 비유해 그 현상을 설명해보자. 우리는 육안으로 세균이나 와이파이 신호를 본 적이 없고, 다른 사람들을 통해 그에 대해 듣고 알게 되었을 뿐이다. 이제 세균와 와이파이 신호는 우리 삶에서 떼어놓을 수 없는 것이 되어, 우리는 세균을 걱정하며 손을 자주 씻고, 와이파이가 설치된 커피숍을 일부러 찾아가지만, 이런 행동을 정당화할 때 사회적 기원(궁극적으로는 과학적 기원)을 언급하지는 않는다. 따라서 우리는 아이들에게 "손을 씻어라. 세균으로 가득하니까."라고 말하지, "세균이 우리를 아프게 하는 거라고 과학자들이 알아냈단다. 그러니까 세균이 존재하는 걸 믿어야겠지."라고 말하지는 않는다.

사람들이 결국 어떤 종교적 믿음을 받아들이고, 그들이 실제로 목격하거나 겪었던 것처럼 그 믿음에 대해 말하더라도 우리는 모든 종교적 믿음이 인지적으로 똑같지 않다는 걸 잊지 않아야 한다. 종교적 믿음은 직관적이라기보다 대체로 반사적이다.[19] 반사적 믿음은 제한된 유형의 추론 메커니즘 및 행동 지향적 메커니즘하고만 상호작용한다. 반사적 믿음은 우리 마음의 일부에만 압축된 상태이기 때문에 직관적 믿음처럼 자유롭지 못하다. 그렇지 않으면 반사적 믿음은 많은 혼란을 야기할 것이다. 예컨대 두나족의 한 씨족에 대한 환상적인 기원 이야기는, 두나족이 어느 땅이 누구의 것인지에 대한 주장을 파악하는 데 사용하는 메커니즘과 관계가 있지, 다른 인지 메커니즘과는 무관하다. 따라서 두나족이 자신의 조상이 도깨비였다고 믿더라도 자신의 아들이 도깨비가 될 거라고는 생각하지 않는다.

사람들이 어떤 종교적 믿음을 독자적으로 획득한 것처럼 말하며 어떤 이유로 거론하더라도 그 믿음이 어떻게 제시되느냐에 따라 전달 과정은 영향을 받는다. 가령 당신이 성장 과정에서 지켜본 사람들이 거의 모든 것을 능수능란하게 해내고, 대체로 인자하며, 자체적으로 종교적 믿음을 만들어냈다고 자신 있게 말한다면, 그 모든 단서에서 당신은 그 믿음을 받아들일 수밖에 없을 것이다. (당신이 지금까지 만나본 모든 종교인이 섬긴다는 모든 신이 존재할 거라고 믿지 않듯이) 그 증거들은 하나씩 떼어놓고 보면 설득력이 떨어지겠지만, 하나로 결합되면 상당한 설득력을 갖는다.

어떻게 해야 하나?

•

칼룰리어도 복잡한 문법소 체계를 지닌 파푸아 뉴기니에서 사용되는 토착 언어 중 하나이다. 칼룰리어에는 12가지 이상의 문법소가 있다. 예컨대 일차 정보, 이차 정보, 삼차 정도, 사차 정보를 구분하는 문법소가 있을 정도이다. 이런 정교한 문법소 체계 때문에, 칼룰리족은 선교사들이 가져온 새로운 유형의 정보원, 예컨대 책을 통한 학습에 적응하기가 어려웠다. 언어학자 밤비 시펠린Bambi Schieffelin은 칼룰리족이 새로운 유형의 문법소들, 즉 '책을 통한 학습'에 폭넓게 적용되는 문법소들을 만들어가며 이 새로운 정보원을 수용하려는 노력을 치밀하게 기록했다.[20]

칼룰리족이 겪은 문제는 현 시대에 정보의 출처를 추적하는 게 얼마나 복잡한 문제인지를 여실히 보여준다. 예컨대 백과사전에서 어떤 항목을 읽을 때, 그 내용의 실제 출처는 어디일까? 그 항목을 집필한 저자일까, 아니면 편집자일까? 더 나아가 저자가 그 항목을 쓸 때 참조한 학자들, 또 그 학자들이 참조한 학자들 등등은 아닐까? 이런 식으로 꼬리를 물고 이어가면, 문제가 악화될 뿐이다. 그저 칼룰리 족이 위키피디아에서 찾아낸 정보와 페이스북에서 수집한 정보를 전달하는 데 적합한 문법소 체계를 완성했기를 바랄 따름이다.[21]

그럼 어떻게 해야 우리는 이 복잡한 상황을 처리할 수 있을까?

이탈리아 철학자 글로리아 오리기Gloria Origgi는 "디지털 시대의 성숙한 시민으로서 우리는 문제시되는 정보가 평판을 얻는 과정을 재구성함으로써 그 정보를 유포하는 사람들의 의도를 평가하고, 그 정보에 신뢰성을 부여한 권위자들의 계획을 알아내려고 노력해야 한다."라고 말했다. 또 많은 전문가가 그렇듯이, 우리도 출처 명시에 대해 성찰적 태도를 취하며, 새로운 정보에 대해 우리 자신에게 끊임없이 물어야 한다.—이 정보의 출처는 어디인가? 출처의 평판이 괜찮은가? 그 정보를 믿는 권위자로는 누가 있는가? 그 권위자의 의견을 따라야 할 이유가 무엇인가?—[22] 이렇게 할 때 우리는 숨겨진 의존성을 찾아낼 수 있다. 다양한 의견의 기원을 추적해야 그 의견들이 동일한 출처에서 비롯된 때를 알아내기에 유리한 위치에 올라서게 된다.

이런 탐색 작업 외에도 의견의 출처를 정확히 제공하며 다른 사람들을 도와야 한다. 자신의 의견을 통해 많은 명성을 얻고 싶은 욕심은 인지상정이다. 따라서 우리에게 관련된 정보—정치계의 소식, 과학적 사실, 적절한 통계 자료—가 있을 때나 복잡한 쟁점에 대한 개인적 의견을 전달할 때도, 출처를 가급적 정확히 밝히려고 애써야 한다. 달리 말하면, 그 과정에서 우리 자신의 역할을 최소화해야 한다는 뜻이다.[23]

우리 믿음이 어떻게 형성되었는지를 숨김없이 전하면, 다른 사람이 우리를 믿을 것인지 스스로 결정하는 데도 도움을 주겠지만, 어느 출처가 신뢰할 수 있는지 파악하는 데도 도움을 줄 수 있을 것이다. 우리가 정보의 출처를 더 정확히 제공한다면, 위키피디아와

'주류 언론'을 비롯해 때때로 경멸의 대상이 되는 출처들은 지금보다 더 나은 신뢰를 얻게 되는 반면, 우리 자신이 받는 칭찬은 조금이나마 줄어들겠지만, 이는 당연한 결과이다. 결국, 출처를 밝힌다는 것은 그 의견이 자신의 의견이 아니라고 말하는 것이므로, 출처를 밝히는 사람에게 우리가 보내는 경외감은 좀 줄어들겠지만, 그래도 여전히 우리는 그들에게 감사해야 한다. 그들이 출처를 밝힌 덕분에 우리가 정보를 얻는 환경이 향상되니 말이다.

NOT BORN YESTERDAY

마녀의 자백,
불합리하지만 유용한 진술

Evolving Open-Mindedness

★ 12 ★

1989년 11월 17일, 당시 15세이던 안젤라 코레아의 시신이 뉴욕주 업스테이트, 픽스킬의 한 공원에서 발견되었다. 그녀는 강간과 폭행을 당한 뒤에 살해된 게 분명했다. 17세이던 동료 학생, 제프리 데스코비치가 그녀의 죽음에 무척 감정적으로 대응해 형사들의 눈길을 끌었다. 심문을 받은 끝에 제프리는 범죄를 자백했다.

1년이 조금 더 지날 즈음, 데스코비치의 재판이 끝나가고 있었다. 그가 실제로 범죄를 저질렀다는 물적 증거는 없었다. 무엇보다 그의 DNA가 코레아의 시신에서 발견된 정자의 DNA와 일치하지 않았다. 그러나 데스코비치는 자백했고, 그것만으로도 배심원들이 그를 유죄로 평결하기에 충분했다. 결국 데스코비치는 '15년 후에 가석방 기회가 있는 종신형'을 선고받았다.[1]

데스코비치는 자백을 철회했지만, 지방 검사이던 지닌 피로 Jeanine Pirro(현재 폭스 뉴스의 진행자)는 데스코비치의 무죄를 밝히고 다른 용의자를 지목했을 법한 추가적인 DNA 검사를 허용하지 않았다. 2006년 새로운 지방 검사가 부임한 후에야 DNA 검사가 추가로 실시되었고, 이미 다른 살인죄로 징역형을 받아 복역 중이던 스티븐 커닝햄이 안젤라 코레아를 강간하고 살해했다는 사실이 밝혀졌다. 그 결과로 커닝햄은 유죄 판결을 받았고, 데스코비치는 혐의를 벗었다. 하지만 데스코비치는 이미 16년을 복역한 뒤였다.

허위 자백률을 추정하기는 무척 어렵다. 판결이 뒤집히지 않으면, 자백이 진실이었는지 거짓이었는지 구분하기가 힘들기 때문이다.[2] 일부 추정에 따르면, 경범죄의 경우에는 허위 자백률이 낮아 몇 퍼센트밖에 되지 않는다.[3] 반면 중범죄의 경우에는 허위 자백률이 상대적으로 높아, 현재 복역 중인 수형자의 10퍼센트가 넘는다는 연구가 있다.[4] 확실히 밝혀진 것이 있다면, 나중에 무죄로 밝혀진 사람들 중에 허위 자백이 참담할 정도로 흔하다는 것이다. 숫자로 말하면 15-25퍼센트이고, 살인 같은 중대 범죄의 경우에는 훨씬 더 높다.[5]

사실이든 거짓이든 간에 자백은 무척 설득력 있게 들린다. 자백은 증거로서 그 어떤 것보다 설득력과 영향력을 갖는다. 목격자의 증언보다 더 확실한 증거로 받아들여진다.[6] 자백은 너무도 확정적이어서, 나중에 철회되더라도 피의자는 유죄 선고를 받을 가능성이 크다.[7] 법학자 찰스 매코믹Charles McCormick(1889-1963)은 고전적 저서, 《증거법 편람》에서 "자백을 도입하면 재판의 다른 모든 부분은 불필요해진다."라고 말했을 정도다.[8]

따라서 이쯤에서 "왜 열린 경계 기제는 허위 자백을 염두에 두지 않는 것일까?"라는 의문이 자연스레 제기된다. 그러나 나는 훨씬 더 곤혹스런 질문, "왜 사람들은 자신이 저지르지도 않은 범죄를 범했다고 자백하는 것일까?"라는 의문을 먼저 다루어보려 한다.

허위 자백은 여러 이유에서 행해진다. 많은 자발적인 허위 자백이 다른 누군가를 감추려는 목적에서 행해진다.[9] 물론 이보다 더 기괴한 동기, 예컨대 애인에게 깊은 인상을 주거나 불륜을 감추기 위해 거짓으로 자백하는 경우도 있다.[10] 그러나 대부분의 허위 자백이 완전히 자발적이지는 않는다. 오히려 물리적으로 학대하거나, 즉각적인 작은 보상을 약속하고, 너그러운 처분에 대한 기대감을 높여주는 등 온갖 수단을 통해 강요되는 경우가 대부분이다("자백하면 잠을 자게 해주겠다, 먹을 것을 주겠다, 전화하게 해주겠다, 집에 가게 해주겠다.")[11] 미국의 일부 주에서는 심문자가 용의자에게 거짓말하며, 경찰이 용의자에게 불리한 증거를 갖고 있다고 속일 수 있다. 수사관들은 용의자에게 장기적인 비용을 줄이고 단기적인 이득을 놓치지 말라고 유혹하고, 범죄를 실제로 범하지 않았더라도 자백이 용의자에게 최선의 선택인 것처럼 꾸밀 수 있다. 훗날 제프리 데스코비치는 몇 시간이고 고성과 심문에 시달렸고, 사형 선고를 받을 것이란 위협을 받았으며, 자백하면 물리적 학대를 중단하고 정신 병원에 보내질 것이란 회유를 받아 자백할 수밖에 없었다고 회고했다.[12] 감성적으로 유약한 십대를 무너뜨리기에 충분한 압박이었다(덜 성숙하고 정신적으로 약한 사람이 허위 자백하는 경우가 압도적으로 많은 것이 사실이다).[13]

실제 이유가 무엇이든 간에 허위 자백은 일상적으로 행해지고, 대체로 그대로 믿어진다. 우리는 열린 경계 기제로 자백을 신뢰할 수 있는 메시지로 받아들이기 때문이다. 우선 화자가 자신이 실제로 행한 행동을 그대로 전달하는 것이기 때문에 충분히 그렇다고 여겨진다. 게다가 과거에 자신이 행한 행동을 정확히 기억하지 못하더라도 충분히 이해된다. 오히려 자신이 저지르지 않은 행동, 그것도 끔찍한 행동을 거짓으로 기억하려면 상상력이 동원되기 마련이다. 또한 화자가 정직하게 말하는 것이라 생각되기 때문에 자백을 신뢰하게 된다. 우리는 화자가 진술에서 기대하는 이익을 중심에 두고, 진술의 진위를 판단한다. 따라서 자기중심적인 진술, 예컨대 범법 행위를 부인하는 진술은 대체로 무시되지만, 자신의 죄를 고백하는 진술은 쉽게 받아들인다.

게다가 피의자의 태도에 근거해서는 진짜 자백과 가짜 자백을 구분할 수 없다. 피의자는 거의 언제나 진실과 거짓 사이에 있기 때문이다(그 이유에 대해서는 6장을 참조). 자백의 진위를 제대로 구분하지 못한다는 점에서 경찰도 일반인과 크게 다르지 않다. 유일한 차이가 있다면, 경찰은 심문 전문가로서 자신의 능력을 확신한다는 건데, 그 확신이 객관적으로 검증된 것은 아니다.[14]

일반적으로 생각하면, 자백은 그대로 믿어져야 한다는 말이 당연한 듯하다. 그러나 강요된 자백이 무시되지 않는 이유는 무엇일까? 강하고 명백한 압력하에 행해진 자백은 사실상 무시된다. 두 심리학자 솔 카신Saul Kassin과 로런스 라이츠먼Lawrence Wrightsman은 주로 피고의 진술에만 기초한 재판 기록을 실험 참가자들에게 보여주었다.[15] 자백하지 않으면 심신이 고달프고 최고형을 선고받을 것이란 협박이 있은 후에 얻어진 자백은 피험자들이 기본적으로 무시했다.

안타깝게도 자백의 설득력을 궁극적으로 판단해야 하는 사람들이 모든 관련된 정보에 접근할 수 없는 경우가 많다.[16] 판사나 배심원 모르게 수사관이 용의자에게 압력을 가하는 게 과거에는 상대적으로 쉬웠고, 지금도 많은 관할권에서 여전히 쉬운 편이다. 게다가 판사와 배심원들이 용의자의 감정 상태, 즉 몇 시간의 심문에 따른 압박감, 집행유예를 바라는 간절한 마음 등을 완전히 파악하기도 어렵다. 용의자에게 가해진 압력에 대한 정보가 상대적으로 부족하다는 것은, 판사와 배심원들이 자신의 죄를 인정하는 용의자의 진술을 쉽게 받아들일 수 있다는 뜻이다.

그런데 자백을 얻어낸 수사관들도 무죄를 입증할 만한 증거를 모두는 아니어도 대부분 알고 있다. 그런데도 수사관들은 자백을 받아들인다. 오히려 자백을 끌어낼 때 사전 조사를 근거로 용의자가 유죄라는 심증을 굳힌다. 이 단계에서 수사관의 목표는 유죄를 입증하는 것보다 설득력 있게 사건을 재구성하는 것이다. 따라서 수사관은 자백을 비판적으로 생각하지 않고, 열린 경계 기제를 이용해 자백이 판사와 배심원단에게 받아들여질 가능성을 계산해보려 한다. 판사와 배심원단이 자백을 의심하게 만드는 많은 요인을 모른다는 사실을 고려하면, 수사관이 자백도 증거로 받아들여질 것이라 생각하는 것은 당연하다. 게다가 용의자에게 관대한 처분에 대한 기대감을 높이는 압박은 폭로되더라도 배심원들에게 별 영향을 주지 않는다. 그런 압박이 악랄한 행동을 인정하고 오랜 징역살이를 감수하는 이유가 된다고 보지 않기 때문이다.[17] 용의자의 권리를 침해할 수도 있는 심문 상황이 전혀 기록되지 않는다면, 수사관들이 설득력 있는 자백을 끌어내기가 상대적으로 쉽다.

사실이든 거짓이든 간에 자백은 미국, 혹은 심문 기준이 미국보다 느슨하거나 사회적 압력이 강한 국가들의 형사 재판에서 중요한 역할을 하고 있다. 그렇다면 그런 국가들에서 자백은 형법 체계 전체를 떠받치는 기초라고 말할 수 있다. 일본의 경우, 매년 재판에 회부되는 사건의 99퍼센트 이상이 결국 유죄로 판결되는데, 유죄 선고의 90퍼센트가량이 자백에 근거한 것이다.[18] 그런 자백 중 몇 퍼센트가 거짓인지 알 수 없지만, 터무니없는 자백으로 세상에 널리 알려진 몇몇 사건들이 있기는 하다. 1970년대 말, 36명의 미성년자가 오토바이 폭주족의 리더로 기소된 사건이 있었다. 조사가 끝났을 때, 그들 중 31명이 폭주족을 이끈 세 명의 리더 중 한 명이라고 자백하는 어처구니없는 상황을 맞이해야 했다.[19] 이처럼 일본에서는 용의자들이 위배하지도 않은 법을 위배했다며 유죄를 인정하더라도, 그 법은 적어도 인간이 만든 법이지, 마녀들이 위배했다고 자백하는 물리학적 법칙은 아니다.

기상천외한 자백과 마녀의 광기

•

아서 밀러Arthur Miller(1915-2005)의 유명한 희곡, 《시련》에서 다루어진 세일럼의 마녀 재판은 티투바로 시작된다. 티투바는 1680년 바베이도스에서 세일럼으로 끌려왔고, 두 어린 소녀에게 마법을 걸었다는 죄목으로 기소된 여자 노예다. 티투바는 그 죄를 굳이 부인하지 않았고, 곧이어 환상적인 저주 같은 자백이 그녀의 입에서 쏟아져 나왔다. 그녀는 "막대 빗자루를 타고 하늘을 날았다."[20] 그녀의 공모자 중 하나인 세라 오즈번은 "날개와 두 다리, 여성처럼 보이는 얼굴"을 가진 피조물이자 일종의 늑대 인간("얼굴까지 온통 털로 뒤덮이고, 목이 길고…… 인간처럼 직립 보행하는 것")이었다.[21] 티투바는 결국 수백 명에게 악영향을 미쳤고, 미국 역사상 가장 유명한 마녀사냥의 도화선이 되었다.

우리가 티투바의 자백을 거짓이었다고 편안히 가정하더라도 앞에서와 똑같이, "왜 그녀는 자백했을까?"라는 의문을 제기할 수 있다. 왜 티투바의 자백이 받아들여졌을까? 사건의 특이한 면을 고려하면, 우리는 그녀가 기소된 이유부터 먼저 살펴봐야 할 것이다.

마법이나 주술에 대한 믿음은 문화권마다 다르지만, 초자연적 수단으로 다른 사람을 해칠 수 있는 사람이 있다는 핵심 개념은 문화적 경계와 상관없이 많은 사회에서 공통된 것이다. 인류학자, 에번스 프리처드E. E. Evans-Pritchard(1902-1973)가 중앙아프리카 잔데족의 주술을 연구한 기념비적인 저작에서 말했듯이, 주술에 대한 믿음은 상식적인 인과관계로 이해되지 않는다. 에번스 프리처드가 인용한 고전적인 예에서 보듯이, 잔데족은 오두막이 허물어지는 이유를 정확히 알고 있었다. 즉 오랜 시간이 지났고, 흰개미가 기둥을 갉아먹었기 때문에 오두막이 무너졌다는 걸 분명히 알고 있었다. 또한 그들은 마녀 때문에 오두막이 어떠어떠한 때에 무너졌고, 그때 우연히 오두막에 있던 누구누구가 다쳤다고도 생각했다. (인류학 문헌에서는 '마녀'를 뜻하는 witch가 양성 모두를 가리키는 개념으로 사용된다. 따라서 여기에서도 '마녀'를 양성 모두를 뜻하는 개념으로 이해해주기 바란다)[22]

다른 이유로도 충분히 설명된 사건들에 무작위로 이런 의도성을 덧붙인 이유는 무엇일까? 불행을 의도적으로 과장되게 해석하려는 사람들의 마음은 이해가 된다. 아무것도 의심하지 않는 상태에서 누군가에게 해코지를 당하는 것보다 부정행위가 일어나기 전에 범인을 찾아내는 편이 낫다! 어떤 이유로든 우리에게 앙심을 품은 사람이 있으면, 우리는 그것을 알게 된다. 이런 상황에서 우리에게 나쁜 일이 생기면, 더구나 불운이 연속해 겹치면, 당연히 그 원인을 찾아나설 것이고, 우리 적이 주된 용의자로 여겨질 것이다.

가령 당신이 사무실에서 근무하고, 알렉산더라는 동료에게 깊은 원한을 품고 있다고 해보자. 당신과 알렉산더는 이미 몇 번이고 작은 언쟁을 벌인 터라 서로 상대를 괴롭힐 틈을 엿본다. 어느 날, 당신은 스테이플러를 찾을 수 없고, 당신이 냉장고에 넣어둔 음료에서는 시큼한 맛이 나며, 컴퓨터는 끊임없이 말썽을 부린다. 그럼 당신의 숙적, 알렉산더가 꾸민 짓이란 생각이 머릿속에 불현듯 떠오르지 않을까?

하지만 '약간 피해망상적인 그럴듯한 의심'과 '막대 빗자루를 타고 하늘을 나는 마녀와 늑대인간의 존재에 현혹된 믿음' 사이에는 천지 차이가 있다. 자백이 이런 간극을 좁히는 데 도움이 될 수 있을 듯하다.

예컨대 당신이 사무실에서 겪는 온갖 곤경의 막후에 알렉산더가 있다고 확신하게 되었다고 해보자. 당신이 그를 어떻게 생각하고 있는지에 대해 그가 조금도 관심이 없다면, 그는 아무런 관계도 없다고 완강히 부인할 것이다. 그러나 어느 시점에 그가 당신과 화해할 필요가 있게 되면, 그로서는 당신에게 새 호치키스를 구해주고, 음료수를 사주며, 컴퓨터를 고쳐주는 게 최선의 방책일 수 있다. 그가 명시적으로 잘못을 인정하든 아니든 간에 이런 선의는 죄의 고백으로 여겨질 것이다.[23] 게다가 그때서야 당신은 알렉산더를 용서하고 미래로 나아갈 수 있을 것이다.

그런데 당신은 의학에 대한 기본적인 상식을 갖춘 까닭에, 불운이 겹치는 와중에 독감까지 걸리더라도 알렉산더를 탓하지는 않을 것이다. 그러나 이런 의학적 상식을 갖추지 못했다면, 독감을 기존의 불운에 추가로 덮친 불운이라며 뭉뚱그려 생각할 수 있다. 이런 와중에 알렉산더가 기도의 힘으로 당신을 아프게 한 것이라고 고백하면, 당신은 다른 사람을 마음대로 아프게 만들 수 있는 초능력자가 있다는 믿음을 남몰래 품게 될 것이다.

이상의 개략적인 설명은 마녀 같은 존재에 대한 믿음이 의혹의 제기, 관계를 개선하려는 노력, 허위 자백의 순환에서 어떻게 생겨날 수 있는지를 보여준다.[24] 하지만 동료에게 스테이플러를 훔쳤다고 자백하는 행위와, 마녀가 훨씬 중대한 범죄, 심지어 살인으로 기소되는 사건은 차원이 다르다. 화형이란 형벌을 받을 것이 뻔한 데도 자백한 이유가 어디에 있었을까? 그 섬뜩한 형벌이 근대 유럽의 초기에 흔했던 게 사실이었더라도, 많은 사회에서 자백하는 마녀들에게는 다소 관대한 처분이 내려지기 때문이다.

잔데족 사회에서 마녀로 추정된 사람은 가금의 날개가 자신의 집 앞에 던져진 것을 보고, 자신에게 마녀라는 혐의가 씌워진 것을 알게 된다. 그럼 그는 그 날개를 피해자의 집에 가져가 날개에 물을 부으며, 마법을 부린 것을 자백하고 용서를 구한다.[25] 가나의 아샨티족은 마녀에게 공개적으로 자백하기를 요구하고 벌금까지 물린다.[26] 카메룬의 반양족 사회에서 마녀로 의심받는 사람은 특별한 박자에 맞추어 춤을 추어야 한다.[27] 뉴기니의 탕구족 사회에서 마녀는 피해자에게 어떤 식으로든 보상을 해야 한다.[28]

마녀에게 가해지는 벌이 낮게 유지되는 데는 많은 이유가 있다. 가혹한 벌은 시행하기 어렵고, 자칫하면 마녀와 그의 지지자들로부터 보복을 유발할 수 있기 때문이다. 반면 자백은 비용도 적게 들뿐더러 적잖은 이점도 있다. 예컨대 마녀는 자백함으로써 "자비와 용서를 얻을 수 있다."[29] 또 많은 마녀가 기소되면 압력과 협박을 받지 않아도 자백하기 때문에, 마법에 대한 믿음이 번창하려면 "자백이 중요하다."라는 인류학자 로이 윌리스Roy Willis의 주장은 상당히 타당한 듯하다.[30]

마법에 대한 믿음이 어떤 문화권에 뿌리 내리면, 자백하지 않더라도 마녀로 의심되는 사람을 처벌하는 게 당연시해지는 만큼, 자백은 더욱더 가치 있어진다. 여하튼 다른 사람들이 우리를 유죄라고 확신할 때, 자백은 더 나은 대우로 연결될 수 있다는 장점이 있다.[31]

예를 들어보자. 북아메리카의 주니족 소년이 어린 소녀에게 마법을 걸었다는 이유로 기소되었다. 소년은 소녀의 손을 살짝 건드렸을 뿐인데 소녀가 발작을 일으켰다는 게 이유였다. 소년은 마법이 사형감이라는 걸 알고 있었다.[32] 티투바의 경우가 그랬듯이, 소년은 결백하다고 처음에는 한사코 부인했지만, 아무런 호응을 얻지 못했다. 결국 소년은 마법을 배운 것처럼 이야기를 꾸몄고, 소녀를 치료하겠다고 나섰다. 재판이 진행되는 동안, 소년은 자신이 동물의 형상을 띠고 선인장 가시를 뱉어 사람을 죽인다는 기발한 이야기들을 끊임없이 지어냈다. 그러고는 그 모든 힘을 얼마 전에 상실했다고 푸념하는 것으로 자백을 끝냈다. 재판관들은 소년의 솔직함과 순박함에 놀랐고, 좋은 인상을 받았던지 소년을 풀어주었다.

다시 티투바에게로 돌아가보자. 그녀는 수개월 동안 구금되었지만, 결국 기소되지 않고 풀려났다. 정확히 말하면, 세일럼 마녀 재판으로 19명이 교수형에 처해졌는데, 그중에는 자백한 여인이 한 명도 없었다. 잉글랜드에서 마녀사냥이 한창이던 때에도 마녀는 "교회 재판소에서 죄를 자백하고 새로운 삶을 살겠다고 약속하거나, 순회 재

판소에서 징역형이나 사형을 선고받아 공동체와 결별하는 길"을 선택할 수 있었다.[33]

마녀가 기소된 범죄의 심각성을 고려할 때 그에게 가해진 처벌에서 눈에 띄는 특징은 너그러운 처분이다. 물론 마녀가 자백하고 보상한다는 조건을 충족할 경우에 해당한다. 마녀는 사람들을 아프게 하거나 살해하고, 곡물과 가축을 병들게 하거나 악마와 결탁하고, 심지어 친자식을 먹어버리는 범죄에 연루되었다고 자백하더라도, 자백했다는 이유로 풀려나는 경우가 많았다.[34] 이때 약간의 벌금이 부과되는 이상한 관례도 있었다. 실제로 존데족을 비롯한 일부 문화권에서, 마녀는 자백한 뒤에 아무 일도 없었던 것처럼 사회의 일원으로 다시 통합될 수 있었다.[35] 어쩌면 애초부터, 그들이 먹을 것에 독을 타거나 친자식을 먹었다고 실제로 보았던 것처럼 그들을 대한 공동체원은 거의 없었을 것이다.

이런 점에서, 마법에 대한 믿음은 10장에서 다루었던 유언비어와 유사하다. 예컨대 혐의가 감각 기관을 통해 인식되어 직관적으로 믿어지는 것이라면, 그 혐의로부터 모든 가능한 결론을 끌어내지는 않는다. 마법에 대한 믿음은 여전히 반사적이고, 인지의 나머지 부분과 완전히 통합되지는 않기 때문이다. 마녀가 처형되는 경우에도 마법에 대한 혐의가 처형의 유일한 이유는 아니며, 주된 요인도 아니다. 오히려 이기적인 동기가 고개를 치켜든 경우가 많다. 예컨대 탄자니아에서는 마녀사냥이 가뭄이나 홍수가 닥칠 때 증가하며, 대체로 가족의 짐으로 인식되는 노파가 표적이 되는 경우가 많다.[36]

신뢰를 주는 아첨꾼이 되는 방법

●

자백, 지극히 비상식적인 자백도 자신을 탓하는 진술이면 설득력을 갖는다. 이 개념을 좀 더 확대해 해석하면, 자신을 탓하는 진술의 본질적인 신뢰성에서, 김정일을 향한 우스꽝스런 찬사를 늘어놓는 행위부터 지금도 지구가 평평하다고 우기는 주장까지 사람들이 어리석기 짝이 없는 의견을 천명하는 이유도 설명된다.

북한의 현재 지도자 김정은의 아버지, 김정일은 생후 6개월 만에 걸어 다니고 말할 수 있었다고 한다.[37] 대학에 재학할 때는 1,000편이 넘는 논문과 책을 썼다. 게다가 기억력이 완벽해서 "모든 시대, 모든 국가의 유명인사들이 행한 업적, 크고 작은 모든 정치적 사건, 인류가 빚어낸 중요한 발명품들과 그것들의 상세한 특징만이 아니라, 그가 만난 모든 사람의 이름과 연령과 생일"까지 기억했다. 김정일은 복잡한 문제를 전문가보다 더 정확히 파악했다.[38] 또 축지법을 쓰고 날씨를 마음대로 통제할 수 있었으며, 세계 패션 흐름을 선도하기도 했다.[39]

김정일만 이렇게 지나치게 부풀려진 찬사를 받았던 것은 아니다. 각국의 기발한 아첨꾼들에 따르면, 시리아의 현 대통령 바샤르 알아사드의 아버지, 하페즈 알아사드는 "최초의 약사"였다. 루마니아 차우셰스쿠는 카르파티아의 천재였고, 우리를 비추는 빛의 근원이자 천체天體 자체였다. 마오쩌둥은 수영 세계 신기록을 손쉽게 갈아치울 수 있었고, 사담 후세인은 예루살렘을 함락하고 유대 왕국을 정복한 네부카드네자르 왕의 환생이었다.[40]

사람들이 정말 그런 터무니없는 소리를 믿을 정도로 세뇌될 수 있을까? 결코 그렇지 않다. 북한에서도 "김정일이 권력을 잡은 이후 경제 상황이 더 악화되었기 때문에 극소수만이 그런 선전을 믿을 뿐이었다."[41] 차우셰스쿠를 찬양하던 루마니아 사람들도 기회가 주어지자 '빛의 근원'에게 린치를 가하는 데 너도나도 앞장섰다. 리비아 시민들은 벽과 복도 등 온갖 곳을 가다피의 얼굴로 뒤덮고 찬양하는 듯했지만, 가다피 정권이 무너지자 들짐승을 추적하듯 가다피를 뒤쫓았다. 친애하는 지도자들을 향한 아첨은 "마음속에 깊이 내재한 감정의 표현"이 아니라 무자비한 체제에서 살아남으려면 "반드시 습득해야 할 규칙"이었다.[42]

지도자들은 국민이 그렇게 부풀려진 찬사를 진짜로 믿을 거라 기대하기 때문에 이를 보상하거나 장려하지 않는다. 엄밀히 말하면, 지도자 자신도 그런 찬사를 믿지 않는다. 마오쩌둥도 호찌민에게 "당신을 경쟁적으로 찬양하는 사람들을 신뢰하지 마십시오."라고 조언하지 않았던가.[43] 하지만 약간의 예외가 있기는 하다. 응원과 과장된 아첨이 신뢰할 만한 헌신의 신호로 해석되는 경우다. 구체적으로 말하면, 화자가 다른 집단과 절연을 각오할 정도로 과장되게 아첨하며, 현재의 집단에 대한 충성심을 명확히 보여주는 경우이다.

다리를 불태우고 배수진을 치다

●

아마추어 축구 동호회부터 직장 내의 파벌까지 무엇이 되었든 간에 집단에 가입하면 혜택이 뒤따른다. 회원들로부터 지원과 보호를 받을 수 있고, 혼자서는 가능하지 않은 활동을 할 수 있다. 이런 혜택에는 비용이 수반된다. 다른 회원을 지원하는 데 힘을 보태야 하고, 연합 활동에도 일정한 기여를 해야 한다. 가령 축구팀에 가입했다면, 연습과 훈련에 참여해야 하고, 경기 중에는 전력을 쏟아야 한다.[44]

좋은 집단의 일원이 되면 많은 이점이 있기 때문에, 그런 집단은 신입 회원을 모집할 때 무척 신중하게 그 신입 회원이 혜택을 누리는 데 그치지 않고 비용까지 기꺼이 지불할 사람인지 몇 번이고 확인한다.[45] 번듯한 축구팀이라면, 개인적으로 재밌을 거라고 생각하는 경기에만 참가하려는 사람의 가입을 허락하지 않을 것이다.

우리가 집단에 가입하려고 할 때, 관련된 비용을 기꺼이 지불하겠다는 의지를 가감 없이 보여주기는 어려울 수 있다. "좋은 팀원이 되겠다!"라고 말하더라고 그 말이 설득력을 갖기는 쉽지 않다. 화자의 다짐이 진지하게 받아들여지는 경우에만 신뢰성을 얻는다. 한편 화자의 다짐에 대한 평가는 기존 회원들이 화자가 좋은 조직원이 될 거라고 예상하느냐에 달려 있다. 요컨대 기존 회원들이 화자가 훌륭한 조직원이 될 거라고 생각하면 화자의 다짐을 믿겠지만, 그렇지 않은 경우에는 그의 다짐을 믿지 않을 것이다. 결과적으로 진술 자체는 아무런 소용이 없다.

신입 회원이 훌륭한 회원이 될 거라는 다짐을 증명해 보이는 방법은 많다. 예컨대 비용이 혜택보다 월등히 높은 초기 단계를 인내하며 견디는 것이다. 예컨대 훈련과 연습에 충실히 참석하고, 경기 중에는 벤치에 앉아 팀을 열심히 응원한다.

다른 집단으로 건너갈 수 있는 다리bridges를 불태우는 방법도 있다. 즉, 타 집단과의 연결을 끊어 다른 대안에 관심을 끊었다는 신호를 보내 충성을 증명하는 것이다. 가령 당신이 아마추어로는 뛰어난 선수여서 여러 축구팀을 마음대로 선택할 수 있다면, 당신이 변심해서 다른 축구팀으로 옮길지도 모른다고 충성도를 의심받을 것이다. 그러나 당신에게 특정한 팀에 가입할 수밖에 없는 동기가 있다면, 다른 팀들을 공개적으로 폄하함으로써 당신의 충성도를 증명해 보일 수 있을 것이다.

어떤 조직의 팀원에게 "정말 당신 조직에는 가입하고 싶지 않다!"라고 확실히 말할 수 있다면, 그 말은 상당히 믿을 만하다. 그 자체로 자신에게 불리한 진술이기 때문이다. 진실이 아니면 누가 자신에게 불리한 말을 하겠는가? 이런 진술은 상대를 모욕함으로써 신뢰를 얻는 방법일 수 있다. 상대의 면전에서 "나는 당신 조직이 싫어. 당신 조직이 상징하는 모든 것이 싫어!"라고 말하는 사람이 그 조직에 속한 구성원들에게 받아들여질 가능성은 거의 없다. 이렇게 경쟁 조직과 연결된 끈을 완전히 단절함으로써, 인지과학자 파스칼 부아예Pascal Boyer의 표현을 빌리면 비사교적으로 처신함으로써, 다른 선택지가 없는 만큼 당신이 지금의 조직에 충성을 다할 것이라는 신뢰할 수 있는 신호를 보내게 된다.[46]

극단적인 아첨이 다리를 불사르는 전략의 일환으로 구사되는 경우도 있다. 어떤 작가가 김정일이 축지법을 쓴다고 말할 때, (김정일을 제외하고) 북한 사람들이 그 말을 문자 그대로 믿을 거라고 기대하지는 않는다. 오히려 북한 사람들도 지나친 아첨이라 생각할 정도로 비굴함의 극치를 보여주려는 것이 요점이다. 작가는 김정일이 날씨를 마음대로 다스릴 수는 있어도 축지법을 쓰지는 못할 거라고 생각하는 사람들, 즉 상대적으로 분별력 있는 사람들의 동의보다 김정일의 동의를 얻는 것이 목표이다. 즉 터무니없는 찬사로, 일반적인 기준을 기꺼이 넘어섰다는 걸 북한 사람들에게 보여줌으로써, 김정일에게 충성을 다한다는 신뢰할 수 있는 신호를 보내는 것이다.

지나치게 과장된 아첨이 비사교적인 사람으로 추락하는 유일한 방법은 아니다. 선택한 조직 이외에는 모두에게 무능하게 보이는 진술도 사용될 수 있다. 예컨대 영국 카디프 대학교의 한 철학교수는 진화 생물학과 유전학이 창조론만큼이나 (비)과학적이라 주장했다.[47] 또 미국 스크립스 칼리지의 한 교수는 "생명체의 생물학적 개념을 인간과 비인간으로 구분하는 이분법"에 반론을 제기했고, 더 나아가 팬데믹이 '불량한 위생 상태' 등에 기인한 게 아니라, "전 지구적인 산업 활동에 의한 자원 착취"의 결과라고 주장했다.[48]

이런 주장은 각 분야의 전문가들에게 단호히 배척된다. 압도적 다수의 학자가 이런 주장을 인정하지 않는다. 따라서 그렇게 주장하는 지식인들은 과학계에서 인정되는 범위를 벗어나는 입장을 취함으로써, 진실에 상대주의적 견해를 취하며 과학계와 자주 충돌하는 포스트모더니즘 학자들의 네트워크에서 자신의 입지를 강화하려는 것일 수 있다. 또한 현대인이 지구가 평평하다고 당당하게 주장하면 대다수에게 웃음거리가 될 것이 분명하지만, 지구가 평평하다고 믿는 소수의 공동체에서는 충성스런 회원으로 추앙받을 수 있다.

다수가 도덕적으로 역겹게 생각하는 말을 언급하는 것도 다리를 불사르는 좋은 방법이다. "과세 제도는 노예 제도"라는 주장이나 "자식을 굶겨 죽인 부모를 법으로 처벌해서는 안 된다."라는 경제학자 머리 로스바드Murray Rothbard(1926-1995)의 주장 같은 극단적인 자유주의적 견해에는 많은 사람이 분개한다.[49] 홀로코스트를 부정하는 발언에 많은 사람이 충격을 받는다.[50] 이라크·시리아 이슬람국Islamic State of Iraq and Syria, ISIS 신병들의 협박에는 많은 사람이 아연실색할 뿐이었다. 예컨대 한 영국인 개종자는 이렇게 위협했다. "우리가 런던, 파리, 워싱턴의 거리를 불시에 습격하면 지독히 쓰디쓴 참극이 벌어질 것이다. 너희가 피를 쏟고, 너희가 세운 우상들도 무너질 것이며, 너희의 역사가 지워질 것이다. 게다가 너희 자식들이 개종해 우리를 위해 싸우며, 자신들의 조상을 저주할 것이다."[51]

지구가 평평하다는 주장부터 홀로코스트를 부정하는 주장까지, 이런 극단적인 견해가 다리를 불태우는 방법이란 것을 어떻게 확신할 수 있을까? 오히려 개인적인 추론으로(수평선이 평평하게 보인다. 홀로코스트 같은 참상이 일어날 수 있다고 상상할 수 없다) 혹은 설득되어(지구가 평평하다는 이론을 옹호하는 유튜브를 시청하거나, 홀로코스트를 부정하는 학자의 책을 읽고) 그런 결론에 도달한 것은 아닐까?

다리를 불태우는 벼랑 끝 전략에서 흔히 동원되는 논증법은 극단적인 견해를 옹호하는 것이다. 달리 말하면, 압도적 다수가 지독히 어리석거나 되돌릴 수 없을 정도로 사악하다고 생각하는 입장을 취하는 것이다. 과학적 견해도 처음에는 이런 식으로 인식될 수 있다. 예컨대 인간이 물고기의 후손이라는 견해는 지금도 많은 사람에게 직관적으로 터무니없는 주장으로 여겨진다. 그런데 벼랑 끝 전략은 다리를 불태우기 위해 사용되는 믿음에 동의하지 않는 사람들의 지성이나 도덕적 지위에 의문을 제기함으로써 일을 더 복잡하게 만든다. 극단적인 포스트모더니즘 사상가들은 일반인들에게 약간 비정상으로 보일 뿐만 아니라, 자신들의 논증에 동의하지 않는 사람들을 세련되지 못한 멍청이라고 빈정댄다. 또 홀로코스트를 부정하는 사람들은 도덕적으로 역겨운 주장을 서슴지 않고, 심지어 자신들을 핍박하는 사람들을 분노한 시온주의자나 유익한 바보로 묘사한다. 이런 태도가 모두에게 비사교적이라는 손가락질을 받지만, 비슷한 견해를 옹호하는 소수 집단에게는 환영받는 가장 확실한 방법이다.

다리를 불태우며 배수진을 치는 이야기에서도, 어떤 집단이 그런 극단적 견해를 우선적으로 취하는 이유는 분명하지 않지만, 여하튼 어떤 믿음이 효과를 발휘하려면 극단적인 면을 띠어야 한다. 그런 조건은 신입이나 조직 내에서 자신의 위상을 높이려는 기존 회원에게 조직이 용인할 수 있다고 판단한 수준을 극단으로 몰아붙이는 동기부여가 된다. 결국 최종적인 입장은 점점 극단적이 된다. 점점 더 기이한 견해를 옹호해야 하는 과정의 결과이기 때문이다. 김정일이 권력 기반을 강화하기 시작했을 때, 김정일이 축지법을 쓸 수 있다고 주장한 아첨꾼은 미쳤다고 여겨졌을 것이다. '아첨 인플레이션flattery inflation'이 눈덩이처럼 몇 바퀴를 굴러, 김정일이 날씨를 마음대로 조절할 수 있다고 주장하는 사람들까지 동조하고 나선 후에야 김정일이 축지법을 쓸 수 있다는 주장도 그럴듯하게 받아들여졌다. '아첨 인플레이션'이란 용어는 뉴질랜드 빅토리아 대학교의 하비어 마르케스Xavier Márquez가 처음 사용한 것이다.[52] 다른 모든 과장된 아첨도 마찬가지이다. "법률적 제약의 적법성을 재고하고 싶다."에서 "예컨대 자식을 굶겨 죽인 부모를 법으로 처벌하는 이유가 무엇입니까?"로, "과학 발전은 휘그당의 전형적인 역사가 허용한 수준보다 훨씬 더 복잡하다."에서 "모든 것이 상대적이므로 진실은 없다."라는 주장으로 단숨에 건너뛰지는 않았다. 어떤 경우에나 이런 극단적인 광기에 이르기 전에 많은 단계를 거쳤고, 각 단계마다 조금씩 더 극단화된 견해가 받아들여진 것이다.[53]

사람들이 불합리거나 혐오스런 견해를 공개적으로 자신 있게 공언한다고 믿기는 어렵다. 그러나 자신의 견해를 공개적으로 자신 있게 주장하는 행위는 비사교적인 인물로 평가받는 지름길임에 분명하다. 우리가 완전히 단절하고 싶은 조직들에게는 우리가 평판이 좋지 않은 역겨운 견해를 갖고 있다는 걸 알게 해야 한다. 반면 우리가 가입하고 싶은 조직에게는 다른 모든 조직에서 우리를 고약하게 평가하고 있다는 걸 알려야 한다. 지구가 평평하다는 자신의 생각을 겉으로 드러내지 않으면, 그 조직에 들어갈 수 있는 열쇠를 누구에게도 받지 못한다. 한편 벼랑 끝 전략 때문이 아니라, 개인적인 추론이나 설득 등 다른 수단을 통해 극단적인 견해를 갖게 된 사람들은 이를 공개하면 나쁜 영향을 받을 수 있다는 걸 알기 때문에 한층 신중하게 처신할 것이다.

10장과 11장에서 다룬 대부분의 믿음이 그랬듯, 다리를 불태우는 믿음도 반사적으로 취해진다. 김정일이 축지법을 쓸 수 있다고 주장하는 사람도, 김정일이 느닷없이 그의 앞에 번쩍 나타나면 혼비백산할 것이다. 모든 진실은 상대적이라 믿는 포스트모더니즘을 신봉하는 사상가들도 기차역에 가기 전에 열차 운행 시간표를 꼼꼼히 확인할 것이다. 이런 믿음을 가진 사람들이 목소리를 높이고 확신에 차 보이는 이유는, 그 믿음이 직관적으로 획득한 믿음, 즉 그들의 추론과 결정에 거리낌 없이 적용할 수 있는 믿음이 아니라, 다리를 태우며 배수진으로 삼은 믿음이기 때문이다.

극단적인 믿음의 옹호자가 그 믿음을 직관적으로 받아들였다면 열린 경계 기제의 실패겠지만, 극단적인 믿음을 벼랑 끝 전술의 하나로 옹호하는 것은 열린 경계 기제의 실패로 보기 어렵다. 오히려 열린 경계 기제의 비뚤어진 남용에 가깝다. 우리는 열린 경계 기제를 사용해 상대가 받아들일 만한 메시지를 예측할 수 있다. 일반적으로 거부가 예측되면 우리는 무엇인가를 말하기 전에 망설인다. 반면 배수진을 치고 싶으면 정반대로 행동한다. 우리가 가입하고 싶은 조직을 제외한 모든 곳으로부터 거부가 예측될수록 우리는 견해를 명확히 밝힌다. 열린 경계 기제의 이런 왜곡된 남용이 의도적이지는 않다. 오히려 내 생각에는 압도적 다수의 경우에서 전혀 의도적으로 행해지지 않는다. 그럼에도 다리를 불태우는 전략은 상당히 효과적인 듯하다.

어떻게 해야 하나?

●

자신에게 불리한 진술은 그 자체로 믿을 만하다. 그런 진술은 화자의 고유한 믿음이나 행동을 고스란히 드러낸 것이기 때문에 그가 명확히 알고 말하는 것으로 여겨진다. 또 그런 진술은 화자를 나쁜 사람으로 보이게 한다. 굳이 거짓말로 자신을 나쁜 사람으로 만들 이유가 있겠는가!

자신의 잘못을 인정하는 진술을 믿는 것이 대체로 올바른 추단이라면, 일련의 문제들로 이어진다. 가장 명확한 문제는 사법 체계를 괴롭히는 허위 진술이다. 이 경우의 해법은 주로 제도적인 것이다. 요컨대 용의자에게 가해지는 압력을 최대한 줄이고, 모든 형태의 압력을 판사와 배심원들에게 투명하게 공개하는 걸 법적으로 제도화해야 한다. 예컨대 영국에서는 경찰이 용의자에게 거짓말하는 것은 불법이고, 심문 과정 전체가 녹음되어야 하며, 의심쩍은 자백은 배제되는 경우가 많다.[54]

일반적으로 말하면, 사람들이 나쁜 짓을 하지 않았는데도 우리에게 인정받으려고 자백할 수 있다는 걸 염두에 두어야 한다. 그런 경우, 우리는 자백의 내용(그들이 실제로 행한 행위를 자백하는가)보다 사회적 목적(그들은 정말 우리와 화해하려고 하느냐)을 더 중요시해야 한다. 결국에는 이런 사회적 목적이 가장 중요하다.

다리를 불태우는 벼랑 끝 전략에 사용되는 '자신에게 불리한 진술'에도 똑같은 논리가 적용된다. 사람들이 말하는 비정상적이거나 사악한 견해를 직관적으로 취했을 거라고 가정해서는 안 된다. 오히려 그런 진술에 내재한 사회적 목적, 즉 다수를 구성하는 표준적 조직을 거부하고 비주류를 선택하는 이유를 진지하게 받아들여야 한다. 따라서 그들이 우스꽝스럽고 혐오스런 견해를 포기하기를 바라면서 그런 견해에 담긴 논리적이고 경험적이며 도덕적인 결함을 지적하는 시도는 실패하기가 십상이다. 오히려 대다수에게 배척된 조직의 일원이 되는 게 성공의 지름길이라 생각하는 사람들을 어떻게 대해야 하는지를 고민하는 편이 더 낫다.

대중은 결코 어리석지 않다. 일반적으로 특별한 이유가 없는 한, 사람들은 자신에게 불리한 진술을 피한다. 따라서 그런 진술은 과거의 잘못을 속죄하려는 것이든, 반대로 많은 사람에게 반감을 불러일으키려는 것이든 간에 어떤 목적이 있기 마련이다. 자신에게 불리한 진술의 기능을 더 깊이 연구할 때 우리는 그런 진술에 더 적절히 대응할 수 있을 것이다.

NOT BORN
YESTERDAY

공허한 가짜 뉴스

Futile Fake News

★ 13 ★

갈레노스는 부상한 검투사를 치료하던 의사에서 로마 황제들의 주치의가 되었던 것으로 보아, 뛰어난 내과 의사이자 유능한 외과 의사였던 것이 분명하다. 갈레노스의 해부 및 생체 해부 덕분에 몸의 구조에 대한 우리 이해가 앞당겨졌다. 그의 견해는 1,000년 이상 동안 아랍과 서구의 의학에 많은 영향을 미쳤다. 그런데 갈레노스는 질병의 체액설humoral theory을 강력히 지지한 신봉자였다.[1] 체액설은 우리 몸에 채워진 네 체액―혈액, 황담즙, 흑담즙, 점액―사이의 불균형으로 질병이 생기는 것이라는 이론이다. 혈액은 다른 세 체액의 성분을 포함하는 것으로 여겨졌기 때문에 체액들 간의 균형을 회복하고, 건강을 되찾는 데 가장 중요한 잣대로 생각되었다.[2] 당시 수혈은 가능한 선택지가 아니었기 때문에, 정맥을 절개해 피를 뽑아내는 사혈bloodletting이 과도한 체액을 제거하는 방법으로 흔히 사용되었다. 갈레노스는 체액설에 따라 사혈을 빈번하게 처방했고, 특히 통풍과 관절염, 흉막염(폐 주변의 조직에 생기는 염증)과 간질, 중풍과 호흡 곤란, 언어 장애, 뇌염(뇌의 염증), 졸음증과 떨림증, 우울증과 각혈, 두통 등에 이 치료법을 추천했다. 또한 출혈의 치료법으로도 사혈을 권장하기도 했다.[3] 갈레노스가 체액설을 옹호했다는 사실이 널리 알려진 까닭에, 갓 태동한 유럽 대학들에 갈레노스의 의학서가 소개된 11세기부터 19세기까지, 즉 체액설이 틀렸다는 게 최종적으로 입증된 때까지 체액설은 유럽 의학을 지배했다.

1969년 봄, 프랑스 오를레앙을 휩쓸었던 유언비어, 즉 유대인 상점 주인들을 비방하던 소문을 뒤돌아보면, 그런 헛소문을 곧이곧대로 믿던 사람들을 조롱하고 싶어진다. 지역 상점 주인들이 어린 소녀들을 납치해 매춘부로 팔아넘긴다고? 말도 안 되는 소리였다! 여하튼 그 소문은 누구에게도 실질적인 상처를 주지 않았다. 1903년 부활절을 앞두고, 키시네프(현재는 몰도바의 수도, 키시너우)에서는 지역 유대인들을 비방하는 소문이 떠돌았다. 유대인들이 종교 의식을 위해 한 아이를 살해하고 피를 뽑았다는 소문이었다.[4] 특정 집단을 비방한 그런 소문은 오를레앙의 소문만큼이나 터무니없었지만, 그 결과는 무척 달랐다. 키시네프 주민들은 유대인들을 험담하고 무섭게 노려보는 데 그치지 않고, 격분해서 수십 명의 유대인을 잔혹하게 죽였다. 게다가 많은 유대인 여성을 강간했고, 수백 곳의 상점과 주택을 약탈했다. 세계 전역에서, 특정 집단을 겨냥한 '피의 비방blood libel' 같은 소문은 특정 종족을 향한 공격의 서곡이었다.[5]

2017년, 〈콜린스 사전〉은 '가짜 뉴스fake news'—사실에 기반을 두지 않았지만, 사실인 것처럼 소개된 정보—를 올해의 단어로 지정했다.[6] 이 결정은 2016년에 일어난 두 사건에서 가짜 뉴스가 난무한 현상에 대한 대응이었다. 하나는 도널드 트럼프가 미국 대통령에 당선된 사건이었고, 다른 하나는 국민투표를 통해 유럽 연합을 탈퇴한 영국의 결정(브렉시트)이었다. 미국과 영국 모두에서, 다수의 엘리트 층과 전통적인 언론은 국민의 선택에 놀라고 실망하며, 그런 결과를 설명해보려 했는데, 가짜 뉴스가 공통된 대답이었다. 영국 일간지 〈인디펜던트〉에 실린 한 기사의 제목은 "가짜 뉴스로 브렉시트 지지자들이 국민투표 승리"였다. 대서양 건너편에서는 〈워싱턴 포스트〉가 "가짜 뉴스가 도널드 트럼프에게 2016년 선거에서 승리를 안겼을지도 모른다."라고 주장하는 기사를 실었다.[7] 정치 분야가 아닌 곳에서도 가짜 뉴스는 위험천만한 것이다. 세계에서 가장 유명한 과학 학술지, 〈네이처〉에 게재된 한 논문은 "유행병처럼 번질 수 있는 가장 큰 위험 요인"이 "바이러스성 잘못된 정보"라고 지적했다.[8]

몇몇 가짜 뉴스는 전통적인 방식으로 퍼졌다. 예컨대 영국이 매주 브뤼셀에 보내는 3억 5,000만 파운드를 '국민 보건 서비스'의 향상에 지원하자고 주장하는 '브렉시트 버스'들이 전국을 돌아다니며 가짜 뉴스를 퍼뜨렸다. 진실은 영국이 브뤼셀에 보내는 돈이 그 숫자에 훨씬 미치지 못하고, 어쨌거나 그 돈의 대부분이 영국에 되돌아온다는 것이었다.[9] 그러나 예부터 어떤 형태로든 존재하던 가짜 뉴스가 요즘 들어 특별히 위협적으로 부각된 이유는, 소셜 미디어의 영향력이 크게 확대됐기 때문이다.[10] 도널드 트럼프가 당선된 미국 대통령 선거에서는 투표일 전까지 3개월 동안, 선거와 관련된 가장 유명한 20개의 가짜 뉴스가 페이스북에서 800만 회 이상 조회되고 댓글이 달렸다.[11] 가장 유명한 가짜 뉴스 중에는 트럼프의 정적, 힐러리 클린턴이 ISIS의 테러리스트들에게 무기를 팔았고, 교황이 트럼프를 지지한다는 이야기도 있었다. 소셜 미디어는 가짜 뉴스와 더 나아가 편파적인 뉴스가 공유되는 것을 방치해, 사용자의 편견을 심화하고, 국민을 극단적인 정치관으로 몰아가는 반향실 역할을 했다는 비난을 받았다.[12]

질병의 체액설, 피의 비방, 프란치스코 교황이 트럼프를 지지했다는 가짜 뉴스에는 어떤 공통점이 있을까? 물론 그것들은 부정확한 정보라는 공통점이 있다. 또한 명백히 끔찍한 사태(특정 민족을 향한 공격, 환자에 대한 잘못된 치료)부터 차선의 선택(트럼프의 당선, 브렉시트)

까지 바람직하지 않은 결과와도 관계가 있다. 이런 잘못된 믿음이 앞에서 언급한 결과들로 이어졌다고 생각하는 것은 당연한 듯하다. 다시 말하면, 의사들이 질병의 체액설을 받아들였기 때문에 피를 뽑는 사혈법을 시행했고, 소수 민족이 잔혹한 짓을 저질렀다는 근거 없는 소문 때문에 대학살을 당했고, 국민이 가짜 뉴스에 오도된 까닭에 '잘못' 투표하는 결과가 빚어졌다는 것이다.

정말 그렇다면 열린 경계 기제의 중대한 실패가 아닐 수 없다. 사람들이 영향력 있는 의사, 소문을 퍼뜨리는 사람, 가짜 뉴스 생산자의 잘못된 견해를 받아들인 것이니 말이다. 또 앞에서 살펴본 믿음들과 달리, 이런 잘못된 견해는 다른 사람뿐만 아니라 그 견해를 지닌 사람에게도 중대한 영향을 미친다. 피를 뽑으라고 권고한 의사도 피를 뽑게 될 것이고, 종족 학살을 저지른 사람들은 마음에 깊은 상처를 입을 것이며, 가짜 뉴스를 만든 사람 역시 자신의 이익에 반하는 투표를 한 것이 되기 때문이다.

이 장에서는 이런 설명이 인과관계의 방향을 뒤집은 결과에 불과하다는 걸 보여주려 한다. 달리 말하면, 우리가 그릇되거나 사악한 결정을 내리는 이유는 우리가 잘못된 믿음을 갖고 있기 때문이 아니다. 우리가 잘못된 믿음을 갖는 이유가 그릇되고 사악한 결정을 정당화하려 하기 때문이다. "우리에게 부조리한 주장을 믿게 만들수 있는 사람은 우리에게 잔혹한 행위를 범하게 할 수도 있다."라는 볼테르의 주장은 결코 사실이 아니다.[13] 오히려 우리가 부조리한 주장을 믿는 이유는 잔혹한 짓을 하고 싶은 욕구가 있기 때문이다.

어디에서나 피를 뽑았다

영국 역사학자 데이비드 우튼David Wootton은 《나쁜 의사》에서 거의 한 세기 전까지 의사가 무익했을 뿐만 아니라 오히려 해로운 존재였다고 폭로한다. 따라서 그 책을 읽었을 때 나는 새로운 눈이 열리는 듯했고, 사혈에 대한 관심이 커졌다.[14] 대체 사혈이 그처럼 오랫동안 인정되고 사용되었던 이유가 무엇일까? 나는 이런 궁금증을 풀고 싶어, 19세기 미국의 벤저민 러시Benjamin Rush(1746-1813)부터 히포크라테스를 인용한 고대 그리스의 작가들까지 사혈을 옹호한 위대한 의사들을 역으로 추적했다. 이 연결 고리를 이어가는 작업은 무척 흥미로웠다. 질병의 체액설에 대한 갈레노스의 두 저작이 수세기 후까지 살아남아 유럽 최초의 의과 대학들에 전해진 까닭에 11세기부터는 수십만 명이 피를 뽑았다.

그러나 인류학 문헌을 들여다보기 시작했을 때 나는 서구 중심적 편향에서 즉시 벗어날 수 있었다. 사혈은 역사적으로 이례적인 치료법이 아니라 세계 전역에서, 즉 러시와 갈레노스 및 히포크라테스에 대해 들어본 적이 없었을 사람들도 사용한 시술법이었다. 파나마와 콜롬비아에 분포된 구나족은 두통을 호소하는 사람이 있으면, 그의 관자놀이에 아주 작은 화살을 쏘았다. 우간다의 바기수족도 두통과 흉통을 호소하거나 종기로 고생하는 사람이 있으면, 속이 빈 뿔로 아픈 부위에서 약간의 피를 뽑아냈다. 말레이시아의 이반족은 요통에 시달리는 사람의 등을 작게 절개해 피를 뽑았다. 보르네오의 다약족은 뜨겁게 가열한 대나무를 사용해 통증 부위에서 피를 뽑았다. 이처럼 사혈은 비서구 문명에서도 흔히 시행되었고, 특히 고대 인도와 중국 의학에서 상당한 역할을 했다.[15]

모든 것을 고려할 때, 세계 문화권의 4분의 1 이상에서 역사상 어느 시점에 어떤 형태로든 사혈이 시행된 듯하다. 고대 그리스와 고대 중국 등 몇몇 문화권에서는 복잡한 이론적 설명까지 더해졌다. 하지만 대부분의 경우, 사람들은 "나쁜 것을 뽑아내는 것"이란 피상적인 설명에 만족했다.[16] 체액에 대해 들어본 적도 없었던 문화권의 99퍼센트에서 사혈이 시행된 이유가 질병의 체액설로 설명되지 못한다면, 체액설을 포용한 문화권에서 사혈이 시행된 이유도 역시 체액설로는 설명되지 않는다. 갈레노스는 어쨌든 사람들이 하고 싶어 하는 것, 즉 사혈을 합리적으로 설명해보려고, 병에 걸리거나 통증이 있으면 약간의 피를 흘려 몸속에 있는 것으로 추정되는 더러운 물질을 비워내야 한다는 이론을 고안해낸 것이다.

사혈은 체액설과 상관없이 세계 전역에서 발견되는 반면, 잔혹 행위에 대한 소문은 인종 학살에서 빼놓을 수 없는 요소여서 인과적으로 중대한 역할을 하는 듯하다.[17] 그러나 엄밀히 분석하면 인과관계의 화살표가 이 방향을 가리킬 개연성은 거의 없다. 소문과 폭력 사이에는 어떤 필연적 관계도 없기 때문이다. 폭력이 수반되지 않은 소문의 사례도 헤아릴 수 없이 많을뿐더러, 설령 폭력이 뒤따르더라도 폭력의 성격이 형식과 정도에서 소문의 내용과 무관한 경우가 일반적이다.

키시네프의 유대인들이 어린아이를 살해했다는 악의적인 소문이 나돌았을 때 그 거짓말이 설득력을 얻은 이유는, 그곳 주민들이 그 종교 의식을 "유대인의 풍습에서 핵심적인 부분"이라 믿었기 때문이다.[18] 그런 섬뜩한 소문은 매년 부활절 전에 나돌았는데, 그때까지 집단 학살이 뒤따르는 경우는 전혀 없었다.[19] 이런 현상은 우리에게 조금도 이상하게 여겨지지 않는다. 하기야 주기적으로 어린아이를 납치해 죽을 때까지 피를 흘리게 한다고 의심되는 사람을 누가 마음속에 품고 있겠는가? 똑같은 의심이 대부분의 경우에 폭력으로 발전하지 않았다는 사실은, 폭력이 분출된 이유가 그 의심만으로는 설명되지 않음을 보여준다.

키시네프의 기독교인들이 진정으로 그 비방을 믿었다면, 지독한 보복이 있었을 것이다. 어쩌면 유대인 어린아이들도 살해되고, 용의자로 지목된 어른도 끔찍한 죽임을 당했을 것이다. 보복은 끔찍했지만, 소문과는 아무런 관계가 없었다. 어떻게 술집 약탈이 죽은 아이의 복수가 되겠는가? 다른 시대, 다른 곳에서도 유대인들은 대대적으로 살해되었고, 여인들은 성폭행을 당했다. 또 신성을 모욕했다는 지극히 사소한 이유로 재산을 강탈당했다. 키시네프에서도 어린아이를 살해했다는 혐의부터, 부정직한 상거래 관례까지 온갖 혐의가 유대인들에게 씌워졌다. "더러운 유대인놈들. 우리 아이들이 피를 잔뜩 흘리고 죽게 했어. 또 거스름돈에서 우리를 속였어!" 소문과 종족 학살의 관계를 연구한 학자들은 "군중의 일원이 된 사람들은 이미 진행 중인 행위에 대한 핑곗거리를 찾는다. 이때 유언비어가 그들이 하고 싶은 제재를 뒷받침하는 '사실'이 된다."라고 이구동성으로 말했다.[20]

그럼 가짜 뉴스는 어떤가? 가짜 뉴스가 중대한 정치적 결정에 영향을 줄 수 있을까? 가장 많은 자료를 구할 수 있는 사건, 도널드 트럼프의 당선을 예로 들어 설명해보자. 개인의 차원에서는 압도적으로 트럼프를 지지한 가짜 뉴스 웹사이트의 방문과 트럼프 지지자 사이에 상관관계가 있었다.[21] 주의 차원에서는 가짜 뉴스 웹사이트를 방문하는 사람이 늘어날수록 그 주가 트럼프에게 투표할 가능성이 높아졌다.[22] 그렇다면 가짜 뉴스를 읽으면 트럼프에게 투표할 가능성이 높아진다는 뜻일까? 반드시 그렇지는 않다. 가짜 뉴스 웹사이트를 방문한 사람의 절반 이상은 무관심한 공화당 지지자가 아니라 '열성적 지지자'로, "가장 보수적인 정보를 온라인에서 찾아 읽는 10퍼센트의 미국인"이었다.[23] 따라서 그들이 가짜 뉴스를 읽었다고, 힐러리 지지자에서 트럼프 지지자로 돌아설 가능성은 거의 없었다. 그들은 가짜 뉴스 웹사이트만이 아니라 전통적인 언론까지 검색하며, 트럼프에게 투표하기로 결정한 이유를 합리적으로 설명하거나, 트럼프를 지지하는 이유를 정당화할 수 있는 근거를 찾으려 할 것이다.[24]

브렌던 나이언Brendan Nyhan과 그의 동료들이 함께한 연구도 이런 해석을 뒷받침해준다.[25] 트럼프 지지자들에게 트럼프의 잘못된 발언을 바로잡은 정확한 정보가 제공되었고, 대부분은 수정된 정보를 받아들였다. 그렇다고 그들이 트럼프에 대한 지지를 철회하지는 않았다. 결국 그들이 잘못된 정보를 먼저 받아들였기 때문에 트럼프를 지지한 것은 아니라는 뜻이다. 오히려 그들이 트럼프를 지지했기에 그 거짓된 정보마저 받아들였던 것이다.

정치학자 김진우와 김은지는 버락 오바마가 무슬림이란 소문을 연구한 결과에서 유사한 패턴을 찾아냈다. 그 소문은 오바마가 존

매케인과 맞붙은 2008년 대통령 선거가 있기 전에 나돌았다.[26] 김진우와 김은지는 두 번의 여론 조사, 즉 그 소문이 확산되기 시작하기 전에 실시된 여론 조사와 소문이 최고조에 이른 직후에 실시한 여론 조사의 결과를 비교했다. 그 소문이 여론에 영향을 미쳤던지 오바마가 무슬림이라고 응답한 사람들이 증가했다. 하지만 애초부터 오바마를 달가워하지 않던 사람들에게만 영향을 미쳤을 뿐이다. 결과적으로, 그 소문은 오바마를 향한 미국인의 일반적인 태도, 더 나아가 오바마의 당선에 아무런 영향을 주지 못했다. 요컨대 그 소문을 사실로 믿더라도 오바마에 대한 평가가 부정적으로 바뀌지 않았고, 오바마를 애초부터 달갑게 생각하지 않던 사람들은 그 소문을 적극적으로 받아들였다.

모든 것에는 이유가 있다

●

사혈 시술부터 이웃에 대한 폭력까지, 사람들이 원하는 것을 무엇이든 어떻게든 한다면, 불합리하고 따분한 믿음을 걱정할 이유가 어디에 있는가? 인간은 지극히 사회적인 동물이고, 누가 최적의 동반자가 될 수 있는지 알아내려고 끊임없이 상대를 평가한다. 누가 경쟁력이 있는가? 누가 친절한가? 누가 신뢰할 만한가? 따라서 우리 자신도 괜찮다고 판단되는 사람들에게 최선의 모습을 보이려고 애쓴다. 하지만 안타깝게도 우리는 어리석게 보이거나 도덕적으로 의심스러운 행동을 해야 하는 때가 있다. 그런 경우에는 우리 행동을 합리화하며, 어리석거나 도덕적으로 의심할 만한 행동이 아닌 이유를 설명하려 애쓴다. 우리에 대한 부정적인 판단을 바로잡기 위해 노력하고, 그런 노력 덕분에 상대는 우리 동기를 더 깊이 이해하고, 그 결과로 우리를 더 정확히 판단하게 된다.

우리 행동에 의문이 제기되면 자연스레 우리 행동을 해명하며 정당화하기 마련이고, 더 나아가 언제 해명이 필요한지를 예측하는 법도 배우게 된다.[27] 그래야 해명해야 할 때 적극적으로 해명할 수 있기 때문이다. 바꿔 말하면 정당화와 해명을 요구하는 목소리가 있다는 뜻이다. 그러나 어떤 결정이 문제가 있는 것으로 인식될 가능성이 충분히 예측되는 경우에만 그렇다.

앞에서 언급했듯이, 사혈을 시행하는 소규모 사회들은 복잡한 이론을 들먹이며 그 시술법을 정당화하지 않는다. 그 시술법은 공동체가 특정한 질병으로 고생할 때 최선의 선택으로 여겨진다. 반면에 상대적으로 크고 다양한 성격을 띤 공동체에서는 경쟁 관계에 있는 대안적 치료법들이 있다 보니, 의사와 환자 모두 어떤 치료법을 선택하는 데 동기가 있기 마련이다. 이런 경쟁과 그에 수반하는 토론은 고대 그리스에서 무척 활발했고, 그로 인해 그곳에서 질병의 체액설이 히포크라테스를 인용하는 의사들에 의해 정립되었다.[28] 갈레노스가 의사로 활동한 로마에도 똑같은 형태의 경쟁이 있었다. 지역 의사들이 갈레노스의 치료법에 의문을 제기한 후에야, 갈레노스는 히포크라테스 등을 인용하며 사혈법을 옹호하는 이론서를 썼다.[29] 요약하면, 소규모 사회에서는 사혈에 어떤 의문도 제기되지 않지만, 다소 복잡한 문화권에서는 병든 사람의 피를 뽑으며 돌아다니려면 그럴듯한 이론이 필요했다.

가짜 뉴스도 필요한 때는 정당화의 한 형태로 나타난다.[30] 2016년 미국 대통령 선거 당시, 교황이 트럼프를 지지했다는 뉴스부터 ISIS가 클린턴을 지지했다는 뉴스까지 페이스북에서 가장 많이 공유된 열 가지 가짜 뉴스 중 여섯 가지가 정치색을 띤 것이었다.[31] 한편 2017년에는 10대 가짜 뉴스 중 두 가지만이 정치적인 것이었다("여성 의원들이 사용하지 않은 정액의 처분을 금지하는 '남성 사정 법안'을 발의했다"라는 재밌는 가짜 뉴스도 포함).[32] 게다가 2016년 선거와 관련된 가짜 뉴스의 80퍼센트 이상이 친트럼프적이었고, 보수주의자들이 소셜 미디어에서 가짜 뉴스를 공유하는 경향을 띠었다.[33] 소셜 미디어에 친트럼프적 가짜 뉴스가 많았던 이유는, 전통적인 미디어가 친트럼프적 보도를 적게 했기 때문이다. 실제로 단 하나의 주요 신문도 트럼프를 지지하지 않았는데, 그렇다고 전통적인 미디어가 클린턴을 비판하는 기사를 게재하지 않은 것은 아니다. 이쯤에서 나는 가짜 뉴스가 공유되는 정도가 습관적으로 과장된다는 걸 지적해두고 싶다. 2016년 미국 대통령 선거 당시, 페이스북 사용자의 10퍼센트 이하가 가짜 뉴스를 공유했고, 트위터 사용자의 0.1퍼센트가 그 플랫폼에서 확인된 가짜 뉴스의 80퍼센트를 공유했다.[34]

정치와 관련된 몇몇 가짜 뉴스—예컨대 "위키리크스: 클린턴이 6명의 공화당 의원을 매수해 '트럼프를 공격'하게 하다"—는 상당히 그럴듯하게 들린다. 적어도 정치에 대해 거의 모르는 사람들, 즉 대부분의 유권자에게는 받아들여진다. 그러나 대부분의 가짜 뉴스는 거의 모두에게 황당하게 들린다(예컨대 "복음주의 지도자 프랭클린 그레이

엄은 기독교인들에게 트럼프를 지지하지 않으면 죽음의 수용소를 마주하게 될 것이라 말했다"). 이런 점에서 정치적 가짜 뉴스는 다른 가짜 뉴스와 다를 바가 없다. 2017년에 가장 흥미로웠던 가짜 뉴스는 "베이비시터가 아기를 질膣에 넣은 후에 병원에 옮겨졌다"라는 것이었고, 2016년에 두 번째로 주목을 받은 가짜 뉴스는 "복권에 당첨된 후에 상사의 책상에 대변을 본 죄로 체포된 여성"이었다.[35] 문화 진화론자 알베르토 아체르비Alberto Acerbi가 말했듯이, 정치적이든 아니든 간에 조금의 타당성도 없는 황당한 가짜 뉴스가 확산되는 이유는 재밌기 때문이지, 어떤 해명이 담겨 있기 때문이 아니다.[36] 지극히 황당한 정치적 가짜 뉴스의 매력은 지나친 과장에 있듯이, 가짜 뉴스는 다리를 불태우는 전략과 유사하다.

어떻게 양극화?

●

어떤 정보가 해명으로 여겨질 때 우리는 그 정보를 피상적으로만 평가할 수 있다. 그 정보가 앞선 사건의 설명에 불과해, 우리가 믿고 행동하는 것에 어떤 영향도 미치지 않을 것이기 때문이다. 어쨌든 그렇기 때문에 달라지는 것은 없어야 하고, 우리의 원래 생각이 더욱 굳어지는 것도 아니어야 한다. 여하튼 원래의 생각이 굳어져 강화되는 것도 약해지는 것만큼이나 변하는 것이므로, 그에 상응하는 강력한 증거가 필요할 것이기 때문이다. 하지만 해명이 반복되면 우리 견해가 굳어지고 양극화가 심화되는 게 곳곳에서 관찰된다. 피험자에게 2분 동안 누군가(실험 협조자)의 말을 들려주고, 그 사람을 평가해 달라고 요구하는 실험이 있었다.[37] 실험 협조자는 의도적으로 상냥하게 혹은 무례하게 말했다. 실험 결과, 협조자의 말을 듣고 즉각적으로 응답한 피험자보다, 협조자를 평가하기 전에 2분의 여유를 가졌던 피험자가 더 극단적인 평가를 내놓았다. 추가로 주어진 2분 동안, 피험자들이 자신의 즉각적인 반응을 해명하는 방법을 궁리하는 과정에서 평가가 더 극단적으로 변한 것이다.[38]

토론 그룹에서도 유사한 경향의 극단화가 관찰된다. 한 연구에서, 미국 대학생들에게 외교 정책에 대한 개인적인 입장을 먼저 물었다.[39] 미국의 군사적 개입을 전반적으로 반대한 온건파 학생들을 따로 모아, 외교 정책을 토론하게 했다. 토론이 있은 후, 군사 개입에 대한 그들의 입장은 더 극단적으로 변했다. 비슷한 생각을 지닌 사람들끼리 모여 집단 토론을 하면, 동일한 내용을 강조하는 논증이 반복되며 토론자들이 극단화로 치닫는 경향을 보인다는 게 여러 실험에서 확인되었다.[40]

결국 우리의 기존 믿음을 정당화하는 해명이 항상 아무런 역할을 못하는 것은 아닌 듯하다. 우리 자신에 의한 것이든, 우리와 생각이 같은 사람이 대신하는 것이든 간에 해명하는 과정에서 우리는 동일한 믿음을 더 굳히게 된다. 그 이유가 무엇일까?

우리 자신의 의견이나 우리가 동의하는 의견의 타당성을 평가할 때, 우리는 이미 결론에 동의하고 있기 때문에 평가 기준이 낮을 수밖에 없다. 그렇다고 우리 의견의 타당성이 반드시 형편없다는 뜻은 아니다. 우리를 정당화해야 할 때, 혹은 우리에게 동의하는 사람들을 대신해 해명해야 할 때 우리는 우연히라도 그럴듯한 이유를 찾아낼 수 있고, 그렇게 찾아낸 이유를 타당한 것으로 인정한다. 우리 믿음을 뒷받침하는 변명거리를 주로 찾기 때문에 그 과정이 편향되더라도 타당한 이유는 타당한 이유이므로, 그에 따라 우리 마음이 달라지는 것은 당연하다. 예컨대 어떤 가정이 옳다고 확신한 수학자는 그 가정을 증명하려고 오랜 시간 씨름할 것이다. 그래서 증명을 해내면, 그 가정이 옳다는 전제하에 연구를 매진했기에 연구 과정이 편향되었더라도 그 가정에 대한 그의 확신은 더욱 굳어지기 마련이다.

수학자의 경우, 양극화는 없고 자신감의 상승만 있을 것이다. 증명이 가정을 뒷받침해준다고, 그 가정이 더 강해지는 것은 아니기 때문이다. 한편 일상적인 주장은 막연한 면을 띤다. 달리 말하면, 정확한 결론을 말하지 않고 일반적인 방향을 가리킬 뿐이다. 예컨대 사형에 반대하는 대부분의 주장은 "사형은 어떠어떠한 경우에만 합법적이어야 하고, 어떠어떠한 예외를 둔다."라는 식의 명확한 입장을 표명하는 것이 아니라, 그저 막연히 사형을 반대한다고 주장한다. 가령 사형이 국가가 허락한 살인이라면, 사형은 전면적으로 폐지되어야 마땅하다는 식이다. 이런 주장이 반복되면, 사형을 반대하는 확신도 증가하지만 양극화도 심화된다. 이 경우에는 사형을 반대하는 견해가 더욱더 굳어진다.

결국 양극화의 원인은 사람들이 기존의 견해에 대한 잘못된 해명을 받아들이기 때문이 아니다. 기존의 견해를 긍정적으로 뒷받침하는 해명들에 지나치게 노출되어, 그 견해에 더욱더 확신을 갖기 때문이다. 이때 편향된 정보에 집중적으로 노출되면 그 결과는 대단히 심각할 수 있다.

많은 평론가가 (적어도 미국에서) 정치의 양극화가 눈에 띄게 증가한 현상을 소셜 미디어의 등장과 결부시킨다. 일반적인 설명에 따르면, 소셜 미디어는 우리 성향에 맞는 뉴스와 의견을 골라서 보여준다. 우리가 동일한 정치적 성향을 지닌 사람들을 팔로우하는 경향을 띠기 때문이고, 우리가 어떤 뉴스를 주로 보는지 알아낸 알고리즘이 우리 취향에 맞추어 이른바 '반향실' 효과를 일으키기 때문이다.[41] 법학자 캐스 선스타인Cass Sunstein은 《#공화국: 소셜 미디어 시대의 분열된 민주주의》라는 책에서 이 문제를 집중적으로 다루기도 했다.[42]

그렇다면 우리 의견의 타당성을 설명하려는 열의와 그런 정당화를 뒷받침해주는 출처를 끝없이 제공해주는 소셜 미디어에 현대 미국 정치의 극악한 문제점 중 하나로 여겨지는 현상의 책임이 있다고 말할 수 있을까?[43] 잡지 〈와이어드〉에 게재된 한 기사의 제목이 말하듯이, "당신의 필터 버블filter bubble*이 민주주의를 망가뜨리고 있다."[44] 이런 관점에서 보면, 가짜 뉴스, 일반적으로 말하면 편향적 뉴스가 사후의 해명을 위해 더해지는 무해한 정보가 아니라, 우리 정치 체계에 대한 중대한 위협이 되는 게 아닐까?

---

* 인터넷 정보제공자가 이용자에게 맞춤형 정보를 제공하는 현상-옮긴이주

우리는 얼마나 양극화되어 있는가? 특히 미국인

양극화를 부채질하는 소셜 미디어에서 주고받는 이야기에도 진실이 있을 수 있지만, 그 진실은 부정확한 것들과 비슷한 것들에 뒤덮여 보이지 않는다.

첫째, 양극화 정도는 과장되는 경우가 많다(미국의 사례가 가장 충실히 연구된 까닭에 여기에서 나는 주로 미국의 사례를 다루려 한다). 정치학자 모리스 피오리나 Morris Fiorina와 그의 동료 학자들이 지적했듯이, 공화당원도 민주당원도 아닌 비당파의 비율은 수십 년 동안 떨어지지 않았다. 오히려 최근에는 증가해, 2017년에는 국민의 42퍼센트를 차지했다.[45] 또한 대부분의 미국인이 자신을 보수나 진보보다 중도라 생각하며, 그 비율은 지난 40년 동안 거의 변하지 않았다.[46] 게다가 미국인의 절반을 훌쩍 넘는 다수가 공화당과 민주당이 타협해야 한다고 생각하며, 이는 진보적 견해나 보수적 견해를 일관되게 견지하는 사람들의 경우도 마찬가지였다.[47] 끝으로, 대부분의 쟁점에서 극단적인 의견을 고집한 응답자는 소수에 불과했다. 예컨대 미국인의 10퍼센트만이 총기 소지에 제한을 두지 않아야 한다거나, 법 집행자만이 총기를 소지해야 한다고 대답했다.[48]

이런 관점에서 보면, 소셜 미디어 사용자의 대다수에서도 양극화가 눈에 띄지는 않는다.[49] 트위터의 경우, 적극적인 사용자의 1퍼센트만이 극단적인 성향을 띠며, 같은 정치적 성향을 띠는 글을 거의 독점적으로 공유한다. 반면 나머지 99퍼센트의 정보 환경은 편향성을 거의 띠지 않는다. 내용적인 면에서도 그들이 받는 정보보다 공유하는 정보가 정치적으로 더 중도적인 경향을 띤다.

그럼에도 양극화가 심화된 것처럼 보이는 이유는, 사람들이 실제로 더 극단적인 견해를 품기 때문이 아니라 다양한 쟁점에 대해 자신을 민주당원이나 공화당원으로 일관되게 분류하려는 경향이 더 짙어졌기 때문이다.[50] 이런 분류의 증가는 우리가 민주당과 공화당이 핵심적인 쟁점들에 대해 취하는 입장을 더 정확히 알게 된 결과일 수도 있다.[51] 2000년에는 미국인의 절반 정도만이 정부 지출의 수준 등 여러 중요한 쟁점에서 앨 고어가 조지 W. 부시보다 왼쪽에 있다는 걸 알았다.[52] 여하튼 정서적 양극화가 심화된 것은 분명한 듯하다. 미국인들이 자신을 민주당 지지자나 공화당 지지자로 확정적으로 분류하며, 양측이 서로 상대를 더욱더 미워하게 되었다.[53]

그런데 소셜 미디어가 우리를 반향실로 몰아간다면, 이념적 양극화가 심화되지 않은 이유는 무엇일까? 우리가 반향실에 갇혀 있다는 생각은 양극화의 심화보다 더 근거 없는 신화에 가깝다.[54] 오히려 소셜 미디어는 우리에게 다양한 관점을 보여주는 통로 역할을 한다. 여하튼 페이스북 사용자는 오프라인보다 온라인에서 더 많은 '친구'에게 노출될 뿐만 아니라, 오프라인에서는 만나 말을 섞지도 못했을 사람들의 의견을 읽을 수 있다. 경제학자 매슈 겐츠코우 Matthew Gentzkow와 제스 샤피로Jesse Shapiro의 초기 연구에서 밝혀졌듯이, "온라인 뉴스 소비에서 이념적인 차이는 절대적인 관점에서 낮고…… 오프라인의 차이에 비하면 훨씬 더 낮다."[55] 다른 연구에서도 "온라인이 오프라인보다 더 분열적이란 생각을 뒷받침하는 증거"는 발견되지 않았다.[56] 또 다른 연구에서도 "좌우를 포괄하는 정

치 스펙트럼에서 대부분 중도적인 미디어를 선호한다."라는 게 확인 되었다.[57]

미국이 아닌 다른 국가들에서 시행된 연구의 결과도 다를 바 없 었다. 독일과 스페인에서는 "대부분의 소셜 미디어 사용자가 이념적 으로 다양한 네트워크에 참여하고", 영국에서는 "온라인을 사용하 는 성인의 8퍼센트만이······ 반향실에 갇힐 위험이 있을 뿐이다."[58] 대체로 소셜 미디어 사용자들은 전통적이고 중도적인 뉴스 매체를 주로 구독하고, 극단적인 견해에 노출되는 경우에도 양쪽 모두의 견 해를 읽고 듣는 경향을 보인다.

경제학자 헌트 올콧Hunt Allcott과 그의 동료들은 최근에 대규모 실 험을 실시해, 페이스북이 정치의 양극화에 미치는 영향을 분석했 다.[59] 연구자들은 수천 명의 페이스북 사용자에게 한 달 동안 계정 을 폐쇄하라고 요구했고, 페이스북을 계속 사용한 대조군과 그들을 비교했다. 페이스북을 계속 사용한 사람들은 정치적으로 더 극단화 되지도 않았고, 애초부터 선호하던 정당의 후보를 더 적극적으로 지 원하지도 않았다. 하지만 다수의 이념적 기준에서, 그들은 자신을 공화당 지지자나 민주당 지지자로 더욱더 일관되게 분류하는 경향 을 띠었다. 반면 페이스북 사용을 중단한 사람들은 뉴스에 대해 충 분한 정보를 받지 못했고, 따라서 "상대 정당의 관점을 정확히 파악 하는 데 도움을 줄 만한 뉴스"도 제대로 읽지 못했다. 심지어 페이스 북 사용이 증가할수록 양극화 현상이 줄어든다는 걸 확인한 연구도 있었다. 요컨대 사람들이 다양한 의견에 노출될 때 자신의 의견에 대한 개인적 확신이 약화된다는 뜻이다.[60] 이런 결과는 미국에서 젊은충보다 중장년층에서 양극화 현상이 더 뚜렷하다는 관찰과 일맥 상통하는 듯하다. 젊은층보다 중장년층이 소셜 미디어를 사용하는 빈도가 낮기 때문일 것이다.[61]

이쯤에서 "왜 반향실 효과와 양극화가 확대되지 않은 것일까?"라는 의문이 자연스레 제기된다. 여하튼 편향성 정도와 상관없이 우리 의견을 정당화할 수 있는 변명거리를 인터넷에서 쉽게 찾아낼 수 있다는 건 분명하지 않은가. 실제로 지구가 평평하다는 이론을 옹호하는 논증을 온라인에서 얼마든지 찾을 수 있다. 하지만 우리 의견을 정당화하려는 욕구는 우리를 자극하는 많은 동기 중 하나에 불과하지, 무엇보다 중요한 목표는 아니다. 오히려 우리의 관심사는 세상에 대한 정보, 특히 우리가 자주 대화를 나누는 주변 사람들이 흥미롭게 생각하고 신뢰할 만한 정보를 모으는 것이다. 이때 자신의 의견을 정당화하기 위한 정보를 찾는 과정에서, 지나치게 단순화한 합리화로는 우리와 의견을 공유하지 않는 사람들을 설득하지 못한다는 걸 경험적으로 깨닫게 될 것이다.[62]

어떻게 해야 하나?

●

이 장에서 말하려는 주된 메시지는 다행스런 소식으로 들릴 수 있다. 질병의 체액설부터 가짜 뉴스까지, 그릇되고 잘못된 믿음이 일반적인 생각만큼 중대한 영향을 미치지 않기 때문이다. 이런 믿음은 우리 행동에 별다른 영향을 주지 않고, 우리가 행하고 싶었던 행동을 정당화하는 변명거리로 쓰이는 경우가 많다. 이런 해석은 사람들이 어리석은 짓이나 섬뜩한 짓을 부추기는 유혹에 쉽게 넘어가지 않는다는 뜻이기 때문에 좋은 소식인 게 분명하다. 하지만 어리석은 짓이나 섬뜩한 짓을 하지 말라는 설득도 쉽게 통하지 않는다는 뜻이기도 하니, 그런 점에서는 나쁜 소식이다. 어떤 믿음이 인과관계에서 원인 역할을 하지 않는다면, 그 믿음을 바꾼다고 결과가 달라질 가능성도 거의 없다.

세계 전역에서 체액에 대해 들어본 적도 없었을 사람들이 사혈법을 시행했다는 사실을 고려하면, 체액설이 서구에서 일찌감치 이론적으로 부인되었더라도 사람들이 일종의 치료법으로 피를 뽑는 걸 중단하지 않았을 것이란 추론이 가능하다. 사혈이 아무런 효과가 없다는 증거가 명확히 제시된 후에야 의사들도 사혈을 더 이상 권장하지 않았다. 의심 많은 사람이 지역 유대인들에 대한 험담에 의문을 제기하더라도, 주민들이 유대인 이웃들을 희생양으로 삼으려고 온갖 욕을 해대며 미친 듯이 날뛴다면 더 많은 소문이 생겨날 가능성이 있다. 당국의 부인이 효과가 있는 이유는, 당국이 더 설득력 있게 부인하기 때문이 아니라 당국의 부인이 폭력을 용인하지 않겠다는 신호로 여겨지기 때문이다. 군중은 놀라울 정도로 계산적이다. 키시네프에서 유대인 집단 학살이 일어난 이유는, 주민들이 경찰로부터 집단 학살에 간섭하지 않겠다는 미묘한 신호를 읽어내서였다.[63]

결국 가짜 뉴스 및 정치적 거짓말에 반박하는 것도 생각만큼 유효하지 않다는 뜻일 수 있다. 이 장을 시작할 때 언급한 연구에서 밝혀졌듯이, 자신의 의견이 틀렸다는 걸 인지한 사람들도 기본적으로 선호하는 생각을 바꾸지는 않았다. 달리 말하면, 그들이 사실로 받아들인 도널드 트럼프에 대한 뉴스가 가짜라는 걸 알게 된 후에도 트럼프에게 표를 주었다. 그럴듯한 설명을 요구하는 목소리가 존재하는 한, 그 요구를 채워주려는 움직임도 있기 마련이다. 인터넷에 올라온 가짜 뉴스들의 터무니없는 주장에 모두가 히죽 웃고 넘어가듯이, 인터넷이 생기기 전에 특별한 목적에서 발행한 신문들, 예컨대 18세기 프랑스에서 유행하던 삼류 황색 신문들도 조금도 다르지 않았다. 대부분의 경우, 그 신문들은 저속하고 선정적인 기사를 주로 다루었다. 예컨대 한 신문은 "복수의 세 여신 중 하나의 얼굴, 박쥐 날개, 비늘로 뒤덮인 거대한 몸뚱이, 용의 꼬리"를 가진 괴물이 칠레에서 발견되었다고 보도했다.[64] 사람들은 편향적이더라도 자신들의 생각이 대외적으로 표현되기를 바랐기 때문에, 황색 신문들은 괴물의 얼굴을 복수의 여신 대신 마리 앙투아네트로 대체함으로써 혁명 군중을 즐겁게 해주기도 했다. 신문이 그 역할을 해내지 못하면 입소문이 그 역할을 떠맡았다. 하나하나의 가짜 뉴스는 소수에게 전해졌지만, 그 소문들이 모이면 큰 사건으로 발전했다. 예컨대 귀족들이 곡물 공급을 제한했다는 소문이 무수히 많은 마을에서 별개로 생겨났지만, 그 소문들이 겹치면서 프랑스 대혁명으로 발전했다는 주장도 있다.[65]

어떤 사건에 대한 사후 변명으로 확산되는 소문이 거짓이라는 걸 폭로하려는 시도는 결코 끝나지 않는 헛고생일 수 있지만, 그 노력이 완전한 낭비는 아니다. 누구나 자신의 관점을 어떻게든 뒷받침하고 싶어 하지만, 그 방법에 대해서는 그다지 까탈스럽게 따지지 않는다. 따라서 어떤 결정이나 의견을 뒷받침하기가 점점 어려워지면 아예 생각 자체를 바꿔버리는 사람도 적지 않을 것이다. 어떤 주장을 절대적으로 믿는 완고한 사람은 흔들리지 않겠지만, 처음부터 강력한 자기 의견을 지닌 사람이 아니면 그런 상황에서 생각을 바꿀 수 있다. 하기야 아무런 생각이 없는 것보다야 나을 테니까.

얄팍한 권위자

Shallow Gurus

★ 14 ★

기독교의 신은 전지전능하고, 어디에나 존재하며, 어떤 결함이 있더라도 개의치 않고 모두를 사랑한다. 그 밖의 기독교 믿음은 교파에 따라 조금씩 다르다. 삼위일체파는 유일신을 믿고, 성부와 성자와 성령이란 세 위격이 하나 안에 존재한다고 믿는다. 가톨릭은 성찬 전례의 빵과 포도주가 예수 그리스도의 몸과 피가 된다고 믿는다. 반면 루터교파는 성만찬의 빵과 포도주가 물질적 정체성을 유지하는 동시에 그리스도의 몸과 피가 된다는 성체 공존설consubstantiation을 주장한다. 칼뱅파부터 감리교파까지 기독교의 다른 교파들도 성찬을 조금씩 다르게 해석한다.

과학자들이 사용하는 개념들도 어떤 관점에서 정립되느냐에 따라 크게 달라질 수 있다. 예컨대 당신은 지금 전혀 움직이지 않거나 기차를 타고 느릿하게 움직이고 있는 듯하지만, 실제로는 시간당 960킬로미터 이상(지구의 자전), 시간당 1만 800킬로미터 이상(태양계에서 지구의 공전), 시간당 82만 7,000킬로미터 이상(은하계에서 태양계의 공전), 시간당 209만 킬로미터 이상(우주를 가로지르는 은하계)으로 움직이고 있다. 지상에 존재하는 모든 생명체와 마찬가지로, 당신도 단세포 유기체에서 진화했다. 또 지각판tectonic plate, 즉 우리가 발을 딛고 서 있는 10^{21}킬로그램의 거대한 돌덩이도 끊임없이 움직인다. 만약 당신이 비행기를 타면, 시간은 당신의 이동 속도 때문에 느려지지만, 고도 때문에 빨라진다. 이런 이상하지만 흥미로운 차이를 예로 들자면, 양자 중첩부터 빅뱅에 이르기까지 한도 끝도 없다. 하지만 요점은 간단히 정리된다. 많은, 어쩌면 대부분의 과학 이론이 정립되기 전에는 그 이론을 제기한 학자를 제외하고는 모두에게 미친

소리로 들렸을 것이다.[1]

20세기에 가장 큰 영향을 미친 지식인 중 일부는 이해하기 힘든 글을 쓰는 것으로도 유명했다. 1998년까지 '나쁜 글쓰기 경연 대회 Bad Writing Contest'는 난해함을 기준으로 매년 한 명의 작가를 선정했다.[2] 마지막으로 선정된 작가는 철학자 주디스 버틀러 Judith Butler였다. 하지만 버틀러는 데리다, 크리스테바, 보드리야르 등 이해하기 힘든 글쓰기로 알려진 무수한 패션 지식인 중 한 명에 불과하다. 내가 개인적으로 자주 인용하는 작가는 자크 라캉 Jacques Lacan(1901-1981)이다. 라캉은 지극히 난해한 포스트모더니즘 작가를 명료함의 대명사로 둔갑시킨 프랑스 정신분석학자이다. 그가 가장 나중에 발표한 세미나에서 무작위로 발췌한 구절을 인용해보자.

> 긴 이야기를 짧게 하기 위하여, 나는 자연의 특수함이 하나이지 않기 때문에 그 하나에 다다르는 긴 과정에 있다고 말할 것이다. 당신이 무엇인가에 관심 있다는 사실 자체로부터 당신이 배제하는 것을 자연이라 칭하고, 그 무엇은 이름으로 칭해지는 것과 구분되기 때문에 자연은 온갖 위험을 무릅쓰며, 자연이 아닌 것들이 뒤섞인 것으로 드러내어 보여줄 뿐이다.[3]

반(反)직관적인 개념들

●

삼위일체부터 판구조론과 라캉의 혼잣말까지 이 다양한 주장들의 공통점은 무엇일까? 첫째로는 적잖은 영향력을 발휘하며 문화적으로 성공했다는 것이다. 세계 전역에서 약 24억 명이 기독교 신앙을 공유한다. 또 2018년 현재, 미국인의 56퍼센트가 성경의 하느님을 믿는다.[4] 부유한 국가에서는 대부분이 과학을 상당한 정도로 신뢰하고, 걱정스런 예외가 있지만 과학자들이 동의하는 대다수의 과학 이론을 받아들인다.[5] 라캉의 영향은 그 정도에 미치지 못했지만, 권위는 꽤 깊었던 까닭에, 그는 많은 저명한 지식인이 자신의 추종자라고 자랑했다. 라캉이 죽고 20년이 지난 후에도 그의 가르침은 여전히 영향력이 있었다. 적어도 프랑스에서는 그랬다. 그 때문에 나도 대학 학부에서 심리학을 공부하기 시작했을 때, 그의 난해한 저작과 씨름해야 했다. 일반화해서 말하면, 포스트모더니즘 사상가들은 20세기에 상당한 기간 동안 서구 지식인 세계에서 중심을 차지했고, 오늘날까지 영향을 미치고 있다. 과거에 대표적인 포스트모더니즘 사상가이던 브뤼노 라투르Bruno Latour가 이제는 "머리 좋은 미국 아이들이 진실에 자연스레 접근하는 방법, 타협하지 않고 편향되지 않게 접근하는 방법은 없어, 진실은 만들어지는 것이며, 결국 우리는 예나 지금이나 언어의 포로라는 것을 값비싼 비용을 치른 뒤에야 깨닫도록 모든 박사 과정이 운영되고 있다."라고 한탄하는 실정이다.[6]

이런 주장들은 인기를 얻었다는 공통점 이외에 다른 공통된 특징도 있다. 우리 직관과 조응하지 않는다는 것이다. 오히려 우리 직관을 시험하거나 완전히 무시한다.

직관적으로 이해되는 개념들이 있다.[7] '인간'이란 개념을 예로 들어보자. 우리가 어떤 개체를 인간으로 분류하면, 자연스레 여러 방향으로 추론할 수 있다. 그 개체는 사물을 인식하고, 믿음을 형성하며, 욕망을 채우려고 장애를 극복하고, 특정한 부류의 사람을 더 좋아하며, 생명을 유지하기 위해 먹고 마셔야 하고, 물리적인 몸을 갖고, 역시 인간인 조상을 두었으며 결국에는 죽는다. 이런 추론은 자연스레 전개되기 때문에 '인간'이란 개념은 직관적이다.

이런 직관적 개념을 활용해 그 내용을 전달하지 못하는 사상들이 있다. 그런 사상은 기본적으로 이해하기 어렵다. "이름으로 칭해지는 것과 구분되는 것"이란 말은, 내가 알고 있는 어떤 개념과도 연결되지 않는다. 따라서 자연스런 추론도 불가능하다.

한편 우리 직관의 흐름에 어긋나는 개념들도 있다.[8] 예컨대 초자연적 개체는 자연스레 이해되는 개념이 아니기 때문에 우리는 인간과 관련된 개념에 의존하게 된다. 그럼에도 초자연적인 개체는 그자체로 우리 직관을 위배하는 경우가 많다. 유령은 벽을 뚫고 다닐 수 있는 일종의 인간이다. 제우스는 영원히 죽지 않고 번개를 쏘는 일종의 인간이다. 기독교의 신은 전지전능하고 어디에나 존재하며 모두를 사랑하는 일종의 인간이다. 이런 모든 개념은 어떤 점에서 반직관적이다.

종교적 개념도 대체로 반직관적이지만, 모든 개념이 똑같은 정도로 반직관적이지는 않다. 인지과학자 파스칼 부아예의 주장에 따르면, 세계 어디에서나 공통적으로 확인되는 초자연적인 개체를 가리키는 개념들은 대체로 최소한으로만 반직관적이다.[9] 예컨대 제우스는 인간에 대한 일반적인 가정들을 적잖게 위배한다. 일례로 영원

불멸하지만, 그래도 많은 점에서 우리 예상을 벗어나지 않아, 감각 기관을 통해 사물을 인식하고 개별적으로 믿음을 형성하며, 욕망이 있어 욕망을 채우려고 장애를 극복하고, 특정한 부류의 사람이나 신을 더 좋아한다. 마찬가지로, 유령은 물질적인 형체가 없지만, 감각 기관을 통해 사물을 인식한다.

한편 기독교의 신은 신학적으로 보면, 우리가 인간에 대해 설정한 거의 모든 가정을 위배한다. 기독교의 신, 하느님은 불멸의 존재이고 물질적인 형체가 없다. 게다가 하느님은 감각 기관을 통해 사물을 인식하지도 않고, 이미 모든 것을 알기 때문에 어떤 믿음을 형성할 필요가 없다. 또 원하면 모든 것을 할 수 있기 때문에 장애를 극복할 필요가 없고, 모두를 사랑하기 때문에 특정한 부류를 더 좋아하지도 않는다.

신학적으로 올바른 기독교 신이 그렇듯이, 많은 과학적 개념도 철저히 반직관적이다. 우리가 움직이고 있다는 느낌, 공기의 흐름 등 움직임과 관련된 개념들로는, 우리가 우주를 쏜살같이 질주하고 있다는 주장이 설명되지 않는다. 생명 작용에 대한 우리의 순진한 인식에 따르면, 미생물은 결코 인간을 낳을 수 없다. 또 물리적 현상에 대한 우리의 순진한 인식에 따르면, 거대한 돌덩어리는 분명한 이유가 없이는 움직이지 않는다.

직관적 개념으로 설명되지 않는 주장, 직관적 개념에 위배되는 주장이 받아들여지려면, 열린 경계 기제의 엄격한 견제와 맞닥뜨리게 된다. 우리는 이해되지 않는 주장을 받아들여야 할 이유가 없고, 반직관적인 주장을 당연히 거부할 수 있다. 타당성 점검을 적용하면, 기존 견해와 직접적으로 충돌하는 주장만이 아니라, 일반적으로 우리 직관과 조응하지 않는 주장도 거부하게 된다. 예컨대 당신은 목성에 펭귄이 존재한다고 한 번도 생각해본 적이 없을 것이다. 내가 당신에게 목성에서 최근에 펭귄이 발견되었다고 말하면, 당신은 당연히 의심할 것이다. 목성에서 어떤 동물, 특히 지구의 동물이 발견될 수 없다는 걸 직관적으로 알기 때문이다.

열린 경계 기제에는 타당성 점검을 이겨내고, 기존 견해나 직관과 충돌하는 믿음을 받아들이는 메커니즘도 있다. 바로 논증 및 신뢰와 관련된 메커니즘이다.

논증argumentation이 이해하기 어려운 주장이나 반직관적인 개념을 널리 확산하는 데 큰 역할을 하지는 않는 듯하다. 어떤 논증이 설득력을 갖는 이유는, 논증 과정에서 제시되는 주장들이 우리에게 직관적으로 설득력 있게 들리기 때문이다. 달리 말하면, "존은 우리를 무척 무례하게 대했다. 따라서 존은 못된 놈이다."라는 생각처럼, 전제와 결론이 직관적인 추론 과정에서 연결되어야 한다는 뜻이다. 무례한 행동을 반복하는 사람을 못된 놈이라 규정하는 데 모두가 수긍할 것이다. 그러나 어떤 명제가 이해되지 않으면, 그 명제의 타당성을 적절히 논증하기는 쉽지 않다. 이런 이유에서 라캉은 논증하지 않고, "자연의 특수함이 하나이지 않다."라고 일방적으로 주장한 것이 아닌가 싶다.[10]

논증은 반직관적인 종교적 개념과 과학적 개념을 확산하는 데 중요한 역할을 하지만, 이 역할은 그런 개념을 사용하고 구축하는 데 필요한 주장들을 충분히 이해할 수 있는 신학자와 과학자로 구성된 소규모 공동체 내에 국한된다. 그 범위를 넘어서면, 기독교 신의 전능함이나 상대성 이론의 타당성을 적절히 평가할 수 있는 사람은 극소수에 불과하다. 예컨대 미국 대학생은 자연 선택에 의한 진화론을 인정하지만, 그 원리를 정확히 이해하는 학생은 손가락으로 꼽을 정도다.[11]

얄팍하지만 그래서 감사하다

●

이해하기 어려운 믿음이나 반직관적인 믿음이 폭넓게 받아들여지는 이유가 논증으로 설명되지 않는다면, 그 이유는 신뢰가 되어야 한다. 대체로 신뢰에는 두 가지 형태가 있다. 하나는 상대가 더 잘 알 것이란 신뢰(5장)이고, 다른 하나는 우리의 이익을 진심으로 바란다는 신뢰(6장)이다. 무엇인가에 대해 우리의 기존 생각을 바꾸려면 전자의 신뢰가 대단히 중요하다. 상대가 우리보다 더 잘 안다고 진실로 믿어야, 그의 더 나은 지식을 따르게 되기 때문이다.

앞의 사례에서 보았듯이, 우리는 개인(라캉), 책(성경), 특정한 집단(성직자, 과학자)을 공경하기 때문에 그들이 주장하는 이해하기 어려운 이론이나 반직관적인 개념을 받아들인다. 열린 경계 기제의 관점에서 보면, 반직관적인 개념은 특히 문제가 된다. 반직관적인 개념, 즉 우리 인지 시스템에 혼란을 초래할 수 있는 개념을 받아들인다는 것은, 다른 사람에게 우리 사고방식을 시험하는 걸 허용한다는 뜻으로도 해석되기 때문에 무척 위험할 수 있다. 예컨대 어떤 개체가 기독교 신의 속성들을 가질 수 있다고 믿으면, 인간에 대해 추론하는 우리 능력이 위태로워질 수 있다. 또 어쨌거나 인간에 대한 우리 가정은 상당히 건전한 것이어서, 그런 반직관적인 가정을 받아들이는 것은 부끄러운 행동일 수 있다.

여러 실험에서 확인되었듯이, 반직관적인 개념은 우리의 직관적인 사고방식에 별다른 영향을 미치지 않는다. 종교 분야를 연구한 심리학자 저스틴 배럿Justin Barrett의 결론에 따르면, 많은 기독교인이 '신학적 올바름theological correctness'을 준수한다. 그러나 그들의 '신학적으로 올바른 믿음'은, 그들이 실제로 하느님에 대해 생각하는 자세에 거의 아무런 영향을 미치지 않는다.[12] 배럿이 인터뷰한 기독교인들은 하느님의 표준적인 특징—하느님은 모든 것을 알고, 어디에나 존재한다 등등—을 묘사할 수 있었다.[13] 그들이 기도할 때 하느님을 "하얀 머리칼에 하얀 수염을 기른 노인"으로 생각하지만, 실제로는 그렇지 않다는 걸 알고 있었다.[14] 게다가 하느님이 물에 빠진 아이를 구하는 이야기를 다시 해달라는 요구를 받았을 때 많은 기독교인이 하느님의 행동을 순차적으로 묘사했다. 먼저 하느님이 기도에 응답을 끝내고, 그 뒤에 관심을 그 아이에게 돌려 기적을 베푼다는 것이었다.[15] 하기야 전지전능한 신이 갈피를 못 잡고 우왕좌왕할 수야 없지 않은가.[16]

그렇다고 기독교인들이 신학적으로 올바른 관점에서 추론할 수 없다는 뜻은 아니다. 하느님이 어디에나 있느냐는 질문에, 더 구체적으로 하느님이 이 방과 옆방 다 존재하느냐는 질문에 기독교인들은 "그렇다!"라고 대답할 것이다. 하지만 배럿의 연구 결과에 따르면, 반직관적인 사상은 얄팍하게만 받아들여질 뿐이다. 즉, 우리가 반직관적인 사상에 동의하고, 압력을 받으면 그 사상으로부터 추론도 할 수 있지만, 그 때문에 우리가 직관적으로 생각하는 방법에 영향을 받지는 않는다. 오히려 우리가 반직관적인 개념이나 사상을 다루는 방법에, 우리의 직관적인 사고법이 스며들어 영향을 미친다. 배럿이 인터뷰한 기독교인들이 하느님도 주의를 집중하는 시간에 한계가 있다는 걸 암묵적으로 인정한 것도 그 증거라 할 수 있다.

과학적 개념에도 똑같은 논리가 적용된다. 심리학자 마이클 매클로스키Michael McCloskey와 그의 동료들은 학생들의 '직관적 물리 지식intuitive physics(교실에서 배운 물리적 지식을 활용하지 않고, 간단한 물리 문제에 대

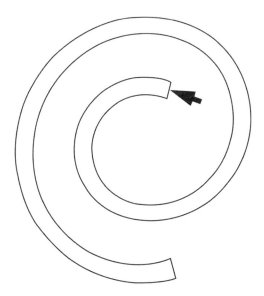

그림 4 · 화살표에서 시작된 공은 어떤 길을 따라 튜브를 빠져나가겠는가?
(출처 : Redrawn from McCloskey, Caramazza, & Green, 1980, p. 1139.)

답하는 정도'을 체계적으로 조사한 초기 학자들이었다.[17] 한 실험에는 유수한 미국 대학교 재학생들이 참가했고, 대부분이 물리학 강의를 조금은 들은 터였다. 매클로스키는 직관적 물리 지식을 측정하기 위한 일련의 문제를 학생들에게 제시했다. 그중 하나가 그림 4이다.

정답, 즉 공은 계속 직선으로 굴러간다고 대답한 학생이 절반에 못 미쳤다. 대다수가 공이 곡선으로 굴러갈 것이라 대답했다. 즉, 학교에서 배운 관성을 정확히 이해한 학생이 절반에 미치지 못했다. 관성의 법칙에 따르면, 물체에 어떤 힘도 가해지지 않으면 물체는 일정한 속도로 직선으로 움직인다. 관성의 이런 개념은 반직관적이다. 우리 경험에 따르면(마찰력이 존재하는 일반적인 상황에서), 어떤 힘도 외부에서 가해지지 않을 때 물체는 저절로 움직임을 멈춘다(따라서 공이 벽에 부딪히지 않더라도 결국에는 멈춘다). 관성의 올바른 개념이 반직관적이란 사실은, 그 정확한 개념이 물체의 움직임에 대한 학생들의 직관에 의해 쉽게 무시되었다는 뜻이다. 이런 잘못된 해석이 유감스럽게 여겨지더라도, 반직관적인 과학적 개념이 우리 인지 능력에 제한된 영향을 미치는 것에 감사해야 한다. 우리가 복잡한 곡선을 따라 엄청난 속도로 우주를 가로지른다는 이론을 우리 뇌가 정확히 처리할 수 있다면, 우리는 지독한 멀미에 끊임없이 시달릴 테니 말이다.[18]

반직관적인 주장이 대담하게 내세워지더라도 직관적인 시스템의 기능에 미치는 영향은 무척 제한적이거나 전혀 없다는 게 많은 연구에서 밝혀졌다. 어느 정도까지, 반직관적인 주장은 이해하기 힘든 주장처럼 처리된다. 이론적으로는 반직관적 주장이 우리 직관과 끊임없이 충돌하지만, 실제로는 우리 직관이 반직관인 주장을 무시해버린다. 앞의 여러 장에서 살펴본 많은 잘못된 개념처럼, 반직관적인 개념도 반사적으로 처리되며, 우리의 일반적인 인지 능력과는 별개로 작동한다.

카리스마를 지닌 권위자?

●

반직관적인 개념이 인지적으로 얄팍하게 받아들여진다면, 열린 경계 기제에 제기되는 의문도 자연스레 완화된다. 또한 반직관적인 개념이 우리의 직관적인 인지 체계에 영향을 미치지 않기 때문에, 그런 개념을 받아들이는 것이 생각만큼 위험하지 않다. 그러나 우리가 특이한 믿음, 특히 자신의 직관과 충돌하는 믿음까지 받아들이는 이유가 이걸로는 설명되지 않는다. 오히려 우리는 권위자를 지나치게 떠받들고, 실제보다 훨씬 더 많은 것을 알고 있는 사람으로 여기는 경향을 띤다(안타깝게도 과학자는 예외로, 그들의 지식은 과소평가되는 경우가 많다).

이런 과도한 공경심은 흔히 카리스마로 설명된다. 사고방식 및 목소리와 몸가짐이 그들에게 권위와 신뢰를 더해준다는 것이다. 인류학자 클로드 레비 스트로스Claude Levi-Strauss(1908-2009)는 라캉 팬이 아니었지만 "청중을 장악하는 힘과 권위가 라캉의 외모, 어투, 몸짓에서 뿜어져 나왔다."라고 말했다.[19] 프랑스어판 위키피디아는 라캉을 극찬하다 못해 "그가 담론을 풀어가는 방식은 프랑스어에 돌이킬 수 없는 영향을 남겼다."라고 주장하기도 했다.[20]

종교적 믿음이나 과학적 믿음이 확산되는 이유를 설명할 때 카리스마는 주된 원인이 될 수 없다. 현대인 중에는 누구도 예수를 직접 만난 적이 없지만, 많은 사람이 기독교를 믿고, 나도 갈릴레오를 만난 적이 없지만, 관성이란 개념을 인정한다. 내 생각에 개인적인 카리스마가 신뢰성을 좌우하는 원인은 아니다. 어떤 사람을 실제보다 유능하고 심오하게 보이게 하고, 그를 과도하게 공경하고 존중하도록 우리를 유도하는 데는 세 가지 메커니즘이 있다. 이 세 가지 메커니즘이 결합된 결과로, 이해하기 어렵고 반직관적인 믿음이 확산된다는 게 내 생각이다. 이제부터 이 세 메커니즘에 대해 차례로 살펴보자.

평판과 신뢰

●

때때로 우리는 어떤 사람을 실제로 식견이 깊다고 생각한다. 이렇게 생각하는 이유를 이해하려면, 우리가 그의 식견을 판단할 때 사용하는 단서들을 살펴야 한다. 이때 우리가 사용하는 주된 단서 중 하나는 과거의 성과이다. 컴퓨터를 수리하는 능력을 꾸준히 보여준 사람이라면 당연히 이 분야의 전문가로 여겨질 것이고, 그가 우리에게 고장 난 컴퓨터를 어떻게 수리하라고 조언하면 우리는 그 조언을 그대로 믿을 가능성이 크다. 과거의 성과에는 행위만이 아니라 말도 포함된다. 우리에게 소중한 정보를 제공해주는 사람은 상대적으로 유능하다고 여겨질 것이기 때문에, 어떤 정보가 소중한 것인지 판단하는 방법에 대한 의문이 자연스레 제기된다.

많은 경우에, 어떤 정보가 소중했는지는 사후에야 판단할 수 있다. 예컨대 "친구의 조언이 컴퓨터를 수리하는 데 도움이 되었는가?"라는 질문의 답을 생각해보라. 그러나 어떤 정보가 실제로 소중했는지 확인하기 전에, 그 정보의 출처가 신뢰할 만하므로 그 정보도 소중할 것이라 짐작하는 경우도 있다. 정보가 소중하다고 여겨지려면 타당성과 유용성을 동시에 지녀야 한다.[21] 예컨대 위협에 대한 정보는 값비싼 비용을 피하게 해주기 때문에 무척 유용할 수 있다. 파스칼 부아예와 그의 제자 노라 파렌Nora Parren은 일련의 실험에서, 다른 유형의 정보보다 위협에 대한 정보를 전해주는 사람이 상대적으로 더 유능하게 여겨진다는 걸 밝혀냈다.[22]

어떤 메시지가 실제로 유용한지를 확신하기 전에, 능력을 기준으로 메시지의 신뢰성을 판단하는 것도 좋다. 그러나 여기에도 맹점은 있다. 예컨대 우리가 위협에 대한 정보를 과대평가해서, 실질적인 위협을 맞닥뜨릴 가능성이 거의 없는 경우에도 그 정보를 유용하게 받아들이는 경향을 띨 수 있다. 부아예와 파렌의 실험에서, 피험자들에게 아마존을 트레킹할 때 거머리에 시달리는 위협에 대한 이야기를 해주었다. 아마존 거머리가 섬뜩하기는 해도, 피험자가 훗날 아마존을 실제로 트레킹하더라도 거머리를 맞닥뜨릴 가능성은 무척 낮다. 결국 그 이야기에 담긴 정보는 유용하지도 않았을뿐더러 피험자들이 그 정보가 정확한 것인지 아닌지도 영원히 모를 것이었다. 이런 현상은 위협에 대한 정보에 내재한 일반적인 문제이다. 우리가 그 위협을 심각하게 받아들이면 당연히 피할 것이므로, 위협이 정말이었는지 알아낼 기회를 상실하게 된다. 나 자신도 "위험 고전압"이라고 쓰인 간판이 진실을 말하는 것인지 알아보려고 도전해본 적은 한 번도 없다! 10장에서 보았듯이, 위협에 대한 정보를 전해주는 사람을 유능하다고 짐작하는 것도 결국에는 유언비어가 확산되는 주된 이유 중 하나이다. 많은 유언비어가 위협과 위험을 언급하고 있지 않은가!

위협 이외에도 진지한 검증 없이 유용하다고 여겨질 수 있는 유형의 정보가 있는데, 어떤 행동이나 말에 대해 정당성을 제공하는 정보가 대표적인 예다. 우리가 어떻게든 관여하고 싶은 행동이 옳다고 정당화해주는 사람은 상대적으로 유능하다는 판단으로 보상을 받는다. 하지만 행동에 진지하게 의문이 제기되지 않는다면, 또 행동을 정당화하려는 해명이 철저히 검증되지 않는다면, 이렇게 평판을 기반으로 한 신뢰가 어물어물 확대될 수 있다.

우리가 상대의 능력을 평가하는 방법에서 이런 맹점은 대부분의 경우에 거의 중요하지 않다. 어떤 색다른 음식의 위험성을 경고하는 친구가 실제보다 더 유능하게 보일 순 있겠지만, 우리에게는 그 밖에도 친구의 능력을 한층 정확히 추정할 수 있는 여러 방법이 있다. 그런데 이른바 전문가가 등장하면서 진짜 문제가 부각되기 시작했다. 여기에서 전문가는 우리가 개인적으로 모르지만, 특정 영역의 커뮤니케이션을 통해 알게 되는 사람을 뜻한다.

요즘 위협적인 정보를 전문적으로 제공하는 뉴스 제공자들이 있다. 대표적인 예가 음모론자 앨릭스 존스Alex Jones의 미디어 네트워크—인포워스InfoWars 웹사이트, 라디오 방송, 유튜브 채널 등—이다.

인포워스 웹사이트의 첫 면에 실리는 이야기는 거의 언제나 위협에 관한 것이다. 중국에서 시작된 치명적인 돼지 독감 바이러스가 인간도 옮는다거나, 한 항공기 조종사가 자살 테러를 맡았다는 등 일반 대중을 겨냥한 이야기도 간혹 눈에 띄지만, 대다수는 특정 대상을 겨냥한 음모론이다.[23] 예컨대 핀란드 성범죄가 대부분 이슬람 이민자에 의해 저질러지고, 터키가 전 세계를 대상으로 성전聖戰을 선포했고, 유럽이 무슬림 이민자들을 받아들여 자살의 길을 선택했다는 식이다.[24] 게다가 헝가리계 미국인으로 금융계의 거물인 조지 소로스가 헝가리 정부를 적대시한다는, 음모론적 위협과 직접적인 관계가 없어 보이는 정보를 버락 오바마(!)와 리처드 브랜슨(?!)과 제프 베이조스(??!!) 같은 강력한 공산주의자들의 위험을 경고하는 동영상과 함께 언급했다.[25]

물론 핀란드에서 존스의 방송을 듣는 청취자는 거의 없을 것이고, 병든 중국 돼지 주변에도 거의 없을 것이다. 또 그런 음모를 읽은 독자가 그 위협이 사실인지 아닌지를 끝까지 추적할 가능성도 거의 없기 때문에, 존스는 그런 경고로부터 얻은 평판 신뢰를 계속 유지할 수 있다. 따라서 존스는 그런 신뢰를 등에 업고, 예컨대 비싸지만 아무짝에 쓸모없는 건강 보조 식품(독자들에게 끊임없이 위협을 떠올려주는 '서바이벌 실드 X-2, 네이선트 아이다인' 같은 이름을 가진)을 판매하거나, 생존을 위한 비상식량(무려 1년치!)부터 방사선 필터까지 온갖 '방재'防災 상품을 팔아 돈벌이를 할 수 있는 것이다.[26]

정당화를 위한 해명으로 눈을 돌리면, 갈레노스의 사례와 유사한 현상이 찾아진다. 갈레노스는 사혈이란 상대적으로 직관적인 시술에 대한 근거로 복잡한 이론을 제시했다. 그 때문에 갈레노스는 더욱 유능한 의사로 여겨졌다. 물론 그 밖에도 갈레노스를 유능한 의사로 평가할 말한 객관적인 이유는 많았다. 여하튼 그 결과로, 질병이 사혈과 별다른 관계가 없는 경우에도 의사들은 갈레노스의 조언을 귀담아들었다. 예컨대 갈레노스는 여느 때보다 훨씬 다양한 질병에 사혈을 권장했다.[27] 또한 대부분의 문화권에서는 사혈이 병든 부위 부근(예: 두통에는 관자놀이)에 시술되었지만, 갈레노스는 질병에 따라 절개하는 정맥이 달라지는 독특한 견해(예: 우울증을 치료하는 데는 왼손 엄지)를 고집했다.[28] 갈레노스가 특히 큰 영향력을 남긴 분야는 '피를 뽑는 양'이었던 듯하다. 내가 인류학과 역사학에 관련해 읽은 문헌에 따르면, 대부분의 시대와 장소에서 사혈로 뽑은 피의 양은 지극히 적었다. 그러나 갈레노스는 간혹 환자가 의식을 잃을 때까지 2리터의 피를 뽑았다고 자랑하기도 한다.[29] 갈레노스의 이런 권유가 조지 워싱턴을 비롯해 많은 환자의 죽음을 거의 직접적으로 앞당기지 않았을까 싶다. 워싱턴도 죽기 전에 2.5리터의 피를 뽑았다고 하지 않는가![30]

훨씬 더 큰 규모로는 종교적 교리와 관련해서, 특히 반직관적인 이상한 믿음들을 정당화하려는 시도에서 유사한 현상이 관찰된다. 인지과학자 니콜라 보마르 Nicolas Baumard 와 그의 동료들은 세계적인 종교의 가르침이 적어도 적절한 환경에 있는 사람들에게 대체로 직관적으로 와닿는 것이라 주장했다.[31] 그들의 주장에 따르면, 물리적 환경이 지속적이고 즉각적인 위협이 되지 않는 때부터 사람들은 다른 도덕적 규범, 예컨대 "절제와 극기, 과도한 욕심과 야망을 억제하는 자세"를 강조하는 규범을 열망하기 시작한다.[32] 그리고 이런 새로운 규범을 종교적 도리로 내세우는 지도자들이 등장해, 인간에게 도덕적인 삶을 원하는 신(들)의 요구에 부응할 때, 세상이 우주적 정의cosmic justice로 채워진다고 말한다. 이는 예컨대 제우스와 그의 가족이 도덕적 우월성을 특별히 보여주지 않았던 과거의 종교관에서 크게 탈피한 종교관이다. 이렇게 변화한 도덕률에 적합한 종교적 교리를 명확히 설명할 수 있는 지도자들에게는 존경과 경의가 표해지고, 이런 공경 덕분에 다른 사상, 즉 지적으로 일관된 체계를 마련하려고 애쓰는 종교 전문가들이 빚어낸 사상은 쉽게 전파된다. 이때 그 사상은 반드시 직관적이어야 필요는 없고, 양떼에게도 쉽게 이해되어야 할 필요도 없다. 예컨대 예수 이전에 살았던 까닭에 성체聖體에 의해 구원받을 수 없었던 사람들의 영혼이 어떻게 되었는지 진지하게 고민하는 기독교인은 거의 없다. 하지만 신학자는 이 문제를 숙고해야 했고, 공식적인 교리로 정리했다. 예컨대 가톨릭교에서 '예수를 몰라 구원받지 못한 사람들the unlearned'은, 예수가 재림할 때까지 '고성소古聖所, limbo of the fathers'에 머물게 된다.[33] 특히 전지전능하고 어디에나 존재한다는 기독교 신에 대한 신학적으로 올바른 해석은 여러 교리를 조화롭게 결합하려던 학자들의 오랜 노력 끝에 서서히 완성된 결과물이다.[34]

세계적인 종교들의 교리를 기준으로 할 때 이 설명에서 믿음은 두 종류로 구분된다. 하나는 많은 사람에게 직관적으로 와닿는 믿음이다. 예컨대 선행과 악행이 사후 세계에서 보상받고 처벌받는다는 믿음이다. 다른 하나는 교리의 일관성을 유지하려는 신학자들에게

만 해당되는 믿음이다. 기독교 이외에 다른 세계 종교에서도 두 종류의 믿음이 발견된다. 특히 첫 번째 종류의 믿음은 모든 세계 종교에서 거의 비슷한 반면, 두 번째 종류의 믿음은 크게 다르다. 예컨대 불교에서는 공덕功德이란 개념이 중심적 역할을 하기 때문에 선행을 베푼 사람은 내세에서 큰 행운을 누린다. 그러나 불교에도 다른 믿음을 설명하는 데 별다른 도움이 되지 않고, 기독교에 비슷한 것이 없는 반직관적인 믿음이 있다. 대표적인 예가 인간과 신에 대한 부처의 정확한 위상과 윤회 사상이다.

낙수 효과
●

우리가 직면하지 않아 검증할 기회도 갖지 못하지만, 어떤 위협을 경고한다는 이유로 상대의 미심쩍은 말을 기꺼이 믿어주고, 그의 평판까지 신뢰하더라도, 반직관적인 과학 이론이 폭넓게 받아들여지는 이유까지 똑같은 논리로 설명되지는 않는다. 일단 거의 모든 과학 이론이 반직관적이어서, 대중이 쉽게 이해하고 받아들일 만한 과학 이론이 별로 없다.

솔직히 말하면, 무수히 많은 사람이 반직관적인 과학 이론을 인정하고 받아들이는 이유를 나는 정말 모르겠다. 그렇다고 그들이 과학 이론을 받아들이지 않아야 한다는 뜻은 아니다. 반직관적인 이론이 옳더라도 그처럼 대중적으로 받아들여지는 이유가 어리둥절하다고 말하는 것일 뿐이다. 사람들은 과학 이론을 반사적으로만 받아들이는 게 사실이다. 따라서 과학적 믿음은 다른 인지 메커니즘과 거의 상호작용하지 않는다. 그런데 그런 반직관적인 과학 이론을 받아들이는 이유가 도대체 무엇일까? 과학자의 주장을 적절히 평가할 수 있는 사람은 극소수에 불과하다. 그 주장이 새로운 발견과 관련된 것일 때는 더더욱 그렇다. 소수의 전문가 집단만이 새로운 결과물의 내용을 이해하고, 기존 문헌을 기초로 그 결과물을 해석할 수 있다. 그 밖의 사람들은 상대적으로 조악한 단서에 의존할 수밖에 없다. 관련 전문가 집단에서 멀어질수록 단서도 조악해진다.

우리는 많은 단서를 활용해, 뭔가가 어느 정도까지 '과학적'인지 알아냈다. 그중 하나가 수식화이다. 수식이 사용되면 그 결과는 좋은 과학으로 여겨질 가능성도 높아진다. 심리학자 킴모 에릭손Kimmo Eriksson이 실시한 한 실험에는 대학원 졸업생만이 참가했고, 그들은 사회과학의 결과물을 평가해야 했다. 참가자 절반에게 주어진 초록抄錄에는 수학적 기호로 구성된 한 문장이 있었다.[35] 그 문장 자체는 별다른 의미가 없었지만, 초록에 대한 긍정적 평가를 끌어내는 데 큰 몫을 했다. 다른 단서들은 자연과학에서 흔히 볼 수 있는 것이었다. 심리학자 디나 와이즈버그Deena Weisberg와 그녀의 동료들은 이미 잘 알려진 심리 현상을 설명하는 방법에 대해 실험해보았다.[36] 의도적으로 에둘러 설명했지만, 관련된 뇌 영역에 대한 불필요한 정보를 간혹 덧붙이기도 했다. 아무런 관계도 없는 사람들에게서는 불필요한 뇌 과학적 자료가 더해진 설명에 대해 쓸데없이 우회했다는 비판이 적었다. 그러나 진짜 전문가들은 무의미한 수학 공식이나 뇌 과학적 횡설수설에 속지 않았다.

대학의 권위는 훨씬 더 조악한 단서이다. 한 신문이 두 연구에 대한 기사를 보도했다. 하나는 하버드 대학교에서 실시한 실험이었고, 다른 하나는 비스마르크 주립 대학교에서 한 실험이었다. 당연한 말이겠지만, 이 신문의 기사는 후자보다 전자를 앞세웠다.[37] 대학에 부여된 권위의 효과는 과학을 향한 극단적인 경의의 표현으로도 뚜렷이 나타난다. 밀그램의 복종 실험이 대표적인 예다.

밀그램의 실험에 보았듯이, 적어도 미국인 실험 참가자의 3분의 2는 연구자의 지시에 따라 실험 대상에게 거의 죽음에 이를 정도까지 전기 충격을 가했다.[38] 이런 결과는 한나 아렌트Hannah Arendt(1906-1975)가 제2차 세계 대전 당시 많은 독일인이 보여준 행동에 근거해 정립한 주장, 즉 "어떤 상황에서는 지극히 평범하고 예의 바른 사람도 범죄자가 될 수 있다."라는 주장을 뒷받침하는 것으로 여겨졌다. 요컨대 우리는 권위적인 위치에 있는 사람의 명령을 무작정 따르는 경향을 띤다는 주장이었다.[39] 하지만 이런 표준적 결론은 두 방향에서 크게 수정되어야 한다.

첫째, 3분의 2라는 수치는 부풀려진 것이다. 이런 결과는 그 실험 중 한 경우에만 얻어진 것이었다. 다른 경우들, 예컨대 실험자를 교체하는 등 작은 변화를 주자 복종률이 낮아졌다.[40] 특히 주목되는 사실은, 많은 실험 참가자, 정확히 말하면 거의 절반의 실험 참가자가 전반적인 실험 방식에 의문을 제기했다는 점이다.[41] 의혹을 표현하지 않은 참가자들도 누군가에게 가혹한 충격을 주고 있다고 생각했던지, 실험자의 지시에 따르지 않는 경우가 많았고, 결국 4분의 1만이 최고 전압까지 올렸다.[42]

둘째, 밀그램 실험에서 입증된 것은 사람들이 과학을 믿고 따르는 것이지, 자신들을 윽박지르며 명령하는 사람에게 무작정 복종하지는 않는다는 점이다. 실험 참가자들은 평범한 배경을 지닌 사람들이었다. 그들은 권위 있는 예일 대학교로부터 초대를 받아, 실험실 가운을 입은 과학자의 환대를 받았고, 실험과 관련된 과학적 이유를 상세하게 들었다. 따라서 참가자들은 연구의 과학적 목적에 부합한다고 생각하는 경우에만 실험자의 요구에 따랐다.[43] 반면 "다른 선택은 없습니다. 계속해야 합니다!"라는 일방적인 지시는 역효과를 낳으며, 참가자들의 반발을 샀다.[44] 또한 실험을 과학적으로 중요하게 보이게 만들던 단서 중 일부를 제거하자, 예컨대 실험을 예일 대학교에서 일반적인 도시로 옮겨 실시하자, 피험자들의 복종률도 떨어졌다.[45]

밀그램 실험은 과학적 가치를 평가할 때 조악한 단서를 지나치게 신뢰하면 위험하다는 걸 명확히 보여주는 증거이다. 다른 예도 얼마든지 있다. 창조론자부터 동종요법 의사까지 사이비 과학자들은 자격증을 그럴듯하게 이용하고, 올바른 개념을 주장해 얻은 박사학위와 대학 인증서를 과장되게 선전한다.[46] 하지만 전반적으로 조악한 단서는 긍정적인 역할을 한다. 여하튼 조악한 단서는 합리적인 흐름을 반영한다. 수학화로 과학의 수준이 크게 향상되었고, 자연과학이 사회과학보다 더 발전한 것은 사실이다. 또한 박사학위를 비롯해 대학 인증서를 받은 사람이 비전문가보다 전문 분야에서 더 깊이 더 많은 것을 알고 있을 가능성이 큰 것도 부인할 수 없는 사실이다.

권위자 효과

●

자크 라캉은 이런 조악한 단서들을 이용해 자신의 위상을 높였다. 라캉은 그럴듯한 자격증이 있었고, 수학적 기호를 광범위하게 활용했다.[47] 하지만 그의 세미나를 끝까지 버티어낸 학생이나 학자가 있었는지는 의심스럽다. 설령 그 세미나를 끝까지 버티어낸 학자도 라캉의 깊이에 인상을 받기는커녕 그의 난해함에 망연자실했을 듯하다. 어떻게 그처럼 불명료하고 난해한 글이 높은 평가를 받게 되었을까?

모호한 글을 이해하려면 더 많은 노력이 필요하다. 따라서 다른 모든 조건이 동일할 때 모호한 글은 관련성에서 멀어진다.[48] 예를 들어 설명해보자. "에어백이 설치된 곳에 충격이 있을 때 에어백에서 팽창되는 부분이 폭발하며 내부 압력을 과도하게 만들어낼 수 있다. 그런 경우에는 팽창부를 감싼 금속 덮개가 파열되며, 금속 조각들이 에어백을 뚫고 나가 자동차에 박힐 수 있다."라는 설명보다, "에어백이 터질 때 그 파편에 목숨을 잃을 수 있다."라는 설명이 훨씬 쉽게 이해될 것이다(그렇다, 실례를 든 것이다).[49] 따라서 이해하기 힘든 내용이 확산되는 이유는 모호하기 때문이 아니라, 모호함에도 불구하고 그 까다로운 내용을 더 쉽게 전달할 방법이 없기 때문이다.

하지만 라캉을 비롯해 그와 유사한 지식인들의 성공을 보면, 결국에는 사람들이 터무니없는 진술을 해독하는 데 많은 에너지를 쏟아야 할 정도의 모호함이 때로는 도움이 되는 듯하다. 당 스페르베르도 말했듯이, 특별한 상황에서 모호함은 '권위자 효과guru effect'를

통해 강점이 될 수 있다.[50]

1932년의 라캉을 상상해보자. 라캉은 최고로 손꼽히는 학교를 다녔고, 가장 뛰어난 정신 의학자들에게 교육을 받았다. 그의 유명한 박사학위 논문에서는 정신의학과 정신분석학 및 철학에 대한 깊은 성찰과 이해가 읽힌다. 그는 정신 질환이 결함이 아니라 다른 식으로 생각하는 방식에 불과하므로, 정신 질환자의 관점에서 이해되어야 한다고 주장했다.[51] 이런 논지가 맞는지 틀리는지는 불분명하지만, 그럴듯해서 흥미로운 논란을 불러일으켰다. 이렇게 라캉은 파리 지식인 세계에 이름을 알렸고, 당연한 귀결이겠지만, 정신 문제의 전문가로 인식되었다.

그 지위를 유지하기 위해 라캉은 정신에 대한 새롭고 흥미로운 이론을 계속 개발해야 했다. 하지만 그렇게 하기는 상당히 어렵다(정말이다!). 천만다행으로 그런 어려움을 타개할 방법이 있었다. 모호한 개념들, 이미 시대정신의 일부가 된 개념들을 사용하는 방법이었다. 리캉이 1938년에 발표한 논문에서 한 구절을 발췌해 읽어보자. "첫 사례에서 보듯이, 거의 순전히 병력을 떠올려주는 것만으로 오이디푸스 콤플렉스적 사건들이 설명되자마자 징후들이 해소되었다."[52] 이 글을 이해하려면 약간의 노력이 필요하고, 정신분석학 용어도 조금은 알아야 한다. 그러나 이 말은 대략 "환자가 어머니에게 성적 욕망을 가졌다는 걸 기억해낼 수 있었을 때 증상이 완화되었다."라는 뜻으로 그럭저럭 이해될 수 있다(잘못된 해석일 수 있지만, 그 진위는 다른 문제이다).

라캉이 복잡한 정신분석 이론을 완전히 통달했다는 게 그의 논문으로 확인되었다. 따라서 그의 난해한 글은 시간과 노력을 투자해 해독해야 할 만큼의 가치가 있는 것처럼 여겨졌다. 추종자들은 라캉을 전문가로 추정한 까닭에, 그 대가의 발언을 이해하기 위해 점점 많은 에너지와 상상력을 쏟았다. 이 단계에서 개념의 모호함이 강점이 된다. 모호함은 추종자들에게 라캉의 개념을 무수한 방향으로 해석하고, 원래의 의도보다 훨씬 더 많은 의미를 부여할 수 있는 재량권을 주었다. 라캉을 비판하던 두 학자의 표현을 빌리면, "시간이 지남에 따라, 라캉의 글은 더욱더 아리송해졌다. …… 말장난에 문장까지 뒤틀었기 때문이었다. 따라서 제자들은 스승의 여러 글을 저본으로 삼아 경건한 자세로 해석해야 했다."[53]

고생스런 노력에도 외적으로 눈에 띄는 보상이 없었다면, 대부분의 제자는 라캉이 늘그막에 최정상에 올라서기 훨씬 이전에 포기하고 말았을 것이다. 라캉을 추종하던 '팬'들은 그 명칭에서 짐작하듯이, 자신이 겪는 해석의 진통을 다른 학자들의 힘겨운 수고로부터 위안받고자 했다. 레비 스트로스도 라캉의 한 세미나에 참석한 뒤에 "내 주변 사람들이 세미나 내용을 이해했는지는 모르겠다."라고 푸념하지 않았던가.[54]

대가의 말씀이 깊이 숨겨진 진실을 밝힌 것이라는 폭넓은 추정이 확립되면, 반대 의견을 인정하는 행위는 지적인 실패—"수정처럼 투명한" 글을 헤아리지 못하는 멍청한 실패—로, 더 나아가 배척받아 마땅한 반역 행위로 비추어진다. 심지어 대가는 자신의 주장이 한없이 투명하다고 목소리를 높이기도 한다. 라캉도 "간단히 말하면, 담론의 우주에서는 어떤 것도 모든 것을 담지 못한다는 뜻일 뿐이다."라고 주장했다.[55] 이처럼 간단한 데도 대가의 말씀을 이해하지 못하는 사람은 멍청한 바보인 게 분명하다. 라캉의 추종자들은 실제로 그렇게 말했다. "라캉 자신이 말하듯이, 그는 수정처럼 투명한 저자이다."[56] 하기야 임금님이 발가벗고 있다는 걸 핵심 추종자들이 어떻게 인정할 수 있겠는가. 그들은 라캉의 모호한 글에 심원한 계시가 감추어져 있다는 환상을 끝까지 간직할 수밖에 없었을 것이다.

설상가상으로 학생들까지 자격을 갖추고, 차세대 대중적 지식인과 대학 교수가 됐다. 대가의 영향은 더욱 확대되고, 국외자들은 그처럼 똑똑한 사람들이 왜 그릇된 길로 빠져들었는지 의문을 품기 시작한다. 이쯤에서 다시 모호함이 라캉을 편들고 나선다. 라캉의 이론이 이해된다면 국외자들도 자체의 의견을 구축할 수 있을 것은 당연하다. 그러나 그들의 모호함이 평론가들의 매서운 눈에서 라캉의 글을 지켜준다. 어차피 평론가들도 그 모든 것을 이해할 정도로 깊은 지식을 지닌 것처럼 처신하는 학자들의 의견을 따르거나, 그렇지 아니면 라캉과 그들의 글을 통째로 거부하며, 지적인 정교함에 제대로 공감하지 못하는 무뢰한으로 보이는 위험을 감수해야 하기 때문이다.

어떻게 해야 하나?
●

대체로 우리는 누가 가장 잘 아는지 알아내는 데 상당히 능숙한 편이다. 그러나 어디에나 예외가 있다. 이 장에서는 누군가를 과도하게 공경하고 존중하도록 우리를 유도하고, 결국에는 우리가 이해하기 힘든 개념을 숙고하고 반직관적인 주장을 받아들이며, 때로는 불쌍한 피해자에게 가혹한 전기 충격을 가하게 만드는 메커니즘에 대해 살펴보았다. 이제부터는 그 메커니즘들이 빚어내는 결과를 완화할 수 있는 치유법에 대해 알아보자.

첫 번째 메커니즘은 평판이 신뢰에 미치는 영향이다. 유용하게 보이는 조언을 해주는 사람은 유능하다고 생각되지만, 그 상관관계가 적절히 검증되지는 않는다. 대표적인 예가 앨릭스 존스의 섬뜩한 경고이다. 적어도 이론적으로는 이 문제의 해법이 상대적으로 간단한 편이다. 평판에 의한 신뢰를 중단하면 된다. 위협의 경우, 다양한 위협을 경고하는 사람들에게 계속 주의를 기울이며 그들의 경고를 신중하게 고려하되, 그 위협의 실현 여부에 대해 더 많은 정보를 확보할 때까지 그들에게 어떤 보상도 하지 않아야 한다. 정당화를 위한 해명의 경우도 마찬가지이다. 우리가 전문가의 의견을 즐겨 인용하는 이유 중 하나는, 그 의견이 우리의 기존 의견에 대한 근거를 명확히 제시해주기 때문이다. 우리 의견을 정당화해주는 전문가 의견이 적절한 평가를 받아, 의견이 충돌하는 친구와의 논쟁에서 사용된다면, 문제될 것이 없다. 그러나 전문가의 의견이 검증되지 않은 것이라면, 우리는 의심쩍은 정보를 받아들였을 뿐만 아니라 특정 전문가의 의견을 부풀린 것이 된다.

우리를 지나치게 공경하도록 유도하는 두 번째 메커니즘이 작동하면, 우리는 과학적 정보를 평가할 때 조악한 단서들에 의존하며,

어떤 정보를 실제보다 더 과학적으로 생각하는 위험을 무릅쓰게 된다. 앞에서 언급했듯이, 이 메커니즘을 피할 수 있는 마법적 비책은 없다. 대부분의 경우, 관련된 소수의 전문가만이 새로운 과학적 발견을 철저히 평가할 수 있기 때문이다. 그 밖의 사람들은 다소 조악한 단서에 의존할 수밖에 없다. 하지만 우리 모두가 더 세밀한 단서를 사용하려고 노력할 수는 있다. 철학자 앨런 골드먼Alain Goldman은 비전문가가 과학적 주장을 평가하기 위해 사용할 수 있는 일련의 단서로, "그 주장이 전문가들에게 어느 정도의 호응을 얻는지"부터 "그 주장을 옹호하는 과학자들에게 이해의 충돌이 있는지"까지 다양한 기준을 제시해주었다.[57] 특히 순간적으로 번뜩이는 새로운 결과를 경계하고, 다수의 독립적인 연구에 기반을 둔 연구에 의존하는 편이 더 낫다. 예컨대 의학 분야에서, 비영리 단체 코크런Cochrane은 커피, 포도주, 블루베리, 콤부차*가 암의 발생이나 예방에 미치는 효과에 대해 신뢰할 만한 결과를 내놓은 연구들을 체계적으로 검토한 자료를 제공해주고 있다. 여하튼 조악한 단서라고 콧방귀 뀌며 무시해서는 안 된다. 조악한 단서도 수상쩍은 주장이 확산되는 데 일조할 수 있지만, 조악한 단서라도 찾는 게 유일한 실질적 대안이라면 과학에 무조건 저항하는 것보다 훨씬 낫다.

끝으로, 모호한 발언으로 공허한 내용을 감추려는 권위자의 그늘에서 벗어나려면 어떻게 해야 할까? 20세기 중반부터 몰아치던 포스트모더니즘 사상가들의 거대한 물결도 결국 흘러갔고, 라캉도

---

*   설탕을 가미한 녹차나 홍차에 유익균을 넣어 발효시킨 음료-옮긴이주

죽었지만, 권위자들은 여전히 우리 곁에서 서성대고 있다. 조던 피터슨Jordan Peterson은 보수적 사상을 직관적으로 옹호한 덕분에 믿기지 않는 유명세를 얻은 심리학자이다. 하지만 그의 글은 상당히 장식적이고 난해하다. 그의 처녀작 《의미의 지도》에서 한 구절을 예로 들어보자.

> 미래의 끝임없는 초월성은 과거에 역사적으로 결정된 모든 시스템의 절대적인 충분성을 파괴하는 역할을 하고, 혁명적인 영웅이 개척한 길이 앞으로도 꾸준히 구원의 길이 되게 한다.[58]

우리가 아직 라캉주의Lacanianism의 종착역에 도달하지 못한 탓인지, 나는 라캉주의가 무엇을 뜻하는지 맥락 속에서도 도무지 모르겠다. 유명한 디팩 초프라Deepak Chopra도 수수께끼 같은 트윗을 남기는 것으로 유명하다. "발현의 역학: 의도, 초연, 가능성들이 병치되게 해주는 것" 혹은 "빛의 존재로서 우리는 지엽적인 동시에 비지엽적이고, 시간에 구속받는 동시에 시간을 초월하는 실재이자 가능태"[59]라는 트윗이 무슨 뜻인지 이해하겠는가? 권위자를 알아내는 게 상대적으로 쉬운 편이어서 그나마 다행이다. 피터슨과 초프라는 과학계, 적어도 그들이 권위자라는 지위를 누리는 저작의 영역을 벗어나면 전문가로서 별다른 위상을 누리지 못한다. 수학에 크게 의존하는 학문은 예외지만, 교육을 제대로 받고 집중력 있는 독자라면 충분히 이해할 수 있을 정도로 거의 모든 개념이 명확히 전달될 수 있어야 한다. 어떤 주장이 복잡한 단어들을 뒤죽박죽 뒤섞어 놓은 것처럼 보이고, 맥락에서도 이해가 되지 않고, 이해해보려고 노력해도 이해가 되지 않는다면, 정말 그렇게 뒤죽박죽 뒤섞어 놓은 것일 수 있다.

많은 사람이 권위자를 옆에 두고 싶어 하는 그럴듯한 이유 중 하나가, 프랑스에서 라캉의 핵심 추종자들이 그랬듯이, 권위자와 함께하면 그들이 더 유능하고 해박하게 보일 것이라 생각하기 때문이다. 항상 이렇게 생각하며 권위자를 추종하는 것은 아니겠지만, 추종자들이 권위자의 지적 능력과 지혜의 깊이를 습관적으로 거론하는 경향을 띤다는 사실에서, 권위자의 추종이 순전한 개인적 깨달음의 과정으로 이어지지는 않는 듯하다. 따라서 권위자의 능력과 지혜에 의문을 제기함으로써, 우리는 추종자들로부터 권위자를 들먹이는 이점을 빼앗고, 권위자로부터는 추종자들을 등에 업으려는 이점을 박탈할 수 있다.

NOT BORN YESTERDAY

분노한 전문가와
간사한 사기꾼

Angry Pundits and Skillful Con Men

★ 15 ★

경제학자 폴 시브라이트Paul Seabright는 2004년에 발표한 《낯선 사람들과의 동행》에서, 우리가 낯선 사람, 즉 아무런 관계도 없고, 개인적으로 한 번도 만난 적이 없는 사람에게 의존하는 게 너무도 이상하지 않느냐는 의문을 제기하고, 그 답을 찾아간다. 인류의 역사에서 비교적 최근까지도 우리가 협력한 사람은 대체로 우리에게 잘 알려졌고, 오랜 상호작용을 근거로 협력 동반자로서 상대의 가치를 가늠할 수 있는 사람이었다.[1] 요즘에는 상황이 변했다. 우리는 언론인을 통해 뉴스를 얻고, 과학자들에게 세상이 어떻게 돌아가는지를 배우며, 종교 지도자나 철학자로부터 도덕이 나아갈 방향에 대해 조언을 받지만, 그들을 직접 만나는 경우는 거의 없다. 또 단 한 번 만난 외과 의사에게 우리 수술을 맡기고, 거의 알지 못하는 교사에게 자식의 교육을 맡긴다. 얼굴조차 모르는 조종사가 운전하는 비행기에 몸을 싣고 바다를 건넌다. 이런 새로운 상황에서 우리는 누구를 신뢰해야 하는지를 어떻게 결정해야 할까?

이 장에서, 나는 우리가 엉뚱한 사람들을 신뢰하게 되는 많은 경우 중 두 가지를 살펴보려 한다. 첫째는 분쟁에서 그들이 우리 편을 들며 우리에게 충성심을 보이는 경우이다. 둘째는 우리가 직업부터 민족성까지 조악한 단서를 사용해 누구를 신뢰해야 하는지를 판단하는 경우이다. 각 경우에 개입하는 메커니즘은 우리에게 누군가를 지나치게 신뢰하게 만들 수 있다. 물론 나는 나에게 20유로를 사기친 그 가짜 의사를 믿지 않았어야 했다. 그런데 대체로 우리는 신뢰하지 않아야 할 때 신뢰하는 경우보다, 신뢰해야 할 때 신뢰하지 않음으로써 실수를 범할 가능성이 더 크다.

누구를 편드는가?

●

생면부지인 낯선 사람을 어떻게 신뢰할 수 있을까? 요즘 우리가 흔히 직면하는 이 문제는 진화론적으로 전에 없던 새로운 것이지만, 우리가 여전히 의지하는 인지 메커니즘은 완전히 다른 환경에서 협력자를 찾아내는 데 도움을 주었다. 중요한 것은 협력자가 우리를 기꺼이 지지해야 한다는 것이다. 우리와 누군가의 사이에 갈등이 있으면 그들은 누구를 편들까? 이런 순간에 관계가 규정된다. 예컨대 고객과 분쟁을 벌일 때 현장 직원은 관리자가 정말 힘이 되는지를 알게 되고, 내가 애인의 친구와 갈등을 벌일 때 나를 향한 애인의 마음을 진실로 알게 된다. 또 직장에서 파벌 간의 분쟁이 벌어질 때 동료의 충성도가 명확히 드러난다.

누군가를 편드는 행위에는 비용이 따르기 때문에 갈등의 순간에 많은 것이 드러난다. 우리가 편들지 않은 사람들은 우리 행동을 배척의 명백한 신호로 해석하며, 우리를 협력하기에 바람직하지 않은 동반자로도 해석한다. 이 행위는, 많은 사람을 화나게 하지 않고 특정 개인이나 집단만을 적대시한다는 점을 제외하면, 다리를 불태우는 벼랑 끝 전략과 대체로 비슷하다. 두 경우 모두 특정 개인이나 집단과 손잡고 싶다는 신호를 보내는 것은, 결국 다른 사람이나 집단과 제휴할 기회를 상실하는 비용을 감수하는 것이므로 신뢰를 얻는다.

모두가 서로 알고 지내는 작은 공동체에서 이런 신호는 정말 믿을 만하다. 우리가 반대하는 사람도 우리가 편들었다면 협력할 수 있었을 사람이기에 비용은 실질적인 것이다. 따라서 비용이 클수록 신호의 신뢰도는 올라간다. 학교 운동장에서 당신이 인기 없는 약골과 싸울 때 당신 편을 드는 친구들은 별다른 비용을 치르지 않는다. 그러나 당신이 골목대장과 싸울 때 당신을 편드는 친구들은 상당한 위험을 각오한 것이므로, 그 친구들의 선택은 더욱더 유의미하다.

요즘의 환경에서는 별다른 비용을 치르지 않고도 누군가를 편드는 게 쉽다. 가령 내가 술집에서 친구와 함께 술을 마시고 있다고 해보자. 그런데 그 친구가 옆 테이블의 손님들과 말싸움이 벌어졌다. 이때 내가 친구의 편을 든다고 해서 비용이 들지는 않는다. 그 친구가 말싸움을 벌이는 사람들을 내가 다시 만날 가능성은 거의 없기 때문이다. 따라서 그 상황에서 내가 친구를 편들었다고, 그 행위가 친구를 향한 내 우정을 뜻하는 강력한 지표는 아니다. 최소한의 비용을 치르며 누군가를 편드는 전략은 소셜 미디어의 유명인사 및 전문가가 광범위하게 사용하는 것이고, 심지어 뉴스 채널에서도 번질나게 사용된다.

미국의 케이블 뉴스 네트워크가 좋은 예다. 오랫동안 미국의 뉴스 네트워크는 시청자의 반감을 불러일으키지 않을 목적에서, 누구편도 들지 않는 객관적인 입장을 취했다. 폭스 뉴스 채널과 MSNBC도 설립되었을 때 차례로 우파와 좌파의 성향을 약간 띠었지만, 대체로 동일한 기조를 유지했다. 하지만 시간이 지난 뒤 전략을 바꾸었다. 시청률을 확보하려고 파편화된 시장에 의존하는 경향이 높아졌기 때문이었다.[2] 모두를 즐겁게 해주는 전략을 버리고, 폭스 뉴스는 보수적인 공화당 지지자를 목표로 삼았고, MSNBC는 진보적인 민주당 지지자를 표적으로 삼았다. 두 방송국은 편향성이 더욱 짙어졌고, 그 결과로 어느 쪽을 편드는지 확연히 드러났다. 그 채널들과 방송 진행자들은 편향성에 대한 비용을 지불했지만, 편향성을 띠어 얻은 이익에 비교하면 그 비용은 무시해도 좋을 정도이다. 그들이 응원한 쪽으로부터 얻은 이익이, 상대편 시청자를 포기해 잃은 몫을 상쇄하고도 남았다. 이런 점에서, 폭스 뉴스와 MSNBC 및 동일한 전략을 구사하는 다른 많은 채널들도 우리의 인지 메커니즘을 교묘히 이용한다. 요컨대 우리가 정치 스펙트럼에서 반대편에 있는 사람과의 문화 전쟁이라 인식하는 것에서 방송국들은 우리나 상대를 편든다. 그러나 방송국들은 시청자 상실로 인한 비용이 적기 때문에 그런 편향성을 띠는 것이지, 진정성을 찾아보기는 힘들다.

더구나 시청률 확보를 위해 한쪽을 편드는 전략은 (가상의) 적의 힘, 그런 적의 존재 자체에 대한 잘못된 정보를 퍼뜨리는 데도 일조한다. 앞에서도 말했듯이, 한쪽을 편드는 편향성의 정도는 그로 인해 발생하는 비용, 그중에서도 특히 반대쪽의 힘에 따라 달라진다. 따라서 우리 편을 들어 우리에게 신뢰를 얻으려는 사람들은, 상대편을 엄청난 강적으로 표현해야 더 큰 이익을 얻는다. 폭스 뉴스는 진보가 미디어와 정치적 담론 및 대학을 장악한 상태라고 보도하고, MSNBC는 보수가 대부분의 행정 관청, 대기업과 금융계를 지배한다고 주장한다. 이런 주장들이 정확하다거나 틀렸다고 말할 수는 없지만, 가장 강력한 집단의 야망까지 좌절시키는 견제와 균형이 양쪽 모두에서 다양한 형태로 존재하는 현실을 과소평가한 것만은 분명하다. 하지만 상대 집단의 힘에 대한 정보가 유의미하다고 여겨질 때 이런 편파적 주장들은 열렬한 지지층을 어렵지 않게 확보한다. 안타깝게도 이렇게 지극히 단순화된 편짜기에 익숙해진 인지 메커니즘으로 복잡한 정치경제적 환경이 너무도 쉽게 무시된다.

한쪽을 편드는 전략의 기본적인 전제 조건은 복수의 경쟁자가 우선적으로 존재해야 한다는 것이다. 가족이나 이웃 등에서 행해지는 낮은 정도의 분쟁은 케이블 뉴스 채널에서 관심을 갖기에 너무도 지엽적이다. 결국 최대한으로 많은 개인이 관련된 갈등이어야 한다. 우리 편을 들면 더 많은 시청자를 확보할 수 있고, 상대편은 더 강하게 보이는 갈등이어야 한다. 따라서 케이블 뉴스 채널의 진행자들은 시청자를 확보하려고 한쪽을 편드는 전략에 의존하며, 세상이 분열되고 양극화된 것처럼 묘사해야 이득을 얻는다.

13장에서 보았듯이, 미국인들이 모두 이념적으로 양극화된 것은 아니다. 그럼에도 그들은 양쪽으로 나뉜 것처럼 인식된다. 여러 연구에서 "대중이 실제보다 당파에 따라 분열된 것처럼 크게 잘못 인식된 상태"라는 게 확인되었다.[3] 예컨대 자유무역에 대한 민주당 지지자와 공화당 지지자의 의견은 놀랍도록 유사하며 양쪽 모두 중도에 가깝다. 공화당 지지자들이 약간 더 긍정적일 뿐이다. 그런데도 민주당 지지자들은 반反자유무역주의자로 인식되고(평균적으로도 그들은 반자유무역주의자가 아니다), 공화당 지지자들은 강력한 친자유무역주의자로 인식된다(평균적으로도 그들은 강력한 친자유무역주의자가 아니다).[4] 이렇게 잘못된 인식은 새로운 소비 방식에 의해 가속화된다. 일부 국가에서는 여전히 텔레비전이 그런 소비의 중심에 있지만, 부풀려 '인식된' 양극화의 주된 원인은 온라인 미디어의 과도한 소비이다. 이 추론에는 일리가 있다. 텔레비전 채널은 상대편이 과격한 극단주의자들로 이루어진 것처럼 묘사하려고 시도하는 것에 그치지만, 소셜 미디어에서는 그런 과격한 극단주의자들을 직접 볼 수 있어, 그들이 국민의 극히 일부에 불과하다는 걸 망각하기 쉽다. 결국 소셜 미디어가 우리를 더 극심한 양극화로 내몰지는 않지만, 우리가 양극화된 것처럼 생각하게 만든다. 더 정확히 말하면, 소셜 미디어가 더 강경한 의견을 개진하도록 사용자를 밀어붙이지는 않지만, 양극화를 부풀려 인식되게 해 정서적 양극화를 심화하고, 결국 양쪽이 상대를 미워하게 만든다.[5]

폭넓은 관중을 상대하는 행위자들이 한쪽 편을 들 때, 그들은 연합적 이권에 대한 왜곡된 관점을 취할 인센티브가 있다. 달리 말하면, 상대를 더 강하게 보이게 만들어 없는 갈등을 조장하는 것이다. 이 전략이 성공하면 그것은 더 폭넓은 인식적 왜곡을 가져올 수 있다.

강력한 상대와의 갈등에서 우리를 편든다고 인식되는 평론가는 우리에게 신뢰를 얻는다. 그가 우리의 이익을 진심으로 바란다고 생각하기 때문이다. 게다가 그가 우리 의견을 뒷받침하는 정보를 제공하면, 우리에게 유능하다고도 여겨지게 된다(14장 참조). 적어도 어떤 경우에는 이 전략이 효과가 있다. 예컨대 보수적인 공화당 지지자는 폭스 뉴스를, 트럼프의 취임 이후로 바뀌었지만, 역사적으로 중립적인 노선을 견지하던 CNN보다 신뢰할 수 있는 방송국이라 생각하게 되었으니 말이다.[6]

이렇게 신뢰를 얻으면, 적어도 주변부에서는 거짓 정보를 전할 수 있다. 정치적 편향성을 띤 케이블 뉴스 매체가 중립적인 매체보다 거짓 정보를 퍼뜨릴 가능성이 많다.[7] 그렇다고 그 모든 거짓 정보가 믿어진다는 뜻은 아니다. 하지만 그런 시도에는 뉴스 매체들이 거짓 정보에 의문을 제기하지 않을 것이란 전제가 담겨 있다. 더 중요한 것은, 상대편에 속한다고 여겨지는 사람보다 우리 편으로 생각되는 사람을 더 신뢰하는 신뢰의 비대칭이 정확한 정보의 확산을 방해한다는 사실이다. 우리가 신뢰하는 사람들은 우리에게 이의를 제기하지 않고, 우리는 우리에게 이의를 제기하는 사람들을 신뢰하지 않을 때, 우리가 알고 있는 사실이 왜곡될 가능성이 있다.

폭스 뉴스 채널이 정치적 의견과 정치적 지식에 미치는 영향을 정밀하게 조사한 일련의 연구가 있었다. 폭스 뉴스 채널이 지역 케이블 텔레비전 회사들과 체결한 계약에 따라 미국의 여러 도시에 무원칙하게 송전된다는 사실에 기초한 연구였다. 연구자들은 폭스 뉴스가 다양한 분야에 미친 영향을 분석했고, 그 결과를 대규모 무작위 실험에서 얻은 것처럼 처리했다. 그 연구에서 얻은 자료에 따르면, 폭스 뉴스 채널은 정치적 의견에 영향을 미쳤고, 폭스 뉴스가 송전된 도시들은 약간이나마 친공화당 쪽으로 기울었다.[8] 정치적 지식은 어떻게 되었을까? 정치적 지식은 다소 선택적으로 변했다.[9] 당연한 말이겠지만, 폭스 뉴스가 송전된 도시의 주민들은 폭스 뉴스가 다룬 쟁점에 대해서는 더 많이 알았지만, 폭스 뉴스가 제대로 다루지 않은 쟁점에 대해서는 충분히 알지 못했다. 폭스 뉴스는 공화당이 대체로 동의하는 쟁점을 주로 다루었다. 그 결과로 공화당 당론이 시청자들의 의견과 일치한다는 인상을 주며 공화당에 대한 지지를 강화했다.[10] 이 경우 정보가 공정하고 균형 있게 제시되지 않은 사례인 것은 분명하다. "중요한 쟁점에 대한 후보(혹은 당)의 의견을 효과적으로 전달함"으로써 미디어가 정치적 결과에 영향을 미칠 수 있다는 앤드루 겔먼과 게리 킹의 주장을 뒷받침해주는 사례이기도 하다.[11]

　우리의 연합적 사고가 무너지면 미디어 풍경이 당파들 간의 치열한 다툼으로 변질할 위험이 있지만, 그런 경향을 견제하는 대항력이 있다는 걸 기억해야 한다. 그렇게 할 때, 우리를 편드는 듯한 미디어의 유명인사들이 대체로 우리에게 아무런 도움이 되지 않는다는 걸 깨닫게 된다. 기껏해야 그들은 우리 의견을 뒷받침하는 정보를 제공하지만, 그 정보가 진정으로 의미가 있으려면 논리적으로 합당해야 한다. 요컨대 적대적인 토론에서 우리가 적절한 정보로 사용할 수 있는 것이어야 한다. 손쉽게 뒤집히는 논증으로 우리 의견을 해명하려 한다면 사회적 비용을 치러야 한다. 극단적 지지자의 요구에 영합하는 일부 언론을 제외하고, 대부분의 미디어가 여러 방향에서 편향성을 띠더라도 대체로 정확한 정보를 보도하려 애쓰는 데는 이유가 있다.[12] 게다가 이의 제기에 우리가 항상 부정적으로 반응하는 것도 아니다. 우리가 동료와 다툴 때, 동료를 편드는 친구에게 화를 낼 수는 있다. 그러나 우리가 틀렸다는 걸 그들이 정확히 지적하면, 물론 약간의 시간이 걸릴 수 있겠지만, 결국 우리는 올바른 방향을 깨닫는 데 도움을 주었다는 이유로 그들을 더욱더 존경하게 될 것이다. 우리의 뇌는 연합적으로 생각하도록 만들어졌지만 동시에 바보처럼 보이는 걸 피하려고 애쓴다. 그래서 정확한 믿음을 형성하려 하고, 그런 믿음을 높이 평가한다.

낯선 사람을 신뢰하는 이유

●

우리는 매일 저녁 텔레비전을 시청하며, 소셜 미디어의 유명인사나 뉴스 채널이 정보 제공자로서 갖는 가치를 가늠하기에 충분한 시간을 가질 수 있다. 그러나 방금 만난 사람은 어떤 기준에서 판단해야 할까? 그가 우리 이익을 진심으로 바라는지 아닌지를 어떻게 알 수 있을까? 그 낯선 사람의 과거 행적에 대한 정보가 거의 없으니, 우리는 조악한 단서, 즉 그의 성격, 그가 속한 집단, 그의 현재 상황 등에 의존할 수밖에 없다. 이런 단서의 범위는 무척 일반적인 것(이 사람은 믿을 만하게 보이는가?)부터 무척 구체적인 것(이 사람은 지금 나에게 호의적인가?)까지 상당히 포괄적이다.

일반적인 특징의 하나로 종교성을 예로 들어보자. 일부 문화권에서 종교인은 신뢰할 수 있는 사람으로 여겨진다.[13] 따라서 그런 문화권에서는 종교와 관련된 사람이 그렇지 않은 사람보다 더 믿을 만하다고 여겨진다.[14] 반면에 특정한 관계가 전제된 경우에만 신뢰성을 뜻하는 단서도 있다. 일련의 실험에서 학생들에게 같은 학교의 학생과 다른 학교의 학생 중 누가 더 너그럽게 그들을 대하겠느냐고 물었다. 응답자들은 같은 학교의 학생들이 더 너그러울 것이라고 대답했는데, 이때 응답자가 같은 학교에 다닌다는 걸 그들도 알아야 한다는 조건을 덧붙였다. 결국 응답자들은 동급생들이 무조건 더 너그러울 것이라 생각하지 않았고, 소속이 같은 사람에게 너그러울 가능성이 있다는 걸 입증해주는 데 그쳤다.[15]

우리는 누군가를 신뢰할지 결정할 때, 종교성부터 소속까지 다양한 단서를 이용한다. 그런데 이런 단서들이 믿을 만하다고 생각하는 이유가 무엇일까? 어떤 이유로든 신앙심이 깊은 것처럼 보이거나, 같은 대학에 다니는 것처럼 보이는 사람이 상대에게 신뢰감을 줄 가능성이 높다면, 기회가 있을 때마다 사람들이 이런 단서를 드러내지 않는 이유는 무엇일까? 이런 단서들이 신뢰성을 갖는 개략적인 이유는 실질적으로 발신자의 헌신성과 관련된 신호이기 때문이다. 우리는 누가 무엇에 헌신하는지를 추적해 알아낼 수 있다. 종교인처럼 옷을 입고 종교인답게 행동하지 않는 사람은, 똑같이 행동하더라도 종교인처럼 외모를 꾸미지 않은 사람보다 더 엄격하게 평가받는다. 종교라는 방패를 극단적으로 사용하는 예로, 브라질의 조직 폭력배는 조직을 탈퇴하고 싶을 때 교회에 등록하고, 회심하는 동영상을 증거로 소셜 미디어에 올린다. 이런 행위는 결코 가볍게 여겨지지 않는다. 다른 폭력 조직은 실제로 그에게 보복하는 걸 삼가지만, 그를 면밀하게 감시한다. 가령 한 젊은 폭력배가 살해되는 걸 피하려고 회심하는 동영상을 적시에 소셜 미디어에 올리면, 대립 관계에 있는 폭력 조직은 "그를 수개월 동안 철저히 지켜보며, 그가 교회에 충실히 출석하는지, 아니면 과거의 조직 두목을 접촉하는지를 집요하게 감시한다."[16]

일반적으로 말하면, 우리는 거짓으로 꾸며 행동하는 사람들을 배척하는 경향을 띤다. 가령 내가 '닥터 메르시에'라는 명찰이 달린 수술복을 입고 병원 주변을 서성대면서도 인지과학으로 박사학위를 받았다고 밝히면 사람들은 십중팔구 짜증을 낼 것이고, 그런 반응은 당연한 것일 수 있다. 또 건설 노동자가 부유한 사업가처럼 차

려입고 그렇게 행동한다면, 다른 노동자들과 하나로 섞이지도 못하고, 부유한 사업가들과 어울리지도 못할 것이다.

하지만 적어도 부분적으로는 실제와 다른 거짓된 모습으로 살아가는 사람들이 있다. 대표적인 예가 사기꾼이다.[17] 영화 〈스팅〉에서 로버트 레드포드와 폴 뉴먼이 연기한 인물들은 자신들의 세계를 사기꾼들의 세계로 묘사한다. 평범한 시민들의 세계와는 다른 세계로, 선량한 시민들은 속하려고도 하지 않고 함께할 수도 없는 세계이다. 〈스팅〉의 주인공들처럼 사기꾼들은 표적의 신뢰를 점진적으로 얻어야 하기 때문에 표적을 속여 큰 판을 벌이려면 시간이 걸린다.[18] 표적이 사기꾼들을 알게 되고 약간의 돈을 딸 수 있게 해주는 시간, 모든 것을 짜맞추어 정교한 계획을 세우는 시간이 필요하기 때문이다. 현실에서 영감을 받았다는 영화 〈스팅〉에서는 사기극을 위해 지하 창고를 빌려 사설 경마 중계소로 꾸몄고, 바람잡이 역할을 할 사람까지 수십 명을 고용했다. 더 많은 사람이 그런 사기극에 속아 넘어가지 않은 게 이상할 정도였다.

반면 작은 속임수는 사기꾼과 표적 사이의 작은 접촉만으로도 충분하다. '최초의 신용 사기꾼'이란 딱지를 붙일 만한 사람은 1850년경 뉴욕과 필라델피아에서 활동한 새뮤얼 톰슨Samuel Thompson이다.[19] 그는 낯선 사람에게 다가가 오랜 지인인 척하며, 사람들이 서로 신뢰를 잃어버리게 되는 과정에 대한 말을 늘어놓았다. 그러고는 자신의 주장을 입증하겠다며, 상대가 자신에게 결코 시계를 맡기지 않을 것이라고 확신에 차 말한다. 그럼 상대는 톰슨의 단언이 틀렸다는 걸 입증하고, 잊힌 지인인 듯한 톰슨의 기분을 상하게 하지 않으려고 톰슨에게 시계를 맡긴다. 하지만 그 이후로 그는 톰슨과 시계를 다시 볼 수 없다.

톰슨은 "점잖은 외모"(조악한 단서)를 이용해 애꿎은 피해들에게 압력을 가했다. 피해자들은 톰슨을 신뢰하지 않았을 수 있었지만, 사회적 지위를 이유로 누군가를 불신할 때 닥칠 상황을 두려워했던 것이다.[20] 이 책의 서문에서 말했듯이, 내가 가짜 의사에게 엉겁결에 20유로를 주었던 이유도 여기에 있다. 누군가가 자신이 어떤 사람이라고 정직하게 말한다는 전제를 받아들이면, 많은 행동이 논리적으로 뒤따른다. 예컨대 그 사람이 의사라면 나는 그 사람을 믿고 돈을 빌려줄 수 있어야 한다. 그런 전제를 부정한다면, 그 사람의 면전에서 그를 사기꾼이라고 말하는 것과 같아 사회적으로 바람직하지 않다.

똑같은 기법이 사회 공학social engineering(컴퓨터 보안에서 사람들 간의 기본적인 신뢰를 기반으로 사람을 속여 비밀 정보를 획득하는 기법-옮긴이주)에서도 사용된다. 컴퓨터 시스템을 해킹하는 것보다, 원하는 정보를 사람에게 직접 구하는 것이 더 쉽다. 해커이자 사회 공학자인 케빈 미트닉Kevin Mitnick은 《해킹, 속임수의 예술》에서, 중요한 정보를 직원들에게서 빼내는 방법을 다루었다. 예를 들면, 사회 공학자가 한 직원에게 전화해서 여행사인 척하며, 그 직원에게 예약한 여행을 확정하려고 전화한 것이라 말한다.[21] 그 직원은 뭔가 실수가 있었던 것이라 생각하며, 사회 공학자가 요구하는 직원 번호를 알려준다. 사회 공학자는 그 직원 번호를 이용해 그 직원인 척할 수 있게 됐다. 이 경우 직원은 조악한 단서를 믿고, 유선으로 전화한 사람을 진짜

여행사 직원으로 착각했던 것이다.

사기꾼과 사회 공학자의 예에서 보듯이, 조악한 단서에 근거해 낯선 사람을 믿는 행위는 쉽게 악용되는 바보 같은 짓이다. 누군가를 속이기는 생각보다 어렵다. 실제로 우리는 효과가 있는 속임수에 대해 귀에 딱지가 앉도록 듣는다. 톰슨에게 절도를 당했다며 정식으로 고소한 사람은 6명에 불과했다. 톰슨이 얼마나 많은 사람을 성공적으로 속였고, 몇 명에게나 실패했는지는 아무도 모른다.[22] 오히려 일반적인 평가에 따르면, 그는 "어설픈 도둑이었고 세련되지 못한 사기꾼이었다."[23]

얄궂게도, 가장 악명 높은 사기로 손꼽히는 419사기, 즉 나이지리아 사기Nigerian scam는 남을 속이는 사기가 정말 어렵다는 걸 명확히 보여주는 예다.[24] 수년 전, 우리는 돈을 벌 수 있는 기막힌 기회를 알려주는 이메일 폭탄을 받았다. 나이지리아 출신으로 추정되는 누군가가 엄청난 액수의 비자금을 갖고 있다며, 그 돈을 인출하는 데 필요한 소액을 송금해주면 훨씬 많은 돈을 보상으로 받을 것이라 유혹하는 이메일이었다. 여하튼 소액을 투자하면 100배의 보상이 있을 것이란 유혹이었다. 이런 터무니없는 메시지를 보면, 사람들이 너무도 쉽게 속는다고 생각된다. 도대체 왜 사람들은 그런 허풍에 속아 수천 달러를 잃는 것일까?[25] 인식 분석에서 컴퓨터 과학자 코맥 헐리Cormac Herley는 이 논리를 완전히 뒤집어 해석하며, 터무니없는 메시지 자체가 대부분의 사람이 실제로는 쉽게 속지 않는다는 걸 보여주는 증거라고 주장했다.[26]

무엇보다 헐리는 이런 메시지들이 나이지리아를 주로 언급하는 이유에 주목했다. 따라서 이 속임수는 곧바로 나이지리아와 관련지어졌고, 따라서 인터넷 검색 창에서 '나이지리아'를 치면 '사기'란 단어가 가장 먼저 자동 완성될 정도였다. 그렇다면 발신자는 왜 똑같은 국가를 계속 사용했을까? 그 메시지에는 나이지리아 이외에 신뢰성을 더해줄 만한 요소가 거의 없었다. 발신자는 엄청난 돈을 나눠주겠다는 왕자로, 결코 흔한 일도 아니었다. 왜 메시지를 이처럼 눈에 띄게 의심스럽게 작성했을까? 헐리의 해석에 따르면, 사기꾼들이 수백만 명에게 메시지를 보낼 때는 거의 돈이 들지 않았지만, 답장에 응답하는 데는 시간과 공력을 들여야 했기 때문이다. 여하튼 메시지를 신중하게 작성하더라도 돈을 곧바로 보낼 사람은 없을 것이고, 미끼에 걸린 표적이 있으면 서서히 감아 올려야 했다. 충분한 표적이 미끼에 걸려야만 그렇게 노력할 가치가 있었다. 따라서 구글에서 검색하며 조언을 구하거나, 거래 은행의 경고에 귀를 기울일 사람에게는 그런 노력을 들일 이유가 없었다. 사기꾼들이 그런 사람들을 걸러내기 위해 채택한 해법이 바로 메시지를 의도적으로 허황되게 작성하는 것이었다. 그렇게 사기꾼들은 가장 유망한 표적, 즉 현실을 제대로 모르는 사람들만을 표적으로 삼아 그런 노력을 기울였다. 이런 사기가 허황되게 보이는 이유는 사람들이 쉽게 속기 때문이 아니라, 대체로는 그렇지 않기 때문이다. 우리가 정말 쉽게 속는다면, 사기꾼들은 그럴듯한 메시지로 훨씬 큰 그물을 드넓게 던질 것이다.

비이성적인 신뢰

●

사기에 당하는 경우는 상대적으로 드물지만, 조악한 단서에 근거해 낯선 사람을 신뢰해서 얻는 이득은 상당히 크다. 이런 이유만으로도 우리는 낯선 사람을 신뢰할 수 있다. 경제학자들과 정치학자들은 사람들이 단순하게 정형화된 상황에서 합리적으로 행동하는지 시험하려고 다양한 형태의 경제 게임을 고안해냈다. 그중 하나가 신뢰 게임trust game이다. 방식은 이렇다. 투자자 역할을 맡은 피험자들은 일정한 액수의 돈을 받는다. 이들은 사업가 역할을 맡은 피험자들에게 투자할 액수를 결정할 수 있다. 투자한 돈이 불어나면(대체로 3배) 사업가는 투자자에게 일정한 액수를 반환할 수 있다. 예컨대 전체적인 이익을 적정한 방식으로 극대화하기 위해, 투자자가 전액을 사업가에게 투자하면 사업가는 이후 절반을 돌려줄 것이다. 하지만 일단 사업가에게 투자하면, 사업가는 어떤 제약도 없이 그 돈을 계속 사용할 수 있다. 투자자도 이 조건을 알고 있기 때문에, 합리적으로 생각하면 한 푼도 사업가에게 투자하지 않아야 한다. 여하튼 이론적으로는 한 푼도 투자하지 않는 것이 합리적인 선택이다. 게다가 사업가가 투자자에게 보내는 메시지도 아무런 효과가 없어야 마땅하다. 그 메시지도 본질적으로는 말의 성찬에 불과하다. 사업가가 절반을 되돌려주겠다고 약속하더라도 그 약속을 반드시 지키도록 강제하는 외적인 힘이 없기 때문이다.

하지만 많은 실험에 따르면, 투자자들은 기금의 상당한 몫을 투자하고, 사업가들은 수익의 일부를 꾸준히 되돌려주며 공유하는 경향을 띠었다.[27] 게다가 약속도 효과가 있는 것으로 드러났다. 사업가들은 투자자들에게 메시지를 보낼 기회가 주어질 때마다 투자 받은 원금을 되돌려주고 수익을 공유하겠다는 약속을 빠뜨리지 않았다. 그럼 투자자들이 사업가들에게 더 많은 돈을 투자하고, 사업가들이 수익을 공유할 가능성도 높아진다.[28] 무엇인가를 약속했다는 사실만으로 신뢰 수준이 향상되고, 그렇게 함으로써 어떤 면에서는 덜 합리적이지만 더 나은 결과가 빚어진다. 이 경우에는 가장 조악한 단서, 즉 사업가도 투자자와 거의 비슷한 사람일 것이란 생각만으로 상당한 신뢰를 형성하고, 약속을 믿음직하게 만들기에 충분하다. 그렇다고 사람들이 맹목적으로 신뢰한다는 뜻은 아니다. 위험이 증가하면, 근거가 불확실한 약속은 신뢰성이 사라진다.[29]

사회과학자 야마기시 토시오山岸俊男는 단기적인 안목에서 합리적으로 생각하면 신뢰하지 않아야 하는 상황이지만, 그래도 신뢰할 때 얻는 이점이 있다고 강조하며, 신뢰와 불신 간의 근본적인 비대칭이 정보 획득으로도 이어진다고 지적했다.[30] 가령 당신이 누군가를 신뢰하기로 결정한다면, 당신의 신뢰가 올바른 것이었는지 판단할 수 있는 기회를 갖게 된다. 새로운 친구가 당신에게 공책을 빌려달라며 다음날 돌려주겠다고 약속하면, 당신이 공책을 빌려주어야만 그 친구가 약속을 지키는지 알 수 있지 않겠는가. 반면 당신이 누군가를 신뢰하지 않는다면, 그가 정말 믿을 만한 사람인지를 영원히 알 수 없을 것이다. 또 한 친구가 당신을 생면부지인 사람과 짝지어 주려고 할 때, 그 제안을 받아들여야만 그 낯선 사람이 장래의 괜찮은 짝이 될 수 있는지를 알아낼 수 있을 것이다.

당연한 말이겠지만, 상대를 먼저 신뢰하지 않아도 상대가 제공하는 정보의 가치를 가늠할 수 있는 상황이 있다. 예컨대 우리는 투자 조언을 따르지 않아도 관련된 주가를 추적함으로써 그 조언의 가치를 지켜볼 수 있다. 하지만 일반적으로 우리는 신뢰하지 않을 때보다 신뢰할 때 더 많은 것을 배운다. "훈련이 완벽을 만든다."라는 속담처럼, 신뢰도 우리에게 필요한 기량일 수 있다.

신뢰와 불신 간에 이런 비대칭이 존재하기 때문에, 우리는 신뢰할 때 더 많은 정보를 얻는다. 신뢰할 때 누가 정말 믿을 만한지를 알게 되고, 이렇게 얻은 경험을 바탕으로 어떤 상황에서 어떤 유형의 사람을 신뢰해야 하는지도 알게 된다. 야마기시와 그의 동료들은 일련의 실험(신뢰 게임과 유사한 게임)을 통해, 타인을 신뢰할 수 있다고 생각하는 사람들이 누구를 신뢰해야 하는지를 알아내는 데 더 뛰어나는 걸 알아냈다.[31] 거꾸로 말하면, 상대를 신뢰하지 않는 사람이 피싱 사기와 합법적인 간섭을 구분하는 능력이 상대적으로 떨어졌다.[32]

내가 알고 지내는 사람들 중에서 외조부모가 야마기시의 주장을 실증해주는 가장 완벽한 예다. 겉보기에 두 분은 무척 손쉬운 먹잇감으로 보인다. 이 글을 쓰는 지금, 두 분은 90대 초반이므로 결코 젊은 나이가 아니다. 또 너무도 다정다감해서 친구나 이웃은 물론 내 아내와 내게 무엇인가가 필요할 때 두 분은 항상 그 곁에 있다. 그런데 두 분은 상황에 따라 기민하게 판단하며 선택적인 신뢰를 능숙하게 구사한다. 나는 두 분이 광고에 속아 넘어가는 걸 본 적이 없고, 두 분의 친구들도 한결같이 신뢰할 수 있다. 위험이 적은 초기에는 사람들을 선의로 해석하며 누구를 신뢰할지에 대해 넉넉한 정보를 축적했고, 많은 사람을 만나며 그중에서 가장 신뢰할 수 있는 사람을 친구로 선택할 수 있었기 때문이다.

의심스러울 때도 신뢰해야 얻을 수 있는 정보가 있는데, 열린 경계 기제의 일반적인 논리에 따르면, 전반적으로 우리는 관여 오류error of commission(신뢰하지 않아야 할 때 신뢰함)보다, 누락 오류error of omission(신뢰해야 할 때 신뢰하지 않음)를 더 자주 범한다. 이런 논리 전개는 반직관적으로 여겨질 수 있지만, 표집 편향sampling bias을 조심해야 한다. 누군가를 신뢰하지 않았을 때 그를 신뢰했어야 한다는 걸 깨닫는 경우(우리는 친구의 조언을 따르지 않아 영혼의 동반자를 만나지 못한다)보다, 누군가를 신뢰한 까닭에 후회하며 그를 신뢰하지 않았어야 한다는 걸 깨닫는 경우(친구의 조언을 따른 까닭에 끔찍한 데이트를 해야 했다)가 훨씬 더 많을 수 있기 때문이다. 조악한 단서를 이용할 때 직면하는 주된 문제는, 우리가 신뢰하지 않아야 할 사람을 신뢰하는 것(점잖은 사업가처럼 옷을 입었다는 이유로 사기꾼을 신뢰함)이 아니라, 신뢰해야 할 사람을 신뢰하지 않은 것(누군가를 완전히 신뢰할 수 있는데도 피부색과 옷차림과 억양 등을 이유로 불신함)이다.

경제 게임을 통한 실험들에서 이런 예측이 뒷받침된다. 이스라엘의 두 경제학자 하임 페르시트만Chaim Fershtman과 유리 그니지Uri Gneezy는 유대인 피험자들을 신뢰 게임에 참여시켰다.[33] 피험자의 일부는 아슈케나즈 유대인(대부분이 유럽계과 미국계)이었고, 나머지는 주로 아프리카와 아시아에서 건너온 동부 유대인이었다. 대체로 아슈케나즈 유대인의 신분이 더 높아, 더 신뢰할 수 있는 상대로 여겨질 것이라 예상되었는데, 페르시트만과 그니지의 실험 결과도 크게 다르지 않았다. 신뢰 게임에서, 남성 투자자들은 동부 유대인 기업가에게보다 아슈케나즈 유대인 기업가에게 더 많은 돈을 투자했다. 그러나 아슈케나즈 유대인 기업가와 동부 유대인 기업가가 비슷한 정도의 수익금을 돌려주었기 때문에 동부 유대인에 대한 상대적인 불신은 부당한 속단이었다. 동일한 양상이 남아프리카공화국 케이프타운 대학교의 경제학자, 저스틴 번스Justine Burns에 의해서도 확인되었다.[34] 그녀의 실험에서는 투자자들이 흑인 기업가들에게 더 적은 돈을 투자했지만, 그렇다고 흑인 기업가들의 수익률이 상대적으로 낮은 것은 아니었다.[35] 적어도 이런 실험에서라도 참가자들이 조악한 단서들을 재조정해서 어떤 인종 집단을 더 신뢰해야 하는지 결정하는 편이 더 나았을 것이다.

어떻게 해야 하나?

●

어떻게 하면 우리가 신뢰를 더 나은 방향을 조정할 수 있을까? 내가 여기에서 살펴본 두 가지 신뢰측정 메커니즘은 뚜렷이 다른 것이고, 조정하는 방식도 다르다. 한쪽을 편드는 전략은, 우리 편이라고 주장하지만 그렇게 주장하더라도 실질적 비용을 전혀 치르지 않는 사람들이 남용할 가능성이 다분하다. 따라서 가짜로 꾸며진 적과의 거짓에 가까운 논쟁을 경계해야 한다. 우리가 뉴스나 소셜 미디어에 근거해 상대편을 평가한다면, 그 평가는 잘못된 것일 가능성이 무척 높다. 예컨대 무분별한 음모론자를 일반적인 공화당 지지자라 착각하고, 분노에 사로잡혀 사회 정의를 부르짖는 사람을 전형적인 민주당 지지자라 오해한다. '반대편'에 속한 사람들도 우리와 다르지 않고, 그들과 함께하는 것도 보람 있다는 걸 기억해야 한다.

조악한 단서는 어떠한가? 우리가 조악한 단서에 의존해야만 할 때, 예컨대 누군가를 처음 만날 때, 그에 대한 우리 결정을 사람들이 어떻게 생각할지 걱정할 필요는 없다. 사기꾼과 사회 공학자는 우리가 상대에게 의문을 품기를 꺼려하는 마음, 상대를 신뢰하지 않으면 무례하게 보일 수 있다는 두려움을 교묘하게 이용한다. 여하튼 당신이 오랫동안 보지 못한 지인을 만났을 때, 그에게 혹시 사기 치려는 게 아니냐고 의심을 품는다면 그는 당연히 화를 낼 것이다. 우리가 속임수에 넘어가 바보처럼 보이지 않을까 두려워하듯이, 나쁜 사람으로 생각되지 않으려는 바람이 부적절한 불신을 불러일으킨다.

두 경우 모두에서, 우리는 그런 사회적 압력을 이겨내려고 노력해야 한다. 오랫동안 보지 못한 지인이 눈에 띄는 단서, 예컨대 값비싼 시계를 차고 있다는 이유로, 지체 없이 그를 신뢰해서는 안 된다. 만약 그가 우리에게 신뢰를 강요한다면 그가 사회적 규범을 깨뜨린 것이지, 압력을 받는다고 무작정 신뢰하는 걸 거부한 우리가 잘못한 것은 아니다. 속임수에 쉽게 넘어가는 사람처럼 보일까 봐 두려워할 필요도 없다. 이 경우에는 우리가 상대를 신뢰함으로써 유용한 정보를 얻을 수 있다는 걸 기억해야 한다. 작게 시작하면서도 사람들을 대담하게 신뢰하면, 간혹 닥치는 실패는 필연적으로 감당해야 할 비용에 불과할 것이고, 장기적으로는 큰 결실을 기대할 수 있을 것이다. 지나친 신뢰가 걱정스러우면, 신뢰하지 않아 치러야 하는 비용을 생각해보고, 우리가 더 많은 사람을 신뢰했다면 얼마나 많은 유익한 관계를 맺을 수 있었을지 생각해보라.

NOT BORN
YESTERDAY

우리는 맹신하지 않는다

The Case against Gullibility

★ 16 ★

이 책은 "우리는 쉽게 속아 넘어간다."라는 주장, 즉 "우리는 진실을 추구하도록 프로그램화되지 않았고", "권위를 지나치게 공경하며", "획일적인 의견 앞에서 움츠린다."라는 주장에 반론을 제기한 책이다.[1] 우리가 선배와 동료로부터 더 쉽게 배울 수 있는 것이 맹신의 작은 이점이라면, 맹신으로 인해 치러야 하는 비용은 너무도 크다. 커뮤니케이션의 진화론에 따르면, 커뮤니케이션이 계속 존재하기 위해서는 발신자와 수신자 모두가 커뮤니케이션을 통해 이익을 얻어야 한다. 수신자가 지나치게 맹신하면 발신자에게 무자비하게 이용당해, 결국에는 들리는 모든 것에 귀를 닫아버리는 지경에 이를 것이다.

우리는 결코 쉽게 속아 넘어가는 맹신자가 아니다. 우리는 귀로 듣고 눈으로 보는 것을 평가하는 인지 메커니즘을 타고난다. 이 메커니즘 덕분에 우리는 마음의 문을 '열고' 중요하게 여겨지는 정보에 귀를 기울이고, 해로운 메시지를 '경계하며' 걸러낼 수 있다. 이런 열린 경계 기제들이 점점 복잡해진 까닭에, 우리는 다른 사람이 옳고 우리가 틀렸다고 말해주는 단서들에 더욱 주목하게 되었다. 게다가 커뮤니케이션이 한정된 영역을 벗어나 무한히 복잡하고 강렬한 사상도 주고받을 수 있게 되자, 다른 사람들에게 더욱더 영향을 받게 되었다.

이런 진화는 우리 마음이 형성되는 과정에서도 읽힌다. 세뇌, 역하 자극, 단순한 집중력 저하 등을 통해 정보를 평가하는 정교한 수단을 상실한 사람들은 새롭고 도전적인 메시지와 관련된 단서들을 처리하지 못한다. 그들은 보수적인 상태로 되돌아가고, 동의하지 않은 것을 거부한다. 따라서 그들에게 영향을 주어, 그들의 마음을 바꾸기란 쉽지 않다.

열린 경계 기제는 우리가 공통되게 타고나는 인지 메커니즘의 일부이다. 그 뿌리는 걸음마를 배우는 아이, 심지어 유아에서도 찾아진다. 생후 12개월 된 아기를 겪어본 사람이면 누구나 알겠지만, 한 살배기도 새롭게 들은 정보와 기존의 의견을 결합하기 때문에 기존의 의견이 확고하지 않으면 쉽게 영향을 받고, 그렇지 않으면 무척 고집스런 면을 보인다.[2] 이 연령대의 아기는 성인의 행동을 유심히 관찰하며, 능숙하게 행동하는 어른에게 더 큰 영향을 받는다.[3] 생후 2년 반이 되면, 논증할 명제를 논증의 근거로 해서 되풀이되는 순환논법을 사용하는 사람보다 건전하게 논증하는 사람에게 더 귀를 기울인다.[4] 3세가 되면, 추측보다 직접 관찰한 결과를 근거로 말하는 사람을 더 신뢰하고, 먹을거리나 장난감 같이 친숙한 영역에서 누가 전문가인지를 알아낸다.[5] 네 살이 되어 보육원에 다니기 시작하면 다수의 의견을 따르는 게 더 낫다는 걸 깨닫지만, 전해들은 말에 근거한 합의는 무가치한 것으로 무시한다.[6]

우리의 열린 경계 기제는 학습을 위해 존재하므로, 무엇을 믿고 누구를 신뢰해야 하는지 파악하는 능력의 향상은 네 살에 중단되지 않을 뿐만 아니라 영원히 중단되지 않는다. 우리의 열린 경계 기제는 지식과 경험이 축적됨에 따라 꾸준히 향상된다. 대부분의 성인은 일상적인 커뮤니케이션에서 무수히 많은 요소의 경중을 힘들이지 않고 평가할 수 있다. 예컨대 바오라는 동료가 "새로운 운영체계로 바꿔야 할 거야. 기존 체계의 보안상 결함을 개선했거든."이라고 말하면, 당신의 반응은 다음과 같은 기준, 예컨대 당신이 새 운영체계에 대해 이미 알고 있는 것(새 운영체계를 설치하면 컴퓨터가 심각할 정도로 느려진다는 말을 들었어), 당신 컴퓨터가 공격에 취약하다고 생각하는 정도(보안상 결함이 정말 그렇게 큰가?), 이 분야에서 바오의 경쟁력 수준(바오가 IT 전문가인가?), 바오에게 다른 저의는 없는가 하는 판단(바오가 정말 일을 효율적으로 하고 싶어 새로운 운영체계를 심으려는 것일까?)에 따라 달라질 것이다. 이런 계산이 반드시 의식적인 차원에서 이루어지지는 않지만, 우리가 무엇인가를 듣고 읽을 때마다 머릿속에서 번개처럼 진행되는 것은 사실이다.

일상의 삶에서 지인들과 교류할 때, 우리는 생각을 바꾸라고 신호하는 단서를 많이 접하게 된다. 그러면 우리는 시간을 두고, 선의를 파악하고 전문 지식을 알아보며 논증을 교환한다. 반면 대중 설득을 목표로 하는 환경에는 이런 단서들이 없는 경우가 많다. 예컨대 정부 기관은 어떻게 해야 신뢰를 구축할 수 있을까? 정치를 엄중히 지켜보지 않는 사람들에게 정치인들은 어떻게 해야 자신의 능력을 과시할 수 있을까? 어떻게 광고해야 상품이 구입할 만한 가치가 있다는 것을 소비자에게 설득력 있게 알릴 수 있을까? 대중 설득은 끔찍할 정도로 어렵다. 프로파간다부터 선거 운동까지, 또 종교의 개종부터 광고까지 대중 설득을 위한 노력은 대체로 참담한 실패로 끝나는 게 사실이다. 대중 설득이 (수수하게) 성공한 경우도 열린 경계 기제의 기능 작용으로 설명된다. 나치 프로파간다에 대해 이언 커쇼가 내린 결론은 광범위하게 적용되며, 대중 설득의 효과는 "기존의 여론에 기초해 기존의 가치를 재확인하고, 기존의 편견을 부추기는 정도에 따라 크게 달라진다."[7] 여기에서 타당성 점검이 작동되는 방식이 드러난다. 타당성 점검은 항상 경계를 늦추지 않고 신중하게 작동되며, 가장 성공적인 대중 설득 방식까지도 무력하게 한다. 구체적으로 말하면, 사람들이 메시지를 받아들이더라도 그 메시지가 그들의 기존 생각이나 믿음에 크게 영향을 주지는 못한다. 약간의 신뢰가 구축된 상황에서는 대중 설득에 마음이 바뀔 수 있지만, 개인적으로 중요하지 않은 쟁점에서만 영향을 받을 뿐이다. 사람들이 개인적인 이해관계가 걸리지 않고 제대로 모르는 쟁점에서만 정치 지도자를 따르는 것과 같다.

맹신하지 않는다고 잘못될 것이 있는가

대중 설득의 성공은 민중의 상상이 빚어낸 허구에 불과한 경우가 많더라도, 경험적으로 미심쩍은 믿음이 널리 확산되는 현상은 결코 허상이 아니다. 우리는 어느 순간에, 정치인에 대한 유언비어부터 백신의 위험성까지 이런저런 형태의 잘못된 정보를 사실로 받아들여 곧이곧대로 믿는다. 또한 온갖 음모론과 지구 평면설에도 귀가 솔깃해진다. 그러나 이런 허튼소리의 성공이 반드시 '인간의 맹신성'을 증명하는 것은 아니다.

　잘못된 정보가 확산되는 주된 건, 그런 정보를 조작해내는 사람들의 재주 때문이 아니라, 그 정보에 담긴 내용이 직관적으로 그럴듯하게 들리기 때문이다. 백신 거부는 백신 접종의 반직관성과 맞아떨어지고, 음모론은 강력한 적들의 연대가 우리에게 두려움을 주기 때문에 힘을 얻는 것이다. 지구가 평평하다고 믿는 사람들도 우리에게 지평선이나 수평선을 바라보아도 굽은 모양이 안 보이지 않느냐며 직관을 따르라고 부추긴다.

많은 허튼소리가 직관적으로 그럴듯하게 들리더라도 대부분은 우리 인지 세계와 단절된 상태에 머문다. 즉, 허튼소리는 반사적 믿음에 불과해서 우리의 생각에 별다른 영향을 미치지 못하고, 우리 행동에도 제한된 영향을 미칠 뿐이다. 예컨대 9·11 사태는 미국 정부가 꾸민 짓이란 음모설을 믿는 사람들은 CIA가 세계무역센터를 무너뜨릴 정도로 막강한 조직이라 믿으면서도, 유언비어 유포자들을 쉽게 침묵시킬 수 있다고는 생각하지 않는다. 힐러리 클린턴이 소아 성애자들을 방조한다고 비난하는 사람들도, 어린아이들이 성폭행을 당하는 장소로 짐작되는 식당 평가에 별 하나를 주는 것으로 만족했다. 신의 전능함부터 상대성 이론까지 억지로 강요되는 종교 신앙이나 과학 이론은 우리 사고방식에 크게 영향을 미치지는 않는다. 여전히 기독교인들은 하느님이 한 번에 하나에만 신경을 집중할 수 있는 존재인 것처럼 행동하고, 물리학자들은 아인슈타인이 말한 '시간과 속도 사이의 관계'를 직감하지 못한다.

전지전능한 신, 속도가 시간에 미치는 영향 같은 반직관적인 반사적 믿음도 적잖게 있지만, 대부분의 반사적 믿음은 직관적인 면을 띤다. 백신 거부, 음모론, 지구 평면설 등이 대표적인 예다. 그런데 어떤 믿음은 어떻게 반사적인 동시에 직관적일 수 있을까? 반사적인 믿음은 우리 인지 세계와 단절된 상태에 있지만, 직관적인 믿음은 인지 메커니즘과 밀접한 관계가 있기 때문이다. 지구 평면설을 예로 들어보자. 가령 당신이 천문학을 전혀 모른다고 해보자. 그런데 당신이 발을 딛고 서 있는 곳, 당신의 눈에 보이는 것이 지구라고 칭해진다는 말을 주변 사람들에게 들었다. 여기까지는 아무런 문제가 없다. 그들은 당신에게 지구가 평평하다고 말하거나, 구체球體라고 말한다. 전자는 당신의 인식에 일치하지만, 후자는 그렇지 않다. 따라서 전자가 직관적으로 더 매력적이다. 하지만 당신이 지구가 평평하다는 주장을 받아들이더라도 '지구'라는 개념을 정확히 알기 위해 어떤 조치를 취하지 않는다면, 그 믿음은 반사적인 상태를 벗어나지 않는다. 요컨대 당신이 긴 여행을 시작하거나 천문학적 계산을 시도하지 않는다면, 지구의 모양에 대한 당신의 생각은 인지적으로나 실질적으로나 크게 달라지지 않는다.

믿음이 행동, 그것도 호된 대가를 치러야 하는 행동으로 이어지는 경우가 있다. 소수 집단이 잔혹한 짓을 저질렀다는 소문 때문에 그 집단에게 가해진 공격, 가짜 의학 이론과 그에 따른 의료 피해, 통치자를 향한 과도한 아첨과 철저한 순종이 대표적인 예다. 그렇다면 일반적으로 믿음 뒤에 행동이 따르는 것이지 그 반대가 아니다. 잔혹한 짓을 계획하는 사람들은 고결한 도덕적 근거를 구한다. 의사들은 이론적으로 뒷받침되는 치료법을 선호한다. 독재자에게 순종하는 것이 영리한 선택인 정치 환경에서는 아첨이 권장될 수밖에 없다.

어떤 사상이 잘못되었지만 문화적으로 성공하면, 그 사상을 옹호하는 사람들이 이익을 얻기 마련이다. 또 과장된 위협에 대한 소문을 퍼뜨리는 사람이 더 유능하게 보이고, 자신의 행동을 합리화하며 해명하는 사람이 조금이나마 덜 비이성적이고 비도덕적으로 보인다. 이런 이유에서, 다른 사람들에게 반감을 불러일으키더라도 부조리하고 혐오스런 의견을 피력함으로써 특정 집단에 속하려는 욕망을 노골적으로 드러내는 사람이 있는 법이다. 잘못된 믿음을 주장한다고 반드시 비이성적인 것은 아니다. 결코 아니다!

맹신설을 무작정 믿으라고?

우리가 남의 말을 쉽게 믿지 않는다면, 플라톤부터 마르크스까지 오랜 시간 동안 많은 학자와 평범한 일반인이 그렇게 주장한 이유는 무엇일까? '우리는 남의 말을 쉽게 믿지 않는다'는 주장과 '우리는 사람들이 남의 말을 쉽게 믿는다고 잘못 생각하고 있다'는 주장 사이에 모순이 있는 듯하다는 지적을 나는 자주 받았다. 이런 잘못된 지적의 확산이 맹신성의 증거가 아닐까? 우리가 남의 말을 쉽게 믿는다는 주장이 우리 문화에 성공적으로 정착한 이유는, 널리 알려졌지만 잘못된 주장들과 똑같은 방식으로 설명될 수 있다.

널리 알려진 소문들이 흔히 그렇듯이, 인간의 맹신성과 관련된 이야기들도 대체로 거짓으로 꾸며진 것이지만, 직관적으로는 그럴듯하게 들린다. 그런 이야기는 주로 위협과 관련이 있어, 그런 이야기를 전달하는 사람들은 평판에서 점수를 얻을 수 있다. 극장 영사막에 순간적으로 비친 단어가 우리 행동을 지배하고, 카리스마를 지닌 지도자가 얌전한 양떼를 피에 굶주린 군중으로 돌변시킬 수 있다는 이야기를 들으면 등골이 오싹해진다.

하지만 19세기 말 프랑스에서 파업하던 군중을 예로 들어보자. 수백 건의 시위가 있었지만, 사상자는 단 한 명에 불과했다. 하지만 에밀 졸라 Émile Zola(1840-1902)가 소설 《제르미날》에서 그 유일한 사건을 극적으로 다루며, 분노한 여성 군중이 그 불운한 피해자를 거세하는 섬뜩한 장면으로 바꿔놓았다. 졸라가 실제로는 노동자를 편들었다는 점에서 그런 선택은 더욱더 흥미롭다. 졸라는 파업 노동자들에게 동조했지만, 그들이 지극히 선정적으로 미쳐 날뛰는 시위대인 것처럼 묘사했다. 따라서 평화적인 시위대로 묘사한 경우보다 독자에게는 더 깊은 인상을 주었다. 얄궂게도 졸라의 소설은 훗날 군중 심리학자들에게 영향을 주었고, 그들은 《제르미날》이 군중의 행동을 충실하게 묘사한 소설로 받아들였고, 그 소설을 거론하며 파업 노동자들을 규탄했다.[8]

우리가 주목하는 것에 대한 직관적 편향의 결과로, 맹신성에 대한 보도는 대표성을 거의 띠지 못하지만, 문화적으로 성공할 가능성은 높다. 예컨대 나이지리아 사기와 관련된 이메일을 읽고 웃어넘긴 수백만 명을 다룬 기사보다, 그 사기에 넘어가 평생 저축한 돈을 잃어버린 극소수를 다룬 기사를 쓰는 게 더 쉽다. 정치인과 유명 연예인, 주요한 사건을 다룬 범세계적인 소문은 가짜일 가능성이 크지만, 일자리와 관련된 지엽적인 소문은 정확한 경향을 띤다. 논리적으로 생각하면, 언론 기관들이 전자를 나무라면서도 전자에만 관심을 두는 이유는 당연한 듯하다.

대부분의 잘못된 오해가 그렇듯이, 맹신성과 관련해 널리 알려진 이야기들도 대체로 반사적이다. 지극히 냉소적인 관찰자도 맹신적인 시민들이 자신들의 이익에 반하는 투표를 하고, 맹신적인 소비자들이 필요하지도 않은 물건을 구입한다고 푸념하지만, 그런 믿음에 근거해 행동하지는 않는다. 예컨대 무작위로 낯선 사람에게 말을 걸며 돈을 달라고 하지는 않는다. 맹신성과 관련된 공포스러운 소문도 마찬가지이다. 1950년대에 역하 자극과 관련된 으스스한 소문이 나돌았지만, 사람들이 영화관에 발길을 끊지는 않았다. 신흥 종교들이 세뇌법을 사용한다는 소문이 떠들썩했지만, 법적 조치나 대중의 반발이 있지는 않았다.

많은 잘못된 오해가 그렇듯, 인간이 남의 말을 쉽게 믿는다는 주장은 사후에 다른 목적을 띠는 행동이나 주장을 합리화하는 데 사용된다. 계몽시대까지, 맹신성에 대한 비판은 부당한 현상을 정당화하는 데 관례적으로 사용되었고, 공교롭게도 주된 사용자가 그런 현상에서 이익을 얻는 사람들이거나 그들에게 아첨하는 사람들이었다. 이런 학자들의 주장에 따르면, 대중에게는 정치권력을 믿고 맡길 수 없었다. 사회 질서를 파괴하려는 성향을 띤 교활한 데마고그들에게 대중이 조종당할 위험이 있기 때문이었다. 앞에서도 지적했듯이 과거에는 데마고그의 위험한 선동이 "정치 철학이 민주주의에 의심을 품는 주된 이유"였다.[9] 오늘날에도 정치 철학자 제이슨 브레넌의 《민주주의를 반대한다》를 보면, 이른바 보편화된 맹신성이 여전히 민주주의의 힘을 약화시키는 원인으로 언급된다.[10]

얄궂게도 정치 스펙트럼의 반대편에 있는 학자들, 즉 민중에게 정치적 목소리를 보장해야 한다고 주장하는 학자들도 보편화된 맹신성을 인정하지만, 그 이유는 다르다. 민중이 폭동을 일으킬까 두려워하기 때문이 아니라, 민중이 폭동을 아직 일으키지 않은 이유(일반적으로 말하면, 민중이 정치적 선택을 '잘못'하는 이유)를 설명해야 하기 때문이다. 가톨릭교회를 경멸하던 계몽시대 작가들은 민중이 수세기 동안 종교의 속박을 얌전히 견디었던 이유, 더 정확히 말하면 그렇게 생각되는 이유를 설명해야 했다. 장 자크 루소Jean-Jacques Rousseau(1712-1778)는 민중의 잘못을 덮어주려 애쓰며, 민중을 사악한 존재가 아니라 맹신하는 존재로 해석하려 했다. "민중은 종종 속을지언정 결코 타락하지 않는다. 민중은 속임수에 넘어간 후에야 무엇이 악인지를 깨닫는 듯하다."[11]

보편적 맹신성을 믿는 현상이 널리 확산되는 이유를 설명해주는 듯한 한 요인, 즉 우리 사회에서 대중 설득에 투입되는 엄청난 노력을 분석해 모방하고 싶은 유혹은 그 현상에만 국한되는 것이다. 우리는 온갖 광고와 정치 구호 및 소셜 미디어를 통해 무엇을 먹고 마시며 어떻게 느끼고 생각하라고 말해대는 글들을 매일 접한다. 이런 엄청난 노력에도 대중에게 그만한 영향을 미치지 않는다고 생각하기는 힘들 수 있다. 하지만 대중이 대체로 회의적이더라도 대중 설득은 시도해볼 만한 가치가 있을 것이다.

예컨대 프로파간다는 다수의 국민에게 해당 내용을 구체적으로 알리지 못하더라도, 현 체제가 그런 목소리를 강요할 만큼 여전히 강력하다는 메시지를 명확히 전달하는 역할을 한다. 예컨대 30미터 높이의 트라야누스 기념주는 트라야누스 황제가 동유럽 원정에서 거둔 승리 장면이 꼭대기까지 나선으로 조각되어 있다. 모든 로마인에게 트라야누스의 승전을 자세히 알리려는 목적을 띤 프로파간다처럼 보인다. 하지만 프랑스 역사학자 폴 벤Paul Veyne이 지적했듯이, 조각이 대체로 너무 높은 곳에 있어, 일반인이 또렷하게 보는 게 거의 불가능하다.[12] 결국 기념주가 보내는 메시지는 거기에 조각된 내용이 아니라 존재 그 자체이다. 그 존재만으로도 로마가 그런 기념물을 세울 정도로 부유하고 강력하다는 것을 간결하면서 강력히 말해준다.

이번에는 요즘의 경우를 예로 들어보자. 러시아 대통령 블라디미르 푸틴은 프로 아이스하키 팀, SKA 상트페테르부르크를 응원하는 것으로 알려져 있다.[13] 그 팀은 거의 언제나 승리하기 때문에 그 메시지는 프로파간다의 시도로도 여겨질 수 있다. 그 팀이 승리할 때마다 푸틴이란 이름이 언급될 것이기 때문이다. 그런데 SKA 상트페테르부르크 팀이 모든 규칙을 무시할 수 있어서 거의 전승을 거두는 것이란 인식이 팽배하다. 요컨대 그 팀은 샐러리캡을 지키지 않고, 최고의 선수를 독차지하며, 심판 판정으로 노골적인 혜택을 누린다는 것이다. 결국 푸틴이 SKA 상트페테르부르크를 응원하다는 메시지는, 푸틴이 하키 팀을 선택하는 데 뛰어나다는 뜻이 아니라, 모두가 겁을 먹고 그 팀의 승리에 일조할 정도로 푸틴의 권력이 막강하다는 뜻으로 읽힌다.[14]

대중 설득이 메시지 자체와 관계가 있는 경우에도 대중의 맹신을 끌어내지 않고 그 목표를 달성할 수 있다. 우리가 구입하는 상품들은 실질적으로 대체재가 있다. 다양한 상표로 판매되는 청량음료,

치약, 세제, 담배, 우유 등을 생각해보라. 이런 조건에서 우리 마음이 작은 넛지—선반 위치, 약간의 할인, 매력적인 광고—에 반응하는 것은 지극히 정상적인 현상이다. 본질적으로 똑같은 상품들 간의 이동은 소비자 입장에서 조금도 중요하지 않을 수 있지만, 기업에게는 커다란 차이를 빚어낼 수 있다. 따라서 어떤 광고는 진정한 설득을 이루어내지 못하더라도 비용 효과가 높을 수 있다.

내 잘못, 그로 인한 피해는 너희 몫

●

보편화된 오보가 그 정보를 믿는 사람들에게 별다른 비용을 요구하지 않을 뿐만 아니라, 때로는 그들의 사회적 목표를 지원하기도 한다는 게 내 생각이다. 그렇다면 열린 경계 기제에도 불구하고 널리 확산된 잘못된 믿음을 굳이 부인하려고 애쓸 필요가 없다는 뜻일까? 그 정보를 믿는 사람들에게 전혀 혹은 별다른 비용을 대체로 요구하지 않는다고 해서, 잘못된 정보가 다른 사람에게도 해롭지 않다는 뜻은 아니다.

대약진 운동을 추진하기 전, 마오쩌둥은 농업에 대한 이해가 거의 없었다. 마오는 식물에 대한 지식에 기반해 농사를 지어 가족을 부양하는 농부가 아니었다. 따라서 그의 열린 경계 메커니즘은 방향을 잘못 취하기 일쑤였고, 그는 정치적 믿음에 부합한다는 이유만으로 이런저런 조언을 받아들였다. 러시아 생물학자 트로핌 리센코 Trofim Lysenko(1898-1976)에게 영감을 받은 마오는 "식물은 이상적인 공산주의 국가에서 살아가는 사람들"과 같다고 주장했다. 요컨대 동일한 종류에 속한 식물들은 서로 경쟁하지 않는다며 "작물은 다른 동무와 함께할 때 잘 자라고, 함께 성장하면서 더 편안할 것"이라고 말했다.[15] 이런 생각에서 마오는 '심경밀식close cropping' 파종법을 권장했다. 그 때문에 중국 전역에서 농부들은 수천 년 전부터 내려오던 경작법을 버리고 씨를 빽빽하게 뿌려야 했다.

이런 마오의 생각은 끔찍한 결과를 낳았다. 물론 마오는 아무런 타격을 입지 않았지만, 심경밀식 파종법을 억지로 시행해야 했던 중국 농민들의 피해는 엄청났다. 심경밀식에 마오가 권장한 다른 역생산적 기법들까지 더해지며 곡물 생산량은 급격히 떨어졌다. 그 결과로 역사상 최악의 기근이 뒤따라 4,000만 명 이상의 농민이 목숨을 잃었다. 그의 터무니없는 이론이 초래한 참상에도 불구하고, 마오는 죽은 후에도 우상으로 떠받들어졌다.

이런 재앙을 예방하고 해결하는 최상의 묘책은 무자비한 독재자를 비판적으로 생각하는 능력을 향상시키는 게 아니라, 무자비한 독재자를 완전히 제거하는 것이다. 일반적으로 말하면, 의사결정자들과 그들의 결정에 따른 결과를 더 효율적으로 연결하는 피드백 고리를 구축하는 것이다. 자유롭게 투표할 기회가 주어졌다면, 프로파간다와 마오에 대한 개인숭배에도 불구하고 심경밀식을 강요했던 마오에게 투표한 중국 농민은 거의 없었을 것이다. 한 농민의 표현을 빌리면 "우리는 상황을 알았지만, 누구도 감히 반발할 수 없었다. 조금이라도 반발했다면 죽도록 얻어맞았을 것이다. 그런 상황에서 무엇을 할 수 있었겠는가?"[16]

우리는 더 잘할 수 있다

●

민주 사회로 눈을 돌리면, 국민이 아직까지 의견을 굳히지 않거나 국민에게 크게 중요하지 않은 쟁점에 정치인들이 주로 영향을 미치기 때문에 그들이 여론에 미치는 영향은 대체로 무해한 편이다. 예컨대 미국의 정치 지도자들은 냉전 이후 좌우를 막론하고 전통적으로 러시아에 비판적인 태도를 취했다. 그러나 공화당 출신 도널드 트럼프가 대통령에 취임한 직후 이 전통을 깨뜨리며, 미국 정보기관의 첩보보다 블라디미르 푸틴의 말을 더 믿는 듯한 모습을 보였다.[17] 트럼프의 이런 행동에, 민주당원까지는 아니었지만, 일부 공화당원이 푸틴을 긍정적으로 평가하는 경향을 띠었다. 시민들이 좋아하는 정치 지도자의 의견을 따라 움직이는 전형적인 현상이었다.[18]

개인이 푸틴을 긍정적으로 평가하게 되었다고 해서 그런 변화가 개인에게 큰 영향을 미치지는 않는다. 하지만 적절한 시간이 지나면, 그런 변화가 궁극적으로는 정책에 영향을 줄 수 있다. 정치학자 제임스 스팀슨James Stimson의 연구에 따르면, 정치인들은 여론에 부응하며 민의民意를 반영하는 정책을 입안하려 애쓴다.[19] 그런데 애초에 정치인이 여론을 형성하는 주역이라면, 먼저 대중의 지지를 확보한 후에 그 지지를 기반으로 자신이 좋아하는 정책을 입안하는 자유재량을 갖는다는 뜻이 아닐까?

다행스럽게도 정치인이란 직업은 두 가지 이유에서 그렇게 단순하지 않다. 첫째, 경쟁적인 민주 사회에서는 시민들이 여러 지도자의 의견에 주목한다. 지도자들이 각기 다른 시각을 견지하며, 국민 여론을 다양한 방향으로 끌어가기 때문이다. 둘째, 대부분의 쟁점에서 정통한 의견을 적극적으로 구하며, 그 수단까지 지닌 유권자가 있다. 그들은 당 지도자의 발언을 무작정 따르지 않고, 개인적인 경험을 근거로, 예컨대 텔레비전과 라디오 뉴스에서 보고 들은 것, 신문에서 읽은 것 등에 근거해 자기만의 고유한 의견을 형성한다. 이렇게 정보를 수집한 시민들의 견해가 시끌벅적한 여론에서 방향타가 되어 여론의 흐름을 전체적으로 끌어간다.[20]

트럼프는 이민 정책에서 강경한 입장을 굽히지 않았다. 하지만 공화당원들은 트럼프의 지시를 따르지 않고, 그 쟁점에 대해 한층 관대한 관점을 유지했다. 2015년과 비교할 때, 2018년의 조사에서는 공화당 지지자들도 합법적 이민이 줄어드는 걸 원하지 않았다.[21] 이런 변화는 정치학자들이 '여론의 온도 조절 모델thermostatic model of public opinion'이라 칭한 것으로 설명된다. 정치인들이 특정한 방향으로 지나치게 방향을 바꾸면, 관련된 쟁점에 관심이 있는 시민들은 반대방향으로 움직이며 불만을 표시한다.[22]

정책에 영향을 주는 여론의 움직임이, 개인적으로 많은 정보를 수집하는 까닭에 당의 노선을 무작정 따르지 않는 개인들에 의해 주로 형성된다는 가정은 상당히 그럴듯하다. 그들 덕분에 다른 시민들의 노력이 없더라도 큰 파국은 없지만, 여전히 더 많은 시민의 참여가 애타게 기다려진다. 요컨대 더 많은 유권자가 소수의 정보통만큼이나 현재의 사건에 적극적인 반응을 보인다면, 여론의 변화가 한층 빠르고 강력해질 것이고, 정책에도 더 큰 영향을 미칠 것이다. 그러나 좋은 방향으로든 나쁜 방향으로든 대중 설득은 어렵다. 정치에 대해 거의 몰라 신경 쓰지 않는 사람들에게 당의 지침을 무작정 따르는 쉬운 길을 포기하라고 설득하기란 쉬운 일이 아니다.

허술한 신뢰 고리
●

이 책의 결론을 요약하면, 사람들에게 영향을 주는 게 만만한 것도 아니지만, 그렇다고 까무러치게 어렵지도 않다는 것이다. 지금까지 살펴보았듯이, 대부분의 잘못된 정보가 끈질기게 유지되는 이유는 우리가 더 많이 아는 사람을 믿지 않기 때문이다. 유언비어와 음모론은 틀렸다는 게 밝혀진 후에도 좀처럼 사라지지 않는다. 돌팔이 의사와 지구 평면론자는 과학적 증거가 제시되더라도, 그 증거들을 깡그리 무시한다.

백신 접종 거부자들을 예로 들어보자. 백신 접종 거부를 직관적인 반응이라 가정하면, 백신 접종 거부자들은 충분히 경계한 것도 아니고, 마음의 문을 충분히 연 것도 아니기 때문에 백신을 거부하는 것이 아니다. 관련된 의학 정보에 접근할 수 있는데도 이를 거부하는 사람은 의학 전문가 및 과학적 합의를 신뢰하지도, 건전한 논증을 받아들이지도 않는 사람이다.[23] 이 문제는 우리가 앞으로도 계속 연구해야 할 과제이다. 제약 회사들이 성공하지 못한 임상 시험을 보고하지 않고, 의사들을 돈으로 매수하는 등 고약한 짓을 하며 불신의 근거를 제공한 것은 사실이다.[24] 이런 행동을 근절하면 불신을 어느 정도 가라앉히는 데 도움이 될 것이다. 백신 접종 거부자들과 꾸준히 접촉하며 논쟁하는 것도 중요하다. 안타깝게도 대부분은 그렇게 할 만한 논증 도구와 능력이 없다.[25] 따라서 시간을 들여 백신 거부자들과 대화하는 전문가처럼 올바른 논증을 해내는 사람들의 주장은 더 설득력 있게 들리기 마련이다.[26]

똑같은 논리가 다른 영역에도 적용된다. 많은 사람이 음모론을 직관적으로 그럴듯하다고 생각하기 때문에, 음모론이 확산되는 통로를 차단하려는 시도로는 음모론을 근절할 수 없다. 중국 체제가 미디어를 강력히 통제한다고 해도 음모론의 확산을 막지는 못한다.[27] 음모론의 확산을 억제하는 최상의 방법은, 신뢰할 수 있는 정부가 부패, 이해 충돌, 규제 포획regulatory capture* 등을 예방하는 강력한 법을 공정하게 시행하는 것이다.[28] 음모론이 파키스탄보다 노르웨이에서 덜 잦은 이유도 여기에 있는 듯하다.[29]

과학의 사례에서 입증되듯이, 제도적 기관의 설립은 대중 인식에 영향을 미친다. 거의 모든 과학 이론이 반직관적이지만, 사회를 구성하는 대부분의 계층에 깊이 스며들었다. 극소수만이 과학자들을 개인적으로 알고, 예컨대 상대성 이론이나 자연선택설을 뒷받침하는 과학적 논증을 제대로 이해하는 사람이 더 적지만, 과학 이론은 우리 사회 전반에서 받아들여진다. 도무지 이해되지 않고 타당해 보이지도 않는 과학 이론이 널리 인정되는 이유는 무엇일까? 과

---

* 규제 기관이 규제 대상의 이해관계에 구속되거나 규제 대상을 우선하는 결정을 함으로써 야기되는 규제 실패-옮긴이주

학계가 흠결이 없지는 않지만, 단단한 신뢰라는 기초 위에 세워졌기 때문이다.

이렇게 신뢰로 이루어진 기초는 끊임없이 지켜지고 보강되어야 한다. 일례로, 내가 연구하는 심리학이란 학문은 오래된 문제들을 다루며, 통계적 분석법을 개선하려고 힘쓴다. 또한 다양한 표본의 피험자를 모집해 복수의 실험을 실시함으로써 결과에 대한 신뢰성을 높이고, 연구를 시행하기에 앞서 가정을 세심하게 다듬어 계획되지 않은 사후 해석을 피하려고도 애쓴다. 의학과 경제학 등 다른 학문도 비슷한 쟁점들과 씨름한다. 이렇게 실증적 연구 기법의 사용을 강조하는 '신뢰성 혁명credibility revolution'을 겪고 나면, 모든 과학적 학문이 한층 단단하게 거듭날 것이다. 또한 시간이 무르익으면 향상된 신뢰도는 과학 발전에 영향을 미치고, 그 영향은 사회 전반으로 확산될 것이다.

우리는 남의 말을 쉽게 믿지 않는다. 새로운 생각에 저항하는 쪽으로 기우는 게 인간의 자연스런 반응이다. 또한 적절한 단서가 없으면, 우리의 기존 관념이나 미리 세워둔 계획에 맞지 않는 메시지를 배척한다. 그렇지 않은 경우에 우리를 설득하려면 오래전에 구축되어 조심스레 유지된 신뢰와, 명확히 입증된 전문 지식과 견실한 논증이 필요하다. 과학과 미디어 등 정확하지만 반직관적인 메시지를 전달하는 기관들은 힘겨운 반발을 마주하면, 튼실하게 짜인 신뢰와 논증의 고리를 따라 그런 메시지를 전달하며 그 메시지의 신뢰성을 유지할 수 있어야 한다. 이런 고리가 우리를 최첨단 과학적 발견과 지구 반대편에서 일어나는 사건과 이어준다는 게 경이로울 따름이다. 항상 허술한 이런 연결 고리들을 강화하고 확장하는 새로운 수단을 하루라도 빨리 찾아낼 수 있기를 기대할 뿐이다.

이 책의 아이디어는 당 스페르베르, 파브리스 클레망, 크리스토프 하인츠, 올리비에 마스카로, 글로리아 오리기, 디어드러 윌스, 그리고 내가 함께 쓴 논문 〈인식론적 경계심〉에서 얻었다. 우리는 그 논문에서, 인간은 주고받는 정보를 평가하는 인지 메커니즘을 타고난다고 주장했다. 특히 논문 지도교수였고 공저자였으며 멘토이자 친구인 당 스페르베르에게 감사하고 싶다. 스페르베르 교수는 글과 토론을 통해 내 생각에 많은 영향을 주었고, 이 책의 원고를 끈기 있게 읽고 많은 의견을 주었다. 파브리스 클레망은 같은 주제로 박사학위 논문과 《맹신 메커니즘》이라는 책을 썼다. 내가 뇌샤텔 대학교에서 박사후 연구원으로 있을 때, 우리는 이 문제를 두고 많은 대화를 나누었다. 이외에 2018년부터 2019년까지 커뮤니케이션과 신뢰와 논증을 강의하며 학생들로부터 받은 피드백과, 파리 고등사범학교의 인지과학부 및 펜실베이니아 대학교에서 가진 토론도 이 책에서 다론 아이디어들에 영향을 주었다. 물론 식당과 술집과 카페에서 만난 사람들에게 '인간은 귀가 얇지 않다'라는 생각에 대해 묻고 얻은 답들도 이 책을 쓰는 데 많은 도움이 되었다. 릴라 산 로크는 두나어에서 증거가 되기에 충분한 멋진 예들을 알려주었다. 거짓말 탐지에 대한 크리스 스트리트의 깊은 지식에도 많은 도움을 받았다.

그래도 내 원고의 일부나 전부를 읽고 따가운 지적을 아끼지 않은 사람들, 사샤 알타이(거듭거듭!), 스테판 블랑크, 파스칼 부아예, 코랄리 슈발리에, 테레즈 크로닝(역시 거듭거듭!), 기욤 데제카슈, 헬레나 밀턴, 올리비에 모랭, 톰 스콧 필립스, 당 스페르베르, 라두 움브레스에게 무엇보다 감사한다.

내 대리인 존과 맥스 브록만, 이 책과 관련된 프로젝트를 처음부터 굳게 믿고 소중한 피드백을 끊이지 않은 편집자 세라 카로와 프린스턴 대학 출판팀이 없었다면 이 책은 존재하지 못했을 것이다.

프랑스 방위 산업청(특히 디디에 바잘제트), 펜실베이니아 대학교의 철학·정치·경제 프로그램(스티븐 F. 골드스톤의 넉넉한 지원), 뇌샤텔 대학교의 인지과학팀과 스위스 국립 과학 재단, 국립 과학 연구청으로부터 재정적으로 큰 도움을 받았다. 끝으로 언급하지만, 현재 내가 몸담고 있는 프랑스 국립 과학 연구 센터로부터 받은 지원은 앞에서 언급된 조직들만큼이나 크다. 무엇보다 그곳의 지원 덕분에 내가 장 니코드 연구소라는 멋진 곳에서 마음껏 연구할 수 있었다. 특히 내가 소속된 연구팀, 진화와 사회인지 팀의 장 바티스트 앙드레, 니콜라 보마르, 코랄리 슈발리에, 올리비에 모랭 및 대학원생과 박사후 연구원들은 기대할 수 있는 최고의 사회적이고 지적인 분위기를 만들어주었다.

　나를 변함없이 지지해준 부모와 조부모 및 그 밖의 친인척에게
도 고맙다는 인사를 빼놓을 수 없다. 크리스토퍼와 아르튀르는 이
세상에서 최고인 두 소년으로, 나에게 사랑에 대해 많은 것을 가르
쳐주었다. 우리는 어린아이들을 쉽게 설득할 수 있으리라 생각하지
만, 어린아이도 잘 속아 넘어가지 않는다는 것을 그 녀석들에게 배
웠다. 테레즈의 격려는 내가 말로 다 표현할 수 없는 것을 의미한다.
테레즈, 당신의 모든 것이 고맙소!

누구를 신뢰하고,
무엇을 믿어야 할까

인간은 남의 말을 쉽게 믿는 동물이다. 이는 예부터 사실처럼 굳어진 통념과도 같다. 하기야 다수가 인정하는 것에 의문을 제기하면 '호기심 많은 아이'라는 칭찬보다, '의심부터 하는 회의론자'라며 꾸지람을 받는 경우가 많았다. 그렇게 모두가 "인간이 구제하기 힘들 정도로 비합리적이고 맹신적이다."라고 말하지만, 여기에는 재밌는 조건이 덧붙는다. "나는 빼고!" 학력을 불문하고, 성별을 불문하고 모두가 "나는 빼고!"라고 말한다. 그럼 누구도 남의 말을 쉽게 믿는 맹신자가 아니다. 재밌지 않은가? 이런 말장난으로도 앞의 통념은 부인되지만, 저자는 인지과학자답게 역사학부터 인류학까지 최신의 연구를 근거로 '인간은 어제 태어난 하룻강아지처럼 세상 물정을 모르는 어리숙한 존재'가 아니라는 걸 흥미진진하게 풀어간다.

"나는 빼고"라는 조건을 인정한다고 해보자. 주변을 둘러보면, 나는 빼고 인간은 남의 말을 쉽게 믿는다는 말이 틀린 것은 아닌 듯하다. 보이스 피싱에 당하는 사람, 얼토당토않은 유언비어와 음모론을 믿는 사람이 있다. 나는 보이스 피싱을 금세 눈치채고, 조금만 논리적으로 생각하고 인터넷을 제대로 검색하면 유언비어인 줄 알겠는데, 도대체 어떤 사람들이 거기에 속는 것일까? 물론 속임수를 쓰고 거짓말을 꾸미는 사람이 가장 나쁘다. 그러나 그런 거짓의 성공을 결정하는 요인은 '공급자'가 아니다. 오히려 그런 거짓을 받아들이는 '수요자'이다. 저자의 설명에 따르면, 거짓과 음모가 수요자의 생각과 맞아떨어지고, 수요자의 욕망을 채워주는 데 약간이라도 도움을 주기 때문이다. 따라서 우리가 더 똑똑해지고, 더 냉정해지며, 더 시민다워지면 음모론과 유언비어는 자취를 감출 것이고, 그런 못된 정보를 퍼뜨리는 악의적인 사람들도 사라질 것이다. 특히 음모론의 확산을 억제하는 최상의 방법은, 신뢰할 수 있는 정부가 부패와 이해 충돌 등을 예방하는 강력한 법을 공정하게 시행하는 것이다.

결국 신뢰와 믿음으로 귀결된다. 누구를 신뢰하고 무엇을 믿어야 할까? 다른 사람들을 우리 뜻대로 끌어가기는 쉽지 않지만, 그들이 우리에게 동의할 확률을 높일 방법은 진위와 상관없이 그들이 듣고 싶은 말을 하는 것이고, 현실, 즉 사실과 냉정하게 충돌하지 않는 것이다. 그렇다고 거짓을 말하라는 것은 아니다. 상대의 잘못에 대해서는 침묵하고, 상대가 잘한 부분을 강조하는 식으로 말하는 것이다. 그런 말, 혹은 보도가 사실이고 진실일까? 결론적으로, 거짓의 반대는 진실이 아니고, 진실의 반대는 거짓이 아니다. 스펙트럼에는 양끝의 흑과 백만 존재하는 게 아니다. 폭넓은 중간이 있다. 이런 의미에서 정치의 양극화는 없다. 양극화되었다고 염려하는 평론가들이 한쪽에 치우쳐 있을 뿐이다. 결국 양끝만을 이야기하는 사람은 대다수의 민중에게 신뢰를 얻지 못하고, 양끝만을 언급하는 이야기는 대다수의 민중이 믿지 않는다. 이런 점에서 저자는 대체로 낙관적이며, 통계자료를 그 증거로 제시한다. 또한 우리가 명망 있는 개인이나 다수를 맹목적으로 추종하지 않고, 많은 단서를 저울질해서 무엇을 믿고 누구를 신뢰하며, 어떻게 느껴야 하고, 누가 가장 잘 아는지를 결정하는 메커니즘을 타고난다고도 가정하며, 그 가정을 입증해가는 논증도 무척 설득력 있게 제시한다. 다만 저자의 글에서 걱정스런 부분이 있다면, 저자가 전제하는 민중이 '사회적 책임을 다하는 개인'이란 것이다. 그런데 그 전제가 우리 한국 사회에도 적용될 수 있을지는 의문이다. 그렇다고 믿고 싶지만, 그렇지 않다는 증거가 가끔 눈에 띈다.

충주에서 강주헌

| 서문 |

1 다큐멘터리 〈Behind the Curve〉에서 지구가 평평하다고 믿는 Mark Sargant가 대표적인 인물이다.

2 이런 경계를 다룬 책에서는 '인식론적 경계심'이라 칭했다. Sperber et al., 2010 을 참조할 것.

| 1. 맹신하는 인간 |

1 Dickson, 2007, p. 10.

2 Thucydides, *The history of the Peloponnesian War*, http://classics.mit.edu/ Thucydides/pelopwar.mb.txt (2018년 7월 19일 접속)

3 Plato, *Republic*, Book VIII, 565a, trans. Jowett; 488d도 참조. http://classics. mit.edu/Plato/republic.9.viii.html (2018년 7월 19일 접속)

4 일부 학자(예: Greenspan, 2008)는 credulity(겉보기에도 터무니없거나, 적절히 뒷받침해 주는 증거가 없는 것을 믿는 경향)과 *gullibility*(경고 신호에도 불구하고 다른 상황에서 반복 되기 때문에 반복해 속는 양상을 뜻하는 단어)를 구분했다. 하지만 여기에서는 상대가

특별히 영향을 미치려는 의도가 없어 말하는 것에 영향을 받는 현상을 뜻하는 것으로 구분 없이 두 단어를 사용하려 한다.

5 Holbach, 1835, p. 119.

6 "무작정 믿는 맹신적 경향"(Condorcet, 1797, p. 22); "사기꾼과 주술사"(p. 21). 유사한 지칭에 대해서는 Singh, 2018을 참조할 것.

7 Peires, 1989, location 2060-2062.

8 Eric Killelea, "Alex Jones' mis-infowars: 7 Bat-Sh*t Conspiracy Theories," *Rolling Stone*, 2017년 2월 21일, http://www.rollingstone.com/culture/lists/alex-jones-mis-infowars-7-bat-sht-conspiracy-theories-w467509/the-government-is-complicit-in-countless-terrorist-and-lone-gunman-attacks-w467737.

9 Callum Borchers, "A harsh truth about fake news: Some people are super gullible," *Washington Post*, 2016년 12월 5일, https://www.washingtonpost.com/news/the-fix/wp/2016/11/22/a-harsh-truth-about-fake-news-some-people-are-super-gullible/.

10 Heckewelder, 1876, p. 297.

11 Dawkins, 2010, p. 141.

12 Truther monkey (@Thedyer1971), "정신을 지배당해 쉽게 설득되는 사람. 신 세계질서에 오신 것을 환영합니다." Twitter, 2017년 9월 26일, 오전 12시 53분, https://twitter.com/Thedyer1971/status/912585964978966528.

13 Borchers, "A Harsh truth about fake news"; more generally, see Donovan, 2004, which shows how often accusations of gullibility are hurled from each side.

14 Marcuse, 1966, pp. 46, 15. Abercrombie, Hill, & Turner, 1980도 참조할 것. 지배적인 이데올로기의 역할에 대해서는 Antonio Gramsci의 저작을 참조하고, Antonio Gramsci 입문에 대해서는 Hoare & Sperber, 2015를 참조할 것.

15 Stanley, 2015, p. 27.

16   Paul Waldman, "Trump and republicans treat their voters like morons," *Washington Post*, 2017년 7월 26일, https://www.washingtonpost.com/blogs/plum-line/wp/2017/07/26/trump-and-republicans-treat-their-voters-like-morons/.

17   Asch, 1956. 그림 1의 출처: https://en.wikipedia.org/wiki/Asch_conformity_experiments#/media/File:Asch_experiment.svg (2018년 11월 21일 접속), CC BY-SA 4.0.

18   Moscovici, 1985, p. 349, Friend, Rafferty, & Bramel, 1990에서 인용.

19   Milgram, Bickman, & Berkowitz, 1969.

20   Milgram, 1974.

21   Perry, 2013, location 145.

22   Brennan, 2012, p. 8.

23   Gilbert, Krull, & Malone, 1990, p. 612.

24   Heraclitus, 2001, fragment 111.

25   David Robson, "Why are people so incredibly gullible?," BBC, 2016년 3월 24, http://www.bbc.com/future/story/20160323-why-are-people-so-incredibly-gullible.

26   엄밀히 말하면, 솔로몬 아시의 경우는 그렇지 않았다. Friend et al., 1990을 참조할 것.

27   Hirschfeld, 2002. 어린아이에게 큰 관심을 두지 않는 인류학자들은 대체로 이 주장에 동의하지만, 인류학과 사회 심리학에도 어린아이의 문화적 적응을 연구하는 분야가 있다(예: Linton, 1963).

28   Boyer, 1994, p. 22.

29   Strauss & Quinn, 1997, p. 23.

30   Dawkins, 2010, p. 134.

31   Henrich, 2015를 참조.

32   Boyd & Richerson, 1985; Richerson & Boyd, 2005. 그들의 저작은 주로 물질문

화에 초점을 맞추고 있다. 커뮤니케이션의 경우에 비하면 물질문화에서 맹신이란 쟁점은 그다지 절박하지 않기 때문이다.

33 예를 들면 Barkow, Cosmides, & Tooby, 1992; Pinker, 1997.

34 Henrich, 2015.

35 Laland의 사회적 학습 전략에 대해서는 Laland, 2004를 참조하기 바란다.

36 '빈도에 근거한 편향'의 하나로, 동조적 전달(conformist transmission)로도 칭해진다. Boyd & Richerson, 1985; Henrich & Boyd, 1998를 참조할 것. 이 전략의 유용성에 대한 비판으로는 Grove, 2018을 참조할 것.

37 Henrich & Gil-White, 2001. 최근의 증거에 대해서는 Jiménez & Mesoudi, 2019를 참조할 것.

38 K. Hill & Kintigh, 2009.

39 Richerson & Boyd, 2005, pp. 162-167, 187.

40 Boyd & Richerson, 1985, pp. 204ff; Nunn & Sanchez de la Sierra, 2017(이 책에 대한 비판으로는 Lou Keep, "The use and abuse of witchdoctors for life," *Samzdat*, 2017년 6월 19일, https://samzdat.com/2017/06/19/the-use-and-abuse-of-witchdoctors-for-life/)을 참조할 것.

41 Henrich, 2015, p. 49.

42 Richerson & Boyd, 2005, p. 124.

43 Boyd & Richerson, 2005.

44 Boyd & Richerson, 2005, p. 18.

45 Marx & Engels, 1970, p. 64.

| 2. 의사소통과 경계심 |

1 Caro, 1986a.

2 Ostreiher & Heifetz, 2017; Sommer, 2011.

3 Haig, 1993의 참고문헌을 참조할 것.

4 Wray, Klein, Mattila, & Seeley, 2008. 저자들은 과거의 상반된 결과(Gould & Gould, 1982)를 작위적인 것이었던 것으로 평가한다. Dunlap, Nielsen, Dornhaus, & Papaj, 2016도 참조할 것.

5 Scott-Phillips, 2008, 2014; Scott-Phillips, Blythe, Gardner, & West, 2012.

6 Seyfarth, Cheney, & Marler, 1980.

7 Nishida et al., 2006.

8 Dawkins & Krebs, 1978; Krebs & Dawkins, 1984; Maynard Smith & Harper, 2003.

9 Haig, 1993, 1996.

10 Haig, 1993, p. 511.

11 Blumstein, Steinmetz, Armitage, & Daniel, 1997. 버빗원숭이는 신뢰할 수 없는 발신자의 신호를 무시하는 법을 터득해 부정직한 신호의 폐해를 낮추고, 정직한 신호를 보내는 발신자에게 보상을 제공하는 메커니즘을 갖춤으로써 경고음 시스템을 안정되게 유지한다(Cheney & Seyfarth, 1988).

12 J. Wright, 1997; J. Wright, Parker, & Lundy, 1999.

13 C. T. Bergstrom & Lachmann, 2001를 참조할 것.

14 O. Hasson, 1991.

15 Caro, 1986b.

16 뒤의 모든 증거에 대해서는 Caro, 1986a, 1986b; FitzGibbon & Fanshawe, 1988을 참조할 것.

17 Nelissen & Meijers, 2011.

18 예를 들면 Henrich, 2009; Iannaccone, 1992.

19 E. A. Smith & Bird, 2000.

20 대표적인 예로 Higham, 2013을 참조할 것.

21 Borgia, 1985. 더 많은 참고자료는 Madden, 2002를 참조할 것.

22 Zahavi & Zahavi, 1997.

23 Borgia, 1993.

24 Madden, 2002.

| 3. 열린 마음과 진화 |

1   Dubreuil, 2010; Sterelny, 2012.

2   Dediu & Levinson, 2018; Hoffmann et al., 2018. Andrew Lawler, "Neandertals, Stone Age people may have voyaged the Mediterranean," *Science*, 2018년 4월 24일, http://www.sciencemag.org/news/2018/04/neandertals-stone-age-people-may-have-voyaged-mediterranean도 참조할 것.

3   Dan Sperber와 그의 동료들은 2010년의 논문에서 이 점을 명확히 지적했다. Sperber et al., 2010. Clément, 2006; Harris, 2012; O. Morin, 2016도 참조할 것.

4   Carruthers, 2009, p. 175에서 인용.

5   Anthony, 1999.

6   Carruthers, 2009, p. 192에서 인용.

7   *Life* magazine, Carruthers, 2009, p. 192에서 인용.

8   Pratkanis & Aronson, 1992, chap. 34.

9   Pratkanis & Aronson, 1992, chap. 34.

10 Reicher, 1996.

11 Barrows, 1981, p. 48에서 인용.

12 Barrows, 1981, p. 47에서 인용

13 Taine, 1876, p. 226.

14 F. G. Robinson, 1988, p. 387.

15 Paul Waldman, "Trump and Republicans treat their voters like morons," *Washington Post*, 2017년 7월 26일, https://www.washingtonpost.com/blogs/plum-line/wp/2017/07/26/trump-and-republicans-treat-their-voters-like-morons/; Jason Brennan, "Trump won because voters are ignorant, literally," *Foreign Policy*, 2016년 11월 10일, http://foreignpolicy.com/2016/11/10/the-

dance-of-the-dunces-trump-clinton-election-republican-democrat/.

16 Peter Kate Piercy, "Classist innuendo about educated Remain voters and the 'white man van' of Leave has revealed something very distasteful about Britain," *Independent*, 2016년 6월 20일, http://www.independent.co.uk/voices/classist-innuendo-about-educated-remain-voters-and-the-white-van-men-of-leave-has-revealed-something-a7091206.html.

17 Zimbardo, Johnson, & McCann, 2012, p. 286.

18 Myers, 2009, p. 263.

19 Bonnefon, Hopfensitz, & De Neys, 2017; Todorov, Funk, & Olivola, 2015.

20 Dan Sperber와 내가 예전부터 비판했듯이, 이 이중 처리 모델에는 많은 쟁점이 있다. Mercier & Sperber, 2017을 참조할 것.

21 Frederick, 2005.

22 하지만 올바른 답이 누군가에 의해 설명된 후에야 대부분이 그 답을 이해한다. 자력으로 올바른 답을 구한 사람도 대부분 직관적으로 그 답을 구한다. Bago & De Neys, 2019를 참조할 것.

23 Gilbert et al., 1990; Gilbert, Tafarodi, & Malone, 1993.

24 Gilbert et al., 1993.

25 Kahneman, 2011, p. 81.

26 Gervais & Norenzayan, 2012.

27 Aarnio & Lindeman, 2005; Pennycook, Cheyne, Seli, Koehler, & Fugelsang, 2012.

28 Tyndale-Biscoe, 2005, p. 234.

29 Ratcliffe, Fenton, & Galef, 2003.

30 Rozin, 1976, p. 28.

31 Rozin, 1976.

32 Garcia, Kimeldorf, & Koelling, 1955.

33 Rozin, 1976, p. 26.

34　Rozin, 1976.

35　Cheney & Seyfarth, 1990.

36　de Waal, 1982.

37　Cheney, Seyfarth, & Silk, 1995.

38　Desrochers, Morissette, & Ricard, 1995.

39　Tomasello, Call, & Gluckman, 1997.

40　J. Wood, Glynn, Phillips, & Hauser, 2007.

41　내가 Mercier, 2013에서 내세웠던 주장이다.

42　Carruthers, 2009.

43　Alexander & Bruning, 2008; Meissner, Surmon-Böhr, Oleszkiewicz, & Alison, 2017.

44　Pratkanis & Aronson, 1992.

45　Pratkanis & Aronson, 1992. Trappey, 1996도 참조할 것.

46　Strahan, Spencer, & Zanna, 2002. 역하 자극의 영향을 추적하려는 실험들은 완전히 신뢰할 수 없는 듯하다. 많은 실험이 동일한 결과의 재현이란 논란에 휘말렸기 때문이다. 어떤 결과가 동일한 조건에서 다시 얻어지지 않으면, 처음의 결과는 통계적 요행에 불과할 수 있다(예: Open Science Collaboration, 2015).

47　Richter, Schroeder, & Wöhrmann, 2009.

48　U. Hasson, Simmons, & Todorov, 2005.

49　Kahneman, 2011, p. 81.

50　B. Bergstrom & Boyer, 근간. 더 자세히 알고 싶으면 Isberner & Richter, 2013, 2014; Sklar et al., 2012; Wiswede, Koranyi, Müller, Langner, & Rothermund, 2012를 참조할 것.

51　Gervais et al., 2018.

52　Majima, 2015.

53　Mascaro & Morin, 2014.

54　Couillard & Woodward, 1999.

55 Mascaro & Morin, 2014.

| 4. 무엇을 믿어야 할까? |

1 Nyhan & Reifler, 2010.

2 Nyhan & Reifler, 2015.

3 Bonaccio & Dalal, 2006; Yaniv, 2004. 3분의 1이라는 수치는 Yaniv & Kleinberger, 2000에서 확인된다. 이 숫자는 오해를 불러일으킬 수 있다. 엄격히 말하면, 각 항목에서 피험자의 3분의 2는 견해를 바꾸지 않았고, 3분의 1은 다른 사람의 의견을 대체로 채택했다. 사람들이 두 의견의 평균점을 취하지 않고, 두 의견(자신의 의견과 상대의 의견) 중 하나를 선택하는 건 차선책인 듯하다. (Larrick & Soll, 2006).

4 T. Wood & Porter, 2016.

5 Aird, Ecker, Swire, Berinsky, & Lewandowsky, 2018; Chan, Jones, Hall Jamieson, & Albarracin, 2017; De Vries, Hobolt, & Tilley, 2018; Dixon, Hmielowski, & Ma, 2017; Dockendorff & Mercier, in preparation; Ecker, O'Reilly, Reid, & Chang, 2019; Facchini, Margalit, & Nakata, 2016; Grigorieff, Roth, & Ubfal, 2018; Guess & Coppock, 2015, 2018; S. J. Hill, 2017; Hopkins, Sides, & Citrin, 2019; J. W. Kim, 2018; Leeper & Slothuus, 2015; Nair, 2018; Nyhan, Porter, Reifler, & Wood, 2017; Tappin & Gadsby, 2019; van der Linden, Maibach, & Leiserowitz, 2019; Walter & Murphy, 2018.

6 당연한 반응으로 보이지만 사람들이 능숙하게 이렇게 해내지 못하는 증거로는 Dewitt, Lagnado, & Fenton (근간)을 참조할 것.

7 Thagard, 2005를 참조할 것.

8 나에게 이 수수께끼를 알려준 Jennifer Nagel에게 감사한다.

9 Trouche, Sander, & Mercier, 2014.

10 Claidière, Trouche, & Mercier, 2017.

11 Mercier, 2012; Mercier, Bonnier, & Trouche, 2016; Mercier & Sperber, 2011,

2017.

12 Sperber & Mercier, 2018.

13 Plato, *Meno*, Jowett translation, https://en.wikisource.org/wiki/Meno (2019년 7월 28일 접속).

14 예외가 있다. 사람들은 자신의 관점을 합리화하고 자신의 합리성을 과시하고 싶을 수 있다. 반대로 자신의 주장이 잘못된 것으로 판명나면 외부에 노출되는 걸 억누르고 싶을 것이다. Mercier & Sperber, 2017을 참조할 것.

15 Liberman, Minson, Bryan, & Ross, 2012; Minson, Liberman, & Ross, 2011.

16 Mercier, 2016a의 참고문헌을 참조할 것.

17 Trouche, Shao, & Mercier, 2019. 어린아이의 증거에 대해서는 Castelain, Bernard, Van der Henst, & Mercier, 2016을 참조할 것.

18 실험에서 얻은 증거에 대해서는 Hahn & Oaksford, 2007; Petty & Wegener, 1998을 참조할 것. 관찰에서 얻은 증거로는 Priniski & Horne, 2018을 참조할 것. 우리가 본연의 믿음에 반론을 제기하는 논증을 평가할 때 편향을 보인다는 걸 증명한 실험에 대해서는 Edwards & Smith, 1996; Greenwald, 1968; Taber & Lodge, 2006을 참조할 것. 하지만 이런 편향이 논증의 평가보다 논증의 출처에서 비롯된 것이며, 논증의 평가에는 실제로 어떤 편향도 없다는 주장이 가능할 수 있다 (Mercier, 2016b; Trouche et al., 2019).

19 '불완전성 정리'(Incompleteness theorems), Wikipedia, https://en.wikipedia.org/wiki/G%C3%B6del%27s_incompleteness_theorems (2019년 4월 24일 접속)

20 Mancosu, 1999.

21 Planck, 1968, pp. 33-34.

22 Nitecki, Lemke, Pullman, & Johnson, 1978; Oreskes, 1988. 다른 예로는 Cohen, 1985; Kitcher, 1993; Wootton, 2015를 참조하기 바란다.

23 Mercier & Sperber, 2017, chap. 17.

24 Mansbridge, 1999.

25 Galler, 2007에서 인용.

26 Shtulman, 2006; Shtulman & Valcarcel, 2012.

27 Miton & Mercier, 2015.

28 Durbach, 2000, p. 52.

29 Elena Conis, "Vaccination Resistance in Historical Perspective," The American Historian, http://tah.oah.org/issue-5/vaccination-resistance/ (2018년 7월 17일 접속).

30 M. J. Smith, Ellenberg, Bell, & Rubin, 2008.

31 Boyer & Petersen, 2012, 2018; van Prooijen & Van Vugt, 2018.

| 5. 누가 가장 잘 아는가? |

1 "Je devais aller à Bruxelles, je me suis retrouvée à Zagreb': l'incroyable périple en auto de Sabine, d'Erquelinnes," Sudinfo, 2013년 1월 11일, https://www.sudinfo.be/art/640639/article/regions/charleroi/actualite/2013-01-11/%C2%ABje-devais-aller-a-bruxelles-je-me-suis-retrouvee-a-zagreb%C2%BB-l-incroyable-p.

2 E. J. Robinson, Champion, & Mitchell, 1999. 어린아이들이 증언을 평가한 방법에 대해 시행된 방대한 연구에 대해서는 Clément, 2010; Harris, 2012; Harris, Koenig, Corriveau, & Jaswal, 2018을 참조할 것.

3 Castelain, Girotto, Jamet, & Mercier, 2016; Mercier, Bernard, & Clément, 2014; Mercier, Sudo, Castelain, Bernard, & Matsui, 2018.

4 우리 의견에 동의한다고 말하는 사람이 더 믿음직하게 여겨지는 이유에 대해서는 Collins, Hahn, von Gerber, & Olsson, 2018을 참조할 것.

5 Choleris, Guo, Liu, Mainardi, & Valsecchi, 1997.

6 Analytis, Barkoczi, & Herzog, 2018을 참조할 것.

7 Malkiel & McCue, 1985; Taleb, 2005.

8 K. Hill & Kintigh, 2009.

9   소규모 사회의 어휘 능력에 대해서는 Henrich & Broesch, 2011을 참조할 것.

10   Howard, 1983; Sternberg, 1985. 어느 쪽으로 충분한 자료로 검증되지는 않는다.

11   20세기 초에 Edward Thorndike(1874-1949)에 의해 이미 확인된 현상으로, 학습에서는 전이 효과가 거의 없어 이런 현상이 계속 이어진다. "정신은 다수의 독립된 능력들로 세분화되기 때문에 인간의 속성은 부분적으로만 바뀌갈 수 있다."(1917, p. 246). 최근의 연구에 대해서는 Sala et al., 2018; Sala & Gobet, 2017, 2018을 참조할 것.

12   Kushnir, Vredenburgh, & Schneider, 2013; VanderBorght & Jaswal, 2009.

13   Keil, Stein, Webb, Billings, & Rozenblit, 2008; Lutz & Keil, 2002.

14   Stibbard-Hawkes, Attenborough, & Marlowe, 2018.

15   Brand & Mesoudi, 2018.

16   Huckfeldt, 2001. Katz & Lazarsfeld, 1955; Lazarsfeld, Berelson, & Gaudet, 1948도 참조할 것.

17   Kierkegaard, 1961, p. 106.

18   Mark Twain, *The complete works of Mark Twain*, p. 392, Archive.org, https://archive.org/stream/completeworksofm22twai/completeworksofm22twai_djvu.txt(2018년 7월 19일 접속).

19   Mercier, Dockendorff, & Schwartzberg, 근간.

20   Condorcet, 1785.

21   Galton, 1907. Larrick & Soll, 2006도 참조할 것. Galton이 사용한 통계치는 평균이 아니라 중앙값이었다. 평균을 손으로 계산하기는 불가능했을 것이기 때문이다. 이 점을 지적해준 Emile Servan-Schreiber에게 고맙다는 말을 전하고 싶다.

22   Surowiecki, 2005.

23   그림 2의 출처: https://xkcd.com/1170/ (2019년 6월 24일 접속).

24   Conradt & List, 2009; Conradt & Roper, 2003.

25   Strandburg-Peshkin, Farine, Couzin, & Crofoot, 2015.

26 Hastie & Kameda, 2005.

27 T.J.H. Morgan, Rendell, Ehn, Hoppitt, & Laland, 2012.

28 Mercier & Morin, 2019.

29 Mercier & Morin, 2019.

30 Dehaene, 1999.

31 좀 더 깊이 알고 싶으면 Mercier & Morin, 2019를 참조할 것.

32 예를 들면, Maines, 1990.

33 Mercier & Miton, 2019.

34 J. Hu, Whalen, Buchsbaum, Griffiths, & Xu, 2015. 하지만 Einav, 2017도 참조하기 바란다.

35 좀 더 깊이 알고 싶으면 Mercier & Morin, 2019를 참조할 것.

36 Friend et al., 1990; Griggs, 2015를 참조할 것.

37 정보 동조와 규범 동조의 차이에 대해서는 Deutsch & Gerard, 1955를 참조할 것. 둘을 구분하기가 쉽지 않은 이유에 대해서는 Hodges & Geyer, 2006을 참조할 것. 어린아이에게 찾아진 비슷한 결과에 대해서는 Corriveau & Harris, 2010; Haun & Tomasello, 2011을 참조할 것.

38 Allen, 1965, p. 143. Allen는 사람들에게 집단이 없는 곳에서 다시 물으면 올바른 답으로 되돌아간다는 걸 실험적으로 확인했다.

39 Asch, 1956, p. 56.

40 Asch, 1956, p. 47.

41 Gallup, Chong, & Couzin, 2012; Gallup, Hale, et al., 2012.

42 Clément, Koenig, & Harris, 2004.

43 능력에 대해서는 Bernard, Proust, & Clément, 2015를 참조할 것.

44 힘든 허드렛일에 대한 실마리는 Umbres, 2018에서 얻었다.

| 6. 누구를 신뢰해야 할까? |

1   DePaulo et al., 2003.

2   Freud, 1905, p. 94. Bond, Howard, Hutchison, & Masip, 2013에서 인용.

3   중국 청나라, Conner, 2000, p. 142. 고대 인도, Rocher, 1964, p. 346, 유럽 중
    세, Ullmann, 1946; Robisheaux, 2009, p. 206. 20세기 미국, Underwood, 1995,
    pp. 622ff.

4   Kassin & Gudjonsson, 2004, citing the textbook by Inbau, Reid, Buckley, &
    Jayne, 2001.

5   예컨대 Ekman, 2001, 2009.

6   Weinberger, 2010. 미세한 표정을 읽어내는 훈련이 아무런 효과도 없다는 직접
    적인 증거에 대해서는 Jordan et al.(근간)을 참조할 것.

7   Porter & ten Brinke, 2008.

8   ten Brinke, MacDonald, Porter, & O'Connor, 2012.

9   DePaulo, 1992.

10 DePaulo et al., 2003; Hartwig & Bond, 2011; Vrij, 2000.

11 Hartwig & Bond, 2011.

12 Honts & Hartwig, 2014, p. 40. Foerster, Wirth, Herbort, Kunde, & Pfister,
    2017; Luke, (근간); Raskin, Honts, & Kircher, 2013; Roulin & Ternes, 2019도 참
    조할 것. 실제로 감정에 북받친 비명과 연극적으로 꾸민 비명도 사람들이 구분
    하지 못한다는 게 최근의 연구에서 입증되었다. Engelberg & Gouzoules, 2019.

13 다른 서평으로는 Bond & DePaulo, 2006과 Bond, 2008을 참조하기 바란다.

14 Levine, 2014. Gilbert, 1991도 참조할 것.

15 예를 들면, DePaulo, Kashy, Kirkendol, Wyer, & Epstein, 1996. 다른 문화권에
    서 거짓말은 훨씬 더 빈번하다. 그 때문에 그곳 사람들은 거짓말의 가능성을 염
    두에 두는 경향이 많다. Gilsenan, 1976을 참조할 것.

16 Reid, 1970, chap. 24.

17 예컨대 Helen Klein Murillo, "The law of lying: Perjury, false statements, and

obstruction," Lawfare, 2017년 3월 22일, https://www.lawfareblog.com/law-lying-perjury-false-statements-and-obstruction.을 참조할 것.

18 어느 정도까지 이 주장은 사람들이 자신을 속이는 강력한 사회적 압력이 없어야 한다는 뜻일 수 있다(반대 의견에 대해서는 Simler & Hanson, 2017; von Hippel & Trivers, 2011을 참조할 것). 나쁜 정보가 의도한 것이든 아니든 간에 똑같이 처벌을 받으면 자신을 속일 필요도 없을 것이다. Mercier, 2011을 참조할 것.

19 예컨대 Birch & Bloom, 2007을 참조.

20 열린 경계 기제라는 관점에서 보면, 우리는 상대가 근면하기를 바라지만, 그런 바람에는 기껏해야 상대의 의견이 우리 의견만큼 가치 있게 여겨질 것이란 뜻이 담겨있다는 데 주목할 필요가 있다. 상대가 우리보다 유능한 경우 등 상대를 믿을 만한 다른 이유가 있는 경우에는 우리는 상대의 말을 50퍼센트 이상 믿는다.

21 Sniezek, Schrah, & Dalal, 2004.

22 Gino, 2008.

23 Gendelman, 2013.

24 이해관계의 일치는 초반에만 중요한 역할을 할 뿐이었고, 그들이 협력하며 꾸준히 우정을 이어간 주된 동기는 뒤에서 언급하게 될 메커니즘이었다.

25 Reyes-Jaquez & Echols, 2015.

26 침팬지가 '가리키는 행위'를 철저히 무시하는 이유도 여기에 있는 듯하다. 가리키는 행위를 협력이 아니라 경쟁으로 여기기 때문인 듯하다.

27 Mills & Keil, 2005. Mills & Keil, 2008도 참조할 것.

28 Meissner & Kassin, 2002; Street & Richardson, 2015.

29 다른 사람의 이해관계와 동기를 알아내는 게 어렵기 때문에 이 문제는 더욱 복잡해진다. 명백한 반대 증거가 없으면, 커뮤니케이션이 껄끄러워지더라도 이해관계에서 우리와 상대가 일치하지 않을 것이라 생각하며 극도로 조심하는 편이 낫다.

30 Frank, 1988.

31 전문적으로 말하면, 평판은 잠재적 대화 상대가 우리에 대해 갖는 의견을 뜻한다. 따라서 그 평판은 일반적으로 알려진 평판과 다를 수 있다. Sperber & Baumard, 2012.

32 Boehm, 1999.

33 Baumard, André, & Sperber, 2013.

34 관련된 사항에 대해서는 Shea et al., 2014를 참조할 것.

35 Van Zant & Andrade, 근간.

36 Brosseau-Liard & Poulin-Dubois, 2014. Matsui, Rakoczy, Miura & Tomasello, 2009도 참조할 것. 성인에 대해서는 Bahrami et al., 2010; Fusaroli et al., 2012; Pulford, Colman, Buabang, & Krockow, 2018을 참조할 것.

37 Tenney, MacCoun, Spellman, & Hastie, 2007; Tenney et al., 2008, 2011. 몇몇 연구에 따르면, 상대가 과도한 자신감을 보여준다고 해서 그에 대한 신뢰가 함수적으로 증가하지는 않는다(Anderson, Brion, Moore, & Kennedy, 2012; J. A. Kennedy, Anderson, & Moore, 2013). 오히려 그 연구들에서도 지나치게 자신하는 화자에 대한 신뢰도가 떨어졌다. 하지만 화자가 지나치더라도 계속해서 자신감을 보이면 떨어진 신뢰가 올라가는 변화가 나타났다. Vullioud, Clément, Scott-Phillips, & Mercier, 2017을 참조할 것.

38 Vullioud et al., 2017. 확실한 출처 이외에 다른 이유로 화자를 신뢰하면, 그 화자가 잘못 알고 있었다는 게 입증되는 순간, 그에 대한 신뢰가 떨어진다는 것도 우리는 실험을 통해 보여주었다.

39 Boehm, 1999; Chagnon, 1992; Safra, Baumard, & Chevallier, 근간.

40 예를 들면 Kam & Zechmeister, 2013; Keller & Lehmann, 2006을 참조할 것.

41 Amos, Holmes, & Strutton, 2008.

42 Laustsen & Bor, 2017.

43 Amos et al., 2008.

44 Knittel & Stango, 2009.

45 공약에 대해서는 Artés, 2013; Pomper & Lederman, 1980; Royed, 1996을 참조

하고, 부패에 대해서는 Costas-Pérez, Solé-Ollé, & Sorribas-Navarro, 2012를 참
조하기 바란다.

| 7. 무엇을 느껴야 할까? |

1   Rankin & Philip, 1963, p. 167. 탕가니카에 대한 이후의 이야기는 거의 이 논문
    에 기초한 것이다. Ebrahim, 1968도 참조할 것.

2   예컨대 Evans & Bartholomew, 2009도 참조할 것.

3   Susan Dominus, "What happened to the girls in Le Roy," *New York Times
    Magazine*, 2012년 3월 7일, https://www.nytimes.com/2012/03/11/
    magazine/teenage-girls-twitching-le-roy.html.

4   Rankin & Philip, 1963, p. 167.

5   Le Bon, 1897.

6   Tarde, 1892, p. 373 (내 번역).

7   Sighele, 1901, p. 48 (내 번역).

8   Warren & Power, 2015를 참조할 것.

9   A. Brad Schwartz, "Orson Welles and history's first viral-media event,"
    Vanity Fair, 2015년 4월 27일, https://www.vanityfair.com/culture/2015/04/
    broadcast-hysteria-orson-welles-war-of-the-worlds.

10 Moorehead, 1965, p. 226.

11 Coviello et al., 2014; Kramer, Guillory, & Hancock, 2014.

12 Canetti, 1981, p. 77.

13 Sighele, 1901, p. 190 (내 번역).

14 Le Bon, 1900, p. 21 (내 번역).

15 Lanzetta & Englis, 1989.

16 Dimberg, Thunberg, & Elmehed, 2000.

17 Dezecache et al., (근간)

18 Hatfield, Cacioppo, & Rapson, 1994, p. 5.

19 Sighele, 1901, p. 59에서 인용 (내 번역). 더 많은 자료에 대해서는 Moscovici, 1981을 참조할 것.

20 Frank, 1988; Sell, Tooby, & Cosmides, 2009.

21 Burgess, 1839, p. 49.

22 Frank, 1988.

23 실제로 이런 전략은 효과가 있는 듯하다. Reed, DeScioli, & Pinker, 2014를 참조할 것.

24 Frank, 1988, p. 121. Owren & Bachorowski, 2001도 참조할 것.

25 Fodor, 1983.

26 우리 생각보다 훨씬 많은 것이 의식의 통제 하에 있다. 좋은 배우는 얼굴 표정을 마음대로 조정할 수 있다. 의식적으로 몸의 털을 세울 수 있는 사람도 적지 않다. Heathers, Fayn, Silvia, Tiliopoulos, & Goodwin, 2018을 참조할 것.

27 Dezecache, Mercier, & Scott-Phillips, 2013.

28 Tamis-LeMonda et al., 2008. G. Kim & Kwak, 2011도 참조할 것.

29 Chiarella & Poulin-Dubois, 2013. Chiarella & Poulin-Dubois 2015도 참조할 것.

30 Hepach, Vaish, & Tomasello, 2013.

31 Lanzetta & Englis, 1989.

32 Zeifman & Brown, 2011.

33 Hofman, Bos, Schutter, & van Honk, 2012.

34 Weisbuch & Ambady, 2008. Han, 2018도 참조할 것.

35 더 많은 자료를 보고 싶으면, Dezecache et al., 2013; Norscia & Palagi, 2011을 참조할 것.

36 Campagna, Mislin, Kong, & Bottom, 2016.

37 전염에의 비유가 온당하지 않다는 주장에 대해서는 Warren & Power, 2015를 참조할 것.

38 Crivelli & Fridlund, 2018.

39 McPhail, 1991. O. Morin, 2016도 참조할 것.

40 둘 사이의 유사점에 대해서 "Beyond contagion: Social identity processes in involuntary social influence," *Crowds and Identities: John Drury's Research Group*, University of Sussex, http://www.sussex.ac.uk/psychology/crowdsidentities/projects/beyondcontagion (2018년 7월 20일 접속)을 참조할 것.

41 이 부분은 Boss, 1997에서 많은 영향을 받았다.

42 Dominus, "What happened to the girls in Le Roy."

43 Evans & Bartholomew, 2009, see also Ong, 1987; Boss, 1997, p. 237.

44 Lopez-Ibor, Soria, Canas, & Rodriguez-Gamazo, 1985, p. 358.

45 Couch, 1968; Drury, Novelli, & Stott, 2013; McPhail, 1991; Schweingruber & Wohlstein, 2005.

46 Taine, 1885 book 1, chap. V.

47 Rudé, 1959.

48 Barrows, 1981.

49 Barrows, 1981.

50 예를 들면 J. Barker, 2014. 일반적인 관점에 대해서는 Hernon, 2006을 참조할 것.

51 White, 2016에서 인용.

52 Klarman, 2016.

53 Wang, 1995, p. 72.

54 Taine, 1876, p. 241.

55 McPhail, 1991, 특히 pp. 44ff를 참조. Tilly & Tilly, 1975.

56 게다가 얼마나 많은 사람이 이미 못되게 행동하느냐에 따라 못되게 행동하는 사람들이 늘어나는 데 차이가 있다면, 그 현상은 서로 직접적인 영향이 없을 때도 영향이 꼬리를 물고 이어지는 일련의 단계적 반응처럼 보일 것이다. Granovetter, 1978을 참조할 것.

57 이 부분은 Dezecache, 2015와 Mawson, 2012, 특히 pp. 234ff에서 많은 영향을

받았다.

58 Jefferson Pooley and Michael J. Sokolow, "The myth of the *War of the Worlds* panic," 2013년 10월 28일, *Slate*, http://www.slate.com/articles/ arts/history/2013/10/orson_welles_war_of_the_worlds_panic_myth_the_ infamous_radio_broadcast_did.html. See also Lagrange, 2005.

59 Janis, 1951.

60 Schultz, 1964.

61 Proulx, Fahy, & Walker, 2004.

62 Dezecache et al., 근간.

63 Dezecache et al., 근간. Johnson, 1988도 참조할 것.

64 R. H. Turner & Killian, 1972.

65 McPhail, 2007.

66 Aveni, 1977; Johnson, Feinberg, & Johnston, 1994; McPhail & Wohlstein, 1983.

67 더 많은 자료를 보고 싶으면 Mawson, 2012, pp. 143ff을 참조하기 바란다.

| 8. 선동자와 예언자 그리고 설교자 |

1   이 장과 다음 장은 Mercier, 2017을 기초로 다시 쓴 것이다. '최악의 적(worst enemies)'이란 표현은 Signer, 2009에서 인용한 것이다.

2   Signer, 2009, pp. 40-41.

3   Thucydides, *The History of the Peloponnesian War*, http://classics.mit.edu/ Thucydides/pelopwar.mb.txt (2018년 11월 23일 접속).

4   "Mytilenean revolt," Wikipedia, https://en.wikipedia.org/wiki/Mytilenean_ revolt (2018년 11월 23일 접속)을 참조.

5   Thucydides, *The History of the Peloponnesian War*, 3.37, http://classics.mit. edu/Thucydides/pelopwar.mb.txt (2018년 11월 23일 접속).

6　*Republic*, Book VIII, 565a, trans. Jowett, 488d도 참조할 것. http://classics.mit.
　　edu/Plato/republic.9.viii.html (2018년 11월 23일 접속).

7　"Cleon," in William Smith (Ed.), *A dictionary of Greek and Roman biography
　　and mythology*, http://www.perseus.tufts.edu/hopper/text?doc=Perseus:text
　　:1999.04.0104:entry=cleon-bio-1 (2018년 11월 23일 접속).

8　"Cleon."

9　Whedbee, 2004.

10　특히 Kershaw, 1983b를 참조할 것.

11　Kershaw, 1987. Kershaw, 1983b, 1991도 참조할 것.

12　Kershaw, 1987, p. 46.

13　Kershaw, 1987, p. 46.

14　Selb & Munzert, 2018, p. 1050

15　Kershaw, 1987, pp. 61, 123. Voigtländer & Voth, 2014도 참조할 것.

16　Kershaw, 1987, p. 146.

17　Kershaw, 1987, pp. 187-188.

18　Kershaw, 1987, pp. 194ff.

19　Kershaw, 1987, p. 147.

20　Kershaw, 1987, pp. 233ff.

21　마오쩌둥에 대해서는 Wang, 1995를 참조할 것.

22　이 비유는 Watts, 2011, pp. 96-97에서 인용한 것이다.

23　This account is drawn from Peires, 1989.

24　Peires, 1989, location 2060-2062.

25　Peires, 1989, location 363-365.

26　Peires, 1989, locations 1965-1966, 1921-1923.

27　Peires, 1989, location 1923-1927.

28　Peires, 1989, location 4257-4262.

29　Peires, 1989, location 4262-4264.

30 Peires, 1989, locations 2550-2552, 2078-2081.

31 Peires, 1989, location 3653-3657.

32 Peires, 1989, locations 2524-2526, 3672-3676.

33 Peires, 1989, locations 3699-3700, 4369-4370.

34 Peires, 1989, location 46-49.

35 Stapleton, 1991.

36 Peires, 1989, location 4483-4486.

37 Stapleton, 1991, p. 385.

38 Peires, 1989, location 4577-4582.

39 Cohn, 1970, p. 66. 소년 십자군에 대해서는 Dickson, 2007을 참조할 것.

40 Weber, 2000. Barkun, 1986; Hall, 2013도 참조할 것.

41 Lanternari, 1963; Hall, 2013, p. 3. Barkun, 1986도 참조할 것.

42 Hall, 2009.

43 코사족에 대해서는 Peires, 1989, location 1106-1108을 참조할 것. 일반론에 대해서는 Hall, 2009를 참조할 것.

44 Hall, 2009. 특히 Scott, 1990, p. 101는 "유럽과 동남아시아는 문화와 종교의 전통이 크게 다르지만, 정의로운 왕이나 종교 지도자가 환생한다는 오랜 전통이 있다."라고 지적했다.

45 사도행전 2:41.

46 Lawlor & Oulton, 1928, 3.37.3.

47 MacMullen, 1984, p. 29. Stone, 2016에서 인용.

48 예컨대, Abgrall, 1999를 참조할 것. Anthony, 1999에서 인용.

49 Stark, 1996.

50 Stark, 1984.

51 E. Barker, 1984.

52 Iannaccone, 2006(이 부분은 이 논문에서 많은 것을 참조했다), E. Barker, 1984를 인용.

53 E. Barker, 1984.

54　E. Barker, 1984, p. 8

55　Stark & Bainbridge, 1980; David A. Snow & Phillips, 1980; Le Roy Ladurie, 2016, location 847-849. 더 많은 자료를 보고 싶으면 Robbins, 1988; Stark & Bainbridge, 1980을 참조할 것.

56　Anthony, 1999, p. 435.

57　Stark, 1996, p. 178. Power, 2017도 참조할 것.

58　Stark, 1996, chap. 8.

59　Iannaccone, 2006, p. 7.

60　Murray, 1974, p. 307.

61　이 관점의 비판에 대해서는 Abercrombie et al., 1980을 참조할 것. 나도 이 책을 부분적으로 인용했다.

62　Marx & Engels, 1970.

63　이 관점의 전반적인 비판에 대해서는 Abercrombie et al., 1980; Delumeau, 1977; Le Bras, 1955; Stark, 1999; K. Thomas, 1971을 참조할 것.

64　Murray, 1974, p. 299.

65　Murray, 1974, p. 304

66　Murray, 1974, p. 305

67　Murray, 1974, p. 318

68　Murray, 1974, pp. 305, 320. 엥베르만이 기독교 교리에 대한 농민들의 저항을 한탄한 설교자는 아니었다. 더 많은 예에 대해서는 Pettegree, 2014, pp. 27, 128, 135, 137을 참조할 것.

69　Le Roy Ladurie, 2016, location 666-673. Ekelund, Tollison, Anderson, Hébert, & Davidson, 1996도 참조할 것.

70　Cohn, 1970; Dickson, 2007.

71　Cohn, 1970, p. 80.

72　Cohn, 1970, p. 80.

73　Delumeau, 1977, p. 225. MacMullen, 1999; K. Thomas, 1971도 참조할 것.

74 Le Roy Ladurie, 2016, locations 947-952, 985-987.

75 Murray, 1974, p. 318. 공식적인 교리가 제대로 받아들여지지 않고, 직관적으로 와닿는 전통적인 관습에 번번이 패한다는 것은 종교 인류학에서 자명한 사실이다. 중세 기독교에 관련된 사례에 대해서는 Ginzburg, 2013을 참조할 것.

76 Murray, 1974, pp. 307, 320.

77 힌두교와 카스트 제도에 대해서는 Berreman, 1971; Harper, 1968; Juergensmeyer, 1980; Khare, 1984; Mencher, 1974를 참조할 것.

78 Scott, 1990, 2008.

79 Scott, 2008, p. 29. 특히 남북전쟁 전, 남부의 노예에 대해서는 Genovese, 1974를 참조할 것.

| 9. 프로파간디스트 그리고 선거 운동원과 광고 전문가 |

1. Hitler (1939). Project Gutenberg, http://gutenberg.net.au/ebooks02/0200601. txt와 "Propaganda in Nazi Germany," *Wikipedia*, https://en.wikipedia.org/ wiki/Propaganda_in_Nazi_Germany (둘 모두 2018년 11월 23일 접속)

2   Kershaw, 1983a, p. 191.

3   Voigtländer & Voth, 2015.

4   다른 사례에 대해서는 Bursztyn, Egorov, & Fiorin, 2019를 참조할 것.

5   Adena, Enikolopov, Petrova, Santarosa, & Zhuravskaya, 2015, p. 1885.

6   Kershaw, 1983a, p. 191.

7   Kershaw, 1983a; Kuller, 2015.

8   Kershaw, 1983a, p. 188.

9   Salter, 1983.

10 Stout, 2011, pp. 4, 31. Kallis, 2008; Kershaw, 1983a도 참조할 것.

11 Kershaw, 1983a, 1987.

12 Kershaw, 1983a, p. 199.

13 Mawson, 2012, p. 141을 참조할 것.

14 Mawson, 2012, p. 141.

15 Stout, 2011.

16 Kershaw, 1983a, p. 200.

17 Brandenberger, 2012.

18 Davies, 1997, pp. 6-7. 러시아에도 체제를 조롱하는 재밌는 농담을 모은 비밀 창고가 있었다. 예컨대 "Russian political jokes," Wikipedia, https://en.wikipedia.org/wiki/Russian_political_jokes#Communism (2019년 3월 28일 접속).

19 Rose, Mishler, & Munro, 2011; B. Silver, 1987.

20 Peisakhin & Rozenas, 2018.

21 Wang, 1995.

22 Wang, 1995, p. 277.

23 X. Chen & Shi, 2001.,Gang & Bandurski, 2011도 참조할 것.

24 Osnos, 2014, location 2330-2333.

25 Osnos, 2014, location 3965-3966.

26 Huang, 2017.

27 Osnos, 2014, location 4657-4663.

28 Roberts, 2018, p. 218.

29 King, Pan, & Roberts, 2017.

30 Márquez, 2016, pp. 137-138, Aguilar, 2009; Pfaff, 2001; Tismaneanu, 1989를 인용.

31 이와 관련된 사례에 대해서는 Blakeslee, 2014; Petrova & Yanagizawa-Drott, 2016을 참조할 것.

32 Kershaw, 1987, p. 80.

33 Demick, 2010.

34 Osnos, 2014, location 606-609.

35 Ezra Klein, "Trump has given North Korea 'the greatest gift ever,'" *Vox*, 2018
년 1월 2일, https://www.vox.com/2017/12/21/16803216/north-korea-trump-
war.

36 이에 대한 논평은 J. J. Kennedy, 2009를 참조할 것.

37 "China lifting 800 million people out of poverty is historic: World Bank,"
Business Standard, 2017년 10월 13일, https://www.business-standard.
com/article/international/china-lifting-800-million-people-out-of-poverty-is-
historic-world-bank-117101300027_1.html. 나치의 당근 사용에 대해서는 Aly,
2007을 참조할 것.

38 Kershaw, 1983a, p. 196.

39 "Cost of Election," OpenSecrets.org, https://www.opensecrets.org/overview/
cost.php (2018년 7월 6일 접속).

40 이와 관련된 문헌에 대해서는 O'Donnell & Jowett, 1992를 참조하기 바란다.

41 예컨대 Lasswell, 1927을 참조할 것.

42 Hovland, 1954와 Lazarsfeld et al., 1948의 연구를 분석한 Klapper, 1960가 처음
사용한 명칭.

43 Klapper, 1960, p. 15. Arceneaux & Johnson, 2013에서 인용.

44 예컨대 Iyengar & Kinder, 1987; Gamson, 1992를 참조할 것.

45 Arceneaux & Johnson, 2013.

46 Lenz, 2009.

47 Lenz, 2013을 참조할 것. 더 깊이 알고 싶으면 Broockman & Butler, 2017;
Carlsson, Dahl, & Rooth, 2015도 참조할 만하다.

48 Berelson, Lazarsfeld, McPhee, & McPhee, 1954; Huckfeldt, Pietryka, & Reilly,
2014; Katz, 1957.

49 Chiang & Knight, 2011; Ladd & Lenz, 2009.

50 Kalla & Broockman, 2018에는 설득력 있는 확인 전략을 사용한 연구, 특히 무
작위 실험에 가까운 연구에서 얻은 자료가 있다.

51 Broockman & Green, 2014; Durante & Gutierrez, 2014; S. J. Hill, Lo, Vavreck, & Zaller, 2013도 참조할 것.

52 Kalla & Broockman, 2018의 참고문헌을 참조할 것. Bekkouche & Cagé, 2018 도 참조할 만하다.

53 Kalla와 Broockman은 이 양상에서 벗어난 소수의 예외적인 경우를 소개했지만, 그 경우들도 통계적 요행에 불과할 수 있다. 선거 운동이 어떤 정보와 특별히 관련된 일부 유권자에게 그 정보를 제공하면 약간의 효과를 기대할 수 있을 것이다. 예컨대 임신 중절의 합법화에 찬성하는 유권자, 즉 낙태 제한에 반대하는 유권자들에게, 그들이 임신 중절의 합법화에 찬성할 것이라 예상하던 후보가 실제로는 그렇지 않다는 걸 폭로하는 우편물의 효과를 연구한 사례가 있다 (Rogers & Nickerson, 2013). 연구 결과에 따르면, 그런 정보의 제공은 관련된 유권자들에게 작지만 유의미한 효과를 거두었다. 결국 그 선거 운동이 실제로 행한 행위는 미디어의 역할을 대신한 것이었다.

54 Carole Cadwalladr, "The great British Brexit robbery: How our democracy was hijacked," *Guardian*, 2017년 5월 7일, https://www.theguardian.com/technology/2017/may/07/the-great-british-brexit-robbery-hijacked-democracy.

55 Matz, Kosinski, Nave, & Stillwell, 2017.

56 Evan Halper, "Was Cambridge Analytica a digital Svengali or snake-oil salesman?," *Los Angeles Times*, 2018년 3월 21일, https://www.latimes.com/politics/la-na-pol-cambridge-analytica-20180321-story.html에서 인용. 추정 숫자는 "페이스북 + 케임브리지 애널리티가의 합작은 많은 점에서 큰 열차 사고……."라고 시작되는 게시물, Mats Stafseng Einarsen(@matseinarsen)에서 인용한 것이다. Twitter, 2018년 3월 20일 오전 9시 44분, https://twitter.com/matseinarsen/status/976137451025698821. Allan Smith, "There's an open secret about Cambridge Analytica in the political world: It doesn't have the 'secret sauce' it claims," *Business Insider Australia*, 2018년 3월 22일, https://

www.businessinsider.com.au/cambridge-analytica-facebook-scandal-trump-cruz-operatives-2018-3; David Graham, "Not even Cambridge Analytica believed its hype," *Atlantic*, 2018년 3월 20일, https://www.theatlantic.com/politics/archive/2018/03/cambridge-analyticas-self-own/556016/; Stephen Armstrong, "Cambridge Analytica's 'mindfuck tool' could be totally useless," *Wired*, 2018년 3월 22일, https://www.wired.co.uk/article/cambridge-analytica-facebook-psychographics; Brian Resnick, "Cambridge Analytica's 'psychographic microtargeting': What's bullshit and what's legit," *Vox*, 2018년 3월 26일, https://www.vox.com/science-and-health/2018/3/23/17152564/cambridge -analytica-psychographic-microtargeting-what도 참조할 것.

57 Gelman, Goel, Rivers, & Rothschild, 2016.

58 Gelman & King, 1993, p. 409.

59 Barabas & Jerit, 2009. 그러나 뉴스 매체의 보도에 따라, 누가 무엇을 아는지에 차이가 생길 수 있다. Nadeau, Nevitte, Gidengil, & Blais, 2008을 참조할 것. 뉴스 매체가 중국에서는 어떻게 사용되는지에 대해서는 Roberts, 2018을 참조할 것.

60 Ladd, 2011.

61 Besley, Burgess, & others, 2002; Snyder & Strömberg, 2010; Strömberg, 2004.

62 Peter Kafka and Rani Molla, "2017 was the year digital ad spending finally beat TV," *Vox*, 2017년 12월 4일, https://www.recode.net/2017/12/4/16733460/2017-digital-ad-spend-advertising-beat-tv. 이 부분을 쓰는 데는 DellaVigna & Gentzkow, 2010과 Tellis, 2003에서 많은 도움을 받았다.

63 Lewis & Rao, 2013.

64 Aaker & Carman, 1982. Lodish et al., 1995도 참조할 것.

65 Y. Hu, Lodish, & Krieger, 2007.

66 Ackerberg, 2001; Tellis, 1988; Tellis, Chandy, & Thaivanich, 2000.

67 Ackerberg, 2001, p. 318.

68 M. Thomas, 근간.

69 Amos et al., 2008.

70 Lull & Bushman, 2015; Wirtz, Sparks, & Zimbres, 2018.

71 Nestlé, "Management Report 2005," https://www.nestle.com/asset-library/documents/library/documents/annual_reports/2005-management-report-en.pdf; Nestlé, "Management Report 2006," https://www.nestle.com/asset-library/documents/library/documents/annual_reports/2006-management-report-en.pdf; Nestlé, "Management Report 2007," https://www.nestle.com/asset-library/documents/library/documents/annual_reports/2007-management-report-en.pdf (2019년 5월 25일 접속).

72 Christophe Cornu, "A new coffee for the USA from Nestlé Nespresso," Nestlé Investor Seminar 2014, available at https://www.slideshare.net/Nestle_IR/nespresso-35442357 (2019년 5월 25일).

73 Nespresso, "Brand related," https://www.nestle-nespresso.com/about-us/faqs/brand-related (2019년 5월 25일 접속).

74 Van Doorn & Miloyan, 2017.

75 Tellis, 2003, p. 32. Blake, Nosko, & Tadelis, 2015도 참조할 것. 조절 문제의 해결책으로 제시될 수 있는 몇몇 예외에 대해서는 Chwe, 2001를 참조할 것.

| 10. 자극적인 소문들 |

1 Peter Schroeder, "Poll: 43 percent of Republicans believe Obama is a Muslim," The Hill, 2017년 9월 13일, http://thehill.com/blogs/blog-briefing-room/news/253515-poll-43-percent-of-republicans-believe-obama-is-a-muslim.

2 Haifeng Huang, "In China, rumors are flying about David Dao's alleged $140 million settlement from United Airlines," *Washington Post*, 2017년 5월 10일, https://www.washingtonpost.com/news/monkey-cage/wp/2017/05/10/

in-china-rumors-are-flying-about-david-daos-140-million-settlement-from-united-airlines/.

3   Danny Cevallos, "United Airlines must have paid big bucks for Dr. Dao's silence," CNN, 2017년 5월 1일, https://edition.cnn.com/2017/04/28/opinions/united-airlines-settlement-cevallos/index.html.

4   E. Morin, 1969.

5   Sinha, 1952.

6   Prasad, 1935.

7   Weinberg & Eich, 1978.

8   Allport & Postman, 1947.

9   Rosnow, 1991, p. 484.

10 Chorus, 1953, p. 314.

11 예컨대 Naughton, 1996; P. A. Turner, 1992를 참조할 것.

12 Pound & Zeckhauser, 1990.

13 소문의 절반만이 사실이어서 정확도가 낮은 것처럼 보이지만, 기업 인수 자체가 흔한 일이 아니기 때문에 그 정도의 정확도도 상당히 높은 편이라 할 수 있다. 어떤 시점에 어떤 기업이 다른 기업에 인수될 가능성은 기본적으로 0이라고 가정하면, 기업 인수에 대한 소문의 정확도가 50퍼센트라면 대단한 것이다.

14 DiFonzo & Bordia, 2007.

15 DiFonzo, 2010.

16 DiFonzo, 2010, table 6.2, p. 146.

17 Caplow, 1947.

18 Knapp, 1944도 참조할 것.

19 Caplow, 1947, p. 301.

20 열린 경계 기제는 다른 경우였다면 거부되었을 메시지를 받아들일 때 작동하기 때문에, 열린 경계 기제가 작동하지 않았다고 해로운 메시지를 받아들이는 위험이 크게 증가하지는 않는다. 5장 참조.

21 허튼소리의 확산에 대해서는 Petrocelli, 2018을 참조할 것.

22 Caplow, 1947.

23 Diggory, 1956.

24 Shibutani, 1966, p. 76.

25 Weinberg & Eich, 1978, p. 30.

26 Sperber, 1997.

27 Kay, 2011, p. 185.

28 Gwynn Guilford, "The dangerous economics of racial resentment during World War II," *Quartz*, 2018년 2월 13일, https://qz.com/1201502/japanese-internment-camps-during-world-war-ii-are-a-lesson-in-the-scary-economics-of-racial-resentment/.

29 "Trump remains unpopular; Voters prefer Obama on SCOTUS pick," Public Policy Polling, 2016년 12월 9일, https://www.publicpolicypolling.com/wp-content/uploads/2017/09/PPP_Release_National_120916.pdf.

30 Nation Pride comment on Google Review, https://www.google.com/search?q=comet+ping+pong&oq=comet+ping+pong&aqs=chrome..69i57j35i39j69i60j69i61j0l2.183j0j7&sourceid=chrome&ie=UTF-8#lrd=0x89b7c9b98f61ad27:0x81a8bf734dd1c58f,1,,, (accessed March 10, 2018).

31 Kanwisher, 2000.

32 Sperber, 1994.

33 NASA, public domain, https://commons.wikimedia.org/wiki/File:Cydonia_medianrp.jpg; and grendelkhan, https://www.flickr.com/photos/grendelkhan/119929591 (accessed June 18, 2019), CC BY-SA.

34 Wohlstetter, 1962, p. 368.

35 Boyer & Parren, 2015.

36 van Prooijen & Van Vugt, 2018.

37 Vosoughi, Roy, & Aral, 2018.

38   Boyer & Parren, 2015; Dessalles, 2007.

39   Donovan, 2004, p. 6.

40   '메타 소문(metarumor)', 즉 소문에 대한 소문—"유대인 상점 주인들이 어린 여성
      을 납치하고 있다고 말하는 사람들이 있다는 걸 알고 있는가!"—에도 똑같이 조
      언할 수 있다. 이 경우에도, 우리가 사람들이 이 소문을 직관적으로 믿고 있다고
      생각한다면 어떻게 해야 할지, 또 소문을 퍼뜨리는 사람들에게는 무엇이라 말
      할 것인지 등등을 고민해봐야 한다.

| 11. 순환 인용부터 초자연적인 믿음까지 |

1   Buckner, 1965, p. 56에서 수정해 인용함.

2   E. Morin, 1969, p. 113에서 수정해 인용함.

3   E. Morin, 1969, p. 113 (내 번역). 이 현상을 재현한 실험에 대해서는 Altay,
     Claidière, & Mercier(근간)를 참조할 것.

4   Aikhenvald, 2004, p. 43. 다른 자료로는 '세계 언어 구조 지도'(World Atlas of
     Language Structures).

5   Aikhenvald, 2004, p. 43.

6   Aikhenvald, 2004, p. 26

7   Altay & Mercier, 근간. Vullioud et al., 2017도 참조할 것.

8   전달하는 정보에 대해 신뢰를 얻는 게 중요한 이유에 대해서는 Dessalles, 2007
     을 참조할 것.

9   네 살배기도 이런 정도의 추론을 해낼 수 있는 듯하다. Einav & Robinson, 2011
     을 참조할 것. 정보의 진위에 따라 신뢰를 받거나 비난을 받고, 그런 결과가 자
     신의 평판에 중요한 영향을 미친다는 걸 알기 때문에 많은 사람이 출처의 공개
     에 무척 민감하게 반응하는 듯하다. I. Silver & Shaw, 2018을 참조할 것.

10   Donovan, 2004, pp. 33ff.

11   "The royal family are bloodsucking alien lizards—David Icke," *Scotsman*,

2006년 1월 30일, https://www.scotsman.com/news/uk-news/the-royal-family-are-bloodsucking-alien-lizards-david-icke-1-1103954.

12 Bod Drogin and Tom Hamburger, "Niger uranium rumors wouldn't die," *Los Angeles Times*, 2006년 2월 17일, http://articles.latimes.com/2006/feb/17/nation/na-niger17.

13 Drogin and Hamburger, "Niger uranium rumors wouldn't die."

14 얼핏 생각하더라도 출처를 면밀히 조사하는 행위 자체는 약간의 독자성을 더할 수 있기 때문에 상황이 다소 복잡해진다. 어떤 출처가 믿을 만하다고 많은 사람이 동의하면, 그 출처가 실제로 신뢰할 만한 것이란 좋은 징조일 수 있다. Estlund, 1994를 참조할 것.

15 Dalai Lama (@DalaiLama). "우리가 생각하는 방법에는 커다란 차이가 있어, 다른 종교와 신앙을 가질 수밖에 없습니다. 모든 종교는 나름대로 아름답습니다. 우리가 서로 존중하고 공경하며 함께 산다면 더욱더 좋을 것입니다." Twitter, February 26, 2018년 2월 26일 오전 2:30. https://twitter.com/DalaiLama/status/968070699708379143?s=03).

16 여기에서 언급하는 두나족에 대한 모든 정보는 산 로크와의 개인적인 대화에서 얻은 것이다. San Roque & Loughnane, 2012를 참조할 것.

17 Rumsey & Niles, 2011.

18 Boyer, 2001을 참조할 것.

19 Baumard & Boyer, 2013b; Sperber, 1997.

20 Schieffelin, 1995.

21 사실 이 문제는 처음부터 제기되었다. 종교적 믿음의 많은 사례가 보여주듯이, 상대적으로 단순한 문화에도 추적하기 어려운 연결 고리들이 있다.

22 Gloria Origgi, "Say goodbye to the information age: It's all about reputation now," *Aeon*, 2018년 3월 14일, https://aeon.co/ideas/say-goodbye-to-the-information-age-its-all-about-reputation-now. Origgi, 2017도 참조할 것.

23 예를 들면 Altay & Mercier, 근간. Mercier, Majima, Claidière, & Léone, 근간.

| 12. 마녀의 자백, 불합리하지만 유용한 진술 |

1   Paul Wright "An innocent man speaks: PLN interviews Jeff Deskovic," *Prison Legal News*, 2013년 8월 15일, https://www.prisonlegalnews.org/news/2013/aug/15/an-innocent-man-speaks-pln-interviews-jeff-deskovic/.

2   이 부분을 쓰는 데는 Kassin & Gudjonsson, 2004에서 많은 도움을 얻었다.

3   Gudjonsson, Fridrik Sigurdsson, & Einarsson, 2004; Gudjonsson, Sigurdsson, Bragason, Einarsson, & Valdimarsdottir, 2004.

4   Gudjonsson & Sigurdsson, 1994; Sigurdsson & Gudjonsson, 1996.

5   "False confessions and recording of custodial interrogations," The Innocence Project, https://www.innocenceproject.org/causes/false-confessions-admissions/ (2018년 4월 4일 접속)

6   Kassin & Neumann, 1997.

7   Drizin & Leo, 2003.

8   Kassin & Gudjonsson, 2004, p. 36에서 인용.

9   Gudjonsson, Sigurdsson, et al., 2004.

10   Radelet, Bedau, & Putnam, 1994.

11   Kassin & Gudjonsson, 2004, p. 50.

12   Jonathan Bandler, "Deskovic was 'in fear for my life' when he confessed," *Lohud*, 2014년 10월 21일, https://www.lohud.com/story/news/local/2014/10/21/jeffrey-deskovic-wrongful-conviction-putnam-county-daniel-stephens/17680707/.

13   Kassin & Gudjonsson, 2004를 참조할 것.

14   Kassin, Meissner, & Norwick, 2005. 조사관들은 시선 회피 같은 단서를 중요하게 생각하라고 지금도 배우지만, 그런 단서는 완전히 쓸모없는 것이라는 게 밝혀졌다. 9장 참조.

15   Kassin & Wrightsman, 1980.

16   피고와 대립적 관계에 있는 검찰 측이 그런 압력의 존재를 굳이 강조할 의무는

없다.

17 Kassin & Wrightsman, 1980.

18 Futaba & McCormack, 1984.

19 Parker & Jaudel, 1989. 거짓 자백은 중국의 경우에 더욱더 심하다. 예컨대 "'My hair turned white': Report lifts lid on China's forced confessions," *Guardian*, 2018년 4월 12일, https://www.theguardian.com/world/2018/apr/12/china-forced-confessions-report.

20 Gross, 2018, p. 21.

21 Gross, 2018, p. 22.

22 Evans-Pritchard, 1937, pp. 22-23.

23 한편 알렉산더가 진짜 범인이든 아니든 간에 적잖은 사람이 그를 범인이라 생각하면, 그는 수치심을 느낄 것이다. 이런 수치심이 자백을 유도할 수 있다. 이런 추론은 상당히 합리적이다. 결국 수치심에서 중요한 것은 우리가 실제로 무엇을 했느냐가 아니라, 사람들이 우리가 무엇을 했다고 생각하느냐이다. T. E. Robertson, Sznycer, Delton, Tooby, & Cosmides, 2018; Sznycer, Schniter, Tooby, & Cosmides, 2015; Sznycer et al., 2018을 참조할 것. 우리가 범인이든 아니든 간에 자백은 우리를 범인이라 생각하는 사람들에게서 우리 평판을 조금이나마 만회하는 데 도움을 준다.

24 초자연적인 악행은 상상의 존재(예: 조상의 혼)가 범한 것이라 믿는 편이 더 낫다. 살아 있는 인간보다 상상의 존재에게 책임을 돌리는 게 더 쉽기도 하지만, 진범이 어렵지 않게 자백할 수 있을 것으로도 여겨지기 때문이다.

25 Hutton, 2017, p. 59.

26 Ward, 1956.

27 Ardener, 1970.

28 Burridge, 1972.

29 Hutton, 2017, p. 37.

30 Willis, 1970, p. 130. R. Brain, 1970도 참조할 것.

31 T. E. Robertson et al., 2018; Sznycer et al., 2015.

32 Lévi-Strauss, 1967.

33 Macfarlane, 1970, p. 91.

34 Morton-Williams, 1956, p. 322.

35 Evans-Pritchard, 1937, p. 48.

36 Miguel, 2005.

37 Julian Ryall, "The incredible Kim Jong-il and his amazing achievements," *Telegraph*, 2011년 1월 31일, https://www.telegraph.co.uk/news/worldnews/asia/northkorea/8292848/The-Incredible-Kim-Jong-il-and-his-Amazing-Achievements.html.

38 모두 Hassig & Oh, 2009, p. 57에서 인용했다.

39 위에서 언급한 자료 이외에 AFP, "N. Korea leader sets world fashion trend: Pyongyang," *France 24*, 2010년 4월 7일, https://web.archive.org/web/20111219011527/http://www.france24.com/en/20100407-nkorea-leader-sets-world-fashion-trend-pyongyang도 참조할 것.

40 Wedeen, 2015; Sebestyen, 2009; Harding, 1993; Karsh & Rautsi, 2007. 여기에서 나열한 사례는 Márquez, 2018과 Svolik, 2012, p. 80에서 인용한 것이다. 김정일의 아들이자 후계자인 김정은은 그런 터무니없는 찬사에서 아버지를 능가하려는 듯, 개인숭배에 열중하고 있다. Fifield, 2019를 참조할 것.

41 Hassig & Oh, 2009.

42 Márquez, 2018.

43 Leese, 2011, p. 168. Márquez, 2018에서 재인용.

44 전문 용어로 말하면, 이런 집단은 '연합체(coalition)'라 일컬어진다. Tooby, Cosmides, & Price, 2006을 참조할 것.

45 예컨대 Delton & Cimino, 2010을 참조할 것.

46 개인적인 대화, 2016년 7월 4. Kurzban & Christner, 2011도 참조할 것.

47 Jerry Coyne, "The University of Edinburgh and the John Templeton

Foundation royally screw up evolution and science (and tell arrant lies) in an online course," Why Evolution is True, https://whyevolutionistrue.wordpress. com/2018/03/25/the-university-of-edinburgh-and-the-john-templeton-foundation-royally-screw-up-evolution-and-science-and-tell-arrant-lies-in-an-online-course/ (2018년 4월 12일 접속).

48 Jerry Coyne, "A postmodern holiday: Recent nonsense from the humanities," Why Evolution is True, https://whyevolutionistrue.wordpress. com/2017/01/10/a-postmodern-holiday-recent-nonsense-from-the-humanities/ (2018년 4월 12일 접속). 지적 스펙트럼의 반대편에서 주장하는 사례들에 대해서는 Alice Dreger, "Why I escaped the 'Intellectual Dark Web,'" *Chronicle of Higher Education*, 2018년 5월 11일, https://www.chronicle. com/article/Why-I-Escaped-the/243399를 참조할 것.

49 Tibor Machan, "Tax slavery," Mises Institute, 2000년 3월 13일, https://mises. org/library/tax-slavery; and Rothbard, 2003, p. 100.

50 Fresco, 1980.

51 Cahal Milmo, "Isis video: 'New Jihadi John' suspect Siddhartha Dhar is a 'former bouncy castle salesman from east London,'" *Independent*, 2016년 1월 4일, https://www.independent.co.uk/news/uk/home-news/isis-video-new-jihadi-john-suspect-is-a-former-bouncy-castle-salesman-from-east-london-a6796591.html (Roy, 2016에서 인용).

52 Márquez, 2018. Winterling, 2011에서 영향을 받음.

53 다리를 불태우는 믿음의 점증적 특성에 대해서는 Josiah Hesse, "Flat Earthers keep the faith at Denver conference," *Guardian*, 2018년 11월 18일을 참조할 것. https://www.theguardian.com/us-news/2018/nov/18/flat-earthers-keep-the-faith-at-denver-conference (on flat-earthers) 혹은 Ben Sixsmith, "The curious case of Ron Unz," *Spectator USA*, 2018년 9월 15일, https://spectator. us/ron-unz/(on negationists).

54 Gudjonsson, 2003.

| 13. 무익한 가짜 뉴스 |

1   4체액설(四體液說)의 역사에 대해서는 Arika, 2007을 참조할 것.

2. Wootton, 2006, p. 37.

3   P. Brain, 1986, pp. 26-27, 33.

4   특정 집단에 대한 비방의 초기 사례에 대해서는 Hugo Mercier, "Blatant bias and blood libel," *International Cognition and Culture Institute*, 2019년 1월 28일, http://cognitionandculture.net/blog/hugo-merciers-blog/blatant-bias-and-blood-libel/.을 참조할 것.

5   예컨대 Horowitz, 2001, pp. 75ff를 참조할 것.

6   Alison Flood, "Fake news is 'very real' word of the year for 2017," *Guardian*, 2017년 11월 2일, https://www.theguardian.com/books/2017/nov/02/fake-news-is-very-real-word-of-the-year-for-2017.

7   Andrew Grice, "Fake news handed Brexiteers the referendum-and now they have no idea what they're doing," *Independent*, 2017년 1월 18일, https://www.independent.co.uk/voices/michael-gove-boris-johnson-brexit-eurosceptic-press-theresa-may-a7533806.html; Aaron Blake, "A new study suggests fake news might have won Donald Trump the 2016 election," *Washington Post*, 2018년 4월 3일, https://www.washingtonpost.com/news/the-fix/wp/2018/04/03/a-new-study-suggests-fake-news-might-have-won-donald-trump-the-2016-election/.

8   Larson, 2018.

9   예컨대 John Lichfield, "Boris Johnson's £350m claim is devious and bogus. Here's why," *Guardian*, 2017년 9월 18일, https://www.theguardian.com/commentisfree/2017/sep/18/boris-johnson-350-million-claim-bogus-foreign-

secretary를 참조할 것.

10 예컨대 Robert Darnton, "The true history of fake news," *New York Review of Books*, 2017년 2월 13일, http://www.nybooks.com/daily/2017/02/13/the-true-history-of-fake-news/.

11 Craig Silverman, "This analysis shows how viral fake election news stories out-performed real news on Facebook," BuzzFeed, 2016년 11월 16일, https://www.buzzfeed.com/craigsilverman/viral-fake-election-news-outperformed-real-news-on-facebook.

12 예컨대 Del Vicario, Scala, Caldarelli, Stanley, & Quattrociocchi, 2017; Zollo et al., 2017을 참조할 것.

13 이 구절은 Normal Lewis Torrey (1961, p. 278)의 번역에서 인용한 것이다. 프랑스어 원문은 "Certainement qui est en droit de vous rendre absurde est en droit de vous rendre injuste." Voltaire, *Œuvres complètes*, https://fr.wikisource.org/wiki/Page:Voltaire_-_%C5%92uvres_compl%C3%A8tes_Garnier_tome25.djvu/422 (2019년 5월 22일 접속).

14 Wootton, 2006.

15 인류학적 자료는 Human Relations Area Files (HRAF)에서 구했다. Epler, 1980; Miton, Claidière, & Mercier, 2015; Murdock, Wilson, & Frederick, 1978도 참조할 것.

16 Miton et al., 2015.

17 Horowitz, 2001.

18 Zipperstein, 2018, p. 89.

19 Zipperstein, 2018, p. 94.

20 Shibutani, 1966, p. 113. 이를 뒷받침하는 다른 연구로는 R. H. Turner, 1964과 Horowitz, 2001 p. 86을 참조할 것이다.

21 Guess, Nyhan, & Reifler, 2018.

22 Fourney, Racz, Ranade, Mobius, & Horvitz, 2017.

23 Benedict Carey, "'Fake news': Wide reach but little impact, study suggests," *New York Times*, 2018년 1월 2일, https://www.nytimes.com/2018/01/02/health/fake-news-conservative-liberal.html. Guess et al., 2018도 참조할 것.

24 예컨대 Druckman, Levendusky, & McLain, 2018을 참조할 것. 인터넷 사용이 곧 공화당 지지로 연결되지 않는다는 사실에 대해서는 Boxell, Gentzkow, & Shapiro, 2018을 참조할 것.

25 Nyhan et al., 2017. 다른 영역에서의 유사한 효과에서 대해서는 Hopkins et al., 2019를 참조할 것.

26 J. W. Kim & Kim, 근간. Benkler, Faris, & Roberts, 2018도 참조할 것.

27 Malle, Knobe, & Nelson, 2007, study 3.

28 Lloyd & Sivin, 2002.

29 P. Brain, 1986.

30 Vargo, Guo, & Amazeen, 2018도 참조할 것.

31 Craig Silverman, "Here are 50 of the biggest fake news hits on Facebook from 2016," BuzzFeed, 2016년 12월 16일, https://www.buzzfeed.com/craigsilverman/top-fake-news-of-2016. 이 자료는 https://docs.google.com/spreadsheets/d/1sTkRkHLvZp9XlJOynYMXGslKY9fuB_e-2mrxqgLwvZY/edit#gid=652144590(2018년 4월 24일 접속)에서 구할 수 있다.

32 Craig Silverman, Jane Lytvynenko, & Scott Pham, "These are 50 of the biggest fake news hits on facebook in 2017," BuzzFeed, 2017년 12월 28일, https://www.buzzfeed.com/craigsilverman/these-are-50-of-the-biggest-fake-news-hits-on-facebook-in.

33 Allcott & Gentzkow, 2017; Guess, Nagler, & Tucker, 2019.

34 Grinberg, Joseph, Friedland, Swire-Thompson, & Lazer, 2019; Guess et al., 2019.

35 주 31과 32에 언급된 Buzzfeed에 실린 기사를 참조할 것.

36 Acerbi, 2019. 당파성 효과의 결여에 대해서는 Pennycook & Rand, 2018을 참

조할 것. 가짜 뉴스가 공유되는 이유에 대한 또 다른 설명은 "혼돈에 대한 욕구 (need for chaos)"이다. 적잖은 사람이 좌우를 가리지 않고 가짜 뉴스를 공유하는 현상은 기존 시스템에 대한 보편적인 불만을 반영한 것일 수 있다(Petersen, Osmundsen, & Arceneaux, 2018).

37 Sadler & Tesser, 1973.

38 이 실험에 대해서는 Tesser, 1978을 참조할 것.

39 Myers & Bach, 1974.

40 Isenberg, 1986; Vinokur, 1971.

41 반향실에 대해서는 이 장의 앞부분을 참조하고, 언론의 언급에 대해서는 Mostafa El-Bermawy, "Your filter bubble is destroying democracy," *Wired*, 2016년 11월 18일, https://www.wired.com/2016/11/filter-bubble-destroying-democracy/; Christopher Hooton, "Social media echo chambers gifted Donald Trump the presidency," *Independent*, 2016년 11월 10일, https://www.independent.co.uk /voices /donald-trump-president-social-media-echo-chamber-hypernormalisation-adam-curtis-protests-blame-a7409481.html를 참조할 것.

42 Sunstein, 2018.

43 예컨대 Jonathan Haidt, & Sam Abrams, "The top 10 reasons American politics are so broken," *Washington Post*, 2015년 1월 7일, https://www.washingtonpost.com/news/wonk/wp/2015/01/07/the-top-10-reasons-american-politics-are-worse-than-ever.

44 El-Bermawy, "Your filter bubble is destroying democracy."

45 Fiorina, Abrams, & Pope, 2005; see also Desmet & Wacziarg, 2018; Jeffrey Jones, "Americans' identification as independents back up in 2017," Gallup, 2018년 1월 8일, http://news.gallup.com/poll/225056/americans-identification-independents-back-2017.aspx.

46 GSS Data Explorer에서 구한 자료. 이 자료는 https://gssdataexplorer.norc.

org/trends/Politics?measure=polviews_r (2018년 4월 25일 접속)에서 구할 수 있다.

47 "Political polarization in the American public," Pew Research Center, 2014년 6월 12일, http://www.people-press.org/2014/06/12/political-polarization-in-the-american-public/.

48 "Political polarization in the American public."

49 Shore, Baek, & Dellarocas, 2018.

50 "Political polarization in the American public."

51 분류의 증가는 어느 정도 표집 편향(sampling bias)의 결과일 수도 있다. Cavari & Freedman, 2018을 참조할 것.

52 Jason Jordan, "Americans are getting smarter about politics in at least one important way," *Washington Post*, 2018년 2월 7일, https://www.washingtonpost.com/news/monkey-cage/wp/2018/02/07/americans-are-getting-smarter-about-politics-in-at-least-one-important-way/?utm_term=.89ff43081c86.

53 Iyengar, Lelkes, Levendusky, Malhotra, & Westwood, 2019를 참조할 것. 당적 분류와 정서적 양극화의 관계에 대해서는 Webster & Abramowitz, 2017을 참조할 것. 하지만 정서적 양극화는 일부가 걱정하는 것만큼 심각한 문제가 아닐 수 있다. Klar, Krupnikov, & Ryan, 2018; Tappin & McKay, 2019; Westwood, Peterson, & Lelkes, 2018을 참조할 것.

54 Elizabeth Dubois & Grant Blank, "The myth of the echo chamber," The Conversation, 2018년 3월 8일, https://theconversation.com/the-myth-of-the-echo-chamber-92544.

55 Gentzkow & Shapiro, 2011.

56 Fletcher & Nielsen, 2017.

57 Guess, 2016. Flaxman, Goel, & Rao, 2016; R. E. Robertson et al., 2018도 참조할 것.

58   Dubois & Blank, "The myth of the echo chamber". Puschmann, 2018도 참조
     할 것.

59   Allcott, Braghieri, Eichmeyer, & Gentzkow, 2019.

60   Beam, Hutchens, & Hmielowski, 2018. Jo, 2017도 참조할 것.

61   Boxell, Gentzkow, & Shapiro, 2017; see also Andrew Guess, Benjamin Lyons,
     Brendan Nyhan, & Jason Reifler, "Why selective exposure to like-minded
     congenial political news is less prevalent than you think," *Medium*, 2018년
     2월 13일, https://medium.com/trust-media-and-democracy/avoiding-the-
     echo-chamber-about-echo-chambers-6e1f1a1a0f39 (2018년 4월 26일 접속).

62   예컨대 Crowell & Kuhn, 2014를 참조할 것.

63   Zipperstein, 2018, p. 29.

64   Darnton, "The True History of Fake News."

65   Kaplan, 1982.

| 14. 얄팍한 권위자 |

1.   예컨대 Shtulman, 2017을 참조할 것.

2   Denis Dutton, "The Bad Writing Contest," denisdutton.com, http://www.
     denisdutton.com/bad_writing.htm (2018년 6월 8일 접속)

3   인용글은 다음 문장을 최대한 정직하게 번역한 것이다. "Pour couper court, je
     dirai que la nature se spécifie de n'être pas une, d'où le procédé logique pour
     l'aborder. Par le procédé d'appeler nature ce que vous excluez du fait même
     de porter intérêt à quelque chose, ce quelque chose se distinguant d'être
     nommé, la nature ne se risque à rien qu'à s'affirmer d'être un pot-pourri de
     hors-nature" (Lacan, 2005, p. 12).

4   "When Americans say they believe in God, what do they mean?," Pew
     Research Center, 2018년 4월 25일, http://www.pewforum.org/2018/04/25/

when-americans-say-they-believe-in-god-what-do-they-mean/.

5   예컨대 "Mixed messages about public trust in science," Pew Research Center, 2017년 12월 8일, http://www.pewinternet.org/2017/12/08/mixed-messages-about-public-trust-in-science/.

6   McIntyre, 2018, p. 142에서 인용.

7   Sperber, 1997.

8   Boyer, 2001; Sperber, 1975.

9   Boyer, 2001.

10   Boyer, 2001.

11   Greene, 1990.

12   Barrett, 1999.

13   Barrett & Keil, 1996.

14   Barrett, 1999, p. 327.

15   Barrett & Keil, 1996.

16   Barlev, Mermelstein, & German, 2017, 2018도 참조할 것.

17   McCloskey, Washburn, & Felch, 1983.

18   Dennett, 1995를 참조할 것.

19   Lévi-Strauss, 1986에서 발췌한 부분을 직접 번역했다. "Jacques Lacan," Wikipedia, https://fr.wikipedia.org/wiki/Jacques_Lacan (2018년 5월 15일 접속)에서 인용.

20   "Jacques Lacan," Wikipedia.

21   타당성에 대해서는 Collins et al., 2018을 참조할 것.

22   Boyer & Parren, 2015.

23   Thomas Mackie, "Lethal pig virus similar to SARS could strike humans," InfoWars, 2018년 5월 15일, https://www.infowars.com/lethal-pig-virus-similar-to-sars-could-strike-humans/; "Experts: MH370 pilot was on murder suicide mission," InfoWars, 2018년 5월 15일, https://www.infowars.com/

experts-mh370-pilot-was-on-murder-suicide-mission/.

24 Paul Joseph Watson, "Finland: 93% of migrant sex crimes committed by migrants from Islamic countries," InfoWars, 2018년 5월 15일, https://www. infowars.com/finland-93-of-migrant-sex-crimes-committed-by-migrants-from-islamic-countries/; "Watch live: Turkey announces launch of worldwide Jihad, withdraws ambassadors from US/Israel," InfoWars, 2018년 5월 15일, https://www.infowars.com/watch-live-soros-shuts-down-offices-in-repressive-hungary/; "Video exposes the suicide of Europe," InfoWars, 2018년 5월 15일, https://www.infowars.com/video-exposes-the-suicide-of-europe/.

25 CNBC, "The George Soros foundation says it is being forced to close its offices in Hungary," InfoWars, 2018년 5월 15일, https://www.infowars.com/the-george-soros-foundation-says-it-is-being-forced-to-close-its-offices-in-hungary/. 유튜브가 InfoWars의 계정을 폐쇄할 때까지 그 동영상을 시청할 수 있다. https://www.youtube.com/watch?v=t41lx_ur4Y8 (2018년 5월 16일 접속)

26 이 상품들은 인포워스 스토어(InfoWars store)에서 찾아볼 수 있다. https://www.infowarsstore.com/survival-shield-x-2-nascent-iodine.html, https://www.infowarsstore.com/preparedness/emergency-survival-foods.html, https://www.infowarsstore.com/preparedness/nuclear-and-biological/radiological-rad-replacement-filter.html (2018년 5월 16일 접속).

27 P. Brain, 1986, p. 33.

28 P. Brain, 1986, p. 90; Miton et al., 2015.

29 P. Brain, 1986, pp. 85, 89.

30 Cheatham, 2008.

31 Baumard & Boyer, 2013a; Baumard & Chevallier, 2015; Baumard, Hyafil, Morris, & Boyer, 2015.

32 Boyer & Baumard, 2018; see also Baumard et al., 2015.

33 Kenneth Doyle, "What happened to the people who died before Jesus was born?," Crux, 2015년 8월 24일, https://cruxnow.com/church/2015/08/24/what-happened-to-the-people-who-died-before-jesus-was-born/.

34 R. Wright, 2009는 "창세기에 따르면, 아담과 하와가 금지된 열매를 먹은 후에 '날이 저물어 선들바람이 불 때 야훼 하느님께서 동산을 거니시는 소리를 듣고 아담과 그의 아내는 야훼 하느님 눈에 뜨이지 않게 동산 나무 사이에 숨었다.' 숨는 행위는 오늘날 우리가 알고 있는 전능한 하느님에게 맞서기에는 순진한 전략이다. 그러나 당시에는 하느님이 전능하지 않았던 게 분명한 듯하다. 하느님이 아담을 찾아 '너 어디 있느냐?' 하고 불렀기 때문이다."라고 지적했다.(p. 103).

35 Eriksson, 2012, p. 748.

36 Weisberg, Keil, Goodstein, Rawson, & Gray, 2008.

37 권위의 중요성에 대해서는 Clauset, Arbesman, & Larremore, 2015; Goues et al., 2017; A. C. Morgan, Economou, Way, & Clauset, 2018을 참조할 것.

38 L. T. Benjamin & Simpson, 2009; Griggs & Whitehead, 2015.

39 Arendt, 1963; Brown, 1965.

40 Perry, 2013, pp. 304ff. 밀그램의 복종 실험에 대한 메타 분석을 더 깊이 알고 싶으면 Haslam, Loughnan, & Perry, 2014를 참조할 것.

41 훨씬 많은 참가자가 학습자에게 실제로는 해를 가하지 않았다고 주장했다. Hollander & Turowetz, 2017; and for new data on that point, see Perry, Brannigan, Wanner, & Stam,(근간)을 참조할 것.

42 Milgram, 1974, p. 172.

43 Reicher, Haslam, & Smith, 2012.

44 Burger, Girgis, & Manning, 2011.

45 Perry, 2013, p. 310.

46 Blancke, Boudry, & Pigliucci, 2017.

47 Sokal & Bricmont, 1998.

48 Sperber & Wilson, 1995.

49 Honda, "Airbag inflator recall," https://www.honda.co.uk/cars/owners/airbag-recall.html.

50 Sperber, 2010.

51 Lacan, 1980.

52 Lacan, 1939.

53 Sokal & Bricmont, 1998, p. 34.

54 Lévi-Strauss, 1986. "Jacques Lacan," *Wikipedia*에서 인용.

55 Lacan, 1970, p. 193.

56 Milner, 1995. Sokal & Bricmont, 1998에서 인용하고 번역함.

57 Goldman, 2001.

58 Peterson, 2002, p. 286.

59 Deepak Chopra (@DeepakChopra), "Mechanics of Manifestation: Intention, detachment, centered in being allowing juxtaposition of possibilities to unfold #CosmicConsciousness," Twitter, 2014년 5월 28일, 2:24 a.m., https://twitter.com/deepakchopra/status/471582895622991872; Deepak Chopra (@DeepakChopra), "As beings of light we are local and nonlocal, time bound and timeless actuality and possibility #CosmicConsciousness," Twitter, 2014년 5월 5일, 5:20 a.m., https://twitter.com/deepakchopra/status/46329212179422128. 이 트윗들은 허튼소리의 수용에 대한 연구에서 인용한 것이다. Pennycook, Cheyne, Barr, Koehler, & Fugelsang, 2015를 참조할 것.

| 15. 분노한 전문가와 간사한 사기꾼 |

1 Baumard et al., 2013.

2 Martin & Yurukoglu, 2017.

3 Ahler & Sood, 2018; Levendusky & Malhotra, 2015; Westfall, Van Boven, Chambers, & Judd, 2015.

4   Yang et al., 2016.

5   Enders & Armaly, 2018.

6   Stroud & Lee, 2013.

7   Aaron Sharockman, "Fact-checking Fox, MSNBC, and CNN: PunditFact's network scorecards," Punditfact, 2014년 9월 16일, http://www.politifact.com/punditfact/article/2014/sep/16/fact-checking-fox-msnbc-and-cnn-punditfacts-networ/.

8   DellaVigna & Kaplan, 2007. Martin & Yurukoglu, 2017도 참조할 것.

9   Schroeder & Stone, 2015.

10 Hopkins & Ladd, 2014도 참조할 것. Hopkins & Ladd는 "폭스 뉴스의 전반적인 보도 방향에 동의하는 잠재적 투표자는 그 채널의 보도에 영향을 받을 가능성이 상대적으로 높다."라고 결론지었다(p. 129).

11 Gelman & King, 1993, p. 409.

12 Martin & Yurukoglu, 2017.

13 Moon, Krems, & Cohen, 2018.

14 McCullough, Swartwout, Shaver, Carter, & Sosis, 2016.

15 Foddy, Platow, & Yamagishi, 2009; Platow, Foddy, Yamagishi, Lim, & Chow, 2012.

16 Marina Lopes, "One way out: Pastors in Brazil converting gang members on YouTube," *Washington Post*, 2019년 5월 17일, https://www.washingtonpost.com/world/the_americas/one-way-out-pastors-in-brazil-converting-gang-members-on-youtube/2019/05/17/be560746-614c-11e9-bf24-db4b9fb62aa2_story.html.

17 Maurer, 1999를 참조할 것.

18 Maurer, 1999, p. 4.

19 Braucher & Orbach, 2015.

20 요즘의 신문 보도. Braucher & Orbach, 2015, p. 256에서 인용.

21 Mitnick & Simon, 2002, p. 26.

22 Braucher & Orbach, 2015, p. 263.

23 Braucher & Orbach, 2015, p. 249.

24 나이지리아 사기는 실제로 무척 오래된 수법이었다. Pierre Ropert, "Histoires d'arnaques : Du mail du prince nigérian aux 'lettres de Jérusalem,'" France Culture, 2018년 6월 21일, https://www.franceculture.fr/histoire/avant-les-mails-de-princes-nigerians-au-xviiieme-siecle-larnaque-aux-lettres-de-jerusalem.

25 예컨대 "Crackdown on £8.4m African sting," *Scotsman*, 2003년 3월 2일, https://www.scotsman.com/news/uk/crackdown-on-163-8-4m-african-sting-1-1382507 (2018년 5월 31일 접속).

26 Herley, 2012.

27 Berg, Dickhaut, & McCabe, 1995.

28 Charness & Dufwenberg, 2006. Schniter, Sheremeta, & Sznycer, 2013도 참조할 것. 경제학적 게임과 사회적 딜레마에 커뮤니케이션이 미치는 효과에 대해서는 Balliet, 2010; Sally, 1995를 참조할 것.

29 Ostrom, Walker, & Gardner, 1992. Mercier, (근간)도 참조할 것.

30 예컨대 Yamagishi, 2001.

31 Yamagishi, 2001.

32 Y. Chen, YeckehZaare, & Zhang, 2018.

33 Fershtman & Gneezy, 2001.

34 Burns, 2012.

35 Gupta, Mahmud, Maitra, Mitra, & Neelim, 2013. 그러나 Glaeser, Laibson, Scheinkman, & Soutter, 2000도 참조할 것.

| 16. 우리는 맹신하지 않는다 |

1   Brennan, 2012, p. 8.

2   G. Kim & Kwak, 2011.

3   Stenberg, 2013.

4   Castelain, Bernard, & Mercier, 2018.

5   Sodian, Thoermer, & Dietrich, 2006; Terrier, Bernard, Mercier, & Clément, 2016; VanderBorght & Jaswal, 2009.

6   J. Hu et al., 2015; T.J.H. Morgan, Laland, & Harris, 2015.

7   Kershaw, 1983a, p. 200.

8   Barrows, 1981을 참조할 것.

9   Stanley, 2015, p. 27.

10   Brennan, 2016.

11   Rousseau, 2002.

12   Veyne, 2002.

13   Slava Malamud (@SlavaMalamud), "콘티넨탈 하키 리그(Kontinental Hockey League, KHL)에서 목격되는 현상. 악의 평범성을 아직 이해하지 못하는 사람을 위한 좋은 예로 러시아는……."라고 시작하는 게시글. Twitter, 2018년 3월 7일, 7:57 p.m., https://twitter.com/slavamalamud/status/971595788315918336?lang=en.

14   이런 유형의 표본적인 프로파간다에 대해서는 Márquez, 2018을 참조할 것.

15   Dikötter, 2010.

16   Dikötter, 2010, locations 996-997.

17   예컨대 Jeremy Diamond, "Trump sides with Putin over US intelligence," CNN, 2018년 7월 16일, https://edition.cnn.com/2018/07/16/politics/donald-trump-putin-helsinki-summit/index.html.

18   Art Swift, "Putin's image rises in U.S., mostly among Republicans," Gallup, 2017년 2월 21일, https://news.gallup.com/poll/204191/putin-image-rises-mostly-among-republicans.aspx (이 여론 조사는 헬싱키 정상 회담 이전에 실시된 것

이어서, 트럼프의 그 이전 행동만이 반영된 결과이다). 일반적인 현상에 대해서는 Lenz, 2013을 참조할 것.

19 Stimson, 2004.

20 P. Benjamin & Shapiro, 1992; Stimson, 2004.

21 "Shifting public views on legal immigration into the U.S.," Pew Research Center, 2018년 6월 28일, http://www.people-press.org/2018/06/28/shifting-public-views-on-legal-immigration-into-the-u-s/.

22 Wlezien, 1995. Stimson, 2004도 참조할 것.

23 예컨대 Horne, Powell, Hummel, & Holyoak, 2015; Nyhan & Reifler, 2015.

24 예컨대 Goldacre, 2014도 참조할 것.

25 Faasse, Chatman, & Martin, 2016; Fadda, Allam, & Schulz, 2015.

26 Chanel, et al., 2011.

27 예컨대 Charlotte Gao, "HNA Group chairman's sudden death stokes conspiracy theories," *Diplomat*, 2018년 7월 5일, https://thediplomat.com/2018/07/hna-group-chairmans-sudden-death-stokes-conspiracy-theories/; Rachel Lu, "Chinese conspiracy theorists of the world, unite!," *Foreign Policy*, 2015년 5월 11일, https://foreignpolicy.com/2015/05/11/chinese-conspiracy-theorists-of-the-world-unite-hong-kong-banned-books/.

28 사회에서 신뢰를 구축하는 방법에 대해서는 Algan, Cahuc, & Zilberberg, 2012을 참조할 것.

29 파키스탄에 대해서는 "What is the wildest conspiracy theory pertaining to Pakistan?," *Herald*, 2015년 6월 19일, https://herald.dawn.com/news/1153068.307을 참조할 것.

Aaker, D. A., & Carman, J. M. (1982). "Are you over-advertising?" *Journal of Advertising Research, 22*(4), 57–70.

Aarnio, K., & Lindeman, M. (2005). "Paranormal beliefs, education, and thinking styles." *Personality and Individual Differences, 39*(7), 1227–1236.

Abercrombie, N., Hill, S., & Turner, B. S. (1980). *The dominant ideology thesis.* London: Allen & Unwin.

Abgrall, J.-M. (1999). *Soul snatchers: The mechanics of cults.* New York: Algora.

Acerbi, A. (2019). "Cognitive attraction and online misinformation." *Palgrave Communications, 5*(1), 15.

Ackerberg, D. A. (2001). "Empirically distinguishing informative and prestige effects of advertising." RAND *Journal of Economics, 32*(2) 316–333.

Adena, M., Enikolopov, R., Petrova, M., Santarosa, V., & Zhuravskaya, E. (2015). "Radio and the rise of the Nazis in prewar Germany." *Quarterly Journal of Economics, 130*(4), 1885–1939.

Aguilar, P. (2009). "Whatever happened to Francoist socialization? Spaniards' values and patterns of cultural consumption in the post-dictatorial period." *Democratization, 16*(3), 455–484.

Ahler, D. J., & Sood, G. (2018). "The parties in our heads: Misperceptions about party composition and their consequences." *Journal of Politics, 80*(3), 964–981.

Aikhenvald, A. Y. (2004). *Evidentiality.* Oxford: Oxford University Press.

Aird, M. J., Ecker, U. K., Swire, B., Berinsky, A. J., & Lewandowsky, S. (2018). "Does truth matter to voters? The effects of correcting political misinformation in an Australian sample." *Royal Society Open Science, 5*(12), 180593.

Alexander, M., & Bruning, J. (2008). *How to break a terrorist: The U.S. interrogators who used brains, not brutality, to take down the deadliest man in Iraq.* New York: Free Press.

Algan, Y., Cahuc, P., & Zilberberg, A. (2012). *La Fabrique de la défiance : . . . Et comment s'en sortir.* Paris: Albin Michel.

Allcott, H., Braghieri, L., Eichmeyer, S., & Gentzkow, M. (2019). *The welfare effects of social media.* NBER Working Paper No. 25514. Retrieved from https://www.nber.org/papers/w25514

Allcott, H., & Gentzkow, M. (2017). "Social media and fake news in the 2016 election." *Journal of Economic Perspectives, 31*(2), 211–236.

Allen, V. L. (1965). "Situational factors in conformity." *Advances in Experimental Social Psychology, 2,* 133–175.

Allport, G. W., & Postman, L. (1947). *The psychology of rumor.* Oxford: Henry Holt.

Altay, S., Claidière, N., & Mercier, H. (submitted). *Chain shortening in rumor transmission.*

Altay, S., & Mercier, H. (submitted). *I found the solution! How we use sources to appear competent.*

Aly, G. (2007). *Hitler's beneficiaries: Plunder, racial war, and the Nazi welfare state.* London: Macmillan.

Amos, C., Holmes, G., & Strutton, D. (2008). "Exploring the relationship between celebrity endorser effects and advertising effectiveness: A quantitative synthesis of effect size." *International Journal of Advertising, 27*(2), 209–234.

Analytis, P. P., Barkoczi, D., & Herzog, S. M. (2018). "Social learning strategies for matters of taste." *Nature Human Behaviour, 2*(6), 415–424.

Anderson, C., Brion, S., Moore, D. A., & Kennedy, J. A. (2012). "A status-enhancement account of overconfidence." *Journal of Personality and Social Psychology, 103*(4), 718–735.

Anthony, D. (1999). "Pseudoscience and minority religions: An evaluation of the brainwashing theories of Jean-Marie Abgrall." *Social Justice Research, 12*(4), 421–456.

Arceneaux, K., & Johnson, M. (2013). *Changing minds or changing channels? Partisan news in an age of choice.* Chicago: University of Chicago Press.

Ardener, E. (1970). "Witchcraft, economics, and the continuity of belief." In M. Douglas (Ed.), *Witchcraft confessions and accusations* (pp. 141–160). London: Routledge.

Arendt, H. (1963). *Eichmann in Jerusalem: A report on the banality of evil.* New York: Viking.

Arika, N. (2007). *Passions and tempers: A history of the humors.* New York: Harper Perennial.

Artés, J. (2013). "Do Spanish politicians keep their promises?" *Party Politics, 19*(1), 143–158.

Asch, S. E. (1956). "Studies of independence and conformity: A minority of one against a unanimous majority." *Psychological Monographs, 70*(9), 1–70.

Aveni, A. F. (1977). "The not-so-lonely crowd: Friendship groups in collective behavior." *Sociometry, 40*(1), 96–99.

Bago, B., & De Neys, W. (2019). "The smart System 1: Evidence for the intuitive nature of correct responding in the bat-and-ball problem." *Thinking & Reasoning, 25*(3), 257–299.

Bahrami, B., Olsen, K., Latham, P. E., Roepstorff, A., Rees, G., & Frith, C. D. (2010). "Optimally interacting minds." *Science, 329*(5995), 1081–1085.

Balliet, D. (2010). "Communication and cooperation in social dilemmas: A meta-analytic review." *Journal of Conflict Resolution, 54*(1), 39–57.

Barabas, J., & Jerit, J. (2009). "Estimating the causal effects of media coverage on policy-specific knowledge." *American Journal of Political Science, 53*(1), 73–89.

Barker, E. (1984). *The making of a Moonie: Choice or brainwashing?* Oxford: Blackwell.

Barker, J. (2014). 1381: *The year of the Peasants' Revolt.* Cambridge, MA: Harvard University Press.

Barkow, J. H., Cosmides, L., & Tooby, J. (1992). *The adapted mind.* Oxford: Oxford University Press.

Barkun, M. (1986). *Disaster and the millennium.* Syracuse, NY: Syracuse University Press.

Barlev, M., Mermelstein, S., & German, T. C. (2017). "Core intuitions about persons coexist and interfere with acquired Christian beliefs about God." *Cognitive Science, 41*(53), 425–454.

Barlev, M., Mermelstein, S., & German, T. C. (2018). "Representational coexistence in the God concept: Core knowledge intuitions of God as a person are not revised by Christian theology despite lifelong experience." *Psychonomic Bulletin and Review, 25*(6) 1–9.

Barrett, J. L. (1999). "Theological correctness: Cognitive constraint and the study of religion." *Method and Theory in the Study of Religion, 11*(4), 325–339.

Barrett, J. L., & Keil, F. C. (1996). "Conceptualizing a nonnatural entity: Anthropomorphism in God concepts." *Cognitive Psychology, 31*(3), 219–247.

Barrows, S. (1981). *Distorting mirrors: Visions of the crowd in late nineteenth-century France.* New Haven, CT: Yale University Press.

Baumard, N., André, J. B., & Sperber, D. (2013). "A mutualistic approach to morality: The evolution of fairness by partner choice." *Behavioral and Brain Sciences, 36*(1), 59–78.

Baumard, N., & Boyer, P. (2013a). "Explaining moral religions." *Trends in Cognitive Sciences, 17*(6), 272–280.

Baumard, N., & Boyer, P. (2013b). "Religious beliefs as reflective elaborations on intuitions: A modified dual-process model." *Current Directions in Psychological Science, 22*(4), 295–300.

Baumard, N., & Chevallier, C. (2015). "The nature and dynamics of world religions: A life-history approach." *Proceedings of the Royal Society B, 282,* 20151593. https://doi.org/10.1098/rspb.2015.1593

Baumard, N., Hyafil, A., Morris, I., & Boyer, P. (2015). "Increased affluence explains the emergence of ascetic wisdoms and moralizing religions." *Current Biology, 25*(1), 10–15.

Beam, M. A., Hutchens, M. J., & Hmielowski, J. D. (2018). "Facebook news and (de) polarization: Reinforcing spirals in the 2016 US election." *Information, Communication and Society, 21*(7), 940–958.

Bekkouche, Y., & Cagé, J. (2018). *The price of a vote: Evidence from France, 1993–2014.* Retrieved from https://papers.ssrn.com/sol3/papers.cfm?abstract_id=3125220

Benjamin, L. T., & Simpson, J. A. (2009). The power of the situation: The impact of Milgram's obedience studies on personality and social psychology. *American Psychologist, 64*(1), 12–19.

Benjamin, P., & Shapiro, R. (1992). *The rational public: Fifty years of trends in Americans' policy preferences.* Chicago: University of Chicago Press.

Benkler, Y., Faris, R., & Roberts, H. (2018). *Network propaganda: Manipulation, disinformation, and radicalization in American politics.* New York: Oxford University Press.

Berelson, B. R., Lazarsfeld, P. F., McPhee, W. N., & McPhee, W. N. (1954). *Voting: A study of opinion formation in a presidential campaign.* Chicago: University of Chicago Press.

Berg, J., Dickhaut, J., & McCabe, K. (1995). "Trust, reciprocity, and social history."

Games and Economic Behavior, 10(1), 122–142.

Bergstrom, B., & Boyer, P. (submitted). *Who mental systems believe: Effects of source on judgments of truth.*

Bergstrom, C. T., & Lachmann, M. (2001). "Alarm calls as costly signals of anti-predator vigilance: The watchful babbler game." *Animal Behaviour, 61*(3), 535–543.

Bernard, S., Proust, J., & Clément, F. (2015). "Four-to six-year-old children's sensitivity to reliability versus consensus in the endorsement of object labels." *Child Development, 86*(4), 1112–1124.

Berreman, G. D. (1971). "On the nature of caste in India: A review symposium on Louis Dumont's Homo Hierarchicus: 3 The Brahmannical View of Caste." *Contributions to Indian Sociology, 5*(1), 16–23.

Besley, T., & Burgess, R. (2002). "The political economy of government responsiveness: Theory and evidence from India." *Quarterly Journal of Economics, 117*(4), 1415–1451.

Birch, S. A., & Bloom, P. (2007). "The curse of knowledge in reasoning about false beliefs." *Psychological Science, 18*(5), 382–386.

Blake, T., Nosko, C., & Tadelis, S. (2015). "Consumer heterogeneity and paid search effectiveness: A large-scale field experiment." *Econometrica, 83*(1), 155–174.

Blakeslee, D. (2014). *Propaganda and politics in developing countries: Evidence from India.* Retrieved from https://papers.ssrn.com/sol3/papers.cfm?abstract_id=2542702

Blancke, S., Boudry, M., & Pigliucci, M. (2017). "Why do irrational beliefs mimic science? The cultural evolution of pseudoscience." *Theoria, 83*(1), 78–97.

Blumstein, D. T., Steinmetz, J., Armitage, K. B., & Daniel, J. C. (1997). "Alarm calling in yellow-bellied marmots: II. The importance of direct fitness." *Animal Behaviour, 53*(1), 173–184.

Boehm, C. (1999). *Hierarchy in the forest: The evolution of egalitarian behavior.*

Cambridge, MA: Harvard University Press.

Bonaccio, S., & Dalal, R. S. (2006). "Advice taking and decision-making: An integrative literature review, and implications for the organizational sciences." *Organizational Behavior and Human Decision Processes, 101*(2), 127–151.

Bond, C. F. (2008). "Commentary: A few can catch a liar, sometimes: Comments on Ekman and O'Sullivan (1991), as well as Ekman, O'Sullivan, and Frank (1999)." *Applied Cognitive Psychology, 22*(9), 1298–1300.

Bond, C. F., & DePaulo, B. M. (2006). "Accuracy of deception judgments." *Personality and Social Psychology Review, 10*(3), 214–234.

Bond, C. F., Howard, A. R., Hutchison, J. L., & Masip, J. (2013). "Overlooking the obvious: Incentives to lie." *Basic and Applied Social Psychology, 35*(2), 212–221.

Bonnefon, J.-F., Hopfensitz, A., & De Neys, W. (2017). "Can we detect cooperators by looking at their face?" *Current Directions in Psychological Science, 26*(3), 276–281.

Borgia, G. (1985). "Bower quality, number of decorations and mating success of male satin bowerbirds (*Ptilonorhynchus violaceus*): An experimental analysis." *Animal Behaviour, 33*(1), 266–271.

Borgia, G. (1993). "The cost of display in the non-resource-based mating system of the satin bowerbird." *American Naturalist, 141*(5), 729–743.

Boss, L. P. (1997). "Epidemic hysteria: A review of the published literature." *Epidemiologic Reviews, 19*(2), 233–243.

Boxell, L., Gentzkow, M., & Shapiro, J. M. (2017). "Greater internet use is not associated with faster growth in political polarization among US demographic groups." *Proceedings of the National Academy of Sciences*, 201706588.

Boxell, L., Gentzkow, M., & Shapiro, J. M. (2018). "A note on internet use and the 2016 US presidential election outcome." *PloS One, 13*(7), e0199571.

Boyd, R., & Richerson, P. J. (1985). *Culture and the evolutionary process*. Chicago:

University of Chicago Press.

Boyd, R., & Richerson, P. J. (2005). *The origin and evolution of cultures.* New York: Oxford University Press.

Boyer, P. (1994). *The naturalness of religious ideas: A cognitive theory of religion.* Los Angeles: University of California Press.

Boyer, P. (2001). *Religion explained.* London: Heinemann.

Boyer, P., & Baumard, N. (2018). "The diversity of religious systems across history." In J. R. Liddle & T. K. Shackelford (Eds.), *The Oxford handbook of evolutionary psychology and religion* (pp. 1–24). New York: Oxford University Press.

Boyer, P., & Parren, N. (2015). "Threat-related information suggests competence: A possible factor in the spread of rumors." *PloS One, 10*(6), e0128421.

Boyer, P., & Petersen, M. B. (2012). "The naturalness of (many) social institutions: Evolved cognition as their foundation." *Journal of Institutional Economics, 8*(1), 1–25.

Boyer, P., & Petersen, M. B. (2018). "Folk-economic beliefs: An evolutionary cognitive model." *Behavioral and Brain Sciences, 41,* e158.

Brain, P. (1986). *Galen on bloodletting: A study of the origins, development, and validity of his opinions, with a translation of the three works.* Cambridge: Cambridge University Press.

Brain, R. (1970). "Child-witches." In M. Douglas (Ed.), *Witchcraft confessions and accusations* (pp. 161–182). London: Routledge.

Brand, C. O., & Mesoudi, A. (2018). "Prestige and dominance based hierarchies exist in naturally occurring human groups, but are unrelated to task-specific knowledge." *Royal Society Open Science, 6*(6), 181621. https://doi.org/10.1098/rsos.181621

Brandenberger, D. (2012). *Propaganda state in crisis: Soviet ideology, indoctrination, and terror under Stalin, 1927–1941.* New Haven, CT: Yale University Press.

Braucher, J., & Orbach, B. (2015). "Scamming: The misunderstood confidence man." *Yale Journal of Law and the Humanities, 27*(2), 249–287.

Brennan, J. (2012). *The ethics of voting.* New York: Princeton University Press.

Brennan, J. (2016). *Against democracy.* Princeton, NJ: Princeton University Press.

Broockman, D. E., & Butler, D. M. (2017). "The causal effects of elite position-taking on voter attitudes: Field experiments with elite communication." *American Journal of Political Science, 61*(1), 208–221.

Broockman, D. E., & Green, D. P. (2014). "Do online advertisements increase political candidates' name recognition or favorability? Evidence from randomized field experiments." *Political Behavior, 36*(2), 263–289.

Brosseau-Liard, P. E., & Poulin-Dubois, D. (2014). "Sensitivity to confidence cues increases during the second year of life." *Infancy, 19*(5), 461–475.

Brown, R. (1965). *Social psychology.* New York: Free Press.

Buckner, H. T. (1965). "A theory of rumor transmission." *Public Opinion Quarterly, 29*(1), 54–70.

Burger, J. M., Girgis, Z. M., & Manning, C. C. (2011). "In their own words: Explaining obedience to authority through an examination of participants' comments." *Social Psychological and Personality Science, 2*(5), 460–466.

Burgess, T. H. (1839). *The physiology or mechanism of blushing.* London: Churchill.

Burns, J. (2012). "Race, diversity and pro-social behavior in a segmented society." *Journal of Economic Behavior and Organization, 81*(2), 366–378.

Burridge, K. O. L. (1972). "Tangu." In P. Lawrence & M. J. Meggitt (Eds.), *Gods, ghosts and men in Melanesia: Some religions of Australian New Guinea and the New Hebrides* (pp. 224–249). New York: Oxford University Press.

Bursztyn, L., Egorov, G., & Fiorin, S. (2019). *From extreme to mainstream: The erosion of social norms.* https://home.uchicago.edu/bursztyn/Bursztyn_Egorov_Fiorin_Extreme_Mainstream_2019_06_05.pdf.

Campagna, R. L., Mislin, A. A., Kong, D. T., & Bottom, W. P. (2016). "Strategic consequences of emotional misrepresentation in negotiation: The blowback effect." *Journal of Applied Psychology, 101*(5), 605–624.

Canetti, E. (1981). *Crowds and power* (C. Stewart, Trans.). New York: Noonday Press.

Caplow, T. (1947). "Rumors in war." *Social Forces, 25*(3), 298–302.

Carlsson, M., Dahl, G. B., & Rooth, D.-O. (2015). *Do politicians change public attitudes?* NBER Working Paper No. 21062. Retrieved from https://www.nber.org/papers/w21062

Caro, T. M. (1986a). "The functions of stotting: A review of the hypotheses." *AnimalBehaviour, 34*(3), 649–662.

Caro, T. M. (1986b). "The functions of stotting in Thomson's gazelles: Some tests of the predictions." *Animal Behaviour, 34*(3), 663–684.

Carruthers, S. L. (2009). *Cold War captives: Imprisonment, escape, and brainwashing.* Los Angeles: University of California Press. Castelain, T., Bernard, S., & Mercier, H. (2018). "Evidence that two-year-old children are sensitive to information presented in arguments." *Infancy, 23*(1), 124–135.

Castelain, T., Bernard, S., Van der Henst, J.-B., & Mercier, H. (2016). "The influence of power and reason on young Maya children's endorsement of testimony." *Developmental Science, 19*(6), 957–966.

Castelain, T., Girotto, V., Jamet, F., & Mercier, H. (2016). "Evidence for benefits of argumentation in a Mayan indigenous population." *Evolution and Human Behavior, 37*(5), 337–342.

Cavari, A., & Freedman, G. (2018). "Polarized mass or polarized few? Assessing the parallel rise of survey nonresponse and measures of polarization." *Journal of Politics, 80*(2), 719–725.

Chagnon, N. A. (1992). *Yanomamö: The fierce people* (4th ed.). New York: Holt, Rinehart and Winston.

Chan, M. S., Jones, C. R., Hall Jamieson, K., & Albarracin, D. (2017). Debunking: A meta-analysis of the psychological efficacy of messages countering misinformation. *Psychological Science, 28*(11), 1531–1546.

Chanel, O., Luchini, S., Massoni, S., & Vergnaud, J.-C. (2011). "Impact of information on intentions to vaccinate in a potential epidemic: Swine-origin influenza A (H1N1)." *Social Science and Medicine, 72*(2), 142–148.

Charness, G., & Dufwenberg, M. (2006). "Promises and partnership." *Econometrica, 74*(6), 1579–1601.

Cheatham, M. L. (2008). "The death of George Washington: An end to the controversy?" *American Surgeon, 74*(8), 770–774.

Chen, X., & Shi, T. (2001). "Media effects on political confidence and trust in the People's Republic of China in the post-Tiananmen period." *East Asia, 19*(3), 84–118.

Chen, Y., YeckehZaare, I., & Zhang, A. F. (2018). "Real or bogus: Predicting susceptibility to phishing with economic experiments." *PloS One, 13*(6), e0198213.

Cheney, D. L., & Seyfarth, R. M. (1988). "Assessment of meaning and the detection of unreliable signals by vervet monkeys." *Animal Behaviour, 36*(2), 477–486.

Cheney, D. L., & Seyfarth, R. M. (1990). *How monkeys see the world*. Chicago: University of Chicago Press.

Cheney, D. L., Seyfarth, R. M., & Silk, J. B. (1995). "The role of grunts in reconciling opponents and facilitating interactions among adult female baboons." *Animal Behaviour, 50*(1), 249–257.

Chiang, C.-F., & Knight, B. (2011). "Media bias and influence: Evidence from newspaper endorsements." *Review of Economic Studies, 78*(3), 795–820.

Chiarella, S. S., & Poulin-Dubois, D. (2013). "Cry babies and Pollyannas: Infants can detect unjustified emotional reactions." *Infancy, 18*(s1), E81–E96.

Chiarella, S. S., & Poulin-Dubois, D. (2015). " 'Aren't you supposed to be sad?' Infants do not treat a stoic person as an unreliable emoter." *Infant Behavior and Development, 38*, 57–66.

Choleris, E., Guo, C., Liu, H., Mainardi, M., & Valsecchi, P. (1997). "The effect of demonstrator age and number on duration of socially-induced food preferences in house mouse (Mus domesticus)." *Behavioural Processes, 41*(1), 69–77.

Chorus, A. (1953). "The basic law of rumor." *Journal of Abnormal and Social Psychology, 48*(2), 313–314.

Chwe, M. (2001). *Rational ritual.* New York: Princeton University Press.

Claidière, N., Trouche, E., & Mercier, H. (2017). "Argumentation and the diffusion of counter-intuitive beliefs." *Journal of Experimental Psychology: General, 146*(7), 1052–1066.

Clauset, A., Arbesman, S., & Larremore, D. B. (2015). "Systematic inequality and hierarchy in faculty hiring networks." *Science Advances, 1*(1), e1400005.

Clément, F. (2006). *Les mécanismes de la crédulité.* Geneva: Librairie Droz.

Clément, F. (2010). "To trust or not to trust? Children's social epistemology." *Review of Philosophy and Psychology, 1*(4), 1–19.

Clément, F., Koenig, M. A., & Harris, P. (2004). "The ontogenesis of trust." *Mind and Language, 19*(4), 360–379.

Cohen, I. B. (1985). *Revolution in science.* Cambridge, MA: Harvard University Press.

Cohn, N. (1970). *The pursuit of the millennium.* St. Albans: Paladin.

Collins, P. J., Hahn, U., von Gerber, Y., & Olsson, E. J. (2018). "The bi-directional relationship between source characteristics and message content." *Frontiers in Psychology, 9.* Retrieved from https://www.frontiersin.org/articles/10.3389/fpsyg.2018.00018/full

Condorcet, J. A. N. (1785). *Essai sur l'application de l'analyse à la probabilité des décisions rendues à la pluralité des voix.*

Condorcet, J. A. N. (1797). *Esquisse d'un tableau historique des progrès de l'esprit humain.*

Conner, A. W. (2000). "True confessions? Chinese confessions then and now." In K. G. Turner, J. V. Feinerman, & R. K. Guy (Eds.), *The limits of the rule of law in*

China (pp. 132–162). Seattle: University of Washington Press.

Conradt, L., & List, C. (2009). "Group decisions in humans and animals: A survey." *Philosophical Transactions of the Royal Society of London B: Biological Sciences, 364*(1518), 719–742.

Conradt, L., & Roper, T. J. (2003). "Group decision-making in animals." *Nature, 421*(6919), 155–158.

Corriveau, K. H., & Harris, P. L. (2010). "Preschoolers (sometimes) defer to the majority in making simple perceptual judgments." *Developmental Psychology, 46*(2), 437–445.

Costas-Pérez, E., Solé-Ollé, A., & Sorribas-Navarro, P. (2012). "Corruption scandals, voter information, and accountability." *European Journal of Political Economy, 28*(4), 469–484.

Couch, C. J. (1968). "Collective behavior: An examination of some stereotypes." *Social Problems, 15*(3), 310–322.

Couillard, N. L., & Woodward, A. L. (1999). "Children's comprehension of deceptive points." *British Journal of Developmental Psychology, 17*(4), 515–521.

Coviello, L., Sohn, Y., Kramer, A. D., Marlow, C., Franceschetti, M., Christakis, N. A., & Fowler, J. H. (2014). "Detecting emotional contagion in massive social networks." *PloS One, 9*(3), e90315.

Crivelli, C., & Fridlund, A. J. (2018). "Facial displays are tools for social influence." *Trends in Cognitive Sciences, 22*(5), 388–399.

Crowell, A., & Kuhn, D. (2014). "Developing dialogic argumentation skills: A 3-year intervention study." *Journal of Cognition and Development, 15*(2), 363–381.

Davies, S. R. (1997). *Popular opinion in Stalin's Russia: Terror, propaganda and dissent*, 1934–1941. Cambridge: Cambridge University Press.

Dawkins, R. (2010). *A devil's chaplain: Selected writings*. London: Hachette UK.

Dawkins, R., & Krebs, J. R. (1978). "Animal signals: Information or manipulation?"

In J. R. Krebs & N. B. Davies (Eds.), *Behavioural ecology: An evolutionary approach* (pp. 282–309). Oxford: Basil Blackwell Scientific Publications.

Dediu, D., & Levinson, S. C. (2018). "Neanderthal language revisited: Not only us." *Current Opinion in Behavioral Sciences, 21*, 49–55.

Dehaene, S. (1999). *The number sense: How the mind creates mathematics.* Oxford: Oxford University Press.

DellaVigna, S., & Gentzkow, M. (2010). "Persuasion: Empirical evidence." *Annual Review of Economics, 2*(1), 643–669.

DellaVigna, S., & Kaplan, E. (2007). "The Fox News effect: Media bias and voting." *Quarterly Journal of Economics, 122*(3), 1187–1234.

Delton, A. W., & Cimino, A. (2010). "Exploring the evolved concept of NEWCOMER: Experimental tests of a cognitive model." *Evolutionary Psychology, 8*(2), 147470491000800220.

Delumeau, J. (1977). *Catholicism between Luther and Voltaire.* Philadelphia: Westminster Press.

Del Vicario, M., Scala, A., Caldarelli, G., Stanley, H. E., & Quattrociocchi, W. (2017). "Modeling confirmation bias and polarization." *Scientific Reports, 7*, 40391.

Demick, B. (2010). *Nothing to envy: Real lives in North Korea.* New York: Spiegel and Grau.

Dennett, D. C. (1995). *Darwin's dangerous idea.* London: Penguin Books.

DePaulo, B. M. (1992). "Nonverbal behavior and self-presentation." *Psychological Bulletin, 111*(2), 203–243.

DePaulo, B. M., Kashy, D. A., Kirkendol, S. E., Wyer, M. M., & Epstein, J. A. (1996). "Lying in everyday life." *Journal of Personality and Social Psychology, 70*(5), 979–995.

DePaulo, B. M., Lindsay, J. J., Malone, B. E., Muhlenbruck, L., Charlton, K., & Cooper, H. (2003). "Cues to deception." *Psychological Bulletin, 129*(1), 74–118.

Desmet, K., & Wacziarg, R. (2018). *The cultural divide.* NBER Working Paper No.

24630. Retrived from https://www.nber.org/papers/w24630

Desrochers, S., Morissette, P., & Ricard, M. (1995). "Two perspectives on pointing in infancy." In C. Moore & P. Dunham (Eds.), *Joint attention: Its origins and role in development* (pp. 85–101). Hillsdale, NJ: Erlbaum.

Dessalles, J.-L. (2007). *Why we talk: The evolutionary origins of language*. Cambridge: Oxford University Press.

Deutsch, M., & Gerard, H. B. (1955). "A study of normative and informational social influences upon individual judgment." *Journal of Abnormal and Social Psychology, 51*(3), 629–636.

De Vries, C. E., Hobolt, S. B., & Tilley, J. (2018). "Facing up to the facts: What causes economic perceptions?" *Electoral Studies, 51*, 115–122.

de Waal, F. B. M. (1982). *Chimpanzee politics*. New York: Harper and Row.

Dewitt, S. H., Lagnado, D., & Fenton, N. E. (submitted). *Updating prior beliefs based on ambiguous evidence*. Retrieved from https://www.researchgate.net/publication/326610460_Updating_Prior_Beliefs_Based_on_Ambiguous_Evidence

Dezecache, G. (2015). "Human collective reactions to threat." *Wiley Interdisciplinary Reviews: Cognitive Science, 6*(3), 209–219.

Dezecache, G., Martin, J. R., Tessier, C., Safra, L., Pitron, V., Nuss, P., & Grèzes, J. (submitted). *Social strategies in response to deadly danger during a mass shooting*.

Dezecache, G., Mercier, H., & Scott-Phillips, T. C. (2013). "An evolutionary approach to emotional communication." *Journal of Pragmatics, 59*(B), 221–233.

Dickson, G. (2007). *The Children's Crusade: Medieval history, modern mythistory*. London: Palgrave Macmillan.

DiFonzo, N. (2010). "Ferreting facts or fashioning fallacies? Factors in rumor accuracy." *Social and Personality Psychology Compass, 4*(11), 1124–1137.

DiFonzo, N., & Bordia, P. (2007). *Rumor psychology: Social and organizational approaches*. Washington, DC: American Psychological Association.

Diggory, J. C. (1956). "Some consequences of proximity to a disease threat." *Sociometry, 19*(1), 47–53.

Dikötter, F. (2010). *Mao's great famine: The history of China's most devastating catastrophe,* 1958–1962. New York: Walker and Company.

Dimberg, U., Thunberg, M., & Elmehed, K. (2000). "Unconscious facial reactions to emotional facial expressions." *Psychological Science, 11*(1), 86–89.

Dixon, G., Hmielowski, J., & Ma, Y. (2017). "Improving climate change acceptance among US conservatives through value-based message targeting." *Science Communication, 39*(4), 520–534.

Dockendorff, M., & Mercier, H. (in preparation). *Argument transmission as the weak link in the correction of political misbeliefs.*

Donovan, P. (2004). *No way of knowing: Crime, urban legends and the internet.* London: Routledge.

Drizin, S. A., & Leo, R. A. (2003). "The problem of false confessions in the post-DNA world." *North Carolina Law Review, 82,* 891–1007.

Druckman, J. N., Levendusky, M. S., & McLain, A. (2018). "No need to watch: How the effects of partisan media can spread via interpersonal discussions." *American Journal of Political Science, 62*(1), 99–112.

Drury, J., Novelli, D., & Stott, C. (2013). "Psychological disaster myths in the perception and management of mass emergencies." *Journal of Applied Social Psychology, 43*(11), 2259–2270.

Dubois, E., & Blank, G. (2018). "The echo chamber is overstated: The moderating effect of political interest and diverse media." *Information, Communication and Society, 21*(5), 729–745.

Dubreuil, B. (2010). "Paleolithic public goods games: Why human culture and cooperation did not evolve in one step." *Biology and Philosophy, 25*(1), 53–73.

Dumont, L. (1980). *Homo hierarchicus: The caste system and its implications.*

Chicago: University of Chicago Press.

Dunlap, A. S., Nielsen, M. E., Dornhaus, A., & Papaj, D. R. (2016). "Foraging bumble bees weigh the reliability of personal and social information." *Current Biology, 26*(9), 1195–1199.

Durante, R., & Gutierrez, E. (2014). *Political advertising and voting intentions: Evidence from exogenous variation in ads viewership.* Unpublished manuscript. Retrieved from https://spire.sciencespo.fr/hdl:/2441/26lctatf2u81 3of8nkn7j2230h/resources/wp-mexico-political-advertising.pdf.

Durbach, N. (2000). " 'They might as well brand us': Working-class resistance to compulsory vaccination in Victorian England." *Social History of Medicine, 13*(1), 45–63.

Ebrahim, G. J. (1968). "Mass hysteria in school children: Notes on three outbreaks in East Africa." *Clinical Pediatrics, 7*(7), 437–438.

Ecker, U. K., O'Reilly, Z., Reid, J. S., & Chang, E. P. (2019). The effectiveness of short-format refutational fact-checks. *British Journal of Psychology.* https://doi.org/10.1111/bjop.12383.

Edwards, K., & Smith, E. E. (1996). "A disconfirmation bias in the evaluation of arguments." *Journal of Personality and Social Psychology, 71*(1), 5–24.

Einav, S. (2017). "Thinking for themselves? The effect of informant independence on children's endorsement of testimony from a consensus." *Social Development, 27*(1), 73–86.

Einav, S., & Robinson, E. J. (2011). "When being right is not enough: Four-year-olds distinguish knowledgeable informants from merely accurate informants." *Psychological Science, 22*(10), 1250–1253.

Ekelund, R. B., Tollison, R. D., Anderson, G. M., Hébert, R. F., & Davidson, A. B. (1996). *Sacred trust: The medieval church as an economic firm.* New York: Oxford University Press.

Ekman, P. (2001). *Telling lies: Clues to deceit in the marketplace, politics, and marriage.* New York: Norton

Ekman, P. (2009). "Lie catching and microexpressions." In C. Martin (Ed.), *The philosophy of deception* (pp.118–133). Oxford: Oxford University Press.

Enders, A. M., & Armaly, M. T. (2018). "The differential effects of actual and perceived polarization." *Political Behavior*, https://doi.org/10.1007/s11109-018-9476-2.

Engelberg, J. W., & Gouzoules, H. (2019). "The credibility of acted screams: Implications for emotional communication research." *Quarterly Journal of Experimental Psychology, 72*(8), 1889–1902.

Epler, D. C. (1980). "Bloodletting in early Chinese medicine and its relation to the origin of acupuncture." *Bulletin of the History of Medicine, 54*(3), 337–367.

Eriksson, K. (2012). "The nonsense math effect." *Judgment and Decision Making, 7*(6), 746–749.

Estlund, D. (1994). "Opinion leaders, independence, and Condorcet's jury theorem." *Theory and Decision, 36*(2), 131–162.

Evans, H., & Bartholomew, R. (2009). *Outbreak! The encyclopedia of extraordinary social behavior*. New York: Anomalist Books.

Evans-Pritchard, E. E. (1937). *Witchcraft, magic and oracles among the Azande*. Retrieved from eHRAF: World Cultures database.

Faasse, K., Chatman, C. J., & Martin, L. R. (2016). "A comparison of language use in pro-and anti-vaccination comments in response to a high profile Facebook post." *Vaccine, 34*(47), 5808–5814.

Facchini, G., Margalit, Y., & Nakata, H. (2016). *Countering public opposition to immigration: The impact of information campaigns*. Unpublished article. Retrieved from https://papers.ssrn.com/sol3/papers.cfm?abstract_id=2887349.

Fadda, M., Allam, A., & Schulz, P. J. (2015). "Arguments and sources on Italian online forums on childhood vaccinations: Results of a content analysis." *Vaccine, 33*(51), 7152–7159.

Fershtman, C., & Gneezy, U. (2001). "Discrimination in a segmented society: An experimental approach." *Quarterly Journal of Economics, 116*(1), 351–377.

Fifield, A. (2019). The Great Successor: *The divinely perfect destiny of brilliant comrade Kim Jong Un*. New York: PublicAffairs.

Fiorina, M. P., Abrams, S. J., & Pope, J. (2005). *Culture war? The myth of a polarized America*. New York: Pearson Longman.

FitzGibbon, C. D., & Fanshawe, J. H. (1988). "Stotting in Thomson's gazelles: An honest signal of condition." *Behavioral Ecology and Sociobiology, 23*(2), 69–74.

Flaxman, S., Goel, S., & Rao, J. M. (2016). "Filter bubbles, echo chambers, and online news consumption." *Public Opinion Quarterly, 80*(S1), 298–320.

Fletcher, R., & Nielsen, R. K. (2017). "Are news audiences increasingly fragmented? A cross-national comparative analysis of cross-platform news audience fragmentation and duplication." *Journal of Communication, 67*(4), 476–498.

Foddy, M., Platow, M. J., & Yamagishi, T. (2009). "Group-based trust in strangers: The role of stereotypes and expectations." *Psychological Science, 20*(4), 419–422.

Fodor, J. (1983). *The modularity of mind*. Cambridge, MA: MIT Press.

Foerster, A., Wirth, R., Herbort, O., Kunde, W., & Pfister, R. (2017). "Lying upside-down: Alibis reverse cognitive burdens of dishonesty." *Journal of Experimental Psychology: Applied, 23*(3), 301–319.

Fourney, A., Racz, M. Z., Ranade, G., Mobius, M., & Horvitz, E. (2017). "Geographic and temporal trends in fake news consumption during the 2016 US presidential election." *Proceedings of the 2017 ACM Conference on Information and Knowledge Management*, 2071–2074.

Frank, R. H. (1988). *Passions within reason: The strategic role of emotions*. New York: Norton.

Frederick, S. (2005). "Cognitive reflection and decision making." *Journal of Economic Perspectives, 19*(4), 25–42.

Fresco, N. (1980). "Les redresseurs de morts. Chambres à gaz: la bonne nouvelle." Comment on révise l'histoire. *Les Temps Modernes, 407*, 2150–2211.

Freud, S. (1905). "Fragment of an analysis of a case of hysteria." In E. Jones (Ed.), *Collected papers* (pp. 13–146). New York: Basic Books.

Friend, R., Rafferty, Y., & Bramel, D. (1990). "A puzzling misinterpretation of the Asch 'conformity' study." *European Journal of Social Psychology, 20*(1), 29–44.

Fusaroli, R., Bahrami, B., Olsen, K., Roepstorff, A., Rees, G., Frith, C., & Tylén, K. (2012). "Coming to terms quantifying the benefits of linguistic coordination." *Psychological Science*, 0956797612436816.

Futaba, I., & McCormack, G. (1984). "Crime, confession and control in contemporary Japan." *Law Context: A Socio-Legal Journal, 2*, 1–30.

Galler, J. S. (2007). *Logic and argumentation in "The Book of Concord"* (unpublished doctoral dissertation). University of Texas at Austin.

Gallup, A. C., Chong, A., & Couzin, I. D. (2012). "The directional flow of visual information transfer between pedestrians." *Biology Letters, 8*(4), 520–522.

Gallup, A. C., Hale, J. J., Sumpter, D. J., Garnier, S., Kacelnik, A., Krebs, J. R., & Couzin, I. D. (2012). "Visual attention and the acquisition of information in human crowds." *Proceedings of the National Academy of Sciences, 109*(19), 7245–7250.

Galton, F. (1907). "Vox populi." *Nature, 75*(7), 450–451.

Gamson, W. A. (1992). Talking politics. Cambridge: Cambridge University Press.

Gang, Q., & Bandurski, D. (2011). "China's emerging public sphere: The impact of media commercialization, professionalism, and the internet in an era of transition." In S. L. Shirk (Ed.), *Changing media, changing China* (pp. 38–76). New York: Oxford University Press.

Garcia, J., Kimeldorf, D. J., & Koelling, R. A. (1955). "Conditioned aversion to saccharin resulting from exposure to gamma radiation." *Science, 122*(3160), 157–158.

Gelman, A., Goel, S., Rivers, D., & Rothschild, D. (2016). "The mythical swing voter." *Quarterly Journal of Political Science, 11*(1), 103–130.

Gelman, A., & King, G. (1993). "Why are American presidential election campaign polls so variable when votes are so predictable?" *British Journal of Political Science, 23*(4), 409–451.

Gendelman, M. (2013). A tale of two soldiers: *The unexpected friendship between a WWII American Jewish sniper and a German military pilot.* Minneapolis, MN: Hillcrest Publishing Group.

Genovese, E. D. (1974). *Roll, Jordan, roll: The world the slaves made.* New York: Pantheon.

Gentzkow, M., & Shapiro, J. M. (2011). "Ideological segregation online and offline." *Quarterly Journal of Economics, 126*(4), 1799–1839.

Gervais, W. M., & Norenzayan, A. (2012). "Analytic thinking promotes religious disbelief." *Science, 336*(6080), 493–496.

Gervais, W. M., van Elk, M., Xygalatas, D., McKay, R. T., Aveyard, M., Buchtel, E. E., . . . Riekki, T. (2018). "Analytic atheism: A cross-culturally weak and fickle phenomenon?" *Judgment and Decision Making, 13*(3), 268–274.

Gilbert, D. T. (1991). "How mental systems believe." *American Psychologist, 46*(2), 107–119.

Gilbert, D. T., Krull, D. S., & Malone, P. S. (1990). "Unbelieving the unbelievable: Some problems in the rejection of false information." *Journal of Personality and Social Psychology, 59*(4), 601–613.

Gilbert, D. T., Tafarodi, R. W., & Malone, P. S. (1993). "You can't not believe everything you read." *Journal of Personality and Social Psychology, 65*(2), 221–233.

Gilsenan, M. (1976). "Lying, honor, and contradiction." In B. Kapferer (Ed.), *Transaction and Meaning: Directions in the Anthropology of Exchange and Symbolic Behavior* (pp. 191–219). Philadelphia: Institute for the Study of Human Issues.

Gino, F. (2008). "Do we listen to advice just because we paid for it? The impact of advice cost on its use." *Organizational Behavior and Human Decision*

Processes, *107*(2), 234–245.

Ginzburg, C. (2013). *The cheese and the worms: The cosmos of a sixteenth-century miller*. Baltimore: Johns Hopkins University Press.

Glaeser, E. L., Laibson, D. I., Scheinkman, J. A., & Soutter, C. L. (2000). "Measuring trust." *Quarterly Journal of Economics, 115*(3), 811–846.

Goldacre, B. (2014). *Bad pharma: How drug companies mislead doctors and harm patients*. London: Macmillan.

Goldman, A. I. (2001). "Experts: Which ones should you trust?" *Philosophy and Phenomenological Research, 63*(1), 85–110.

Goues, C. L., Brun, Y., Apel, S., Berger, E., Khurshid, S., & Smaragdakis, Y. (2017). *Effectiveness of anonymization in double-blind review*. Retrieved from https://arxiv.org/abs/1709.01609

Gould, J. L., & Gould, C. G. (1982). "The insect mind: Physics or metaphysics?" In D. R. Griffin (Ed.), *Animal mind—Human mind* (pp. 269–298). Berlin: Springer-Verlag.

Granovetter, M. (1978). "Threshold models of collective behavior." *American Journal of Sociology, 83*(6), 1420–1443.

Greene, E. D. (1990). "The logic of university students' misunderstanding of natural selection." *Journal of Research in Science Teaching, 27*(9), 875–885.

Greenspan, S. (2008). *Annals of gullibility: Why we get duped and how to avoid it*. New York: ABC-CLIO.

Greenwald, A. G. (1968). "Cognitive learning, cognitive response to persuasion, and attitude change." In A. G. Greenwald, T. C. Brock, & T. M. Ostrom (Eds.), *Psychological foundations of attitudes* (pp. 147–170). New York: Academic Press.

Griggs, R. A. (2015). "The disappearance of independence in textbook coverage of Asch's social pressure experiments." *Teaching of Psychology, 42*(2), 137–142.

Griggs, R. A., & Whitehead, G. I. (2015). "Coverage of Milgram's obedience experiments in social psychology textbooks: Where have all the criticisms gone?" *Teaching of Psychology, 42*(4), 315–322.

Grigorieff, A., Roth, C., & Ubfal, D. (2018). "Does information change attitudes towards immigrants? Representative evidence from survey experiments." Unpublished article. Retrieved from https://papers.ssrn.com/sol3/papers. cfm?abstract_id=2768187.

Grinberg, N., Joseph, K., Friedland, L., Swire-Thompson, B., & Lazer, D. (2019). "Fake news on Twitter during the 2016 US presidential election." *Science, 363*(6425), 374–378.

Gross, D. K. (2018). *Documents of the Salem witch trials.* Santa Barbara, CA: ABC-CLIO.

Grove, M. (2018). "Strong conformity requires a greater proportion of asocial learning and achieves lower fitness than a payoff-based equivalent." *Adaptive Behavior, 26*(6), 323–333.

Gudjonsson, G. H. (2003). *The psychology of interrogations and confessions: A handbook.* New York: Wiley.

Gudjonsson, G. H., & Sigurdsson, J. F. (1994). "How frequently do false confessions occur? An empirical study among prison inmates." *Psychology, Crime and Law, 1*(1), 21–26.

Gudjonsson, G. H., Sigurdsson, J. F., Bragason, O. O., Einarsson, E., & Valdimarsdottir, E. B. (2004). "Confessions and denials and the relationship with personality." *Legal and Criminological Psychology, 9*(1), 121–133.

Gudjonsson, G. H., Sigurdsson, J. F., & Einarsson, E. (2004). "The role of personality in relation to confessions and denials." *Psychology, Crime and Law, 10*(2), 125–135.

Guess, A. (2016). *Media choice and moderation: Evidence from online tracking data.* Unpublished manuscript, New York University.

Guess, A., & Coppock, A. (2015). *Back to Bayes: Confronting the evidence on attitude polarization.* Unpublished manuscript. Retrieved from https://pdfs.

semanticscholar.org/23fc/c2e9e5706a766148e71624dc0f78e3cbf8ef.pdf.

Guess, A., & Coppock, A. (2018). "Does counter-attitudinal information cause backlash? Results from three large survey experiments." *British Journal of Political Science.* https://doi.org/10.1017/S0007123418000327.

Guess, A., Nagler, J., & Tucker, J. (2019). "Less than you think: Prevalence and predictors of fake news dissemination on Facebook." *Science Advances, 5*(1), eaau4586.

Guess, A., Nyhan, B., & Reifler, J. (2018). *Selective exposure to misinformation: Evidence from the consumption of fake news during the 2016 US presidential campaign.* Retrieved from http://www.ask-force.org/web/Fundamentalists/ Guess-Selective-Exposure-to-Misinformation-Evidence-Presidential-Campaign-2018.pdf.

Gupta, G., Mahmud, M., Maitra, P., Mitra, S., & Neelim, A. (2013). *Religion, minority status and trust: Evidence from a field experiment.* Retrieved from https://www.researchgate.net/profile/Minhaj_Mahmud2/ publication/313006388_Religion_Minority_Status_and_Trust_Evidence_from_ a_Field_Experiment/links/588c2e7daca272fa50dde0a6/Religion-Minority-Status-and-Trust-Evidence-from-a-Field-Experiment.pdf.

Hahn, U., & Oaksford, M. (2007). "The rationality of informal argumentation: A Bayesian approach to reasoning fallacies." *Psychological Review, 114*(3), 704–732.

Haig, D. (1993). "Genetic conflicts in human pregnancy." *Quarterly Review of Biology, 68*(4), 495–532.

Haig, D. (1996). "Placental hormones, genomic imprinting, and maternal-fetal communication." *Journal of Evolutionary Biology, 9*(3), 357–380.

Hall, J. R. (2009). "Apocalyptic and millenarian movements." In D. A. Snow, D. della Porta, B. Klandermans, & D. McAdam (Eds.), *The Wiley-Blackwell encyclopedia of social and political movements* (pp. 1–3). London: Wiley-Blackwell.

Hall, J. R. (2013). *Apocalypse: From antiquity to the empire of modernity*. Indianapolis: Wiley.

Han, S. (2018). Neurocognitive basis of racial ingroup bias in empathy. *Trends in Cognitive Sciences, 2*(5), 400–421.

Harding, H. (1993). "The Chinese state in crisis, 1966–9." In R. MacFarquhar (Ed.), *The politics of China, 1949–1989* (pp. 148–247). New York: Cambridge University Press.

Harper, E. B. (1968). "Social consequences of an unsuccessful low caste movement." In J. Silverberg (Ed.), *Social Mobility in the Caste System in India* (pp. 36–65). The Hague: Mouton.

Harris, P. L. (2012). *Trusting what you're told: How children learn from others*. Cambridge, MA: Belknap Press of Harvard University Press.

Harris, P. L., Koenig, M. A., Corriveau, K. H., & Jaswal, V. K. (2018). "Cognitive foundations of learning from testimony." *Annual Review of Psychology, 69*(1), 251–273.

Hartwig, M., & Bond, C. H. (2011). "Why do lie-catchers fail? A lens model meta-analysis of human lie judgments." *Psychological Bulletin, 137*(4), 643–659.

Haslam, N., Loughnan, S., & Perry, G. (2014). "Meta-Milgram: An empirical synthesis of the obedience experiments." *PloS One, 9*(4), e93927.

Hassig, R., & Oh, K. (2009). *The hidden people of North Korea: Everyday life in the hermit kingdom*. London: Rowman and Littlefield.

Hasson, O. (1991). "Pursuit-deterrent signals: Communication between prey and predator." *Trends in Ecology and Evolution, 6*(10), 325–329.

Hasson, U., Simmons, J. P., & Todorov, A. (2005). "Believe it or not: On the possibility of suspending belief." *Psychological Science, 16*(7), 566–571.

Hastie, R., & Kameda, T. (2005). "The robust beauty of majority rules in group decisions." *Psychological Review, 112*(2), 494–508.

Hatfield, E., Cacioppo, J. T., & Rapson, R. L. (1994). *Emotional contagion*. Cambridge: Cambridge University Press.

Haun, D. B. M., & Tomasello, M. (2011). "Conformity to peer pressure in preschool children." *Child Development, 82*(6), 1759–1767.

Heathers, J. A., Fayn, K., Silvia, P. J., Tiliopoulos, N., & Goodwin, M. S. (2018). "The voluntary control of piloerection." *PeerJ Preprints, 6,* e26594v1.

Heckewelder, J.G.E. (1876). *History, manners, and customs of the Indian nations: Who once inhabited Pennsylvania and the neighboring states.* Philadelphia: Historical Society of Pennsylvania.

Henrich, J. (2009). "The evolution of costly displays, cooperation and religion: Credibility enhancing displays and their implications for cultural evolution." *Evolution and Human Behavior, 30*(4), 244–260.

Henrich, J. (2015). *The secret of our success: How culture is driving human evolution, domesticating our species, and making us smarter.* Princeton, NJ: Princeton University Press.

Henrich, J., & Boyd, R. (1998). "The evolution of conformist transmission and the emergence of between-group differences." *Evolution and Human Behavior, 19*(4), 215–241.

Henrich, J., & Broesch, J. (2011). "On the nature of cultural transmission networks: Evidence from Fijian villages for adaptive learning biases." *Philosophical Transactions of the Royal Society of London B: Biological Sciences, 366*(1567), 1139–1148.

Henrich, J., & Gil-White, F. J. (2001). "The evolution of prestige: Freely conferred deference as a mechanism for enhancing the benefits of cultural transmission." *Evolution and Human Behavior, 22*(3), 165–196.

Hepach, R., Vaish, A., & Tomasello, M. (2013). "Young children sympathize less in response to unjustified emotional distress." *Developmental Psychology, 49*(6), 1132–1138.

Heraclitus. (2001). *Fragments: The collected wisdom of Heraclitus* (B. Haxton, Trans.). London: Viking Adult.

Herley, C. (2012). "Why do Nigerian scammers say they are from Nigeria?" *WEIS.*

Retrieved from http://infosecon.net/workshop/downloads/2012/pdf/Why_
do_Nigerian_Scammers_Say_They_are_From_Nigeria.pdf.

Hernon, I. (2006). *Riot! Civil insurrection from Peterloo to the present day.* New
York: Pluto Press.

Higham, J. P. (2013). "How does honest costly signaling work?" *Behavioral
Ecology, 25*(1), 8–11.

Hill, K., & Kintigh, K. (2009). "Can anthropologists distinguish good and poor
hunters? Implications for hunting hypotheses, sharing conventions, and
cultural transmission." *Current Anthropology, 50*(3), 369–378.

Hill, S. J. (2017). "Learning together slowly: Bayesian learning about political facts."
Journal of Politics, 79(4), 1403–1418.

Hill, S. J., Lo, J., Vavreck, L., & Zaller, J. (2013). "How quickly we forget: The
duration of persuasion effects from mass communication." *Political
Communication, 30*(4), 521–547.

Hirschfeld, L. A. (2002). "Why don't anthropologists like children?" *American
Anthropologist, 104*(2), 611–627.

Hitler, A. (1939). Mein Kampf (J. Murphy, Trans.). London: Hurst and Blackett.

Hoare, G., & Sperber, N. (2015). *An introduction to Antonio Gramsci: His life,
thought and legacy.* London: Bloomsbury.

Hodges, B. H., & Geyer, A. L. (2006). "A nonconformist account of the Asch
experiments: Values, pragmatics, and moral dilemmas." *Personality and
Social Psychology Review, 10*(1), 2–19.

Hoffmann, D. L., Standish, C. D., García-Diez, M., Pettitt, P. B., Milton, J. A., Zilhão, J.,
. . . De Balbín, R. (2018). "U-Th dating of carbonate crusts reveals Neandertal
origin of Iberian cave art." *Science, 359*(6378), 912–915.

Hofman, D., Bos, P. A., Schutter, D. J., & van Honk, J. (2012). "Fairness modulates
non-conscious facial mimicry in women." *Proceedings of the Royal Society of
London B: Biological Sciences, 279*(1742), 3535–3539.

Holbach, P.H.T.B.d'. (1835). *Christianity unveiled: Being an examination of the principles and effects of the Christian religion*. New York: Johnson.

Hollander, M. M., & Turowetz, J. (2017). "Normalizing trust: Participants' immediately post-hoc explanations of behaviour in Milgram's "obedience" experiments." *British Journal of Social Psychology*, 56(4), 655–674.

Honts, C. R., & Hartwig, M. (2014). "Credibility assessment at portals." In D. C. Raskin, C. R. Honts, & J. C. Kircher (Eds.), *Credibility assessment* (pp. 37–61). Amsterdam: Elsevier.

Hopkins, D. J., & Ladd, J. M. (2014). "The consequences of broader media choice: Evidence from the expansion of Fox News." *Quarterly Journal of Political Science*, 9(1), 115–135.

Hopkins, D. J., Sides, J., & Citrin, J. (2019). "The muted consequences of correct information about immigration." *Journal of Politics*, 81(1), 315–320.

Horne, Z., Powell, D., Hummel, J. E., & Holyoak, K. J. (2015). "Countering antivaccination attitudes." *Proceedings of the National Academy of Sciences*, 112(33), 10321–10324.

Horowitz, D. L. (2001). *The deadly ethnic riot*. Berkeley: University of California Press.

Hovland, C. I. (1954). "The effects of the mass media of communication." In L. Gardner (Ed.), *Handbook of social psychology* (pp. 244–252). Cambridge MA: Addison-Wesley.

Howard, G. (1983). Frames of mind: The theory of multiple intelligences. New York: Basic Books.

Hu, J., Whalen, A., Buchsbaum, D., Griffiths, T., & Xu, F. (2015). "Can children balance the size of a majority with the quality of their information?" *Proceedings of the Cognitive Science Society Conference*. Pasadena, California, July 22–25.

Hu, Y., Lodish, L. M., & Krieger, A. M. (2007). "An analysis of real world TV advertising tests: A 15-year update." Journal of Advertising Research, 47(3), 341–353.

Huang, H. (2017). "A war of (mis)information: The political effects of rumors and rumor rebuttals in an authoritarian country." *British Journal of Political Science*, 47(2), 283–311.

Huckfeldt, R. (2001). "The social communication of political expertise." *American Journal of Political Science*, 45(2), 425–438.

Huckfeldt, R., Pietryka, M. T., & Reilly, J. (2014). "Noise, bias, and expertise in political communication networks." *Social Networks*, 36, 110–121.

Hutton, R. (2017). *The witch: A history of fear, from ancient times to the present.* New Haven, CT: Yale University Press.

Iannaccone, L. R. (1992). "Sacrifice and stigma: Reducing free-riding in cults, communes, and other collectives." *Journal of Political Economy*, 100(2), 271–291.

Iannaccone, L. R. (2006). "The market for martyrs." *Interdisciplinary Journal of Research on Religion*, 2(4), 1–28.

Inbau, F., Reid, J., Buckley, J., & Jayne, B. (2001). *Criminal interrogation and confessions* (4th ed.). Gaithersberg, MD: Aspen.

Isberner, M.-B., & Richter, T. (2013). "Can readers ignore implausibility? Evidence for nonstrategic monitoring of event-based plausibility in language comprehension." *Acta Psychologica*, 142(1), 15–22.

Isberner, M.-B., & Richter, T. (2014). "Does validation during language comprehension depend on an evaluative mindset?" *Discourse Processes*, 51(1–2), 7–25.

Isenberg, D. J. (1986). "Group polarization: A critical review and meta-analysis." *Journal of Personality and Social Psychology*, 50(6), 1141–1151.

Iyengar, S., & Kinder, D. R. (1987). *News that matters: Television and public opinion.* Chicago: University of Chicago Press.

Iyengar, S., Lelkes, Y., Levendusky, M., Malhotra, N., & Westwood, S. J. (2019). "The origins and consequences of affective polarization in the United States." *Annual Review of Political Science*, 22, 129–146.

Janis, I. L. (1951). *Air war and emotional stress: Psychological studies of bombing and civilian defense*. New York: McGraw-Hill.

Jeffries, S. (2016). *Grand hotel abyss: The lives of the Frankfurt School*. New York: Verso.

Jiménez, Á. V., & Mesoudi, A. (2019). "Prestige-biased social learning: Current evidence and outstanding questions." *Palgrave Communications, 5*(1), 20. Retrieved from https://www.nature.com/articles/s41599-019-0228-7

Jo, D. (2017). *Better the devil you know: An online field experiment on news consumption*. Retrieved from https://bfi.uchicago.edu/sites/default/files/research/Better_the_Devil_You_Know_Online_Field_Experiment_on_News_Consumption-2.pdf

Johnson, N. R. (1988). "Fire in a crowded theater: A descriptive investigation of the emergence of panic." *International Journal of Mass Emergencies and Disasters, 6*(1), 7–26.

Johnson, N. R., Feinberg, W. E., & Johnston, D. M. (1994). "Microstructure and panic: The impact of social bonds on individual action in collective flight from the Beverly Hills Supper Club fire." In R. R. Dynes & K. J. Tierney (Eds.), *Disasters, collective behavior and social organizations* (pp. 168–189). Newark: University of Delaware Press.

Jordan, S., Brimbal, L., Wallace, D. B., Kassin, S. M., Hartwig, M., & Street, C. N. (In press). "A test of the micro-expressions training tool: Does it improve lie detection?" *Journal of Investigative Psychology and Offender Profiling*. https://doi.org/doi.org/10.1002/jip.1532

Juergensmeyer, M. (1980). "What if the Untouchables don't believe in Untouchability?" *Bulletin of Concerned Asian Scholars, 12*(1), 23–28.

Kahneman, D. (2011). *Thinking, fast and slow*. New York: Farrar, Straus and Giroux.

Kalla, J. L., & Broockman, D. E. (2018). "The minimal persuasive effects of campaign contact in general elections: Evidence from 49 field experiments."

American Political Science Review, 112(1), 148–166.

Kallis, A. (2008). *Nazi propaganda in the Second World War.* London: Palgrave Macmillan.

Kam, C. D., & Zechmeister, E. J. (2013). "Name recognition and candidate support." *American Journal of Political Science, 57*(4), 971–986.

Kanwisher, N. (2000). "Domain specificity in face perception." *Nature Neuroscience, 3*(8), 759–763.

Kaplan, S. L. (1982). *Le complot de famine: Histoire d'une rumeur au XVIIIe siècle* (Vol. 39). Paris: A. Colin.

Karsh, E., & Rautsi, I. (2007). *Saddam Hussein: A political biography.* New York: Grove/Atlantic.

Kassin, S. M., & Gudjonsson, G. H. (2004). "The psychology of confessions: A review of the literature and issues." *Psychological Science in the Public Interest, 5*(2), 33–67.

Kassin, S. M., Meissner, C. A., & Norwick, R. J. (2005). "'I'd know a false confession if I saw one': A comparative study of college students and police investigators." *Law and Human Behavior, 29*(2), 211–227.

Kassin, S. M., & Neumann, K. (1997). "On the power of confession evidence: An experimental test of the fundamental difference hypothesis." *Law and Human Behavior, 21*(5), 469–484.

Kassin, S. M., & Wrightsman, L. S. (1980). "Prior confessions and mock juror verdicts." *Journal of Applied Social Psychology, 10*(2), 133–146.

Katz, E. (1957). "The two-step flow of communication: An up-to-date report on an hypothesis." *Public Opinion Quarterly, 21*(1), 61–78.

Katz, E., & Lazarsfeld, P. F. (1955). *Personal influence: The part played by people in the flow of mass communications.* Glencoe: Free Press.

Kay, J. (2011). *Among the Truthers: A journey through America's growing conspiracist underground.* New York: HarperCollins.

Keil, F. C., Stein, C., Webb, L., Billings, V. D., & Rozenblit, L. (2008). "Discerning the division of cognitive labor: An emerging understanding of how knowledge is clustered in other minds." *Cognitive Science, 32*(2), 259–300.

Keller, K. L., & Lehmann, D. R. (2006). "Brands and branding: Research findings and future priorities." *Marketing Science, 25*(6), 740–759.

Kennedy, J. A., Anderson, C., & Moore, D. A. (2013). "When overconfidence is revealed to others: Testing the status-enhancement theory of overconfidence." *Organizational Behavior and Human Decision Processes, 122*(2), 266–279.

Kennedy, J. J. (2009). "Maintaining popular support for the Chinese Communist Party: The influence of education and the state-controlled media." *Political Studies, 57*(3), 517–536.

Kershaw, I. (1983a). "How effective was Nazi propaganda?" In D. Welch (Ed.), Nazi propaganda: *The power and the limitations* (pp. 180–205). London: Croom Helm.

Kershaw, I. (1983b). *Popular opinion and political dissent in the Third Reich, Bavaria 1933–1945.* New York: Oxford University Press.

Kershaw, I. (1987). *The "Hitler myth": Image and reality in the Third Reich.* New York: Oxford University Press.

Kershaw, I. (1991). *Hitler: Profiles in power.* London: Routledge.

Khare, R. S. (1984). *The untouchable as himself: Ideology, identity and pragmatism among the Lucknow Chamars* (Vol. 8). Cambridge: Cambridge University Press.

Kierkegaard, S. (1961). *Diary* (P. P. Rohde, Ed.). London: Peter Owen.

Kim, G., & Kwak, K. (2011). "Uncertainty matters: Impact of stimulus ambiguity on infant social referencing." *Infant and Child Development, 20*(5), 449–463.

Kim, J. W. (2018). *Evidence can change partisan minds: Rethinking the bounds of motivated reasoning.* Working paper.

Kim, J. W., & Kim, E. (in press). "Identifying the effect of political rumor diffusion using variations in survey timing." *Quarterly Journal of Political Science.*

King, G., Pan, J., & Roberts, M. E. (2017). "How the Chinese government fabricates social media posts for strategic distraction, not engaged argument." *American Political Science Review, 111*(3), 484–501.

Kitcher, P. (1993). *The advancement of science: Science without legend, objectivity without illusions*. New York: Oxford University Press.

Klapper, J. T. (1960). *The effects of mass communication*. Glencoe, IL: Free Press.

Klar, S., Krupnikov, Y., & Ryan, J. B. (2018). "Affective polarization or partisan disdain? Untangling a dislike for the opposing party from a dislike of partisanship." *Public Opinion Quarterly, 82*(2), 379–390.

Klarman, M. J. (2016). *The framers' coup: The making of the United States Constitution*. New York: Oxford University Press.

Knapp, R. H. (1944). "A psychology of rumor." *Public Opinion Quarterly, 8*(1), 22–37.

Knittel, C. R., & Stango, V. (2009). *Shareholder value destruction following the Tiger Woods scandal*. University of California. Retrieved from Faculty. Gsm. Ucdavis. Edu/– Vstango/Tiger004. PdfKoch

Kramer, A. D., Guillory, J. E., & Hancock, J. T. (2014). "Experimental evidence of massive-scale emotional contagion through social networks." *Proceedings of the National Academy of Sciences*, 201320040.

Krebs, J. R., & Dawkins, R. (1984). "Animal signals: Mind-reading and manipulation?" In J. Krebs, R., & Davies, N. B. (Eds.), *Behavioural ecology: An evolutionary approach* (Vol. 2, pp. 390–402). Oxford: Basil Blackwell Scientific Publications.

Kuller, C. (2015). "The demonstrations in support of the Protestant provincial bishop Hans Meiser: A successful protest against the Nazi regime." In N. Stoltzfus & B. Maier-Katkin (Eds.), *Protest in Hitler's "National Community": Popular unrest and the Nazi response* (pp. 38–54). New York: Berghahn.

Kurzban, R., & Christner, J. (2011). "Are supernatural beliefs commitment devices for intergroup conflict?" In J. P. Forgas, A. Kruglanski, & K. D. Willimas (Eds.), *The psychology of social conflict and aggression* (pp. 285–300). Sydney

Symposium of Social Psychology, vol. 13). New York: Taylor and Francis.

Kushnir, T., Vredenburgh, C., & Schneider, L. A. (2013). " 'Who can help me fix this toy?': The distinction between causal knowledge and word knowledge guides preschoolers' selective requests for information." *Developmental Psychology, 49*(3), 446–453.

Lacan, J. (1939). "De l'impulsion au complexe." *Revue Française de Psychanalyse, 1*, 137–141.

Lacan, J. (1970). *Of structure as an inmixing of an otherness prerequisite to any subject whatever* (R. Macksey & E. Donato, Eds.). Baltimore: Johns Hopkins University Press.

Lacan, J. (1980). *De la Psychose paranoïaque dans ses rapports avec la personnalité*. Paris: Seuil.

Lacan, J. (2005). *Le Séminaire, Livre 23, le sinthome*. Paris: Seuil.

Ladd, J. M. (2011). *Why Americans hate the media and how it matters*. New York: Princeton University Press.

Ladd, J. M., & Lenz, G. S. (2009). "Exploiting a rare communication shift to document the persuasive power of the news media." *American Journal of Political Science, 53*(2), 394–410.

Lagrange, P. (2005). *La guerre des mondes at-elle eu lieu?* Paris: Robert Laffont.

Laland, K. N. (2004). "Social learning strategies." *Animal Learning and Behavior, 32*(1), 4–14.

Lanternari, V. (1963). *The religions of the oppressed: A study of modern messianic cults*. New York: Knopf.

Lanzetta, J. T., & Englis, B. G. (1989). "Expectations of cooperation and competition and their effects on observers' vicarious emotional responses." *Journal of Personality and Social Psychology, 56*(4), 543–554.

Larrick, R. P., & Soll, J. B. (2006). "Intuitions about combining opinions: Misappreciation of the averaging principle." *Management Science, 52*, 111–127.

Larson, H. J. (2018). "The biggest pandemic risk? Viral misinformation." *Nature, 562*(7727), 309–309.

Lasswell, H. D. (1927). *Propaganda technique in the world war.* Cambridge, MA: MIT Press.

Laustsen, L., & Bor, A. (2017). "The relative weight of character traits in political candidate evaluations: Warmth is more important than competence, leadership and integrity." *Electoral Studies, 49,* 96–107.

Lawlor, H. J., & Oulton, J. E. L. (1928). *The ecclesiastical history and the martyrs of Palestine: Introduction, notes and index* (Vol. 2). London: Society for Promoting Christian Knowledge.

Lazarsfeld, P. F., Berelson, B., & Gaudet, H. (1948). *The people's choice: How the voter makes up his mind in a presidential campaign.* New York: Columbia University Press.

Le Bon, G. (1897). *The crowd: A study of the popular mind.* London: Macmillian.

Le Bon, G. (1900). *Psychologie des foules.* Paris: Alcan.

Le Bras, G. (1955). *Etudes de sociologie religieuse.* Paris: Presses Universitaires de France.

Leeper, T. J., & Slothuus, R. (2015). *Can citizens be framed? How information, not emphasis, changes opinions.* Unpublished manuscript, Aarhus University.

Leese, D. (2011). *Mao cult: Rhetoric and ritual in China's Cultural Revolution.* Cambridge: Cambridge University Press.

Lenz, G. S. (2009). "Learning and opinion change, not priming: Reconsidering the priming hypothesis." *American Journal of Political Science, 53*(4), 821–837.

Lenz, G. S. (2013). *Follow the leader? How voters respond to politicians' policies and performance.* Chicago: University of Chicago Press.

Le Roy Ladurie, E. (2016). *Montaillou, village occitan de 1294 à 1324.* Paris: Editions Gallimard.

Levendusky, M. S., & Malhotra, N. (2015). "(Mis)perceptions of partisan polarization in the American public." *Public Opinion Quarterly, 80*(S1), 378–391.

Levine, T. R. (2014). "Truth-default theory (TDT): A theory of human deception and deception detection." *Journal of Language and Social Psychology, 33*(4), 378–392.

Lévi-Strauss, C. (1967). "The sorcerer and his magic." In J. Middleton (Ed.), *Magic, witchcraft, and curing* (pp. 23–42). New York: Natural History Press.

Lévi-Strauss, C. (1986). "Entretien avec Judith Miller et Alain Grosrichard." *L'Ane. Le Magazine Freudien, 20*, 27–29.

Lewis, R. A., & Rao, J. M. (2013). *On the near impossibility of measuring the returns to advertising.* Unpublished paper, Google, Inc. and Microsoft Research. Retrieved from http://justinmrao.com/lewis_rao_nearimpossibility.pdf

Liberman, V., Minson, J. A., Bryan, C. J., & Ross, L. (2012). "Naïve realism and capturing the 'wisdom of dyads.'" *Journal of Experimental Social Psychology, 48*(2), 507–512.

Linton, R. (1963). *Acculturation in seven American Indian tribes.* New York: Peter Smith.

Lloyd, G., & Sivin, N. (2002). *The way and the word: Science and medicine in early China and Greece.* New Haven, CT: Yale University Press.

Lodish, L. M., Abraham, M., Kalmenson, S., Livelsberger, J., Lubetkin, B., Richardson, B., & Stevens, M. E. (1995). "How TV advertising works: A meta-analysis of 389 real world split cable TV advertising experiments." *Journal of Marketing Research, 32*(2), 125–139.

Lopez-Ibor, J. J., Soria, J., Canas, F., & Rodriguez-Gamazo, M. (1985). "Psychopathological aspects of the toxic oil syndrome catastrophe." *British Journal of Psychiatry, 147*(4), 352–365.

Luke, T. J. (in press). "Lessons from Pinocchio: Cues to deception may be highly exaggerated." *Perspectives on Psychological Science*, 1745691619838258. https://doi.org/10.1177/1745691619838258

Lull, R. B., & Bushman, B. J. (2015). "Do sex and violence sell? A meta-analytic review of the effects of sexual and violent media and ad content on memory, attitudes, and buying intentions." *Psychological Bulletin, 141*(5), 1022–1048.

Lutz, D. J., & Keil, F. C. (2002). "Early understanding of the division of cognitive labor." *Child Development, 73*(4) 1073–1084.

Macfarlane, A. (1970). "Witchcraft in Tudor and Stuart Essex." In M. Douglas (Ed.), *Witchcraft confessions and accusations* (pp. 81–101). London: Routledge.

MacMullen, R. (1984). *Christianizing the Roman Empire* (AD 100–400). New Haven, CT: Yale University Press.

MacMullen, R. (1999). *Christianity and paganism in the fourth to eighth centuries.* New Haven, CT: Yale University Press.

Madden, J. R. (2002). "Bower decorations attract females but provoke other male spotted bowerbirds: Bower owners resolve this trade-off." *Proceedings of the Royal Society of London. Series B: Biological Sciences, 269*(1498), 1347–1351.

Maines, L. A. (1990). "The effect of forecast redundancy on judgments of a consensus forecast's expected accuracy." *Journal of Accounting Research,* 28, 29–47.

Majima, Y. (2015). "Belief in pseudoscience, cognitive style and science literacy." *Applied Cognitive Psychology, 29*(4), 552–559.

Malkiel, B. G., & McCue, K. (1985). *A random walk down Wall Street.* New York: Norton.

Malle, B. F., Knobe, J. M., & Nelson, S. E. (2007). "Actor-observer asymmetries in explanations of behavior: New answers to an old question." *Journal of Personality and Social Psychology, 93*(4), 491–514.

Mancosu, P. (1999). "Between Vienna and Berlin: The immediate reception of Godel's incompleteness theorems." *History and Philosophy of Logic, 20*(1), 33–45.

Mansbridge, J. (1999). "Everyday talk in the deliberative system." In S. Macedo (Ed.), *Deliberative politics: Essays on democracy and disagreement* (pp. 211–42). New York: Oxford University Press.

Marcuse, H. (1966). *Eros and civilization: Philosophical inquiry into Freud.*

Boston: Beacon Press.

Márquez, X. (2016). *Non-democratic politics: Authoritarianism, dictatorship and democratization*. London: Macmillan International Higher Education.

Márquez, X. (2018). "Two models of political leader cults: Propaganda and ritual." *Politics, Religion and Ideology, 19*(3), 1–20.

Martin, G. J., & Yurukoglu, A. (2017). "Bias in cable news: Persuasion and polarization." *American Economic Review, 107*(9), 2565–2599.

Marx, K., & Engels, F. (1970). *The German ideology*. New York: International Publishers.

Mascaro, O., & Morin, O. (2014). "Gullible's travel: How honest and trustful children become vigilant communicators." In L. Robinson & S. Einav (Eds.), *Trust and skepticism: Children's selective learning from testimony*. London: Psychology Press.

Matsui, T., Rakoczy, H., Miura, Y., & Tomasello, M. (2009). "Understanding of speaker certainty and false-belief reasoning: A comparison of Japanese and German preschoolers." *Developmental Science, 12*(4), 602–613.

Matz, S. C., Kosinski, M., Nave, G., & Stillwell, D. J. (2017). "Psychological targeting as an effective approach to digital mass persuasion." *Proceedings of the National Academy of Sciences, 114*(48), 12714–12719.

Maurer, D. (1999). *The big con: The story of the confidence man*. New York: Anchor Books.

Mawson, A. R. (2012). *Mass panic and social attachment: The dynamics of human behavior*. Aldershot: Ashgate.

Maynard Smith, J., & Harper, D. (2003). *Animal signals*. Oxford: Oxford University Press.

McCloskey, M., Caramazza, A., & Green, B. (1980). "Curvilinear motion in the absence of external forces: Naive beliefs about the motion of objects." *Science, 210*(4474), 1139–1141.

McCloskey, M., Washburn, A., & Felch, L. (1983). "Intuitive physics: The straightdown belief and its origin." *Journal of Experimental Psychology: Learning, Memory, and Cognition, 9*(4), 636–649.

McCullough, M. E., Swartwout, P., Shaver, J. H., Carter, E. C., & Sosis, R. (2016). "Christian religious badges instill trust in Christian and non-Christian perceivers." *Psychology of Religion and Spirituality, 8*(2), 149–163.

McIntyre, L. (2018). *Post-truth*. Cambridge, MA: MIT Press.

McPhail, C. (1991). *The myth of the madding crowd*. New York: Aldine de Gruyter.

McPhail, C. (2007). *A sociological primer on crowd behavior*. Retrieved from https://www.academia.edu/1292597/_2007_A_Sociological_Primer_on_Crowd_Behavior_

McPhail, C., & Wohlstein, R. T. (1983). "Individual and collective behaviors within gatherings, demonstrations, and riots." *Annual Review of Sociology, 9*(1) 579–600.

Meissner, C. A., & Kassin, S. M. (2002). " 'He's guilty!': Investigator bias in judgments of truth and deception." *Law and Human Behavior, 26*(5), 469–480.

Meissner, C. A., Surmon-Böhr, F., Oleszkiewicz, S., & Alison, L. J. (2017). "Developing an evidence-based perspective on interrogation: A review of the US government's high-value detainee interrogation group research program." *Psychology, Public Policy, and Law, 23*(4), 438–457.

Mencher, J. P. (1974). "The caste system upside down, or the not-so-mysterious East." *Current Anthropology, 15*(4), 469–493.

Mercier, H. (2011). "Self-deception: Adaptation or by-product?" *Behavioral and Brain Sciences, 34*(1), 35.

Mercier, H. (2012). "Looking for arguments." *Argumentation, 26*(3), 305–324.

Mercier, H. (2013). "Our pigheaded core: How we became smarter to be influenced by other people." In B. Calcott, R. Joyce, & K. Sterelny (Eds.), *Cooperation and its evolution* (pp. 373–398). Cambridge, MA: MIT Press.

Mercier, H. (2016a). "The argumentative theory: Predictions and empirical evidence." *Trends in Cognitive Sciences, 20*(9), 689–700.

Mercier, H. (2016b). "Confirmation (or myside) bias." In R. Pohl (Ed.), *Cognitive Illusions* (2nd ed., pp. 99–114). London: Psychology Press.

Mercier, H. (2017). "How gullible are we? A review of the evidence from psychology and social science." *Review of General Psychology, 21*(2), 103–122.

Mercier, H. (submitted). *The cultural evolution of oaths, ordeals, and lie detectors.*

Mercier, H., Bernard, S., & Clément, F. (2014). "Early sensitivity to arguments: How preschoolers weight circular arguments." *Journal of Experimental Child Psychology, 125*, 102–109.

Mercier, H., Bonnier, P., & Trouche, E. (2016c). "Why don't people produce better arguments?" In L. Macchi, M. Bagassi, & R. Viale (Eds.), *Cognitive Unconscious and Human Rationality* (pp. 205–218). Cambridge, MA: MIT Press.

Mercier, H., Dockendorff, M., & Schwartzberg, M. (submitted). *Democratic legitimacy and attitudes about information-aggregation procedures.*

Mercier, H., Majima, Y., Claidière, N., & Léone, J. (submitted). *Obstacles to the spread of unintuitive beliefs.*

Mercier, H., & Miton, H. (2019). "Utilizing simple cues to informational dependency." *Evolution and Human Behavior, 40*(3), 301–314.

Mercier, H., & Morin, O. (2019). "Majority rules: How good are we at aggregating convergent opinions?" *Evolutionary Human Sciences, 1*, e6.

Mercier, H., & Sperber, D. (2011). "Why do humans reason? Arguments for an argumentative theory." *Behavioral and Brain Sciences, 34*(2), 57–74.

Mercier, H., & Sperber, D. (2017). *The enigma of reason.* Cambridge, MA: Harvard University Press.

Mercier, H., Sudo, M., Castelain, T., Bernard, S., & Matsui, T. (2018). "Japanese preschoolers' evaluation of circular and non-circular arguments." *European Journal of Developmental Psychology, 15*(5), 493–505.

Miguel, E. (2005). "Poverty and witch killing." *Review of Economic Studies, 72*(4), 1153–1172.

Milgram, S. (1974). *Obedience to authority: An experimental view.* New York:

Harper and Row.

Milgram, S., Bickman, L., & Berkowitz, L. (1969). "Note on the drawing power of crowds of different size." *Journal of Personality and Social Psychology, 13*(2), 79–82.

Mills, C. M., & Keil, F. C. (2005). "The development of cynicism." *Psychological Science, 16*(5), 385–390.

Mills, C. M., & Keil, F. C. (2008). "Children's developing notions of (im)partiality." *Cognition, 107*(2), 528–551.

Milner, J.-C. (1995). *L'OEuvre claire: Lacan, la science, la philosophie.* Paris: Seuil.

Minson, J. A., Liberman, V., & Ross, L. (2011). "Two to tango." *Personality and Social Psychology Bulletin, 37*(10), 1325–1338.

Mitnick, K. D., & Simon, W. L. (2002). *The art of deception: Controlling the human element of security.* Indianapolis: Wiley.

Miton, H., Claidière, N., & Mercier, H. (2015). "Universal cognitive mechanisms explain the cultural success of bloodletting." *Evolution and Human Behavior, 36*(4), 303–312.

Miton, H., & Mercier, H. (2015). "Cognitive obstacles to pro-vaccination beliefs." *Trends in Cognitive Sciences, 19*(11), 633–636.

Moon, J. W., Krems, J. A., & Cohen, A. B. (2018). "Religious people are trusted because they are viewed as slow life-history strategists." *Psychological Science*, 0956797617753606.

Moorehead, A. (1965). *African trilogy: The North African campaign 1940–43.* London: Hamish Hamilton.

Morgan, A. C., Economou, D., Way, S. F., & Clauset, A. (2018). *Prestige drives epistemic inequality in the diffusion of scientific ideas.* Retrieved from https://arxiv.org/abs/1805.09966

Morgan, T.J.H., Laland, K. N., & Harris, P. L. (2015). "The development of adaptive conformity in young children: Effects of uncertainty and consensus." *Developmental Science, 18*(4), 511–524.

Morgan, T.J.H., Rendell, L. E., Ehn, M., Hoppitt, W., & Laland, K. N. (2012). "The evolutionary basis of human social learning." *Proceedings of the Royal Society of London B: Biological Sciences, 279*(1729), 653–662.

Morin, E. (1969). *La Rumeur d'Orléans*. Paris: Seuil.

Morin, O. (2016). How traditions live and die. New York: Oxford University Press.

Morton-Williams, P. (1956). "The Atinga cult among the south-western Yoruba: A sociological analysis of a witch-finding movement." *Bulletin de l'Institut Français d'Afrique Noire, Série B Sciences Humaines, 18*, 315–334.

Moscovici, S. (1981). *L'Age des foules*. Paris: Fayard.

Moscovici, S. (1985). "Social influence and conformity." In G. Lindzey & E. Aronson (Eds.), *Handbook of social psychology* (3rd ed., Vol. 2, pp. 347–412). New York: Random House.

Murdock, G. P., Wilson, S. F., & Frederick, V. (1978). "World distribution of theories of illness." *Ethnology, 17*, 449–470.

Murray, A. (1974). "Religion among the poor in thirteenth-century France: The testimony of Humbert de Romans." *Traditio*, 30, 285–324.

Myers, D. G. (2009). *Social psychology* (10th ed.). New York: McGraw-Hill.

Myers, D. G., & Bach, P. J. (1974). "Discussion effects on militarism-pacifism: A test of the group polarization hypothesis." *Journal of Personality and Social Psychology, 30*(6), 741–747.

Nadeau, R., Nevitte, N., Gidengil, E., & Blais, A. (2008). "Election campaigns as information campaigns: Who learns what and does it matter?" *Political Communication, 25*(3), 229–248.

Nair, G. (2018). "Misperceptions of relative affluence and support for international redistribution." *Journal of Politics, 80*(3), 815–830.

Naughton, T. J. (1996). "Relationship of personal and situational factors to managers' expectations of organizational change." *Psychological Reports, 78*(1), 313–314.

Nelissen, R. M., & Meijers, M. H. (2011). "Social benefits of luxury brands as costly signals of wealth and status." *Evolution and Human Behavior, 32*(5), 343–355.

Nichols, S. (2002). "On the genealogy of norms: A case for the role of emotion in cultural evolution." *Philosophy of Science, 69*(2), 234–255.

Nishida, N., Yano, H., Nishida, T., Kamura, T., & Kojiro, M. (2006). "Angiogenesis in cancer." *Vascular Health and Risk Management, 2*(3), 213–219.

Nitecki, M. H., Lemke, J. L., Pullman, H. W., & Johnson, M. E. (1978). "Acceptance of plate tectonic theory by geologists." *Geology, 6*(11), 661–664.

Norscia, I., & Palagi, E. (2011). "Yawn contagion and empathy in Homo sapiens." *PloS One, 6*(12), e28472.

Nunn, N., & Sanchez de la Sierra, R. (2017). "Why being wrong can be right: Magical warfare technologies and the persistence of false beliefs." *American Economic Review, 107*(5), 582–587.

Nyhan, B., Porter, E., Reifler, J., & Wood, T. (2017). *Taking corrections literally but not seriously? The effects of information on factual beliefs and candidate favorability*. Unpublished manuscript.

Nyhan, B., & Reifler, J. (2010). "When corrections fail: The persistence of political misperceptions." *Political Behavior, 32*(2), 303–330.

Nyhan, B., & Reifler, J. (2015). "Does correcting myths about the flu vaccine work? An experimental evaluation of the effects of corrective information." *Vaccine, 33*(3), 459–464.

O'Donnell, V., & Jowett, G. S. (1992). *Propaganda and persuasion*. New York: Sage.

Ong, A. (1987). *Spirits of resistance and capitalist discipline, Second Edition: Factory women in Malaysia*. Albany: SUNY Press.

Open Science Collaboration. (2015). "Estimating the reproducibility of psychologica science." *Science, 349*(6251), aac4716.

Oreskes, N. (1988). "The rejection of continental drift." *Historical Studies in the Physical and Biological Sciences, 18*(2), 311–348.

Origgi, G. (2017). *Reputation: What it is and why it matters*. Princeton, NJ: Princeton University Press.

Osnos, E. (2014). *Age of ambition: Chasing fortune, truth, and faith in the new China*. London: Macmillan.

Ostreiher, R., & Heifetz, A. (2017). "The sentinel behaviour of Arabian babbler floaters." *Royal Society Open Science, 4*(2), 160738.

Ostrom, E., Walker, J., & Gardner, R. (1992). "Covenants with and without a sword: Self-governance is possible." *American Political Science Review, 86*(2), 404–417.

Owren, M. J., & Bachorowski, J.-A. (2001). "The evolution of emotional experience: A 'selfish-gene' account of smiling and laughter in early hominids and humans." In T. J. Mayne & G. A. Bonanno (Eds.), *Emotions: Current issues and future directions* (pp. 152–191). New York: Guilford Press.

Parker, K., & Jaudel, E. (1989). *Police cell detention in Japan: The Daiyo Kangoku system: A report*. San Francisco: Association of Humanitarian Lawyers.

Peires, J. B. (1989). *The dead will arise: Nongqawuse and the great Xhosa cattle-killing movement of 1856–7*. Bloomington: Indiana University Press.

Peisakhin, L., & Rozenas, A. (2018). "Electoral effects of biased media: Russian television in Ukraine." *American Journal of Political Science, 62*(3), 535–550.

Pennycook, G., Cheyne, J. A., Barr, N., Koehler, D. J., & Fugelsang, J. A. (2015). "On the reception and detection of pseudo-profound bullshit." *Judgment and Decision Making, 10*(6), 549–563.

Pennycook, G., Cheyne, J. A., Seli, P., Koehler, D. J., & Fugelsang, J. A. (2012). "Analytic cognitive style predicts religious and paranormal belief." *Cognition, 123*(3), 335–346.

Pennycook, G., & Rand, D. G. (2018). "Lazy, not biased: Susceptibility to partisan fake news is better explained by lack of reasoning than by motivated reasoning." *Cognition, 188*, 39–50.

Perry, G. (2013). Behind the shock machine: *The untold story of the notorious Milgram psychology experiments*. New York: New Press.

Perry, G., Brannigan, A., Wanner, R. A., & Stam, H. (In press). "Credibility and incredulity in Milgram's obedience experiments: A reanalysis of an unpublished test." *Social Psychology Quarterly*. https://doi.org/10.1177/0190272519861952

Petersen, M. B., Osmundsen, M., & Arceneaux, K. (2018). *A "need for chaos" and the sharing of hostile political rumors in advanced democracies.* https://doi.org/10.31234/osf.io/6m4ts

Peterson, J. B. (2002). Maps of meaning: The architecture of belief. London: Routledge.

Petrocelli, J. V. (2018). "Antecedents of bullshitting." *Journal of Experimental Social Psychology, 76*, 249–258.

Petrova, M., & Yanagizawa-Drott, D. (2016). "Media persuasion, ethnic hatred, and mass violence." In C. H. Anderton & J. Brauer (Eds.), *Economic aspects of genocides, other mass atrocities, and their prevention* (p. 274–286). Oxford: Oxford University Press.

Pettegree, A. (2014). *The invention of news: How the world came to know about itself.* New Haven, CT: Yale University Press.

Petty, R. E., & Wegener, D. T. (1998). "Attitude change: Multiple roles for persuasion variables." In D. T. Gilbert, S. Fiske, & G. Lindzey (Eds.), *The handbook of social psychology* (pp. 323–390). Boston: McGraw-Hill.

Pfaff, S. (2001). "The limits of coercive surveillance: Social and penal control in the German Democratic Republic." *Punishment and Society, 3*(3), 381–407.

Pinker, S. (1997). *How the mind works.* New York: Norton.

Planck, M. (1968). *Scientific autobiography and other papers* (F. Gaynor, Trans.). New York: Citadel Press.

Platow, M. J., Foddy, M., Yamagishi, T., Lim, L., & Chow, A. (2012). "Two experimental tests of trust in in-group strangers: The moderating role of common knowledge of group membership." *European Journal of Social Psychology, 42*(1), 30–35.

Pomper, G. M., & Lederman, S. S. (1980). *Elections in America: Control and influence in democratic politics*. New York: Longman.

Porter, S., & ten Brinke, L. (2008). "Reading between the lies: Identifying concealed and falsified emotions in universal facial expressions." *Psychological Science, 19*(5), 508–514.

Pound, J., & Zeckhauser, R. (1990). "Clearly heard on the street: The effect of takeover rumors on stock prices." *Journal of Business, 63*(3), 291–308.

Power, E. A. (2017). "Social support networks and religiosity in rural South India." *Nature Human Behaviour, 1*(3), 0057.

Prasad, J. (1935). "The psychology of rumour: A study relating to the great Indian earthquake of 1934." British Journal of Psychology. *General Section, 26*(1), 1–15.

Pratkanis, A. R., & Aronson, E. (1992). *Age of propaganda: The everyday use and abuse of persuasion*. New York: W. H. Freeman.

Priniski, J., & Horne, Z. (2018). "Attitude change on Reddit's change my view." *Proceedings of the Cognitive Science Society Conference.*

Proulx, G., Fahy, R. F., & Walker, A. (2004). *Analysis of first-person accounts from survivors of the World Trade Center evacuation on September 11*. Retrieved from https://s3.amazonaws.com/academia.edu. documents/36860616/Analysis_of_First-Person_Accounts.PDF?AWSA ccessKeyId=AKIAIWOWYYGZ2Y53UL3A&Expires=1542920752&Si gnature=S5zsNHIA%2BObbcYJA%2BSBpXT%2BGrR8%3D&respon se-content-disposition=inline%3B%20filename%3DAnalysis_of_First-PersonAccountsPDF.pdf

Pulford, B. D., Colman, A. M., Buabang, E. K., & Krockow, E. M. (2018). "The persuasive power of knowledge: Testing the confidence heuristic." *Journal of Experimental Psychology: General, 147*(10), 1431–1444.

Puschmann, C. (2018, November). "Beyond the bubble: Assessing the diversity of political search results." Digital Journalism, doi: https://doi.org/10.1080/21670

811.2018.1539626

Radelet, M. L., Bedau, H. A., & Putnam, C. E. (1994). *In spite of innocence: Erroneous convictions in capital cases.* Boston: Northeastern University Press.

Rankin, P. J., & Philip, P. J. (1963). "An epidemic of laughing in the Bukoba district of Tanganyika." *Central African Journal of Medicine, 9*(5), 167–170.

Raskin, D. C., Honts, C. R., & Kircher, J. C. (2013). *Credibility assessment: Scientific research and applications.* London: Academic Press.

Ratcliffe, J. M., Fenton, M. B., & Galef, B. G., Jr. (2003). "An exception to the rule: Common vampire bats do not learn taste aversions." *Animal Behaviour, 65*(2), 385–389.

Reed, L. I., DeScioli, P., & Pinker, S. A. (2014). "The commitment function of angry facial expressions." *Psychological Science, 25*(8), 1511–1517.

Reicher, S. D. (1996). " 'The Crowd' century: Reconciling practical success with theoretical failure." *British Journal of Social Psychology, 35*(4), 535–553.

Reicher, S. D., Haslam, S. A., & Smith, J. R. (2012). "Working toward the experimenter: Reconceptualizing obedience within the Milgram paradigm as identification-based followership." *Perspectives on Psychological Science, 7*(4), 315–324.

Reid, T. (1970). *Inquiry into the human mind.* Chicago: University of Chicago Press. (Original work published 1764.)

Reyes-Jaquez, B., & Echols, C. H. (2015). "Playing by the rules: Self-interest information influences children's trust and trustworthiness in the absence of feedback." *Cognition, 134*, 140–154.

Richerson, P. J., & Boyd, R. (2005). *Not by genes alone.* Chicago: University of Chicago Press.

Richter, T., Schroeder, S., & Wöhrmann, B. (2009). "You don't have to believe everything you read: Background knowledge permits fast and efficient validation of information." *Journal of Personality and Social Psychology, 96*(3), 538–558.

Robbins, T. (1988). *Cults, converts and charisma: The sociology of new religious movements.* New York: Sage.

Roberts, M. E. (2018). *Censored: Distraction and diversion inside China's great firewall.* Princeton, NJ: Princeton University Press.

Robertson, R. E., Jiang, S., Joseph, K., Friedland, L., Lazer, D., & Wilson, C. (2018). "Auditing partisan audience bias within Google search." *Proceedings of the ACM on Human-Computer Interaction, 2*(CSCW). Retrieved from https://dl.acm.org/citation.cfm?id=3274417

Robertson, T. E., Sznycer, D., Delton, A. W., Tooby, J., & Cosmides, L. (2018). "The true trigger of shame: Social devaluation is sufficient, wrongdoing is unnecessary." *Evolution and Human Behavior, 39*(5), 566–573.

Robinson, E. J., Champion, H., & Mitchell, P. (1999). "Children's ability to infer utterance veracity from speaker informedness." *Developmental Psychology, 35*(2), 535–546.

Robinson, F. G. (1988). "The characterization of Jim in Huckleberry Finn." *Nineteenth-Century Literature, 43*(3), 361–391.

Robisheaux, T. W. (2009). *The last witch of Langenburg: Murder in a German village.* New York: Norton.

Rocher, L. (1964). "The theory of proof in ancient Hindu law." *Recueil de La Société Jean Bodin, 18,* 325–371.

Rogers, T., & Nickerson, D. (2013). *Can inaccurate beliefs about incumbents be changed? And can reframing change votes?* Retrieved from https://papers.ssrn.com/sol3/papers.cfm?abstract_id=2271654

Rose, R., Mishler, W. T., & Munro, N. (2011). *Popular support for an undemocratic regime: The changing views of Russians.* https://doi.org/10.1017/CBO9780511809200

Rosnow, R. L. (1991). "Inside rumor: A personal journey." *American Psychologist, 46*(5), 484–496.

Rothbard, M. N. (2003). *The ethics of liberty.* New York: NYU Press.

Roulin, N., & Ternes, M. (2019). "Is it time to kill the detection wizard? Emotional intelligence does not facilitate deception detection." *Personality and Individual Differences, 137*, 131–138.

Rousseau, J.-J. (2002). *The social contract: And, the first and second discourses* (G. May, Trans.). New Haven, CT: Yale University Press.

Roy, O. (2016). *Le djihad et la mort*. Paris: Le Seuil.

Royed, T. J. (1996). "Testing the mandate model in Britain and the United States: Evidence from the Reagan and Thatcher eras." *British Journal of Political Science, 26*(1), 45–80.

Rozin, P. (1976). "The selection of foods by rats, humans, and other animals." In R. A. Rosenblatt, A. Hind, E. Shaw, & C. Beer (Eds.), *Advances in the study of behavior* (Vol. 6, pp. 21–76). New York: Academic Press.

Rudé, G. (1959). *The crowd in the French Revolution*. Oxford: Oxford University Press.

Rumsey, A., & Niles, D. (Eds.). (2011). *Sung tales from the Papua New Guinea highlands: Studies in form, meaning, and sociocultural context*. Camberra: ANU E Press.

Sadler, O., & Tesser, A. (1973). "Some effects of salience and time upon interpersonal hostility and attraction during social isolation." *Sociometry, 36*(1), 99–112.

Safra, L., Baumard, N., & Chevallier, C. (submitted). *Why would anyone elect an untrustworthy and narcissistic leader*.

Sala, G., Aksayli, N. D., Tatlidil, K. S., Tatsumi, T., Gondo, Y., & Gobet, F. (2018). "Near and far transfer in cognitive training: A second-order meta-analysis." *Collabra: Psychology, 5*, 18. DOI: doi:10.1525/collabra.203

Sala, G., & Gobet, F. (2017). "Does far transfer exist? Negative evidence from chess, music, and working memory training." *Current Directions in Psychological Science, 26*(6), 515–520.

Sala, G., & Gobet, F. (2018). "Cognitive training does not enhance general cognition." *Trends in Cognitive Sciences, 23*(1), 9–20.

Sally, D. (1995). "Conversation and cooperation in social dilemmas." *Rationality and Society, 7*(1), 58–92.

Salter, S. (1983). "Structures of consensus and coercion: Workers' morale and the maintenance of work discipline, 1939–1945." In D. Welch (Ed.), *Nazi propaganda: The power and the limitations* (pp. 88–116). London: Croom Helm.

San Roque, L., & Loughnane, R. (2012). "The New Guinea Highlands evidentiality area." *Linguistic Typology, 16*(1), 111–167.

Schieffelin, B. B. (1995). "Creating evidence." *Pragmatics: Quarterly Publication of the International Pragmatics Association, 5*(2), 225–243.

Schniter, E., Sheremeta, R. M., & Sznycer, D. (2013). "Building and rebuilding trust with promises and apologies." *Journal of Economic Behavior and Organization, 94*, 242–256.

Schroeder, E., & Stone, D. F. (2015). Fox News and political knowledge. *Journal of Public Economics, 126*, 52–63.

Schultz, D. P. (1964). *Panic behavior: Discussion and readings* (Vol. 28). New York: Random House.

Schweingruber, D., & Wohlstein, R. T. (2005). "The madding crowd goes to school: Myths about crowds in introductory sociology textbooks." *Teaching Sociology, 33*(2), 136–153.

Scott, J. C. (1990). *Domination and the arts of resistance: Hidden transcripts*. New Haven, CT: Yale University Press.

Scott, J. C. (2008). *Weapons of the weak: Everyday forms of peasant resistance*. New Haven, CT: Yale University Press.

Scott-Phillips, T. C. (2008). "Defining biological communication." *Journal of Evolutionary Biology, 21*(2), 387–395.

Scott-Phillips, T. C. (2014). *Speaking our minds: Why human communication is different, and how language evolved to make it special*. London: Palgrave

Macmillan.

Scott-Phillips, T. C., Blythe, R. A., Gardner, A., & West, S. A. (2012). "How do communication systems emerge?" *Proceedings of the Royal Society B: Biological Sciences, 279*(1735), 1943–1949.

Seabright, P. (2004). *The company of strangers: A natural history of economic life.* Princeton: Princeton University Press.

Sebestyen, V. (2009). *Revolution 1989: The fall of the Soviet empire.* London: Hachette UK.

Selb, P., & Munzert, S. (2018). "Examining a most likely case for strong campaign effects: Hitler's speeches and the rise of the Nazi Party, 1927–1933." *American Political Science Review, 112*(4), 1050–1066.

Sell, A., Tooby, J., & Cosmides, L. (2009). "Formidability and the logic of human anger." *Proceedings of the National Academy of Sciences, 106*(35), 15073–15078.

Seyfarth, R. M., Cheney, D. L., & Marler, P. (1980). "Vervet monkey alarm calls: Semantic communication in a free-ranging primate." *Animal Behaviour, 28*(4), 1070–1094.

Shea, N., Boldt, A., Bang, D., Yeung, N., Heyes, C., & Frith, C. D. (2014). "Supra-personal cognitive control and metacognition." *Trends in Cognitive Sciences, 18*(4), 186–193.

Shibutani, T. (1966). *Improvised news: A sociological study of rumor.* New York: Bobbs-Merrill.

Shore, J., Baek, J., & Dellarocas, C. (2018). "Network structure and patterns of information diversity on Twitter." *MIS Quarterly, 42*(3), 849–872.

Shtulman, A. (2006). "Qualitative differences between naïve and scientific theories of evolution." *Cognitive Psychology, 52*(2), 170–194.

Shtulman, A. (2017). *Scienceblind: Why our intuitive theories about the world are so often wrong.* New York: Basic Books.

Shtulman, A., & Valcarcel, J. (2012). "Scientific knowledge suppresses but does not supplant earlier intuitions." *Cognition, 124*(2), 209–215.

Sighele, S. (1901). *La foule criminelle: Essai de psychologie collective.* Paris: Alcan.

Signer, M. (2009). *Demagogue: The fight to save democracy from its worst enemies.* New York: Macmillan.

Sigurdsson, J. F., & Gudjonsson, G. H. (1996). "The psychological characteristics of 'false confessors': A study among Icelandic prison inmates and juvenile offenders." *Personality and Individual Differences, 20*(3), 321–329.

Silver, B. (1987). "Political beliefs of the Soviet citizen: Sources of support for regime norms." In J. R. Millar (Ed.), *Politics, work, and daily life in the USSR.* New York: Cambridge University Press.

Silver, I., & Shaw, A. (2018). "No harm, still foul: Concerns about reputation drive dislike of harmless plagiarizers." *Cognitive Science, 42*(S1), 213–240.

Simler, K., & Hanson, R. (2017). *The elephant in the brain: Hidden motives in everyday life.* New York: Oxford University Press.

Singh, M. (2018). "The cultural evolution of shamanism." *Behavioral and Brain Sciences, 41*, e66.

Sinha, D. (1952). "Behaviour in a catastrophic situation: A psychological study of reports and rumours." *British Journal of Psychology. General Section, 43*(3), 200–209.

Sklar, A. Y., Levy, N., Goldstein, A., Mandel, R., Maril, A., & Hassin, R. R. (2012). "Reading and doing arithmetic nonconsciously." *Proceedings of the National Academy of Sciences, 109*(48), 19614–19619.

Smith, E. A., & Bird, R.L.B. (2000). "Turtle hunting and tombstone opening: Public generosity as costly signaling." *Evolution and Human Behavior, 21*(4), 245–261.

Smith, M. J., Ellenberg, S. S., Bell, L. M., & Rubin, D. M. (2008). "Media coverage of the measles-mumps-rubella vaccine and autism controversy and its relationship to MMR immunization rates in the United States." *Pediatrics, 121*(4), e836–e843.

Sniezek, J. A., Schrah, G. E., & Dalal, R. S. (2004). "Improving judgement with prepaid expert advice." *Journal of Behavioral Decision Making, 17*(3), 173–190.

Snow, David A., & Phillips, C. L. (1980). "The Lofland-Stark conversion model: A critical reassessment." *Social Problems, 27*(4), 430–447.

Snyder, J. M., & Strömberg, D. (2010). "Press coverage and political accountability." *Journal of Political Economy, 118*(2), 355–408.

Sodian, B., Thoermer, C., & Dietrich, N. (2006). "Two-to four-year-old children's differentiation of knowing and guessing in a non-verbal task." *European Journal of Developmental Psychology, 3*(3), 222–237.

Sokal, A. D., & Bricmont, J. (1998). *Intellectual impostures: Postmodern philosophers' abuse of science*. London: Profile Books.

Sommer, C. (2011). "Alarm calling and sentinel behaviour in Arabian babblers." *Bioacoustics, 20*(3), 357–368.

Sperber, D. (1975). *Rethinking symbolism*. Cambridge: Cambridge University Press.

Sperber, D. (1994). "The modularity of thought and the epidemiology of representations." In L. A. Hirschfeld & S. A. Gelman (Eds.), *Mapping the mind: Domain specificity in cognition and culture* (pp. 39–67). Cambridge: Cambridge University Press.

Sperber, D. (1997). "Intuitive and reflective beliefs." *Mind and Language, 12*(1), 67–83.

Sperber, D. (2010). "The guru effect." *Review of Philosophy and Psychology, 1*(4), 583–592.

Sperber, D., & Baumard, N. (2012). "Moral reputation: An evolutionary and cognitive perspective." *Mind and Language, 27*(5), 495–518.

Sperber, D., Clément, F., Heintz, C., Mascaro, O., Mercier, H., Origgi, G., & Wilson, D. (2010). "Epistemic vigilance." *Mind and Language, 25*(4), 359–393.

Sperber, D., & Mercier, H. (2018). "Why a modular approach to reason?" *Mind and Language, 131*(4), 496–501.

Sperber, D., & Wilson, D. (1995). *Relevance: Communication and cognition*. New York: Wiley-Blackwell.

Stanley, J. (2015). *How propaganda works*. New York: Princeton University Press.

Stapleton, T. J. (1991). " 'They no longer care for their chiefs': Another look at the Xhosa cattle-killing of 1856–1857." *International Journal of African Historical Studies, 24*(2), 383–392.

Stark, R. (1984). The rise of a new world faith. *Review of Religious Research, 26*(1), 18–27.

Stark, R. (1996). *The rise of Christianity: A sociologist reconsiders history*. Princeton, NJ: Princeton University Press.

Stark, R. (1999). "Secularization, RIP." *Sociology of Religion, 60*(3), 249–273.

Stark, R., & Bainbridge, W. S. (1980). "Networks of faith: Interpersonal bonds and recruitment to cults and sects." *American Journal of Sociology, 85*(6), 1376–1395.

Stenberg, G. (2013). "Do 12-month-old infants trust a competent adult?" *Infancy, 18*(5), 873–904.

Sterelny, K. (2012). *The evolved apprentice*. Cambridge, MA: MIT Press.

Sternberg, R. J. (1985). *Beyond IQ: A triarchic theory of human intelligence*. Cambridge: Cambridge University Press.

Stibbard-Hawkes, D. N., Attenborough, R. D., & Marlowe, F. W. (2018). "A noisy signal: To what extent are Hadza hunting reputations predictive of actual hunting skills?" *Evolution and Human Behavior, 39*(6), 639–651.

Stimson, J. A. (2004). *Tides of consent: How public opinion shapes American politics*. Cambridge: Cambridge University Press.

Stone, J. R. (2016). *The craft of religious studies*. New York: Springer.

Stout, M. J. (2011). *The effectiveness of Nazi propaganda during World War II* (master's thesis). Eastern Michigan University.

Strahan, E. J., Spencer, S. J., & Zanna, M. P. (2002). "Subliminal priming and persuasion: Striking while the iron is hot." *Journal of Experimental Social*

Psychology, 38(6), 556–568.

Strandburg-Peshkin, A., Farine, D. R., Couzin, I. D., & Crofoot, M. C. (2015). "Shared decision-making drives collective movement in wild baboons." *Science, 348*(6241), 1358–1361.

Strauss, C., & Quinn, N. (1997). *A cognitive theory of cultural meaning.* Cambridge: Cambridge University Press.

Street, C. N. H., & Richardson, D. C. (2015). "Lies, damn lies, and expectations: How base rates inform lie-truth judgments." *Applied Cognitive Psychology, 29*(1), 149–155.

Strömberg, D. (2004). Radio's impact on public spending. *Quarterly Journal of Economics, 119*(1), 189–221.

Stroud, N. J., & Lee, J. K. (2013). "Perceptions of cable news credibility." *Mass Communication and Society, 16*(1), 67–88.

Sunstein, C. R. (2018). *#Republic: Divided democracy in the age of social media.* New York: Princeton University Press.

Surowiecki, J. (2005). *The wisdom of crowds.* New York: Anchor Books.

Svolik, M. W. (2012). *The politics of authoritarian rule.* Cambridge: Cambridge University Press.

Sznycer, D., Schniter, E., Tooby, J., & Cosmides, L. (2015). "Regulatory adaptations for delivering information: The case of confession." *Evolution and Human Behavior, 36*(1), 44–51.

Sznycer, D., Xygalatas, D., Agey, E., Alami, S., An, X.-F., Ananyeva, K. I., . . . Flores, C. (2018). "Cross-cultural invariances in the architecture of shame." *Proceedings of the National Academy of Sciences, 115*(39), 9702–9707.

Taber, C. S., & Lodge, M. (2006). "Motivated skepticism in the evaluation of political beliefs." *American Journal of Political Science, 50*(3), 755–769.

Taine, H. (1876). *The origins of contemporary France.* London: H. Holt.

Taine, H. (1885). *The French Revolution* (Vol. 1). London: H. Holt.

Taleb, N. (2005). *Fooled by randomness: The hidden role of chance in life and in the markets*. New York: Random House.

Tamis-LeMonda, C. S., Adolph, K. E., Lobo, S. A., Karasik, L. B., Ishak, S., & Dimitropoulou, K. A. (2008). "When infants take mothers' advice: 18-month-olds integrate perceptual and social information to guide motor action." *Developmental Psychology, 44*(3), 734–746.

Tappin, B. M., & Gadsby, S. (2019). "Biased belief in the Bayesian brain: A deeper look at the evidence." *Consciousness and Cognition, 68*, 107–114.

Tappin, B. M., & McKay, R. T. (2019). "Moral polarization and out-party hostility in the US political context." *Journal of Social and Political Psychology, 7*(1), 213–245.

Tarde, G. (1892). "Les crimes des foules." *Archives de l'Anthropologie Criminelle, 7*, 353–386.

Tarde, G. (1900). *Les lois de l'imitation: Étude sociologique*. Paris: Alcan.

Tellis, G. J. (1988). "Advertising exposure, loyalty, and brand purchase: A two-stage model of choice." *Journal of Marketing Research, 25*(2), 134–144.

Tellis, G. J. (2003). Effective advertising: *Understanding when, how, and why advertising works*. London: Sage.

Tellis, G. J., Chandy, R., & Thaivanich, P. (2000). "Decomposing the effects of direct advertising: Which brand works, when, where, and how long?" *Journal of Marketing Research, 37*(1), 32–46.

ten Brinke, L., MacDonald, S., Porter, S., & O'Connor, B. (2012). "Crocodile tears: Facial, verbal and body language behaviours associated with genuine and fabricated remorse." *Law and Human Behavior, 36*(1), 51–59.

Tenney, E. R., MacCoun, R. J., Spellman, B. A., & Hastie, R. (2007). "Calibration trumps confidence as a basis for witness credibility." *Psychological Science, 18*(1), 46–50.

Tenney, E. R., Small, J. E., Kondrad, R. L., Jaswal, V. K., & Spellman, B. A. (2011). "Accuracy, confidence, and calibration: How young children and adults assess credibility." *Developmental Psychology, 47*(4), 1065.

Tenney, E. R., Spellman, B. A., & MacCoun, R. J. (2008). "The benefits of knowing what you know (and what you don't): How calibration affects credibility." *Journal of Experimental Social Psychology, 44*(5), 1368–1375.

Terrier, N., Bernard, S., Mercier, H., & Clément, F. (2016). "Visual access trumps gender in 3-and 4-year-old children's endorsement of testimony." *Journal of Experimental Child Psychology, 146*, 223–230.

Tesser, A. (1978). "Self-generated attitude change." In L. Berkowitz (Ed.), *Advances in Experimental Social Psychology* (pp. 289–338). New York: Academic Press.

Thagard, P. (2005). "Testimony, credibility, and explanatory coherence." *Erkenntnis, 63*(3), 295–316.

Thomas, K. (1971). *Religion and the decline of magic.* London: Weidenfeld and Nicolson.

Thomas, M. (in press). "Was television responsible for a new generation of smokers?" *Journal of Consumer Research.* https://doi.org/10.1093/jcr/ucz024

Thorndike, E. L. (1917). *The principles of teaching.* New York: AG Seiler.

Tilly, L., & Tilly, R. (1975). *The rebellious century, 1830–1930.* Cambridge: Cambridge University Press.

Tismaneanu, V. (1989). "The tragicomedy of Romanian communism." *East European Politics and Societies, 3*(2), 329–376.

Todorov, A., Funk, F., & Olivola, C. Y. (2015). "Response to Bonnefon et al.: Limited "kernels of truth" in facial inferences." *Trends in Cognitive Sciences, 19*(8), 422–423.

Tomasello, M., Call, J., & Gluckman, A. (1997). "Comprehension of novel communicative signs by apes and human children." *Child Development, 68*(6), 1067–1080.

Tooby, J., Cosmides, L., & Price, M. E. (2006). "Cognitive adaptations for n-person exchange: The evolutionary roots of organizational behavior." *Managerial and Decision Economics, 27*(2–3), 103–129.

Torrey, N. L. (1961). *Les Philosophes: The philosophers of the Enlightenment and modern democracy.* New York: Capricorn Books.

Trappey, C. (1996). "A meta-analysis of consumer choice and subliminal advertising." *Psychology and Marketing, 13*(5), 517–530.

Trouche, E., Sander, E., & Mercier, H. (2014). "Arguments, more than confidence, explain the good performance of reasoning groups." *Journal of Experimental Psychology: General, 143*(5), 1958–1971.

Trouche, E., Shao, J., & Mercier, H. (2019). "How is argument evaluation biased?" *Argumentation, 33*(1), 23–43.

Turner, P. A. (1992). "Ambivalent patrons: The role of rumor and contemporary legends in African-American consumer decisions." *Journal of American Folklore, 105*(418), 424–441.

Turner, R. H. (1964). "Collective behavior." In R.E.L. Paris (Ed.), *Handbook of modern sociology* (pp. 382–425). Chicago: Rand McNally.

Turner, R. H., & Killian, L. M. (1972). *Collective behavior.* Englewood Cliffs, NJ: Prentice-Hall.

Tyndale-Biscoe, C. H. (2005). *Life of marsupials.* Clayton: CSIRO Publishing.

Ullmann, W. (1946). "Medieval principles of evidence." *Law Quarterly Review, 62,* 77–87.

Umbres, R. (2018). *Epistemic vigilance and the social mechanisms of mirthful deception in fool's errands.* Manuscript in preparation.

Underwood, R. H. (1995). "Truth verifiers: From the hot iron to the lie detector." *Kentucky Law Journal, 84,* 597–642.

VanderBorght, M., & Jaswal, V. K. (2009). "Who knows best? Preschoolers sometimes prefer child informants over adult informants." *Infant and Child Development: An International Journal of Research and Practice, 18*(1), 61–71.

van der Linden, S., Maibach, E., & Leiserowitz, A. (2019, May). "Exposure to scientific consensus does not cause psychological reactance." *Environmental Communication*, DOI: https://doi.org/10.1080/17524032.2019.1617763

Van Doorn, G., & Miloyan, B. (2017). "The Pepsi paradox: A review." *Food Quality and Preference, 65,* 194–197.

van Prooijen, J.-W., & Van Vugt, M. (2018). "Conspiracy theories: Evolved functions and psychological mechanisms." *Perspectives on Psychological Science, 13*(6), 770–788.

Van Zant, A. B., & Andrade, E. B. (submitted). "Is there a 'voice' of certainty? Speakers' certainty is detected through paralanguage."

Vargo, C. J., Guo, L., & Amazeen, M. A. (2018). "The agenda-setting power of fake news: A big data analysis of the online media landscape from 2014 to 2016." *New Media and Society, 20*(5), 2028–2049.

Veyne, P. (2002). "Lisibilité des images, propagande et apparat monarchique dans l'Empire romain." *Revue Historique, 621*(1), 3–30.

Vinokur, A. (1971). "Review and theoretical analysis of the effects of group processes upon individual and group decisions involving risk." *Psychological Bulletin, 76*(4), 231–250.

Voigtländer, N., & Voth, H.-J. (2014). Highway to Hitler. NBER Working Paper No. 20150. Retrieved from https://www.nber.org/papers/w20150

Voigtländer, N., & Voth, H.-J. (2015). "Nazi indoctrination and anti-Semitic beliefs in Germany." *Proceedings of the National Academy of Sciences, 112*(26), 7931–7936.

von Hippel, W., & Trivers, R. (2011). "The evolution and psychology of self-deception." *Behavioral and Brain Sciences, 34*(1), 1–16.

Vosoughi, S., Roy, D., & Aral, S. (2018). "The spread of true and false news online." *Science, 359*(6380), 1146–1151.

Vrij, A. (2000). *Detecting lies and deceit: The psychology of lying and the implications for professional practice.* Chichester, U.K.: Wiley.

Vullioud, C., Clément, F., Scott-Phillips, T. C., & Mercier, H. (2017). "Confidence as an expression of commitment: Why misplaced expressions of confidence backfire." *Evolution and Human Behavior, 38*(1), 9–17.

Walter, N., & Murphy, S. T. (2018). "How to unring the bell: A meta-analytic approach to correction of misinformation." *Communication Monographs, 85*(3), 1–19.

Wang, S. (1995). *Failure of charisma: The Cultural Revolution in Wuhan.* New York: Oxford University Press.

Ward, B. E. (1956). "Some observations on religious cults in Ashanti." *Africa, 26*(1), 47–61.

Warren, Z. J., & Power, S. A. (2015). "It is contagious: Rethinking a metaphor dialogically." *Culture and Psychology, 21*(3), 359–379.

Watts, D. J. (2011). *Everything is obvious*: Once you know the answer.* New York: Crown Business.

Weber, E. (2000). Apocalypses: Prophecies, cults, and millennial beliefs through the ages. Cambridge, MA: Harvard University Press.

Webster, S. W., & Abramowitz, A. I. (2017). "The ideological foundations of affective polarization in the US electorate." *American Politics Research, 45*(4), 621–647.

Wedeen, L. (2015). *Ambiguities of domination: Politics, rhetoric, and symbols in contemporary Syria.* Chicago: University of Chicago Press.

Weinberg, S. B., & Eich, R. K. (1978). "Fighting fire with fire: Establishment of a rumor control center." *Communication Quarterly, 26*(3), 26–31.

Weinberger, S. (2010). "Airport security: Intent to deceive?" *Nature, 465*(7297), 412–415.

Weisberg, D. S., Keil, F. C., Goodstein, J., Rawson, E., & Gray, J. R. (2008). "The seductive allure of neuroscience explanations." *Journal of Cognitive Neuroscience, 20*(3), 470–477.

Weisbuch, M., & Ambady, N. (2008). "Affective divergence: Automatic responses to others' emotions depend on group membership." *Journal of Personality and Social Psychology, 95*(5), 1063–1079.

Westfall, J., Van Boven, L., Chambers, J. R., & Judd, C. M. (2015). "Perceiving political polarization in the United States: Party identity strength and attitude extremity exacerbate the perceived partisan divide." *Perspectives on Psychological Science, 10*(2), 145–158.

Westwood, S. J., Peterson, E., & Lelkes, Y. (2018). *Are there still limits on partisan prejudice?* Working paper. Retrieved from https://www.dartmouth. edu/~seanjwestwood /papers/stillLimits.pdf

Whedbee, K. E. (2004). "Reclaiming rhetorical democracy: George Grote's defense of Gleon and the Athenian demagogues." *Rhetoric Society Quarterly, 34*(4), 71–95.

White, J. W. (2016). *Ikki: Social conflict and political protest in early modern Japan*. Ithaca, NY: Cornell University Press.

Williams, G. C. (1966). *Adaptation and natural selection*. Princeton, NJ: Princeton University Press.

Willis, R. G. (1970). "Instant millennium: The sociology of African witch-cleansing cults." In M. Douglas (Ed.), *Witchcraft confessions and accusations* (pp. 129–140). London: Routledge.

Winterling, A. (2011). Caligula: A biography. Los Angeles: University of California Press.

Wirtz, J. G., Sparks, J. V., & Zimbres, T. M. (2018). "The effect of exposure to sexual appeals in advertisements on memory, attitude, and purchase intention: A meta-analytic review." *International Journal of Advertising, 37*(2), 168–198.

Wiswede, D., Koranyi, N., Müller, F., Langner, O., & Rothermund, K. (2012). "Validating the truth of propositions: Behavioral and ERP indicators of truth evaluation processes." *Social Cognitive and Affective Neuroscience, 8*(6), 647–653.

Wlezien, C. (1995). "The public as thermostat: Dynamics of preferences for spending." *American Journal of Political Science, 39*(4), 981–1000.

Wohlstetter, R. (1962). *Pearl Harbor: Warning and decision*. Stanford, CA:

Stanford University Press.

Wood, J., Glynn, D., Phillips, B., & Hauser, M. D. (2007). "The perception of rational, goal-directed action in nonhuman primates." *Science, 317*(5843), 1402–1405.

Wood, T., & Porter, E. (2016). The elusive backfire effect: Mass attitudes' steadfast factual adherence. Retrieved from https://papers.ssrn.com/sol3/papers.cfm?abstract_id=2819073

Wootton, D. (2006). *Bad medicine: Doctors doing harm since Hippocrates.* Oxford: Oxford University Press.

Wootton, D. (2015). *The invention of science: A new history of the scientific revolution.* London: Harper.

Wray, M. K., Klein, B. A., Mattila, H. R., & Seeley, T. D. (2008). "Honeybees do not reject dances for 'implausible' locations: Reconsidering the evidence for cognitive maps in insects." *Animal Behaviour, 76*(2), 261–269.

Wright, J. (1997). "Helping-at-the-nest in Arabian babblers: Signalling social status or sensible investment in chicks?" *Animal Behaviour, 54*(6), 1439–1448.

Wright, J., Parker, P. G., & Lundy, K. J. (1999). "Relatedness and chick-feeding effort in the cooperatively breeding Arabian babbler." *Animal Behaviour, 58*(4), 779–785.

Wright, R. (2009). *The evolution of God.* New York: Little, Brown.

Yamagishi, T. (2001). "Trust as a form of social intelligence." In K. Cook (Ed.), *Trust in society* (pp. 121–147). New York: Russell Sage Foundation.

Yang, J., Rojas, H., Wojcieszak, M., Aalberg, T., Coen, S., Curran, J., . . . Mazzoleni, G. (2016). "Why are "others" so polarized? Perceived political polarization and media use in 10 countries." *Journal of Computer-Mediated Communication, 21*(5), 349–367.

Yaniv, I. (2004). "Receiving other people's advice: Influence and benefit." *Organizational Behavior and Human Decision Processes, 93*(1), 1–13.

Yaniv, I., & Kleinberger, E. (2000). "Advice taking in decision making: Egocentric discounting and reputation formation." *Organizational Behavior and Human Decision Processes, 83*(2), 260–281.

Zahavi, A., & Zahavi, A. (1997). *The handicap principle: A missing piece of Darwin's puzzle*. Oxford: Oxford University Press.

Zeifman, D. M., & Brown, S. A. (2011). "Age-related changes in the signal value of tears." *Evolutionary Psychology, 9*(3), 147470491100900300.

Zimbardo, P. G., Johnson, R., & McCann, V. (2012). *Psychology: Core concepts with DSM-5 update* (7th ed.). Boston: Pearson Education.

Zipperstein, S. J. (2018). *Pogrom: Kishinev and the tilt of history*. New York: Liveright.

Zollo, F., Bessi, A., Del Vicario, M., Scala, A., Caldarelli, G., Shekhtman, L., . . . Quattrociocchi, W. (2017). "Debunking in a world of tribes." *PloS One, 12*(7), e0181821.